Joseph Spillmann

Die englischen Märtyrer unter Elisabeth bis 1583.

Ein Beitrag zur Kirchengeschichte des 16. Jahrhunderts von Jos. Spillmann S.J.

Joseph Spillmann

Die englischen Märtyrer unter Elisabeth bis 1583.
Ein Beitrag zur Kirchengeschichte des 16. Jahrhunderts von Jos. Spillmann S.J.

ISBN/EAN: 9783742892645

Hergestellt in Europa, USA, Kanada, Australien, Japan

Cover: Foto ©ninafisch / pixelio.de

Manufactured and distributed by brebook publishing software (www.brebook.com)

Joseph Spillmann

Die englischen Märtyrer unter Elisabeth bis 1583.

Die englischen Martyrer

unter Elisabeth

bis 1583.

Ein Beitrag zur Kirchengeschichte des 16. Jahrhunderts.

Von

Jos. Spillmann S. J.

„Indem Ihr uns verurtheilt, brecht Ihr den Stab über alle Eure Ahnen, über die alten Priester, Bischöfe und Könige, über alles, was einst Englands Ruhm war, welches die Insel der Heiligen und das getreueste Kind des Stuhles Petri genannt wurde."
(Aus der Vertheidigungsrede des sel. Campion.)

„Wenn Katholik sein, wenn ein eifriger Katholik sein gleichbedeutend ist mit ein Verräther sein — wohlan, dann bin ich ein Verräther."
(Worte des sel. Sherwin.)

(Ergänzungshefte zu den „Stimmen aus Maria-Laach". — 39. 40.)

Freiburg im Breisgau.
Herder'sche Verlagshandlung.
1887.

Zweigniederlassungen in Straßburg, München und St. Louis, Mo.
Wien I, Wollzeile 33: B. Herder, Verlag.

Stimmen aus Maria-Laach.

Katholische Blätter.

X. Ergänzungsband.

37.—40. Ergänzungsheft.

Freiburg im Breisgau.
Herder'sche Verlagshandlung.
1887.
Zweigniederlassungen in Straßburg, München und St. Louis, Mo.
Wien I, Wollzeile 33: B. Herder, Verlag.

Buchdruckerei der Herder'schen Verlagshandlung in Freiburg.

Inhalt des X. Ergänzungsbandes.

37. Heft.

Seite

Geschichte der Ausstattung der Kirche des heiligen Victor zu Xanten. Von Stephan Beissel S. J. 1

38. Heft.

Die englischen Martyrer unter Heinrich VIII. Von Jos. Spillmann S. J. 149

39. und 40. Heft.

Die englischen Martyrer unter Elisabeth bis 1583. Von Jos. Spillmann S. J. 321

Vorwort.

Das vorliegende Doppelheft bringt den Abschluß der in unserem letzten Ergänzungshefte begonnenen kurzen Geschichte der 54 Blutzeugen aus England, denen das päpstliche Decret vom 29. December des letzten Jahres die kirchliche Verehrung der Seligen bestätigte. Die erste Hälfte der glorreichen Schaar hatte Heinrich VIII. hingewürgt; die zweite Hälfte, deren Schicksale uns jetzt beschäftigen, fiel seiner Tochter Elisabeth zum Opfer. Es sind 24 Selige und zwei ehrwürdige Diener Gottes, deren Heldentod wir zu erzählen haben: so viele ließ Elisabeth bis zum Jahre 1583, welches dem päpstlichen Decrete zum Markstein diente, um des Glaubens willen eines grausamen und schimpflichen Todes hinrichten. Viel größer freilich ist die Zahl ihrer Opfer aus den letzten 20 Jahren ihrer Regierung; hoffentlich hat der begonnene Seligsprechungsproceß einen so raschen und glücklichen Verlauf, daß wir auch diese und die große Schaar ihrer Brüder bis herab auf den seligen Erzbischof Oliver Plunket, das letzte blutige Opfer der englischen Reformation, auf die Altäre erhoben sehen!

Von den Seligen, welche Elisabeth auf das Schafott schickte, gehören bei weitem die meisten — nicht weniger als 16 — der Weltgeistlichkeit an, und von diesen sind alle, mit Ausnahme des sel. Plumtree, Zöglinge der von Dr. Allen, dem spätern Cardinal, gegründeten englischen Seminare von Douay, Rheims und Rom. Es ist das ewige Verdienst dieser Heldenschaar zumeist junger Priester, durch ihren blutigen Kampf England den Glauben bewahrt zu haben; ohne ihr opfermuthiges Dazwischentreten hätte die katholische Kirche ihrer Heimat das Loos der Kirche Dänemarks und Skandinaviens getheilt. Aber auch der Ordensclerus betheiligte sich an diesem Kampfe, und so hat die Gesellschaft Jesu den Trost, fünf ihrer Söhne, von denen drei erst im Kerker in ihre Reihen aufgenommen wurden, mit der Krone der Martyrer geschmückt zu sehen. Der Anführer dieser siegreichen Schaar ist der sel. Edmund Campion. Die Zeitgenossen, Freund und Feind, räumen ihm unter allen seinen Gefährten die erste Stelle ein, und von keinem der Seligen berichten die Quellen so ausführlich; darin liegt auch der Grund, weshalb ihm in diesen Blättern ein größerer Raum zufiel als seinen ebenso glorreichen Mitkämpfern. Endlich hat auch die Laienwelt, welche im Kampfe für die katholische Kirche auf dem Boden Englands durch mehr als 200 Jahre Gut und Blut zum Opfer bringen mußte, an drei Martyrern aus der Zahl dieser Seligen neue Vorbilder und Fürbitter.

Was die Behandlung des Gegenstandes betrifft, so wurde diejenige des frühern Heftes beibehalten. Bei den meisten Seligen hätte freilich der Stoff zu einem selbständigen Lebensbild eher ausgereicht, als dieses z. B. bei den seligen Carthäuser- und Franziskaner-Blutzeugen unter Heinrich VIII. der Fall war. Allein eine solche Bearbeitung hätte sich nahezu mit derjenigen Challoners in seinen „Denkwürdigkeiten der Missionspriester" decken müssen und würde durch Wiederholungen ermüdet haben. Deßhalb versuchten wir auch in der vorliegenden Schrift das Bild des Streitens und Sterbens der einzelnen Blutzeugen in den historischen Rahmen des Kampfes zwischen der anglikanischen Staatskirche und der katholischen Einheit einzufassen. Selbstverständlich war es nicht unsere Absicht, die englische Reformation quellenmäßig zu bearbeiten; das Bild der Martyrer mußte uns die Hauptsache sein, und aus dem geschichtlichen Material durfte nur soviel herbeigezogen werden, als zum Verständnisse und zur Beleuchtung ihres Opfertodes ersprießlich schien.

Das Quellenmaterial bezüglich der Seligen unter Elisabeth ist weit vollständiger gedruckt als bezüglich der Seligen unter Heinrich VIII. Schon Aquaepontanus (Bridgewater) veröffentlichte 1583 in seiner Concertatio Ecclesiae Catholicae in Anglia, welche in der spätern Ausgabe von 1594 bedeutend erweitert wurde, eine auf Mittheilung glaubwürdiger Augenzeugen gestützte Darstellung des Martertodes der Seligen. Diese Aufzeichnungen von Augenzeugen wurden im Colleg von Douay aufbewahrt und in der Folge nebst anderen Berichten auch von Dodd und Challoner benützt. Die Hinrichtungen erzählen uns auch die zeitgenössischen protestantischen Chronisten, namentlich Stow und Holinsheb.

Der sel. Campion hat eine ganze Reihe von Lebensbeschreibern gefunden. Das historisch werthvollste Leben ist unstreitig dasjenige von Simpson (Edmund Campion, A Biography. By Richard Simpson, 1867), das für uns in den meisten Fällen maßgebend war. Sehr schätzenswerthes Material enthalten das umfangreiche Werk Records of the English Province of the Society of Jesus von Henry Foley S. J. und die beiden von den Oratorianern in London herausgegebenen Bände der Records of the English Catholics under the Penal Laws.

Möge die vorliegende Schrift als ein schlichtes Blatt für den Siegeskranz, den die Geschichte der Standhaftigkeit dieser Blutzeugen windet, von den Seligen angenommen werden, deren Ehre sie geweiht ist! Möge sie ein Weniges dazu beitragen, daß der Geist dieser Heldenschaar aufs neue in uns geweckt werde, der Geist unwandelbarer Glaubenstreue, der Geist heiligen Eifers gegen den Irrthum und heiliger Liebe zu den Irrenden, für welche sie selbst im letzten Augenblicke noch gebetet haben!

Inhaltsverzeichniß.

1. Die Gründung der anglikanischen Kirche. (1559.) S. 1.

Die Katholiken unter Eduard VI. 1. Maria, die Katholische 2. Regierungsantritt Elisabeths 4. Programm der Reformpartei 6. Elisabeths Einzug in London 8. Erste Verfügungen gegen die katholische Religion 9. Elisabeths Krönung 10. Eröffnung des Parlaments von 1559 11. Die Parteien 12. Erklärung der Bischöfe 13. Die Suprematsbill. Rede des Erzbischofs Heath 14. Rede des Bischofs Scot 16. Feria's Berichte 17. Politik Philipps II. 18. Religionsgespräch in Westminster 19. Der Suprematseid 20. Dessen Strafbestimmungen 21. Abschaffung der Messe 22. Annahme der anglikanischen Liturgie 23. Strafbestimmungen 24.

2. Die unblutige Verfolgung. (1559—1569.) S. 25.

Jubel der Neuerer 25. Treue der katholischen Bischöfe 26. Erzbischof Heath 27. Bischof Bonner 28. Bischof Tunstal 29. Die Bischöfe Whlte und Thirlby 30. Turberville und Bourne 31. Pole, Bayne und Scot 32. Oglethorpe, Goldwell, Watson 33. Pates und Morgan 34. Die erwählten Bischöfe 35. Treue des Ordensclerus 35. Der Weltclerus 36. Die Hochschulen 38. Die Laien 39. Politik der Königin. Neue Strafgesetze 40. Anfrage de Quadra's 41. Antwort Roms 42. Vergebliche Fürbitte des Kaisers Ferdinand 43. Verfolgung 45. Schritte gegen die Katholiken in Lancashire 46. Sammlungen für die Verbannten 47. Kerkerleiden und Erpressungen 47. Folgen 49.

3. Die Absetzungsbulle. (1569—1570.) S. 50.

Paul IV. verweigert die Anerkennung Elisabeths 50. Pius IV. versucht eine Aussöhnung anzubahnen 50. Sein Brief 51. Elisabeths Heuchelei 52. Zurückweisung des Nuntius Parpalia. Der Papst will Martinengo schicken 53. Verhandlungen über die Theilnahme am Concil 54. Abbruch der Verhandlungen 56. Langmuth des Papstes 57. Pius V. 57. Die Bulle Regnans in excelsis 58. Die Lage in England 59. Mortons Botschaft 60. Northumberland und Westmoreland 61. Der Aufstand im Norden 62. Versuch, Maria Stuart zu befreien 63. Mißerfolg. Grausamkeit Elisabeths 64. Massenhinrichtungen 65. Processe 66. Auslieferung Northumberlands 67. Seine Glaubenstreue 68. Seine Hinrichtung 69. Veröffentlichung der Absetzungsbulle 70.

4. Die seligen Felton und Storey. (1570 u. 1571.) S. 71.

Der sel. Felton schlägt die Bulle Pius' V. öffentlich an 71. Seine Gefangennahme und Verurtheilung 71. Er wird zum Tode geführt 72, und hingerichtet 73.

Seine Standhaftigkeit 74. Sein Edelmuth 75. Der sel. Johannes Storey 76. Seine Gefangennahme 77. Die Gerichtsverhandlung 78. Seine Verurtheilung und öffentliche Verspottung 80. Seine Rede zu Tyburn 81. Seine letzten Worte und sein Martertod 85. Sein Testament 86.

5. Fortschritte der Verfolgung. Blutzeugen aus dem alten Clerus. (1570—1577.) S. 90.

Elisabeth sucht durch Kaiser Maximilian die Zurücknahme der Bulle zu bewirken. Brief Pius' V. an Maximilian 90. Neue Strafgesetze 91. Zunehmende Verfolgung der Katholiken 93. Der sel. Plumtree 95. Der sel. Thomas Woodhouse S. J. 95. Sein Brief an Cecil 97. Seine Unterredung mit Cecil 98. Vor Gericht und zu Tyburn 99. Sein Tod. Einzelheiten aus P. Garnets Bericht 100.

6. Der Protomartyr von Douay. (1577—1578.) S. 105.

Verzweifelte Lage der katholischen Kirche in England 105. Dr. Allen und sein Plan 106. Gründung des Seminars von Douay. Seine ersten Mitglieder 107. Dr. Allens Erwägungen zur Hebung des Seeleneifers 108. Der Studienplan von Douay 110. Mühsale und Gefahren der Missionäre 111. Klugheit Dr. Allens in der Auswahl derselben 112. Der sel. Cuthbert Maine 113. Seine Gefangennahme. Die Anklage 114. Die Gerichtsverhandlung 115. Behandlung der Geschworenen 116. Das Urtheil 117. Dessen Bestätigung 118. Des Seligen Martertod 119.

7. Franz Tregian. (1578.) S. 120.

Franz Tregian vor dem Privy Council 120. Anerbieten des Rathes 121. Tregians Standhaftigkeit und Verurtheilung 122. Seine edle Gemahlin 123. Seine Gedichte 124. Maria Tregian 129. Kerkerqualen. Tod in der Verbannung 130. Auffindung seiner Leiche 131.

8. Die seligen Nelson und Sherwood. (1578.) S. 132.

Der sel. Johannes Nelson 132. Dessen Verhör und Verurtheilung 133. Seine Vorbereitung auf den Tod 134. Seine Aufnahme in die Gesellschaft Jesu 134. Sein Abschied 135. Sein Martertod 136. Der sel. Thomas Sherwood 137. Seine Gefangennahme, Folter, Verurtheilung 138. Sein Martertod. Mendoza's Zeugniß 139.

9. Vorbereitung eines neuen apostolischen Feldzugs. (1579—1580.) S. 140.

Gründung des englischen Seminars in Rom 140. Dr. Allen sucht die Mitwirkung der Gesellschaft Jesu für die englische Mission 141. Begründung seiner Bitte 142. R. P. Mercurian willigt ein 143. Regeln für die Missionäre 143. Die beiden ersten Jesuitenmissionäre für England 144. P. Robert Persons S. J. 145. Der sel. Edmund Campion. Seine Jugend und sein Aufenthalt in Oxford 146. Von Ehrsucht geblendet in den Irrthum verstrickt 147. Seine Bekehrung und sein Aufenthalt in Irland 148. Seine Flucht. Der Selige in Douay 149. Campion Lehrer der Beredsamkeit 150. Seine Romfahrt und Aufnahme in die Gesellschaft Jesu 151. Sein Aufenthalt in Brünn und Prag 152. Dr. Allens Brief 153. Von Prag nach Rom; Zurüstungen 154. Die Gefährten 155. Abschied von Rom 156.

Reise durch Italien; Besuch bei Beza in Genf 157. Rast in Rheims. Der selige Thomas Cottam S. J. 158. Abreise von Rheims 159. P. Persons' Fahrt 160. Seine Ankunft in London 161. Campions Brief an Mercurian. Ein Abenteuer 162. Rettung. Der sel. Cottam und Dr. Ely 163. Zarte Gewissenhaftigkeit des seligen Cottam 164. Sein heroischer Entschluß 165.

10. Ein Jahr der Arbeit und Gefahr. (1580—1581.) S. 166.

Campions erste Predigt. Gefangennahme Ortons 166. Gefangennahme des sel. Robert Johnson 167. Die Priesterversammlung in Southwark 168. Edict gegen die Seminarpriester 169; gegen die Jesuiten und ihre Helfershelfer 170. Das Parlament von 1581 171. Sir Walter Mildmay's Rede 171. Neue Strafgesetze 173. Gilberts Verein 174. Campions „Herausforderung" 174. Missionsthätigkeit 178. Brief P. Persons' an Mercurian 180. Brief des sel. Campion an Mercurian 181. Literarische Pläne 183. P. Persons in London 183. Campion in Lancashire 184. Abfassung und Druck der Rationes decem 184. Skizze der Rationes decem 185. Aufregung im feindlichen Lager 189. Folgen 190.

11. „Mit Blut geschrieben." (1580—1581.) S. 192.

Rishtons „Tagebuch des Tower" 192. Gefangennahme des sel. Sherwin 192. Die üblichen Foltern 193. Abfall Pascals 195. Marter des sel. Briant 195. Seine Lebensskizze 196. Seine Gefangennahme 197. Fragen bei der Folter 198. Heroischer Starkmuth des Seligen und Grausamkeit seiner Folterer 199. Nortons Ausrede 200. Gesuch des Seligen um Aufnahme in die Gesellschaft Jesu 201. Gewährung seines Wunsches 204. Der sel. Eberhard Hanse vor Gericht 205. Seine Verurtheilung 206. Ein Brief des Seligen; sein Martertod 207. Zeugniß Mendoza's 208.

12. Campion gefangen und gefoltert. (1581.) S. 209.

Abschied des Seligen von P. Persons 209. Besuch in Lyford; der sel. Thomas Ford 210. Rückkehr nach Lyford. Der Verräther Eliot 211. Der Wolf in der Hürde 212. Campions letzte Predigt. Ankunft der Häscher. Haussuchung 213. Die Gefangennahme 215. Unterwegs nach London 216. Gefangennahme des seligen Filby 216. Campions Einzug in London. In der „Little Ease" 217. Der selige Campion vor Elisabeth. Freche Verleumdung 218. Auf der Folter 219. Neue Verleumdungen 220. Pounds Brief 221. Campions „Geständnisse" 221. Befehl zur Disputation 224. Campion und seine Gegner 225. Die erste Disputation 226. Campions Sieg 227. Die folgenden Disputationen 227. Officielles Urtheil über dieselben 228. Campion und seine Gefährten „Hochverräther" 229. Campion abermals auf der Folter 230.

13. Die Gerichtsverhandlung vom 20. November 1581. S. 232.

Die Anklageacte 232. Die Angeklagten 233. Verlesung der Anklageacte 234. Die Richter und Anwälte 235. Campions Bemerkung 236. Andersons Rede 237. Campions Antwort 240. Verhandlung gegen alle Angeklagten insgesammt. Die Eide der Seminaristen; das päpstliche Reisegeld; die Verschwörung der 200 Priester 242. Verhandlung gegen die einzelnen Angeklagten: Campions Anklage und seine Vertheidigung 245. Sherwins Anklage und seine Vertheidigung 254. Bosgrave's Anklage und seine Vertheidigung 255. Cottams Anklage und seine Vertheidigung 256. Johnsons Anklage und seine Vertheidigung 258. Briscoe's Anklage und seine Ver=

theidigung 259. Kirby's Anklage und seine Vertheidigung 260. Ortons Anklage und seine Vertheidigung 261. Campions Rede an die Geschworenen 262. Das Verdict; Campions Erklärung 264. Das Urtheil 265. Die Verurtheilung der seligen Richardson, Ford, Filby, Briant, Shert und der beiden Bekenner Johannes Hart und Collington 265.

14. Das glorreiche Ende der seligen Campion, Sherwin und Briant. (1. December 1581.) S. 267.

Vorbereitung auf den Martertod 267. Die letzten Briefe des sel. Sherwin 268. Auf dem Wege nach Tyburn 270. Auf der Richtstätte 271. Des sel. Campion letzte Rede 272. Der Tod des sel. Campion 274. Des sel. Sherwin letzte Worte 275. Martertod der sel. Sherwin und Briant 276. Früchte des Martyriums 277. Persons' Zeugniß 278. Mendoza's Zeugniß 279. Lobgedichte 280.

15. Noch mehr Opfer und Kronen. (1582—1583.) S. 281.

Der sel. Johannes Payne 281. Seine Verurtheilung und Hinrichtung 282. Die sechs an die Verurtheilten gerichteten Fragen 283. Die Antworten der Seligen 284. Martertod des sel. Thomas Ford 286. Martertod des sel. Johannes Shert 287. Der sel. Robert Johnson auf dem Schafott 288. Die Opfer vom 30. Mai 1582. Martertod des sel. Wilhelm Filby 290. Martertod des sel. Lucas Kirby 291. Martertod des sel. Lorenz Richardson 292. Martertod des sel. Thomas Cottam 294. Der sel. Wilhelm Lacy 295. Seine Gefangennahme und Verurtheilung 296. Gefangennahme und Verurtheilung des sel. Richard Kirkeman 297. Lacy's und Kirkemans Martertod 298. Der sel. Jakob Thompson 299. Sein Martertod 300. Der sel. Wilhelm Hart 301. Der Selige im Kerker und vor Gericht 302. Brief an seine Mutter 303. Sein Martertod 306. Der sel. Richard Thirkeld 307. Seine Verurtheilung 308. Sein Martertod 309. Seine Briefe 310. Die ehrwürdigen Johannes Bodey und Johannes Slade 310. — Oeffentliche Verehrung der Seligen 312. Schluß 314.

Alphabetisches Namensverzeichniß 315.

1. Die Gründung der anglikanischen Kirche.

(1559.)

Nach Heinrichs VIII. Tode ruhte jene blutige Katholikenverfolgung, welche auf Grund der Suprematsacte vom Jahre 1535 die Anerkennung der kirchlichen Oberhoheit des Königs erzwingen wollte, bis Elisabeth, das Kind seines Ehebruchs mit Anna Boleyn, den englischen Thron bestieg. Das erste Parlament, welches unter Eduard VI., Heinrichs erst zehnjährigem Sohne, im November 1547 zusammentrat, strich sogar aus der Suprematsacte die Bestimmung, daß die Uebertreter derselben als Hochverräther zu strafen seien [1], ließ aber zugleich auch die sechs Artikel fallen, durch welche Heinrich VIII. seinem Volke den katholischen Glauben mit einziger Ausnahme der päpstlichen Autorität bewahren wollte [2].

Jetzt konnte unter dem Schutze des Protectors Somerset die Hochflut der Reformation ungehindert über England hinbrausen. 42 Artikel — ein Gemisch aus lutherischen, zwinglianischen und calvinistischen Irrthümern, das mit spärlichen katholischen Reminiscenzen versetzt war, wurde als Richtschnur des Glaubens angenommen, und eine von Cranmer „unter Eingebung des Heiligen Geistes" verfaßte Liturgie (Book of Common Prayer) eingeführt, welche die heilige Messe und den katholischen Gottesdienst verdrängen sollte. Nicht ohne Schwertstreich ließ sich das im großen Ganzen noch immer katholische Landvolk seinen alten Glauben nehmen. Wie früher bei der „gnadenreichen Wallfahrt" die Bewohner der nördlichen Provinzen, so standen jetzt die Männer von Cornwall und Devonshire auf und verlangten energisch, daß man ihnen den alten Gottesdienst und die alten Bräuche lasse. Die 15 Forderungen [3], welche sie an den Protector stellten, sind ein beredtes Zeugniß, daß sie namentlich und in erster Linie für ihren Glauben zu den Waffen griffen. Nur mit

---

[1] 1. Edward c. 12.
[2] Vgl. Die englischen Martyrer unter Heinrich VIII. (Ergänzungsheft 38) S. 161.
[3] Siehe dieselben in Burnet, History of the Reformation (Ausgabe von Pocock), v. II. p. 229.

Mühe und in äußerst blutigen Kämpfen gelang es der Regierung im August 1549, mit Hilfe deutscher Landsknechte und italienischer Hakenschützen das Landvolk niederzuwerfen. Grausam ließ man die Gefangenen über die Klinge springen und nach Beendigung des Kampfes standrechtlich hinmorden; mehr als 4000 sollen auf den Schlachtfeldern und durch Henkershand ihren Tod gefunden haben [1]. Unter anderen wurde auch Welsh, der katholische Geistliche von St. Thomas, hingerichtet. In seinen priesterlichen Gewändern, mit einem Weihwasserbecken und Weihwedel, mit Meßschelle und Rosenkranz knüpften ihn die Sieger an einen Balken, den sie durch die Schalllöcher des Kirchthurms hinausschoben, und ließen die Leiche hängen zum Zeichen, daß der katholische Glaube besiegt sei und daß jetzt brunten in der Kirche „das reine Wort" verkündet werde [2].

Ein neues, mit Blut geschriebenes Strafgesetz, das von einer Commission von acht häretischen Bischöfen unter Cranmers Vorsitz entworfen wurde, sollte die endgiltige Unterwerfung des englischen Volkes unter die Reformation herbeiführen. Dasselbe bedrohte alle mit der Todesstrafe, welche dem Glauben an die Verwandlung von Brod und Wein in den Leib und das Blut Christi oder an den päpstlichen Primat nicht entsagten. Schon früher hatte Calvin den Protector Somerset aufgefordert, die Anhänger des römischen Antichrists mit dem Schwerte zu verfolgen [3]. Allein noch bevor dieses neue Gesetzbuch eingeführt werden konnte, starb Eduard VI. erst 16 Jahre alt am 6. Juli 1553.

Jetzt bestieg die rechtmäßige Erbin Maria, das Kind Katharina's von Aragonien, den Thron Englands, und Cranmer und dessen Genossen, die soeben mit geschäftiger Eile das Schwert der Verfolgung geschärft hatten, sahen die Waffe ihrer Hand entwunden und gegen das eigene Haupt gezückt. Maria war fest entschlossen, England wieder mit der katholischen Kirche zu vereinigen. Großmüthig kam Julius III. dem Versuche entgegen, indem er im Namen der Kirche Verzicht leistete auf die vielen Millionen geraubten Kirchengutes, die sich in der Hand des englischen Adels befanden. Irdisches Gut fiel nicht in die Wagschale, wo es sich um das höchste Gut, den wahren Glauben, handelte. Mit den größten Vollmachten ausgestattet kam Cardinal Pole, der Sohn der seligen Margaretha von Canterbury, im November 1554 nach London und vollzog die Wiedervereinigung Englands mit der römisch-katholischen Kirche, nachdem das betreffende

---

[1] Lingard VII, 46 (Ausgabe von 1844).
[2] Froude, History of England IV, 439.
[3] Calvini Epistolae, editio Genev. 1576. p. 67.

Gesetz fast ohne Widerspruch in den beiden Häusern des Parlaments angenommen war. Schon am Andreastage 1554, der nach Pole's Antrag in der Folge zur Erinnerung an dieses glückliche Ereigniß ganz besonders gefeiert werden sollte, wurde in der königlichen Kapelle das Te Deum angestimmt[1]. Es fand einen freudigen Wiederhall in Rom und in der ganzen katholischen Welt. Der Papst schrieb ein Freudenjubiläum aus; sei es doch nur billig, sich mit dem Vater des verlorenen Sohnes zu freuen; denn der Sohn, den er verloren geglaubt habe, sei wiedergefunden. — Allein der rasche Parlamentsbeschluß genügte nicht, das Gift der Irrlehre, das sich seit einem vollen Menschenalter in England eingefressen hatte, mit einem Federzuge zu entfernen. Die Königin griff zu scharfen Mitteln; die Wunde sollte ausgebrannt werden. In einer eigenhändig für ihren Rath entworfenen Instruction sagt Maria: „Was die Bestrafung der Häretiker betrifft, so ist es unsere Absicht, daß man ohne blinden Eifer zu Werke gehe; doch soll man nicht unterlassen, die Strenge des Gesetzes gegen solche anzuwenden, welche ihr Wissen mißbrauchen, um die Einfältigen zu verführen. Im übrigen soll man so verfahren, daß das Volk einsehen muß, sie seien nicht ohne gerechten Grund verurtheilt."[2] Man sieht, die Königin hatte zu Anfang ihrer Regierung den Vorsatz, zwar mit Ernst, doch nicht mit unbilliger Strenge die alten Gesetze gegen die Irrlehrer anzuwenden. In der Folge wurden dieselben freilich scharf genug gehandhabt, aber erst als Milde und Schonung die Frechheit der Irrlehrer nur steigerten, und als wiederholte Versuche offener Empörung die Königin zur Anwendung der alten Gesetze zwangen. In der That waren die meisten der Hingerichteten notorische Rebellen und gemeine Verbrecher, welche die Todesstrafe mehrfach verdient hatten. Ueberdies verharrten sie hartnäckig in der Irrlehre, welche die Wurzel oder der Deckmantel ihrer Empörung war. Was Fox über diese „Märtyrer" schrieb, wird allseitig als durchaus unzuverlässig anerkannt; dennoch werden seine Schaubermären gelegentlich als wahr erzählt, um dem protestantischen Volke einen Begriff von dem papistischen Joche zu geben.

Carbinal Pole, der den erzbischöflichen Stuhl von Canterbury bestiegen hatte, war ein Gegner dieser Strenge; der Spanier Alfons de Castro, der Beichtvater von Maria's Gemahl Philipp, tadelte sie offen[3]. Trotzdem erreichte die Zahl der Hingerichteten eine bedauerliche Höhe[4]

---

[1] Collier, Ecclesiastical History. II, 874.   [2] Collier II, 372.
[3] Hergenröther, Handbuch der Kirchengeschichte III, 150.
[4] Nach Strype (Memorials III, Appendix n. 85) 288, nach anderen 279.

und trug der Königin bei den Protestanten den Beinamen der „Blutigen" (bloody Mary) ein. Würde man gleiches Maß für alle anwenden, so verdiente die „jungfräuliche" Elisabeth, welche in dem einen Winter von 1579 anläßlich des Aufstandes im Norden eine dreimal größere Zahl hinrichten ließ, als Maria während ihrer ganzen Regierungsdauer, zum mindesten den gleichen Namen.

Es war der Königin Maria und dem Cardinal Pole nicht vergönnt, das Werk der Wiedervereinigung Englands mit Rom zu Ende zu führen. Ein und derselbe Tag, der 17. November 1558, rief beide aus diesem Leben; in der Morgenfrühe verschied die Königin, und als die Glocken von Westminster ihren Heimgang verkündeten, rang auch Cardinal Pole mit dem Tode. Das Parlament war versammelt. Heath, der Erzbischof von York, theilte den beiden Häusern den Tod mit und bezeichnete Elisabeth, Heinrichs VIII. zweite Tochter, als die rechtmäßige Thronerbin. Das Parlament rief: „Gott erhalte Königin Elisabeth!" und der Herzog von Norfolk begleitete den Herold, der bei Trompetenschall die neue Königin verkündete, mit einem glänzenden Gefolge durch die Straßen Londons.

Die Rechtmäßigkeit der Thronfolge war freilich nicht so zweifellos. Elisabeth war die Frucht des Ehebruchs, wie das Parlament unter Maria noch einmal erklärt hatte. Nach der Abstammung hätte Maria Stuart, die auch sofort das Wappen und den Königstitel von England annahm, folgen sollen, da ihr Großvater die älteste Schwester Heinrichs VIII. geehelicht hatte. Allein Maria Stuart war bereits mit dem Dauphin von Frankreich verheiratet, und der Gedanke, unter schottisch-französische Herrschaft zu kommen, war dem Nationalstolze Englands unerträglich. Lieber sah man über den zweifelhaften Ursprung Elisabeths hinweg, und so wurde sie von den Katholiken wie von den Häretikern ohne Widerspruch auf den Thron erhoben.

Welche religiöse Ueberzeugung die junge Königin habe, war schwer zu sagen. Unter Heinrich VIII. war sie im Schisma erzogen worden; unter Eduard VI. schien sie zum Lutherthum hinzuneigen, während die tonangebenden Prediger den Calvinismus annahmen; unter Maria hatte sie sich zur katholischen Religion bekannt, oder, wie der finstere Knox ihr beim Regierungsantritt vorwarf, „die Religion verläugnet und sich unter das Joch des Götzendienstes gebeugt"[1]. Elisabeth scheint überhaupt keine tiefere religiöse Ueberzeugung gehabt zu haben; dazu war ihr ganzes

---

[1] Brief vom 28. Januar 1559 bei Strype, Annals I, 2.

Wesen zu frivol. Die starren Calviner mit ihrem finstern, trostlosen Vorherbestimmungsglauben und ihrem kalten, herzlosen Gottesdienste langweilten sie; auf der andern Seite war ihr Rom, das die Mutter laut als Ehebrecherin, sie selbst als illegitim erklärt hatte, in der Seele verhaßt. Politische Erwägung gab den Ausschlag: weder der starre Calvinismus, noch die alte katholische Religion, sondern eine neue Kirche, deren Schöpferin sie sein wollte, sollte in England herrschen. Vor allem handelte es sich aber darum, das Scepter fest zu erfassen, und zu diesem Zwecke machte sie nach allen Seiten hin Zusagen und Versprechen. Wohlgeübt in der Heuchelei, verstand sie es, hüben und drüben Hoffnungen zu erwecken. Schon am 16. November, also am Tage vor Maria's Tod, da man die nahe Auflösung der Königin voraussah, schrieb Elisabeth an den Grafen von Feria, den Gesandten Philipps von Spanien, sie glaube an die wahre Gegenwart Christi im Altarssacramente [1]. Dasselbe betheuerte sie Lord Lamac und fügte bei, sie bete zur Jungfrau Maria [2]. Auch nach ihrer Erhebung besuchte sie in der ersten Zeit nach wie vor die heilige Messe.

Allein während Elisabeth den Katholiken leere Hoffnungen machte, gab sie der Reformpartei sichere Beweise ihrer freundlichen Gesinnung. Sie bestätigte zwar anfangs den Geheimrath der verstorbenen Königin, ernannte aber gleichzeitig eine Reihe erklärter Anhänger der Glaubensneuerung zu Geheimräthen, so den Marquis von Northampton, den Earl von Bedford, Sir William Cecil und Sir Nicholas Bacon. Ebenso setzte sie sofort alle ihrer Religion wegen gefangenen Häretiker in Freiheit. Cecil wurde Staatssecretär, Bacon bald an Stelle des Erzbischofs von York Lordkanzler. Sir William Cecil, der spätere Lord Burghley, war ein Mann, wie ihn Elisabeth zum Staatsminister brauchte, ein gelehriger Schüler Machiavelli's, der vor keinem Mittel zurückschreckte, ein erfahrener Ränkeschmied, voll Lüge und Heuchelei. Unter Eduard VI. hatte er sich die Pfarrei Wimbledon geben lassen und spielte daselbst den Prädikanten [3]; unter Maria legte er die Maske des Katholiken an, ging zur heiligen Messe und empfing die heiligen Sacramente [4]; jetzt war er geschäftig, mit Elisabeth die neue Staatsreligion aufzurichten, und wenn Maria Stuart den Thron erobert hätte, so wäre der Mann ebenso bereit gewesen, die Messe zu dienen, wie unter Eduard das „reine Wort" zu verkünden.

---

[1] Cott. Ms. Titus C. 10.   [2] Strype, Annals I, 2.
[3] Lingard, History of England (ed. 1854) VII, 251.
[4] The Wimbledon Easter-book 1556, bei Nares, Memoirs of Lord Burghley.

Noch bevor Elisabeth ihren Einzug in London hielt, versammelte sie ihren neuen Cabinetsrath um sich und berieth die Schritte, welche den Umsturz der katholischen Religion anbahnen und die Reformation einführen sollten. Man beschloß, langsam voranzugehen und erst bei der Eröffnung des nächsten Parlaments den Schleier zu lüften. Unter den Potentaten, denen die Königin ihre Thronbesteigung anzeigen solle, nennt die Denkschrift Cecils, welche am Todestage Maria's [1] entworfen wurde, an erster Stelle den Papst, dann erst den Kaiser, den König von Spanien, von Dänemark und Venedig. Die Proclamation der Königin, welche England ihre Thronbesteigung anzeigt, verbietet „unter was immer für einem Vorwande den Bruch oder die Aenderung einer jetzt im Reiche bestehenden Ordnung oder Sitte". Strype, der alte protestantische Historiker, bemerkt zu dieser Stelle der Proclamation [2]: „Als ob sie durch diese Worte um so besser ihre Absicht, die Religion zu ändern, habe verbergen wollen". Insgeheim wurden weitere Schritte vorbereitet. Eine ausführliche Denkschrift, welche sich in der Cotton-Sammlung [3] findet, zieht sie in Erwägung. Die Gefahren, welche die Religionsänderung bedrohen, sagt das interessante Document, seien folgende: 1. Der Papst werde ganz bestimmt die Königin excommuniciren, England mit dem Interdicte belegen und die christlichen Fürsten auffordern, das Land zu erobern. 2. Der König von Frankreich werde hierdurch ermuthigt, den Krieg um so eifriger nicht nur als gegen seine Feinde, sondern auch als gegen Ketzer zu führen; Schottland und Irland würden ihm vielleicht die Hand bieten. Aber auch im Lande selbst habe man Gefahren zu fürchten: alle, welche unter Maria im Staatsdienste angestellt waren, würden sich dem Religionswechsel widersetzen; alle Bischöfe und Priester seien als geschworene Feinde zu betrachten und würden Kanzel und Beichtstuhl gebrauchen, um das Volk gegen die Neuerung aufzureizen; mit ihnen würden viele papistisch gesinnte Glieder des Richterstandes gemeinschaftliche Sache machen und andere würden aus politischen Gründen sich auf die Seite der Papisten stellen. Aber noch eine andere Klasse von Gegnern nennt das Schriftstück: „Manche von denjenigen, die mit Freuden eine Lostrennung von der Kirche von Rom begrüßen, werden unzufrieden sein, wenn sie etwa sehen, daß einige von den alten Ceremonien beibehalten, oder daß die Lehre, welche sie für die wahre erklären, nicht einzig und

---

[1] Cott. Ms. Titus C. 10, bei Strype, Annals I, 5.
[2] Annals l. c.
[3] Cott. Ms. Julius F. 6.

allein aufgestellt und jede andere abgeschafft und beseitigt wird, und sie werden die neue Religion ‚ein vermummtes Papistenwerk und einen Misch= masch' nennen" (a cloaked Papistry and a Mingl-Mangle).

Diesen Gefahren der neuen Religion gegenüber schlägt das Document die folgenden Mittel vor: Mit Frankreich sei Friede zu schließen, „und wenn dort ein Religionszwist ausbreche, derselbe nach Kräften zu schüren". Schottland werde Frankreich folgen; doch solle man auch dort die Parteien noch mehr aufeinander hetzen und die Neuerer unterstützen. Irland werde man mit Geld gewinnen. Der Papst sei nicht zu fürchten; der könne nur den Bannstrahl schleudern. Ernstere Gefahr drohe von den inneren Feinden. Die hohen Staatsbeamten aus der Zeit Maria's, welche gerade ihrer Religion wegen ihre Stellen erhalten hätten, seien als Säulen des Papismus zu betrachten, abzusetzen und in den Augen ihrer Landsleute um Achtung und Ansehen zu bringen, solange sie der „wahren Religion" widerstrebten, und auch, wenn sie sich „bekehren" sollten, sei ihnen nicht leicht zu trauen. An ihrer Stelle müßten überall treue und verläßige Diener Ihrer Majestät, auf deren Religion man bauen könne, eingesetzt werden. Den Bischöfen und Geistlichen gegenüber schlägt die Denkschrift dieselben Mittel vor, welche schon unter Heinrich VIII. mit Erfolg zuerst ins Feld geführt worden waren: man solle sie in ein Prae- munire oder ein ähnliches Strafgesetz verstricken und ihnen erst dann Verzeihung angedeihen lassen, „wenn sie ihren Fehler gestehen, sich ganz der Barmherzigkeit Ihrer Majestät anheimgeben, dem Papst von Rom ab= schwören und sich unbedingt der neuen Religion anschließen — und durch dieses Mittel kann auch, wenn es nur geschickt gehandhabt wird, Ihro Majestät Geldnoth einigermaßen abgeholfen werden". Der Richterstand sei ebenfalls von Papisten zu säubern; „lieber solle man arme, junge Leute anstellen". Politische Umtriebe seien mit Strenge zu unterdrücken; ebenso seien die Eiferer, denen die Religionsänderung nicht weit genug gehe, durch scharfe Gesetze im Zaum zu halten. Eine ganz besondere Aufmerksamkeit müsse den beiden Universitäten und den Schulen von Eton und Winchester gewidmet werden, damit das heranwachsende Geschlecht und die Zukunft der Reformation gewonnen werde.

Die Ausarbeitung der Gesetzesvorlage und der neuen Liturgie wurde einer Commission von sieben Mann unter dem Vorsitze von Sir Tho= mas Smyth anvertraut. Diese sollten in aller Stille in dem Hause des letztern in der Channon=Row, „wohin deshalb ein Vorrath von Holz, Kohlen und Getränk" zu bringen sei, die neue Religion entwerfen. Zwei

Maß Weizen wurde ihnen (täglich) dafür bewilligt. Niemand als der Marqueß von Northampton, die beiden Earls von Bedford und Pembroke und Lord John Grey waren in das Geheimniß einzuweihen. Inzwischen solle man öffentlich mit der Religionsänderung nicht weiter vorgehen als die Königin. An hohen Festen solle man die Communion empfangen, wie es Ihro Majestät beliebe. Wo mehrere Kapläne bei der Messe sich betheiligten, sollten sie alle mit dem celebrirenden Priester die Communion unter beiden Gestalten empfangen. Sonst solle man vor der Hand, um Ihrer Majestät Gewissen zu beruhigen, lieber einige fromme Gebete und Erwägungen vornehmen, die Messe aber um so seltener feiern[1].

Das also war der wohlüberlegte Operationsplan, der in Hatfield, wo die Königin beim Tode ihrer Schwester weilte, gefaßt wurde. Bis zum 22. November dauerten dort die Berathungen. Am 23. brach sie, von mehr als 1000 Lords, Rittern, Edelleuten und Edelfrauen begleitet, nach London auf. Die Bischöfe begrüßten sie an der Highgate; sie zeigte sich ihnen freundlich, mit Ausnahme Bonners, des Bischofs von London, welcher ihr verhaßt war. In der Carthause, jetzt im Besitze des Herzogs von Norfolk, stieg sie ab; das Kloster, aus welchem ihr Vater 16 edle Söhne des hl. Bruno hinwürgte, scheint ihr nicht unheimlich gewesen zu sein. Von hier aus hielt sie am 28. November durch die Straßen Londons ihren feierlichen Zug nach dem Tower. Am 14. December ließ sie zu Westminster mit großer Pracht und ganz nach dem alten katholischen Ritus das Requiem für ihre Schwester halten; ebenso wurde der Trauergottesdienst für Kaiser Karl V., für den Cardinal Pole, für Griffin, Bischof von Rochester, in der alten feierlichen Weise mit Todtenamt und Libera begangen. Man hätte meinen sollen, die Königin sei entschlossen, dem katholischen Glauben treu zu bleiben. Doch bald und noch bevor das Parlament zusammentrat, verrieth sie ihre eigentliche Gesinnung. Dem Bischof von Winchester, John White, der die Leichenrede Maria's hielt, ließ sie Hausarrest geben, weil er die Verstorbene mehr lobte als die Lebende[2]. Bonner, der Bischof von London, wurde in Untersuchung gezogen. Heath, dem Erzbischof von York, nahm sie am 22. December das Kanzlersiegel, da sie erkannte, daß er für die Reformation nicht zu

---

[1] Eine kritische Wiedergabe dieser Denkschrift gibt Pocock in der neuen Ausgabe von Burnets History of the Reformation V, 497.

[2] Die Rede ist aus Cott. Ms. Vespasian D. 18, 94 in Strype's Memorials III. Appendix n. 81 abgedruckt.

gewinnen sei[1], und übergab es Sir Nicholas Bacon. Oglethorpe, dem Bischof von Carlisle, der sich anschickte, am hohen Weihnachtsfeste in der königlichen Kapelle die heilige Messe zu feiern, ließ sie befehlen, in ihrer Gegenwart bei der Wandlung die Hostie nicht zu erheben. Der Bischof antwortete ihr, über sein Leben könne sie verfügen, über sein Gewissen nicht. Da erhob sich die Königin beim Offertorium und verließ mit ihrem Gefolge zornig die Kapelle. Zwei Tage später, am 27. December, erließ Elisabeth eine Proclamation[2], welche bis auf weiteres das Predigen untersagte. Die katholische Geistlichkeit ist zwar in derselben nicht genannt, aber die Verordnung (an sich schon eine schreiende Anmaßung der geistlichen Gewalt) war gegen sie gerichtet, wie die Reformirten sofort begriffen. Jewell schrieb an Petrus Martyr nach Zürich: „Die Königin hat allen, den Papisten und den Evangelischen, dem Volke zu predigen verboten. Man ist der Ansicht, es sei dies geschehen, weil dazumal nur ein einziger Diener am Worte, Bentham nämlich, sich in London befand, während die Zahl der papistischen Prediger sehr bedeutend war."[3] Bald nachher meldet ein anderer Gesinnungsgenosse an Bullinger nach Zürich: „Den katholischen Predigern ist durch eine königliche Proclamation Stillschweigen auferlegt, während die Evangelischen hinlänglich Freiheit haben, vor der Königin selber dreimal wöchentlich während der Fastenzeit zu predigen und ihre Lehren aus der Heiligen Schrift zu beweisen."[4]

Das alles zeigte zur Genüge, was die katholische Religion von Elisabeth zu gewärtigen hatte. So kam es, daß sich die Bischöfe sträubten, die Krönung vorzunehmen. Cecil und die übrigen vom Cabinetsrathe und Elisabeth selbst legten aber großes Gewicht darauf, daß die Krönung mit allem Prunke vollzogen werde, bevor das Parlament zusammentrete. Endlich ließ sich Bischof Oglethorpe herbei, die Ceremonie vorzunehmen, während alle seine bischöflichen Amtsbrüder es entschieden ablehnten. Strype nennt ihn den unbedeutendsten unter den Bischöfen und sagt, er habe später bitter bereut, daß er Elisabeth krönte[5]. Er meinte es jedenfalls mit seinem Gewissen vereinigen zu können; denn daß ihm sein Gewissen lieber war, als die Gunst der Königin, hatte er bei der Weihnachtsmesse gezeigt. Auch so willigte er in die Krönung nur unter der

---

[1] Burnet, History of the Reformation II, 603 (Pocock).
[2] Sie findet sich bei Strype, Annals I. Appendix n. 8.
[3] Zurich Letters I, n. 3. Brief vom 29. Januar 1559.
[4] Brief vom 28. Februar 1559 (Zurich Letters II, n. 8).
[5] Annals I, n. 50.

Bedingung, daß sich Elisabeth genau dem römischen Rituale füge, die heilige Communion unter einer Gestalt empfange, den feierlichen Eid schwöre, die katholische Religion zu vertheidigen und die Rechte und die Freiheiten der Kirche zu wahren. Ihre Räthe, die Förderer und Apostel der neuen Religion, sahen in diesem Meineide ein erlaubtes Mittel, zur Krone zu gelangen! [1] Und so wurde Elisabeth am 15. Januar 1559 mit einem Meineide auf den Lippen und einer sacrilegischen Communion auf dem Herzen zur Königin von England geweiht.

Die protestantischen Schriftsteller gleiten über diesen für den Charakter der jungen Königin und ihrer Staatsmänner bezeichnenden Umstand hinweg und erzählen uns dafür mit großer Salbung den folgenden Auftritt. Als der Krönungszug am obern Ende von Cheapside vorüberkam, trat daselbst auf einer Schaubühne ein Greis mit Sense und Flügeln auf — der Genius der Zeit; der führte an seiner Hand ein schönes, in weißen Atlas gekleidetes Kind — die Wahrheit, die Tochter der Zeit. In ihrer Hand trug sie die englische Bibel mit der goldenen Aufschrift: Verbum Veritatis, d. h. das Wort der Wahrheit. Mit einer passenden Rede übergab das Kind sein Buch der Königin, und sobald Elisabeth die Bibel in den Händen hatte, küßte sie dieselbe, hob sie mit beiden Armen hoch in die Luft, preßte sie dann inbrünstig an ihre Brust, dankte der City für dieses Geschenk und versprach, das Buch recht oft zu durchlesen[2]. Das tröstete die Neuerungssüchtigen und zeigte ihnen, wie es die Tochter Anna Boleyns mit dem Eide, den sie soeben in Westminster leisten wollte, halten werde.

An Pracht und Prunk ließ freilich der Tag nichts zu wünschen. Die Königin selbst ritt in purpurfarbene Seide gekleidet, mit einem aufrechtstehenden kostbaren Spitzenkragen um den Hals, blitzend von Gold und Edelgestein. Eine eigene geheime Verordnung Elisabeths hatte den Londoner Zollbeamten befohlen, alle purpurfarbene Seide anzuhalten, bis sie selbst gewählt und ihren Krönungsanzug angeschafft habe[3]. Die Straßen waren mit blauem Tuch belegt und zu beiden Seiten mit Schranken eingezäunt. So ritt sie unter dem Trompetengeschmetter der Herolde, dem Festgeläute der Glocken, dem Donner der Kanonen und dem Jubel des Volkes nach Westminster-Hall, wo der Bischof und der Clerus

---

[1] Rishton, De Schismate renovato (Fortsetzung von Sanders De origine et progressu Schismatis Anglicani), p. 273 (editio 1588).
[2] Strype, Annals I, 30.
[3] Strype l. c. p. 28.

von Westminster, alle in goldgewirkten Chormänteln, sie zum Krönungs=
amte abholten. Es war die letzte katholische Krönungsfeier in der herr=
lichen Abteikirche für lange Zeit. Tieferblickende Männer muß es traurig
angemuthet haben, als die Orgel durch die hehren Hallen, in denen die
alten katholischen Könige ruhten, feierlich hinbrauste und der Sängerchor
das Salve festa dies in dem Augenblicke anstimmte, als Elisabeth vom
Bischofe geführt durch das herrliche Westportal eintrat. Nach der gottes=
dienstlichen Feier folgte das Krönungsmahl in Westminster=Hall, wobei
die Großen des Reiches, der Lord=Mayor von London und seine Alder=
men die Fürstin bedienten. Lanzenbrechen und andere Ritterspiele be=
schlossen an den beiden nächsten Tagen die Krönungsfeier.

Auf Spiel und Tanz kamen rasch ernste Zeiten. Schon in der
darauffolgenden Woche trat das Parlament zusammen, welches über die
Zukunft der Religion Englands entscheiden sollte. Wegen der vielen jungen
Leute, welche die Nation in dieser ernsten Frage vertraten, wird es das
„bartlose" genannt. Am 25. Januar wurde es nach alter katholischer
Sitte mit einem feierlichen Hochamte eröffnet, dem die Königin mit ihrem
Hofstaate beiwohnte. Nach Beendigung des hochheiligen Opfers bestieg
dann der reformirte Dr. Cox, einer aus der Commission, welche in Sir
Thomas Smyths Hause in der Channon=Row seit Anfang December die
Vorlage für Abänderung der Religion aushecke, die Kanzel. Aus dem
Münster zog man in den Sitzungssaal, und nachdem Elisabeth auf dem
Throne Platz genommen, eröffnete der Lordkanzler Bacon den beiden
Häusern im Namen der Königin mit vielen Worten, daß die erste Auf=
gabe des Parlaments darin bestehen werde, ein einheitliches Glaubens=
bekenntniß und eine gemeinsame Gottesdienstordnung für das ganze Reich
zu bestimmen. Ihre Mitwirkung in dieser Sache, sagte er, sei zwar nicht
nothwendig, die Königin hätte die Religion aus eigener Machtvollkommen=
heit vorschreiben können; aber sie habe es vorgezogen, durch ihre Bei=
stimmung mit größerer Ruhe und durch ihren Rath mit größerer Sicher=
heit in dieser Angelegenheit voranzugehen, und wolle von ihren lieben
Unterthanen nicht mehr verlangen, als sie frei und ungezwungen auf sich
nehmen würden[1].

Umsonst protestirte Sir Thomas White, der Stifter des St. John's
College zu Oxford und Lord=Mayor von London, im Parlamente, „es
sei ungerecht, daß eine Religion, welche auf so wunderbare Weise be=

---

[1] Sir Simon D'Ewes Journal of both houses, p. 12.

gonnen und von so ehrwürdigen Männern begründet worden sei, jetzt von einer Rotte bartloser Buben abgeschafft werde"[1]. Das Parlament hielt sich für competent, und eine Versammlung von Laien sollte darüber befinden, was Christus gelehrt habe: das allein war schon der vollendete Abfall von dem alten katholischen Glauben an die ausschließliche Lehrgewalt der Apostel und ihrer Nachfolger, der Bischöfe. Damit war der offene Kampf begonnen; wir müssen uns jetzt die Kräfte der beiden Parteien vergegenwärtigen, bevor wir den Ereignissen folgen.

Auf der Seite der katholischen Einheit stand zunächst der Episkopat. Während Heinrich VIII. bei seinem traurigen Bruche mit Rom, den seligen Bischof von Rochester allein ausgenommen, nur schwache Hirten gegenüberstanden, welche nicht den Muth hatten, für ihre Heerde mit dem Leben einzustehen, sah sich jetzt Elisabeth einer Schaar von Männern gegenüber, welche mit Kraft den Hirtenstab führten und treu zur Kirche hielten. Manche von ihnen waren zwar früher gestrauchelt und hatten sich dem Willen des Tyrannen gefügt; aber sie hatten ihre Schwäche bereut, sich wieder gefunden und wollten nun mit Gottes Hilfe ihren ersten Fall durch opfermuthige Treue gutmachen. Kaum ein Verräther war jetzt in ihrer Mitte. Wie die Bischöfe dachten eine sehr große Anzahl der hervorragendsten Mitglieder der Geistlichkeit, die große Mehrzahl der Vorsteher der Collegien von Oxford und Cambridge, der Ordensclerus und die meisten Weltgeistlichen. Unter den Peers saßen ebenfalls manche Katholiken; ihr Führer war Anthony Browne, der von Maria zum Lord Montague erhoben war und von der seligen Gräfin Salisbury zugleich mit ihrem Titel und ihren Gütern die Treue im katholischen Glauben und ihren Heldenmuth geerbt hatte. Auch im Hause der Gemeinen saß noch mancher treue Katholik: so der selige Johannes Storey, Lehrer beider Rechte, der ein Jahrzehnt später um seines Glaubens willen das Schafott bestieg, der Lord-Mayor von London, Sir Thomas White, und andere.

Allein die Regierung hatte ihrerseits nichts unterlassen, eine Mehrheit für ihre Pläne im Parlament zusammenzubringen. Im Unterhause war sie ihrer Sache gewiß. Eine Liste von Candidaten ihrer Partei war an die Sheriffs aller Grafschaften gesandt worden, damit die Wahlen dem Wunsche der Königin entsprechen möchten. Im Hause der Lords sollte ein Peersschub die Mehrheit sichern. Fünf erklärte Freunde der Reformation waren in Eile zur Peerswürde erhoben worden: der Marquis

---

[1] Simpson, Edmund Campion, p. 5.

von Northampton, der Earl von Hertford, der Viscount Howard of Bindon, Lord Bletso und Lord Hunsdon. Der greise Marquis of Winchester, der kriegerische Earl of Pembroke und Franz Russell, Earl of Bedford, der Schutzherr der Neuerer, der die flüchtigen Reformirten in Zürich besucht hatte, galten neben Cecil und Bacon als die festesten Stützen der königlichen Partei.

Gleichzeitig mit dem Parlamente tagten die Bischöfe im Kapitelhause von Westminster unter dem Vorsitze von Bischof Bonner, da der Erzstuhl von Canterbury durch Cardinal Pole's Tod erledigt war. Sie überreichten dem Lordkanzler die folgenden fünf Artikel, welche den Reformirten gegenüber die Lehre vom heiligsten Altarssacramente, vom Primate des Papstes und von der Lehrgewalt der Kirche in klaren Sätzen hinstellten: „1. Im Altarssacramente ist kraft der Worte Christi, wenn sie vom Priester in rechter Weise ausgesprochen werden, unter den Gestalten von Brod und Wein der natürliche Leib Christi, der von der Jungfrau Maria empfangen wurde, wirklich gegenwärtig, wie auch sein natürliches Blut. — 2. Nach der Wandlung ist die Wesenheit des Brodes und Weines nicht mehr vorhanden, noch sonst eine andere Wesenheit, als diejenige des Gottmenschen. — 3. Der wirkliche und wesentliche Leib Christi und sein wirkliches und wahres Blut wird in der Messe dargebracht als ein Sühnopfer für die Lebendigen und die Todten. — 4. Die höchste Gewalt, die streitende Kirche zu weiden und zu regieren und die Brüder zu bestärken, ist dem Apostel Petrus und seinen rechtmäßigen Nachfolgern auf dem Apostolischen Stuhle übertragen, und sie sind deshalb Christi Stellvertreter. — 5. Das ausschließliche Recht, Fragen, welche sich auf den Glauben, die Verwaltung der Sacramente und die Kirchenzucht beziehen, zu berathen und zu bestimmen, hat immerbar zugestanden und muß einzig und allein zustehen den Bischöfen der Kirche, welche der Heilige Geist zu diesem Zwecke in der Kirche eingesetzt hat, nicht aber den Laien."[1] Diese Artikel wurden dem Lordkanzler mit dem Bemerken vorgelegt, es sei ihnen eine notariell beglaubigte Erklärung der Universitäten Oxford und Cambridge beigegeben, welche ihre einmüthige Zustimmung zu denselben, mit Ausnahme des letzten, besage. Die wahre Gegenwart Christi, die Transsubstantiation, die heilige Messe und der Primat Petri und dessen Nachfolger war also von den Theologen Englands einmüthig angenommen. Nur über die vorgebliche Befugniß der Laien, bei der Erörterung theo-

---

[1] Liber Synod. anno 1559. Vgl. Strype, Annals I, 56. Collier II, 414.

logischer Fragen Sitz und Stimme zu haben, hatten einige unklare Begriffe.

Im Februar kam die entscheidende Frage der königlichen Suprematie auf die Tagesordnung. Die Vorlage, welche Elisabeth den Titel ihres Vaters „Haupt der Kirche von England" verlieh, kam zuerst vor das Haus der Gemeinen und rief eine heftige Debatte hervor, in welche auch der selige Johannes Storey eingriff. Die Sache ging dieses Mal nicht so glatt wie unter Heinrich VIII. Die Vorlage wurde einer Commission übergeben und kam unwesentlich verändert wieder vor das Unterhaus; statt „Haupt der Kirche" sollte Elisabeth jetzt „Lenkerin der Kirche" (Gubernatrix Ecclesiae) heißen. Die Sache war dadurch nicht geändert: die ganze Jurisdiction in kirchlichen Sachen blieb dem Papste abgesprochen und der Königin oder der Krone übertragen. Beinahe wäre die Vorlage auch in dieser Form im Unterhause gefallen; mit Mühe riß sie Cecil durch, indem er mit seltenem Geschicke die Angelegenheit zu verwirren verstand. Einem noch viel entschiedenern Widerspruch begegnete die Suprematsbill im Oberhause, wo sie am 27. und 28. Februar, am 13., 15. und 18. März gelesen wurde — so oft wurde sie in das Haus der Gemeinen zurückgewiesen. Lord Montague und der Earl of Shrewsbury hielten fest zu den Bischöfen, welche dem spanischen Gesandten erklärt hatten, lieber sterben als sich in dieser Sache dem Willen der Königin beugen zu wollen.

Die Reden des Erzbischofs von York und des Bischofs von Chester, welche sie bei der dritten Lesung gegen diese Bill hielten, sind noch vorhanden[1], und es ist wohl der Mühe werth, dieselben wenigstens im Auszuge mitzutheilen. Die Rede des Erzbischofs Heath zeichnet sich durch Ruhe und Klarheit aus. Zwei Dinge seien in der Bill enthalten: die Trennung vom römischen Stuhl und die Uebertragung einer Regierungsgewalt auf die Königin. Was die Trennung vom Papste angehe, so sollten sie wohl erwägen, daß dieselbe nicht geschehen könne, ohne daß sie sich von den allgemeinen Concilien, von dem Kirchenrechte, von dem Urtheile aller christlichen Fürsten und schließlich von der Einheit der Kirche Christi trennten, indem sie sich aus dem Schifflein Petri stürzten und dem sichern Untergange in den Wogen des Schismas, der Secten und der Glaubensverwirrung überantworteten. Jede dieser vier Folgen erörtert der Erzbischof eingehend. Die vier ersten Concilien, welche wie die vier Evangelien geachtet worden, suchten ihre Bestätigung bei den Päpsten; diese verlassen

---

[1] Sie sind in Strype's Annals I, Appendix n. 6 u. n. 7 abgedruckt.

sei also gleichbedeutend mit der Verwerfung der Concilien. Heinrich VIII. sei der erste König gewesen, der sich den Titel der Suprematie beigelegt habe, und anfangs habe niemand dieses Vorgehen gebilligt, weder von katholischer noch von protestantischer Seite. Es habe zwar ein ehrenwerthes Mitglied dieser Tage im Hause behauptet, dieser Titel komme dem Könige zu, eben weil er König sei.' Wenn dem also wäre, so hätte König Herodes das oberste Haupt der Kirche von Jerusalem und Nero das oberste Haupt der Kirche Christi zu Rom sein müssen, obschon beide Ungläubige und keine Glieder der Kirche gewesen. Wenn aber der Heiland bei seinem Heimgange aus dieser Welt die oberste Regierungsgewalt seiner Kirche in die Hände von Kaisern und Königen anstatt in diejenigen seiner Apostel gelegt habe, so würde folgen, daß er schlecht für seine Kirche gesorgt, da Constantin der Große, der erste christliche Kaiser, erst etwa 300 Jahre nach Christi Himmelfahrt herrschte.

Ebenso klar und kräftig entwickelte Erzbischof Heath den zweiten Theil, den die Suprematie in sich begreife: die Uebertragung der höchsten geistlichen Gewalt auf die Königin. Dieselbe enthalte 1. die Binde- und Lösegewalt. „Dir will ich die Schlüssel des Himmelreiches geben." Wo das Parlament die Vollmacht hernähme, diese der Königin zu übertragen? 2. Die Lehr- und Hirtengewalt. „Weide." Wie man diese einem Weibe übertragen könne? Er erinnert an die Lehre des hl. Paulus: „Die Weiber sollen in den Kirchen schweigen," und: „Zu lehren aber erlaube ich dem Weibe nicht". Ebenso wenig könne ein Weib die übrigen Pflichten des obersten Hirtenamtes erfüllen, namentlich nicht die Strafgewalt. Paulus sage im 4. Kapitel an die Ephesier: Er gab seiner Kirche einige als Apostel, einige als Evangelisten, einige als Hirten und Lehrer in opus ministerii in aedificationem corporis Christi. Ein Weib aber könne in der Stufenleiter der Kirche Christi weder ein Apostel, noch ein Evangelist, noch ein Hirt oder ein Lehrer oder ein Prediger sein. Und folgerichtig könne ein Weib auch nicht das oberste Haupt der streitenden Kirche oder eines Theiles derselben sein.

„Das habe ich gegen diese Suprematie-Acte gesagt," schloß der Erzbischof, „um mein Gewissen zu entlasten und aus Liebe sowohl wie mit Furcht und Zagen zunächst vor meinem Gotte, dann aber auch vor meiner Souveränin Ihrer Majestät der Königin und vor Euch allen, Mylords. Wenn ihr in dieser Frage vorangeht, ohne die vorerwähnten Punkte gründlich zu erwägen, so werdet ihr euren Feinden nicht mehr unter die Augen treten dürfen, und ihr werdet in der Kirche Gottes ein Aergerniß geben, wie es eben nur in diesem Reiche möglich ist. Ich bitte euch bemüthig, meine offene und unumwundene Sprache, welche mir mein Eifer und mein gutes Herz eingab, nicht zu mißdeuten, und so werde ich denn Euer Lordschaft nicht länger zur Last fallen."

Auch die Rede, welche Scot, der Bischof von Chester, bei der dritten Lesung hielt, enthält treffliche Momente. Er führt mit großer Gewandtheit und Kraft den Schriftbeweis und widerlegt dann die Einwürfe, welche die Gegner im Laufe der Debatte vorgebracht hatten. Zunächst waren die landläufigen Schauermären von den Lastern einiger Päpste vorgebracht worden. Der Bischof antwortete: „Ich glaube, sie waren nicht so schlecht, als man sie darstellt. Aber gesetzt, sie waren wirklich so — was folgt daraus? Ein Mensch bleibt ein Mensch, und die Schrift sagt: ‚Wer ist der Mann, der nicht sündigt?' Ja, wenn Christus dem Petrus und dessen Nachfolgern das Versprechen der Sündenlosigkeit gegeben hätte, so würde der Einwurf etwas beweisen; nun aber hat er nicht zu ihm gesagt: Ego rogavi pro te, ut non pecces, ich habe für dich gebetet, daß du nicht sündigst, sondern: Ego rogavi pro te, ut non deficiat fides tua, ich habe für dich gebetet, daß dein Glaube nicht wanke. . . . So wenig der Ehebruch und der Mord Davids dem Ansehen seiner gottbegeisterten Psalmen Eintrag thut, und so wenig die Sinnlichkeit und der Götzendienst König Salomons den von ihm verfaßten Büchern der Heiligen Schrift ihr Ansehen nimmt . . . ebenso wenig kann das Leben der römischen Päpste, und wären sie noch so sündenbefleckt, die Gewalt hinwegnehmen, welche durch den Mund unseres Herrn Christus dem Petrus und dessen Nachfolgern verliehen ist." Aehnlich widerlegte der Bischof alle übrigen Einwürfe, die freilich nicht sehr schwierig waren. Die protestantischen Schriftsteller räumen übrigens ein, daß im Hause der Lords kein Mitglied auf dem theologischen Gebiete den Bischöfen gewachsen war. Aber es kam nicht auf das Gewicht der Gründe, sondern auf die Stimmenzahl an, und so brachte der Hochdruck der Regierung die Suprematsbill durch. Wären nicht unglücklicherweise elf Bisthümer erledigt gewesen [1], so würden die Bischöfe den Sieg davongetragen haben. Am 22. März wurde die Bill schließlich angenommen. Am 24., Charfreitag, vertagte sich das Parlament bis nach dem Osterfeste. Noch war die Messe nicht abgeschafft; so wurde Ostern in England noch einmal katholisch gefeiert.

---

[1] Dodd, Church History of England II, 318.

Es muß doch eine sonderbare Stimmung in weiten Kreisen der Bevölkerung geherrscht haben. Graf Feria schrieb schon am 31. Januar an Philipp von Spanien: „Die Katholiken sind in großer Aufregung."[1] Auf die erste Nachricht von der Suprematsbill war der König, der um Elisabeths Hand warb, fast entschlossen, seine Bewerbung zurückzuziehen. Herzog Alba mißrieth es ihm; wenn die Heirat zu Stande komme, so werde ja ohnehin die katholische Religion einen Artikel des Vertrages bilden, und ein folgendes Parlament könne die Suprematsacte wieder über den Haufen werfen[2]. Aber Elisabeth hielt Philipp nur mit leeren Hoffnungen hin, bis sie mit Frankreich zu Cambray Friede geschlossen hatte. Am 19. März schrieb Feria an seinen König, Elisabeth sei fest entschlossen, die Parlamentsbeschlüsse durchzuführen. Cecil, Francis Knowles und die übrigen Anhänger der Neuerung hätten sie ganz in ihrer Gewalt. „Cecil beherrscht die Königin; er ist ein geriebener Mann, ein heilloser Ketzer. An dem Tage, da die Nachricht (vom Friedensschlusse) von Cambray eintraf, entschied sich das Parlament für die Annahme (der Suprematsbill). Diese Zeitung gab ihm Muth, und das ist ein schlimmer Lohn für die freundliche Hilfe Ew. Majestät. Es besteht nicht der geringste Zweifel, daß die Königin ihre gehässigen und niederträchtigen Maßnahmen bestätigen werde. Die Bischöfe sind, wenn nöthig, bereit, für die Wahrheit zu sterben; Ew. Majestät würden den Muth bewundern, mit dem sie offen auftreten... Die Religion wird schließlich triumphiren, dessen bin ich sicher; denn die Katholiken bilden zwei Drittel des Reiches."[3]

Feria machte wenige Tage später einen neuen dringenden Versuch, die Königin von der Bestätigung der Suprematsacte zurückzuhalten. Er schrieb darüber am 23. März an Philipp: „Ich weiß ganz bestimmt, daß die Kunde vom Friedensschlusse dem Parlamente den Muth gab, also zu handeln; vorher fürchteten sie, Ew. Majestät möchte sie preisgeben. Ich sagte der Königin, wie sehr ich mich wundere, daß sie so etwas gestattet habe, und daß meine einzige Hoffnung darauf beruhe, sie werde nach allem und allem ihre Zustimmung versagen. Ich erinnerte sie an ihre Bitte, an Ew. Majestät nicht zu schreiben, solange sie ihre Zustimmung nicht gegeben; ich hätte auf ihr Wort vertraut und fürchte nun, Ew. Majestät möchten die Ereignisse von anderer Seite in Erfahrung gebracht haben und mit Grund erzürnt sein. Sie wiederholte

---

[1] Simancas Ms. bei Froude VI, 157.
[2] L. c. VI, 161. [3] L. c. VI, 178.

ihre alte Ausflucht, daß sie ja den Titel ‚Haupt· der Kirche' nicht annähme und auch keine Sacramente ausspenden wolle und ähnliches, was ebenso falsch als thöricht ist. Dann fragte sie mich hochfahrend, ob Ew. Majestät ihr etwa zürnen werde, wenn sie sich die Messe in englischer Sprache lesen lasse. Ich antwortete, das wisse ich nicht; aber das könne ich ihr sagen, daß sie sich auf dem geraden Wege befinde, ihren Thron zu verlieren, und das thue mir leid... Sie redete davon, daß sie dem Beispiele ihres Vaters folgen wolle, und doch hält sie eine Schaar von Lutheranern und Zwinglianern um sich, die König Heinrich auf den Scheiterhaufen geschickt hätte... Der Papst muß über die Vorgänge im hiesigen Parlamente in Kenntniß gesetzt werden. Die Lage ist jetzt durchaus nicht dieselbe wie in den Zeiten Heinrichs und Eduards, da alle miteinander in die gleiche Schuld verstrickt waren. Wenn Seine Heiligkeit gegen die Königin und das Reich vorgeht, so müssen die Bischöfe und die Convocation, welche ihre Treue zur Kirche laut erklärten, ausgenommen werden. Die Mehrheit des Volkes außerhalb des Parlaments ist ebenfalls unschuldig, und es wird von großer Tragweite sein, daß die Bulle diese Unterscheidung mache; so wird sie die Gläubigen in ihrer Treue bestärken und die Irrgläubigen mit um so wuchtigerem Schlage treffen." [1]

Diese Briefe des spanischen Gesandten beweisen, daß bei der Annahme der Suprematsbill sämmtliche Bischöfe, der Clerus wenigstens im großen Ganzen und weitaus die Mehrheit des Volkes treu zur alten katholischen Religion standen, so zwar, daß Feria der Meinung war, wenn der Papst jetzt die Excommunication über die Königin verhängte, Elisabeth des Thrones verlustig wäre. Freilich hatte Paul IV., als ihm die Erhebung Elisabeths angezeigt wurde, sich mit Rücksicht auf ihre illegitime Geburt geweigert, sie anzuerkennen; aber die Excommunication pflegte Rom nicht zu verhängen, bevor alle Mittel der Milde und Langmuth erschöpft waren. Auch der Politik Philipps paßte ein solcher Schritt keineswegs; er sah die Krone lieber auf dem Haupte Elisabeths, deren Hand er noch immer für sich oder doch für einen Sprossen des spanisch-habsburgischen Hauses zu gewinnen hoffte, als auf dem Haupte Maria Stuarts, d. h. in Frankreichs Gewalt.

Elisabeth wußte, daß sie für den Augenblick nichts zu fürchten habe, und beschloß deshalb, „die Aufrichtung der Kirche Gottes", d. h. die neue reformirte Staatskirche rasch zur vollendeten Thatsache zu machen.

---

[1] Simancas Ms. l. c. VI, 180.

Der erste Schritt, „die Abschüttelung des römischen Joches", war schon geschehen; der zweite, die Einführung der anglikanischen Liturgie oder, was gleich bedeutend ist, die Abschaffung des katholischen Gottesdienstes, sollte folgen. Ein Vorspiel in Form eines Religionsgespräches bildete die Einleitung. In der Osterwoche wurde es auf Wunsch der Königin in der Westminster-Kirche gehalten. Die Sache war so angeordnet, daß die Katholiken sich in offenbarem Nachtheile befanden, indem den Protestanten immer das letzte Wort gestattet wurde. Drei Fragen waren für die drei Tage der Disputation festgestellt: 1. Der Gebrauch der lateinischen Sprache beim Gottesdienste; 2. das Recht der einzelnen Kirchen, den Gottesdienst abzuändern, und 3. die Messe als Sühnopfer für die Lebendigen und die Todten. Acht Kämpfer sollten von beiden Seiten auftreten; von den Katholiken waren es die vier Bischöfe: White von Winchester, Baines von Lichfield, Scot von Chester und Watson von Lincoln, ferner die Doctoren der Theologie Cole, Harpsfield, Chedsey und Langdale. Von protestantischer Seite traten Scory, Grindal, Cox, Whitehead, Aylmer, Horne, Guest und Jewel auf: Männer, die fein klug aus dem Wege gegangen waren, solange ihre Meinungen für sie selbst mit Gefahr verbunden, die jetzt aber wieder kühn auftraten, da sie es ohne Gefahr thun konnten. Als Zuschauer des Redekampfes waren die beiden Häuser des Parlaments geladen. Der erste Tag verlief ohne besondern Zwischenfall. Als aber am zweiten Tage, am Montag nach dem Weißen Sonntage, die Disputation vorangehen sollte, erhob sich zunächst Bischof White, um die Einwürfe zu widerlegen, welche die Reformirten am ersten Tage gegen den Gebrauch der lateinischen Sprache vorgebracht hatten. Der Lordkanzler sagte, das verstoße gegen die von der Königin getroffene Anordnung; die Bischöfe hätten jetzt ihre Beweise bezüglich der zweiten Frage vorzubringen und die Antworten der Reformirten anzuhören. Jetzt mußte es ihnen klar werden, daß sie nur als Puppen in einem Spiele gebraucht wurden, dessen Ausgang von vornherein beschlossene Sache war. Sie weigerten sich, den Beweis zu führen; sie seien die Vertreter der alten katholischen Wahrheit: es sollten die Gegner ihre Schwierigkeiten dagegen vorbringen, sie würden dann antworten. Der Lordkanzler entgegnete, sie hätten die vorgeschriebene Ordnung einzuhalten, oder das Religionsgespräch höre auf. Sie bestanden auf ihrem guten Rechte. Da fragte Bacon jeden einzeln, ob sie fortfahren wollten; sie sagten: Nein. Er forderte Feckenham, den Abt von Westminster, auf, an Stelle der Bischöfe fortzufahren; auch dieser weigerte sich. So wurde das Religionsgespräch abgebrochen, und die Königin ließ sofort die beiden Bischöfe White und Watson, welche sich durch besondern Eifer ausgezeichnet hatten, gefangen nehmen und in den Tower werfen[1]. Alle übrigen mußten sich wiederholt dem Privy Council stellen und durften London nicht verlassen. Wirklich mußten sie vom 5. April bis zum 12. Mai Tag für Tag vor den Räthen persönlich erscheinen; man meinte so ein Mittel gefunden zu haben, um ihren „Trotz" zu brechen. Allein sie blieben standhaft und ließen sich auch durch die schweren Geldstrafen nicht gefügiger machen. Unter dem 11. Mai verhängte der Geheimrath über den Bischof von Lichfield eine Strafe von 333 Pfd. St. 6 Sh. 8 D., über den Bischof von Carlisle 250 Pfd. St., über den Bischof von Chester 200 Mark[2], über Dr. Cole 500 Mark, über Dr. Harpsfield 40 Pfd. St.[3] u. s. w. Das sind, den damaligen Geldwerth in Anschlag gebracht, ganz enorme Summen; aber die Prälaten bezahlten lieber, als daß sie sich dem Willen der Königin gefügt hätten.

Am 3. April hatte das Parlament mit einer Botschaft der Königin wieder begonnen. Sie dankte für den guten Willen, den das Haus bei der Suprematsbill gezeigt habe, und lehnte den Titel „Haupt der Kirche" ab; es komme ihr auf dieses Wort nicht an, wenn nur sonst der Krone die Oberhoheit in geistlichen und weltlichen Dingen gewahrt werde. So bekam nun der Suprematseid die folgende Fassung:

„Ich N. N. bekenne und erkläre ohne Rückhalt auf mein Gewissen, daß Ihre Majestät die einzige oberste Beherrscherin dieses Reiches und aller übrigen Herrschaften und Länder Ihrer Majestät ist, und zwar sowohl in allen geistlichen oder kirchlichen als in allen weltlichen Fragen und Angelegenheiten, und daß kein auswärtiger Fürst, Herr, Prälat, Staat oder Potentat in diesem Reiche irgendwelche Gerichtsbarkeit, Gewalt, Oberhoheit, Vorrang oder Autorität kirchlicher oder geistlicher Natur habe oder haben dürfe; und deshalb entsage ich und verwerfe jede auswärtige Jurisdiction, Gewalt, Oberhoheit und Ansehen. Und ich verspreche von nun an Treue und wandellosen Gehorsam Ihrer Maje-

---

[1] Collier II, 417.

[2] 1 alte englische Mark = 13 Sh. 4 D. (1 Sh. = 1 deutsche Mark). Um einen Begriff von dem Geldwerthe in der damaligen Zeit zu erhalten, beachte man die Viehpreise, wie dieselben von Eduard VI. durch Proclamation vom 2. Juli 1547 festgesetzt waren: Ein fetter Mastochse von der besten Rasse: 2 Pfd. 5 Sh. bis 2 Pfd. 8 Sh. 4 D.; ein Stier: 1 Pfd. 6 Sh. bis 1 Pfd. 8 Sh. 4 D.; eine junge Kuh: 1 Pfd. 2 Sh. bis 1 Pfd. 3 Sh.; ein fettes Schaf bester Rasse: 4 Sh. bis 4 Sh. 4 D. (Strype II, 178; Lingard VII, 48.) [3] Strype, Annals I, 95.

stät der Königin, deren Erben und rechtmäßigen Nachfolgern, und will nach besten Kräften schützen und schirmen jede Jurisdiction, jedes Privileg, jeden Vorrang und jede Autorität, welche Ihrer Majestät der Königin, deren Erben und Nachfolgern zugestanden ist oder gebührt, oder welche mit der Herrscherkrone dieses Reiches vereinigt und verknüpft ist. So wahr mir Gott helfe und der Inhalt dieses Buches." [1]

Die Fassung ist etwas weniger schroff als diejenige des Statuts Heinrichs VIII [2]. Der Titel „oberstes Haupt der Kirche" wurde übrigens namentlich mit Rücksicht auf die Calvinisten fallen gelassen; denn Calvin hatte denselben als eine Blasphemie bezeichnet [3]. Der Sache nach war es derselbe unheilvolle Bruch mit der katholischen Einheit, und Parkhurst hat ganz Recht, wenn er an Bullinger nach Zürich schreibt: „Die Königin will zwar nicht Haupt der Kirche von England genannt werden, obschon dieser Titel ihr angeboten war; aber sie nimmt gern den Titel einer Beherrscherin derselben an, und das kommt auf dasselbe hinaus: der Papst ist abermals aus England verjagt zum großen Leidwesen der Bischöfe und der gesammten Zunft kahlgeschorener Pfaffen." [4]

Das Statut bestimmte ferner, daß die Königin Vollmacht habe, ihre kirchliche Jurisdiction nach Belieben zu delegiren; daß alle Bischöfe, Priester, Staatsbeamte, Richter u. s. w., alle vor dem Empfange einer Weihe, vor der Verleihung eines akademischen Grades der Königin diesen Suprematseid zu schwören hätten; daß im Weigerungsfalle der Verlust des Amtes oder der Pfründe auf Lebenszeit erfolge. Wenn aber in Schrift oder Druck, in Lehre, Predigt oder durch irgend eine That jemand behaupte, daß irgend ein auswärtiger Fürst oder Prälat geistliche Jurisdiction in diesem Reiche besitze, so solle er und seine Helfershelfer, dieses Verbrechens überwiesen, die Einziehung aller Güter und Heerden erleiden, und für den Fall, daß dieselben weniger als 20 Pfund werth seien, mit einem ganzen Jahr Gefängniß bestraft werden. Geistliche sollten überdies alle ihre Beneficien und Pfründen verlieren. Im Wiederholungsfalle solle jeder Straffällige den Folgen des Statuts „Praemunire" aus dem 16. Jahre Richards II. [5], im dritten Uebertretungsfalle der Todesstrafe und allen übrigen Strafen verfallen, welche auf Hochverrath gesetzt seien.

---

[1] 1. Eliz. cap. 1. [2] Vgl. Die englischen Martyrer unter Heinrich VIII., S. 25.
[3] „Erant enim blasphemi, qui vocarent eum (Henricum VIII.) summum caput Ecclesiae sub Christo." Comment. in Amos c. VII, 18.
[4] Brief vom 21. Mai 1559. Zurich Letters I, n. 12.
[5] Vgl. Die englischen Martyrer unter Heinrich VIII., S. 15.

Das Schwert, welches die Suprematie unter Elisabeth erzwingen sollte, war, wie man sieht, genau so scharf wie dasjenige, welches Heinrich VIII. gegen die seligen Fisher, More und ihre Gefährten zückte; der ganze Unterschied bestand darin, daß es erst beim dritten Streiche tödlich treffen sollte.

Inzwischen war das Parlament mit der Verhandlung über die zweite Hauptbill, welche die Abschaffung der heiligen Messe und die Einführung der neuen anglikanischen Liturgie enthielt, zur Entscheidung gekommen. Sie war bereits am 15. Februar eingebracht worden. In den drei Tagen vom 26. bis 28. April waren die Debatten. Feckenham, der Abt von Westminster, hielt eine Rede voll Kraft und Ueberzeugung zum Schutze der alten Religion. Auf drei Dinge müsse man vor allem sehen, um zu erfahren, welche von zwei christlichen Religionen die wahre sei: 1. welche in der Kirche allgemein und zu allen Zeiten für wahr gehalten worden; 2. welche wandellos immer sich gleich geblieben sei; 3. welche die bemüthigeren und gehorsameren Diener Gottes und der weltlichen Obrigkeit erzogen habe. Diese dreifache Regel an die katholische und reformirte Religion anlegend, übte der Abt an der letztern eine vernichtende Kritik[1]. Ebenso scharf ist die Rede des Bischofs Scot. Er wies namentlich auf die Unsicherheit und den Widerspruch unter den verschiedenen protestantischen Secten bezüglich der Lehre über das heilige Altarssacrament hin. Wenn sie den katholischen Glauben verlassen wollten, welcher unter diesen sich widersprechenden Lehren sie sich dann anschließen würden? und wie die Laienmitglieder des Hauses in einer solchen Frage ohne theologische Kenntnisse es auch nur wagen könnten, sich für irgend eine neue Lehre zu entscheiden? Gestern habe ein Edelmann hier im Hause gesagt, er glaube, Christus werde in der Communion empfangen, welche das neue liturgische Buch enthalte; aber auf die Frage, ob er ihn im Sacramente anbete, habe er gesagt: Nein, und er werde ihn in seinem Leben nie anbeten. „Ist das nicht eine sonderbare Lehre, daß Christus irgendwo sei, aber nicht angebetet werden müsse? Sie sagen, im Himmel wollten sie ihn anbeten, aber nicht im Sacramente. Ist das nicht ebenso, wie wenn ein Unterthan sagen würde: ‚Wenn der Kaiser in seinem königlichen Gewande und fürstlichen Schmucke auf dem Throne sitzt, will ich ihm wohl Ehrfurcht bezeugen; aber wenn er mir

---

[1] Die Rede findet sich in Cott. Ms. Vespasian D. 18, fol. 8. Ein Abdruck bei Strype, Annals I, Appendix n. 9.

in einem Wollenrock auf der Straße begegnet, werde ich ihn nicht ehren'? Und doch ist der Kaiser ebenso gut Kaiser im Wollenrocke auf der Straße, als im Goldgewande und mit der Krone, wie auch ein und derselbe Christus im Himmel als Menschensohn und im Sacramente unter den Gestalten des Brodes und Weines gegenwärtig ist. . . . Bedenket doch, Mylords, was in Frage steht, und ob ihr die nöthige Wissenschaft habt, die Wahrheit in einer so schwierigen Sache zu finden, ob nach der neuen Liturgie noch eine Wandlung und ein Opfer vorhanden sei, ob Christus angebetet und in der Communion empfangen werde oder nicht, und ob dieses nach der Anordnung unseres Heilandes nothwendig sei oder nicht. . . . Bedenket die große Gefahr und furchtbare Verantwortung, die ihr auf euer Haupt ladet, wenn ihr euch zu Richtern in dieser Frage aufwerfet und eine falsche Entscheidung treffet. Euch selbst und andere stürzet ihr aus der Wahrheit in den Irrthum, führet ihr vom geraden Wege auf Irrpfade. Furchtbar genug ist es, unser Herr weiß es, für sich zu irren; aber noch viel furchtbarer ist es, auch noch andere mit sich in den Irrthum zu verstricken!"[1]

Alles Bitten und Beschwören half nichts. Die Mehrzahl schaute auf den Wunsch der Königin und nahm das Machwerk aus der Channon-Row an. Im Oberhause ging die Bill mit nur drei Stimmen Mehrheit durch. Abt Feckenham war, wahrscheinlich durch Krankheit, verhindert, an der entscheidenden Sitzung theilzunehmen, und die beiden Bischöfe, welche im Tower schmachteten, konnten natürlich auch nicht erscheinen. Diese drei Stimmen hätten, wenigstens für den Augenblick, das Unheil aufgehalten. Außer den geistlichen Mitgliedern des Oberhauses, die geschlossen gegen die Bill stimmten, traten von den übrigen Peers Lord Montague, der greise Marquis of Winchester, der Earl of Shrewsbury, die Lords Morley, Stafford, Wharton, Rich, North und Ambros Dudley für den alten katholischen Gottesdienst in die Schranken.

Das neue Gesetz, die „Act of Uniformity"[2], führte also mit geringen Abänderungen das Common Prayer Book, welches unter Eduard VI. von Cranmer verfaßt worden war, wieder ein und bestimmte, daß die in demselben enthaltene Gottesdienstordnung und Art und Weise, die Sacramente zu spenden, in allen öffentlichen und privaten Kirchen und Kapellen Englands ausschließlich gebraucht werde. Wer sich unter den Geistlichen dessen weigere oder andere Gebräuche, Ceremonien, Gebete u. s. w. verrichte, oder gegen dasselbe oder einen Theil desselben predige oder rede,

---

[1] Strype, Annals l. c. n. 10.   [2] 1. Eliz. cap. 2.

der solle im ersten Uebertretungsfalle das Einkommen eines vollen Jahres seiner Pfründe an den Fiscus verlieren und ohne Bürgschaft 6 Monate eingekerkert werden; im zweiten Uebertretungsfalle sei er ipso facto seiner Pfründe verlustig und habe ein Jahr Gefängniß zu verbüßen; im dritten Uebertretungsfalle verliere er nicht nur seine Pfründe, sondern solle der Kerkerstrafe für die Dauer seines Lebens verfallen. Aber die Strafen des Gesetzes bedrohten nicht nur die Geistlichen, sondern auch die Laien. Jedermann, der in Schauspielen, Gesängen, Reimen oder durch sonst irgend eine öffentliche Aeußerung sich gegen das „Book of Common Prayer" oder irgend einen Theil seines Inhalts ausspreche, oder der einen Priester veranlasse, bei einem privaten oder öffentlichen Gottesdienste ein anderes Gebet zu verrichten oder ein Sacrament in anderer Weise zu spenden, als es im Buche vorgeschrieben sei, der solle im ersten Uebertretungsfalle eine Geldstrafe von 100 Mark (die alte englische Mark zu 13 Sh. 4 D. beträgt nach jetzigem Geldwerthe über 100 Mark) bezahlen; wenn er die Strafe nicht binnen 6 Wochen bezahle, habe er ohne Bürgschaft eine sechsmonatliche Kerkerstrafe anzutreten. Im Wiederholungsfalle sei die Strafe auf 400 Mark (über 40 000 Mark!) und einjährigen Kerker verschärft, und beim dritten Straffalle verliere er alle seine bewegliche und unbewegliche Habe an den Fiscus und werde auf Lebenszeit eingekerkert! Wer die Pfarrkirche nicht besuche, habe jedesmal 12 Pence (nach jetzigem Geldwerthe wenigstens 5 Mark) Strafe zu bezahlen.

Das Fest Johannes' des Täufers 1559 wurde als der Tag festgesetzt, an welchem die „abgöttische Messe" aufhören und die neue Liturgie beginnen sollte. Neben diesen beiden Acten, welche den Bruch mit Rom und mit dem katholischen Gottesdienste bestimmten, brauchen andere Beschlüsse dieses Parlaments, wie z. B. die Unterdrückung der unter Maria wieder entstandenen Klöster, kaum genannt zu werden. Auf dem Boden des Gesetzes war mit den beiden Acten die Reformation eingeführt; sie mußte nun auch dem Volke aufgezwungen werden, und dazu hatte die Regierung die raffinirtesten Gesetze in der Hand. So begann der Kampf: auf der einen Seite die rücksichtslose Staatsgewalt, welche Gehorsam von den Gewissen der Unterthanen erzwingen wollte, auf der andern Seite der passive Widerstand, den die überzeugungstreuen Katholiken der Königin entgegenstellten, und der lieber zum Bettelstab griff und ins Exil wanderte, oder lebenslänglichen Kerker und schließlich das Blutgerüst vorzog, als den Glauben der Väter der Laune eines Weibes zu opfern.

2. Die unblutige Verfolgung.
(1559—1569.)

Groß war der Jubel im Lager der Neuerer. In Schaaren kehrten die nach dem Continente geflohenen Irrlehrer zurück. John Fox schrieb seine in Basel gedruckte Germaniae ad Angliam restituta Evangelii Luce Gratulatio[1], der sofort das Ad Christum Anglorum exultantium Eucharisticon folgte. Die englische Gemeinde in Genf schickte Elisabeth eine Ausgabe der Psalmen in englischer Sprache mit einer Vorrede, worin sie mit der Königin von Saba verglichen wird. Es folgten Aufforderungen an die neue Judith und Debborah, das Papstthum mit Stumpf und Stiel auszurotten. Auch an Poesien fehlte es natürlich nicht. So „sang" Habbon, ein Doctor der Rechte:

> Anglia, tolle caput saevis agitata procellis,
> Exagitata malis, Anglia tolle caput:
> Aurea Virgo venit roseo venerabilis ore,
> Plena Deo princeps Elisabetha venit![2]

Aber in diesen Jubel mischten sich auch auf Seite der Neuerer bald tadelnde Stimmen. Diese „von Gott erfüllte" Elisabeth wollte nicht entschieden genug sich von den Greueln des Papstthums ab und zum reinen Lichte Calvins hinwenden. Die künftigen Puritaner regten sich. Allen

---

[1] Strype, Annals I, 105.
[2] Strype, Annals I, 111.
„Anglia, hebe das Haupt, von wüthenden Stürmen geschüttelt,
Schwer von Leiden geprüft, Anglia, hebe das Haupt!
Kommt ja die goldene Maid, ehrwürdig durch rosige Lippen,
Voll des göttlichen Geists Fürstin Elisabeth kommt!"

Freilich lautet diese Schmeichelei noch sehr bescheiden im Vergleiche zu den Versen, welche der gelehrte Thomas Wilson später auf das zwölfte Regierungsjahr an „die heiligste Elisabeth" (ad sacratissimam Elizabetham) richtet und in denen es u. a. heißt: Nescio si Dea sis, mihi numen habere videris;
Tam bene nos Anglos, Diva benigna, regis!
(Weiß nicht, ob Göttin du bist; voll Gottheit erscheinst du mir. Trefflich
Lenkest uns Briten du ja, gnädige, himmlische Frau!)
(Strype, Annals I, 610.)

voran erhob der finstere Knox seine Stimme über das vom Parlament eingeführte Prayer Book. Es war ihm „angefüllt mit papistischem Unrath" und mit dem „Zeichen der Bestie"[1]. Auch aus Zürich und Genf kamen Klagen, daß die Königin noch immer das Kreuz nicht abschaffen wolle und gar vieles von den alten Ceremonien beibehalte. Noch weniger wollte ihnen die Suprematie der Königin und das Episkopalsystem gefallen. Aber mit dem dem Irrthum eigenthümlichen Instincte beschloß man trotzdem, über diese Mängel hinwegzusehen, wenn nur die englische Judith den Kampf mit dem römischen Holofernes aufnehme. Und das geschah denn auch.

„Schlage den Hirten, und die Schafe werden sich zerstreuen." Nach diesen Worten handelte Elisabeth. Als das Parlament entlassen war, berief die Königin die in London anwesenden Bischöfe vor sich und suchte sie zur Unterwerfung unter die beiden dem katholischen Glauben widerstreitenden Gesetze zu bereden. Allein weder ihre königliche Huld noch ihre allerhöchste Ungnade erschütterte die Prälaten. Der Erzbischof von York erklärte der Tochter Heinrichs VIII. mit apostolischem Freimuthe, der Dekan und das Kapitel von Canterbury und die Bischöfe beider Kirchenprovinzen hätten ihn ersucht, Ihre Majestät zu bitten, sie möchte sich der Liebe erinnern, welche ihre Schwester, die verstorbene Königin, mit dem Apostolischen Stuhle verbunden habe, und wohl bedenken, daß die Zusagen dieser Fürstin auch für sie und alle ihre Nachkommen bindende Kraft hätten. Wenn diese letzten Gesetze nicht widerrufen würden, so müsse das Reich auf ewige Zeiten unter schmachvollem Banne liegen. Auf diese ernsten Worte antwortete die Königin, wie Josua gesagt habe: „Ich und mein Haus wollen dem Herrn dienen", so habe auch sie mit ihren Unterthanen denselben Entschluß gefaßt. Nach Josua's Beispiel habe sie das Parlament berufen, „um mit dem Herrn einen Bund aufzurichten und nicht mit dem Bischofe von Rom". Ihre Schwester habe nicht das Recht gehabt, ihre Nachfolger einer angemaßten Gewalt zu unterwerfen. Ihre Krone sei völlig unabhängig, und sie wolle sie niemanden verdanken als Christus, dem König der Könige. Sie werde in Zukunft alle ihre Unterthanen, Geistliche wie Laien, welche die Ansprüche des römischen Papstes vertheidigen würden, als Feinde Gottes und ihrer Krone betrachten[2].

Hiermit wurden die Bischöfe in höchster Ungnade entlassen. Im Juli 1559 erhielten sie die officielle Aufforderung, den Suprematseid zu leisten

---

[1] Collier II, 442. [2] Collier II, 431.

und ihrem Clerus abzuverlangen, sowie die neue Liturgie einzuführen; im Weigerungsfalle, wurde ihnen bedeutet, werde die Strenge des Gesetzes gegen sie zur Anwendung kommen. Anthony Kitchin, der Bischof von Landaff, war der einzige, der sich dem Staatswillen beugte; der Mann hatte eine gewisse Uebung darin: unter Heinrich VIII. war er schismatisch, unter Eduard VI. calvinisch, unter Maria katholisch gewesen und wurde jetzt unter Elisabeth folgerichtig anglikanisch. Alle übrigen Bischöfe blieben treu und zogen den Verlust ihres bedeutenden bischöflichen Einkommens und lebenslänglichen Kerker dem Meineide vor.

Sie wurden abgesetzt und eingekerkert. Das hinderte sie aber keineswegs, noch einmal ihre warnende Stimme zu erheben und in einem Bittschreiben, das der Erzbischof von York und die Bischöfe Bonner, Bourn, Turberville und Pole im Namen ihrer Mitbrüder unterzeichneten, die Königin abermals bringend zu ermahnen, zum Glauben ihrer Väter zurückzukehren. Sie möge sich doch erinnern, daß der römische Stuhl zuerst das Christenthum in England gepflanzt habe[1]. Ihre Bitte hatte nur den Erfolg, die königliche Ungnade für sie zu steigern. Sie blieben zeitlebens im Kerker. Diese Männer, welche Clerus und Volk mit dem Beispiele heldenmüthiger Treue voranleuchteten, haben es wohl verdient, unter den englischen Martyrern genannt zu werden, auch wenn sie ihr Leben nicht auf dem Blutgerüste endeten. Wir wollen deshalb nicht unterlassen, das Schicksal dieser getreuen Hirten hier in kurzen Worten anzuführen.

An der Spitze des englischen Episkopats stand nach Cardinal Pole's Tod Nicholas Heath, der Erzbischof von York und Kanzler von England. Unter Heinrich VIII. hatte er von Cranmer die Bischofsweihe empfangen und 1539 als schismatischer Bischof den Stuhl von Rochester bestiegen, sich 1543 das Bisthum Worcester übertragen lassen. Unter Eduard VI. weigerte er sich aber, zur Einführung des Calvinismus seine Hand zu bieten, und wurde deshalb 1551 seines Bisthums entsetzt und in das Fleet-Gefängniß zu London geworfen, wo er bis zur Thronbesteigung Maria's verblieb. Maria befreite ihn; er bekannte laut seine sündhafte Theilnahme an dem Schisma Heinrichs VIII., bereute sie und söhnte sich mit dem Apostolischen Stuhle aus. Unter Maria stand er bei Hofe in hoher Gunst, wurde Erzbischof von York und Lordkanzler von England. Als Elisabeth den Thron bestieg, ging er nach dem Beispiele der seligen Fisher und More so weit, als es sein Gewissen nur erlaubte, indem er sie trotz ihrer illegi-

---

[1] Collier II, 460. Vgl. die Briefe in Strype, Annals I, 145.

timen Geburt als seine rechtmäßige Königin anerkannte, im Parlamente
ausrief und bei ihrem Einzuge begrüßte. Sie nahm ihm das Kanzleramt,
weil er bei der katholischen Religion treu verharrte. Seine Unbeugsamkeit
zeigte er schon durch die Weigerung, die Königin, welche inzwischen ihre
häretische Gesinnung offen an den Tag gelegt hatte, zu krönen. Als er
nun sich entschieden weigerte, den Suprematseid zu leisten, wurde er seines
Erzbisthums beraubt und sofort gefangen genommen. Doch ließ Elisabeth,
welche diesem Manne ihre Achtung nicht versagen konnte, den edeln Ge=
fangenen, vielleicht auch in der Hoffnung, ihn doch noch zu gewinnen,
nicht zu hart behandeln. Er wurde zu Cobham in Surrey, auf einem
kleinen Landsitze, der sein eigen war, eingesperrt und blieb daselbst 20 Jahre
bis zu seinem Tode 1579 gefangen[1]. Nach einer andern Nachricht wäre
er schließlich in den Tower geworfen worden und dort gestorben[2].

Den bischöflichen Stuhl von London schmückte Edmund Bonner, der
den Reformirten ganz besonders ein Dorn im Auge war. Um 1502 ge=
boren, wurde er bereits 1519, also 17 Jahre alt, Doctor des canonischen
Rechts in Oxford. Heinrich VIII. machte ihn zum Hofkaplan, und da er im
Scheidungsproceß eifrige Dienste leistete, wurde er 1535 zum Erzdiakon von
Leicester, 1538 zum Bischofe von Hereford und schon im darauffolgenden
Jahre zum Bischofe von London ernannt. Wie Heath empfing er die
Weihe von Cranmer und war während der ganzen Regierung Hein=
richs VIII. schismatisch. Selbst in der ersten Zeit Eduards VI. schien
er mit den Neuerern gehen zu wollen, obschon er deren Lehre nicht billigte.
Als er aber Front gegen dieselben machte und erklärte, er wolle lieber
Gut und Blut als seine Seele verlieren, wurde er am 21. September 1549
in seinen bischöflichen Gewändern als Gefangener in die Marshalsea ge=
worfen und blieb daselbst bis zum Regierungsantritt Maria's 1553.
Unter Maria gab er sich große Mühe, die ihm nach seiner Aussöhnung
mit Rom rechtmäßig anvertraute Heerde durch Wort und That gegen den
Ansturm der Neuerer zu vertheidigen und den bereits eingerissenen Irrthum
auszurotten. Die Protestanten legen ihm die traurigen Hinrichtungen zur
Last (nach Strype 58), welche unter Maria in London stattfanden; allein
mit Unrecht, da er gegen die Halsstarrigen nicht anders verfahren konnte,
als es das bestehende Gesetz verlangte. Elisabeth gab ihm schon bei
ihrem Einzuge Beweise ihrer Ungnade. Er war einer der ersten, welche

---

[1] Dodd, Church History I, 497.
[2] John Fox, Acts and Monuments ad ann. 1558.

das Privy Council aufforderte, den Sumpematseid zu schwören, und wurde, als er sich dessen weigerte, in die Marshalsea geworfen. 1563 forderte Horne, der anglikanische Bischof von Winchester, Bonner zum zweitenmal auf, den Eid zu schwören; er weigerte sich wiederum, und nun klagte Horne den Bischof als dem Statut Praemunire[1] verfallen an. Aber Bonner, der in der Rechtswissenschaft wohl bewandert war, sagte, Horne habe gar kein Recht, ihn zur Eidesleistung aufzufordern, denn derselbe sei kein rechtmäßiger Bischof. Daran knüpfte sich eine interessante Controverse über die Giltigkeit der dem neuen anglikanischen Erzbischof Parker und von demselben ertheilten Weihen, bis endlich ein Parlamentsbeschluß[2] zwar die Giltigkeit der Weihen „feststellte", aber durch eine Clausel Horne die Möglichkeit benahm, den Gefangenen ferner zu belästigen. Bischof Bonner blieb im Gefängnisse, bis ihn am 5. September 1569 der Tod befreite; durch christliche Ergebung, ja durch Frohsinn inmitten seiner Kerkerleiden war er der Vater und Tröster aller seiner Mitgefangenen[3]. Nächtlicher Weile wurde er von einigen katholischen Freunden auf dem Kirchhofe von St. Georg in Southwark begraben[4].

Cuthbert Tunstal, der Bischof von Durham, war beim Ausbruche dieses letzten Sturmes ein Greis von 83 Jahren. Auch er hatte sich in Heinrichs VIII. Zeiten vom Sturme fortreißen lassen, doch nicht ohne Widerstreben. 1476 erblickte er zu Hatchford in Yorkshire das Licht der Welt, machte glänzende Studien zu Oxford, Cambridge und Padua, war später Generalvikar Erzbischof Warhams von Canterbury und wurde 1522 zum Bischof von London geweiht. Im Scheidungsprocesse stand er auf Seiten der Königin Katharina und wurde 1530 auf den Stuhl von Durham versetzt. Als nun der Kampf zwischen Schisma und katholischer Einheit ausbrach, stellte er sich anfangs entschieden auf die Seite des seligen Fisher[5], hatte aber doch nicht den Muth, demselben auf das Blutgerüst zu folgen, und ließ sich unglücklicherweise zur Anerkennung der königlichen Suprematie herbei. Unter Eduard VI. weigerte er sich entschieden, den Calvinismus anzunehmen, und bereute seine Unterwerfung unter die Suprematsacte. Er wurde in den Tower geworfen und seines Bisthums entsetzt. Maria befreite ihn und gab ihn seiner Diöcese wieder, nachdem er sich mit Rom ausgesöhnt hatte. Als der hochbetagte, allgemein geachtete Greis sich weigerte, die neue Suprematsbill zu beschwören,

---

[1] Vgl. oben S. 21.   [2] Collier II, 509.
[3] Dodd l. c. p. 491 h.   [4] Strype, Annals I, 573.
[5] Vgl. Die englischen Martyrer unter Heinrich VIII., S. 19.

übergab ihn Elisabeth dem für den Erzstuhl von Canterbury ausersehenen Dr. Parker, welcher ihn im Lambeth=Palaste in Gewahrsam hielt. Er blieb daselbst vom Juli bis zum 18. November 1559, an welchem Tage der greise Oberhirt als Gefangener Christi starb[1]. Seine Schwäche unter Heinrich VIII. ist der einzige Schatten, der auf dem Leben dieses Mannes liegt. Er hatte eine feine humanistische Bildung, war ein guter Mathe=matiker, vorzüglicher Kenner des canonischen Rechts und ein fähiger Staats=mann. Erasmus nennt ihn eine Zierde seiner Zeit. Der selige Thomas More meint, unter allen seinen Bekannten habe ihn keiner an angenehmer Ge=müthsart, allseitiger Bildung und makellosem Wandel übertroffen. More widmete er auch eines seiner gelehrten Werke[2].

Johannes White, Bischof von Winchester, wurde 1527 Mitglied der Universität Oxford und leitete später mit Erfolg die Schule von Winchester. Unter Eduard VI. wurde er als eifriger Gegner der Reformation seiner Stellung entsetzt und in den Tower geworfen, wo er bis zur Thron=besteigung Maria's gefangen lag. Die Königin befreite ihn und verlieh ihm 1554 den Stuhl von Lincoln und nach Gardiners Tod 1557 das Bisthum Winchester, eine der reichsten Pfründen Englands. Wir haben bereits erzählt, wie er die Leichenrede beim Trauergottesdienst hielt und dafür von Elisabeth bis zur Eröffnung des Parlaments mit Hausarrest gestraft ward. Schon im Juni 1559 wurde er auf Verweigerung des Suprematseides seines Bisthums beraubt und eingekerkert. Später schickte man ihn, wahrscheinlich wegen Kränklichkeit, nach Southwareborough in Hampshire, wo er im Hause seiner Schwester zwar eine bessere Pflege erhielt, aber doch immer als Gefangener behandelt werden mußte. Der allgemein geachtete eifrige Prälat starb bereits am 11. Januar des folgen=den Jahres 1560 und wurde in seiner Kathedrale zu Winchester begraben[3]. In den alten Classikern wohl bewandert, galt er als ein guter Redner und gewandter lateinischer Dichter; sein Diakosio=Martyrion, das er in Versen schrieb, legt Zeugniß dafür ab[4].

Thomas Thirlby, Bischof von Ely, in Cambridge geboren, war Vorsteher des Trinity=Hall=College. 1540 ließ er sich zum schismatischen

---

[1] Dodd l. c. p. 488 e.
[2] De arte supputandi libri quatuor. London 1522. Von seinen übrigen Werken sei genannt: De Veritate Corporis et Sanguinis Domini in Eucharistia libri duo, Lutet. 1554, und Compendium in decem Libros Ethicorum Aristotelis, Paris. 1554.   [3] Dodd l. c. p. 481.
[4] Diacosio-Martyrion i. e. Ducentorum Virorum Testimonia de Veritate Corporis et Sanguinis Christi in Eucharistia. London 1553.

Bischof des von Heinrich VIII. neu errichteten Bisthums Westminster, das nur einen kurzen Bestand hatte, weihen und hat auch unter Eduard VI. an der Einführung des Calvinismus thätigen Antheil genommen. Unter Maria bekehrte er sich und erhielt das Bisthum Ely. Daß seine Bekehrung eine ernste war, beweist seine Treue in der Verfolgung, welche er unter Elisabeth glänzend bestand. Seines Bisthums beraubt, wurde er dem anglikanischen Erzbischof Parker als Gefangener übergeben, der ihn im Lambeth-Palaste mehr als 10 Jahre in Gewahrsam hielt. Er starb am 26. August 1570 und wurde neben Tunstal in der Pfarrkirche von Lambeth begraben[1].

Jakob Turberville, Bischof von Exeter, war der Sprosse einer edeln Familie aus Dorsetshire. 1514 wurde er Mitglied der Universität Oxford, 1520 Secretär derselben. An den religiösen Wirren unter Heinrich VIII. und Eduard VI. scheint er keinen thätigen Antheil genommen zu haben und war jedenfalls kein Freund der Reformationspartei; Maria hätte ihn sonst nicht auf den bischöflichen Stuhl von Exeter erhoben. Am 8. September 1555 empfing er die Bischofsweihe. Zugleich mit seinen Amtsbrüdern verweigerte er den Suprematseid und verlor zugleich mit ihnen sein Bisthum. Seine Gefangenschaft durfte er im Hause eines Verwandten verbüßen. Das Datum seines Todes ist nicht bekannt. 1562 war der allgemein geliebte und geachtete Prälat noch am Leben[2].

Guilbert Bourne, Bischof von Bath und Wells, ein berühmter Kanzelredner, hatte unter Heinrich VIII. und dessen Sohn dem Schisma und der Häresie gedient, wie die reichen Pfründen beweisen, welche ihm zugetheilt wurden. Als Maria den Thron bestieg, kehrte er zum Glauben seiner Väter zurück und eiferte nun auf der Kanzel gegen seine eigenen früheren Irrthümer. Bei einer der ersten dieser Predigten, die er in der St.-Paulskirche am 13. August 1553, also wenige Wochen nach dem Regierungsantritte Maria's hielt, und in der er die katholische Religion kräftig verkündete, wäre er von seinen andersgläubigen Zuhörern beinahe ermordet worden. Man rief: „Reißt ihn herunter!", stürmte die Kanzel, schoß eine Pistole auf ihn ab und schleuderte nach ihm einen Dolch, der in dem Kanzelpfeiler stecken blieb; nur mit Mühe konnte der Prediger aus der Hand der Rasenden errettet werden. Dieser Vorfall brachte ihn bei der Königin in Gunst und verschaffte ihm 1554 das Bisthum Bath und Wells. Nicht lange nachher wurde er zum Lordpräsidenten von Wales ernannt.

---

[1] Dodd l. c. p. 483.   [2] Dodd l. c. p. 482.

Unter Elisabeth blieb er dem katholischen Glauben treu, verlor sein Bisthum und wurde dem anglikanischen Bischof von Exeter oder vielmehr dessen Dekan als Gefangener übergeben. Nach zehnjähriger Gefangenschaft, in welcher er seinen Wandel unter Heinrich VIII. und Eduard VI. reichlich gesühnt hat, starb er am 10. September 1569 zu Silverton in Devonshire[1]. Collier rühmt ihm Gelehrsamkeit und Milde des Charakters nach und hebt hervor, daß es seiner Umsicht gelungen sei, seinem Bisthum verschiedene sacrilegisch entfremdete Kirchengüter wieder zu gewinnen[2].

David Pole (Pool), Bischof von Peterborough, war erst vor zwei Jahren, am 15. August 1557, in Anerkennung seines theologischen Wissens und seiner übrigen priesterlichen Eigenschaften von Maria auf den Stuhl von Peterborough erhoben worden. Um des Glaubens willen vertauschte er ihn jetzt mit dem Gefängnisse und starb als Gefangener Ende Mai 1568 zu London[3].

Rudolf Bayne (Baines), Bischof von Coventry und Lichfield, aus Yorkshire gebürtig, war ein berühmter Theologe von Cambridge. Als der Religionsstreit in England ausbrach, ging er nach Paris und wirkte daselbst als königlicher Professor des Hebräischen an der Universität, bis Maria den englischen Thron bestieg und ihn auf den bischöflichen Stuhl von Coventry und Lichfield berief. Im Juli 1559 verlor er mit seinen Amtsbrüdern Bisthum und Freiheit und starb nach wenigen Monaten Gefängniß am 18. November 1559 zu Islington bei London, da sich infolge seiner Haft ein altes Steinleiden, das ihn quälte, verschlimmerte und ihm den Tod[4] — wir können wohl sagen die Krone der Martyrer brachte. Sein Leib ruht in der St. Dunstanskirche.

Cuthbert Scot, Bischof von Chester, ist uns bereits durch seine muthigen Reden im Parlamente bekannt. In Cambridge hatte er die theologische Doctorwürde erlangt und ward 1554 zum Vorsteher des Christ-College zu Oxford erhoben. Anfangs 1556 bestieg er den bischöflichen Stuhl von Chester, den er im Juli 1559 mit dem Fleet-Gefängniß um des Glaubens willen vertauschte. Nach einiger Zeit gelang es ihm, aus dem Kerker zu entfliehen; er entkam nach Löwen, wo er sein Leben in der Verbannung beschloß[5].

---

[1] Dodd l. c. p. 496.   [2] Collier II, 523.
[3] Dodd l. c. p. 488. Nach Heylyn, Hist. of Reform. p. 115, wäre er auf einem seiner Bauernhöfe (in Freiheit?) hochbetagt gestorben.
[4] Dodd l. c. p. 489.
[5] Dodd l. c. p. 482.

Owen Oglethorpe, Bischof von Carlisle, hatte sich zwar im Gegensatze zu seinen Amtsbrüdern, wie man sich erinnern wird, zur Krönung Elisabeths herbeigelassen. Er machte diese Nachgiebigkeit jetzt gut, indem er den Suprematseid zurückwies, seine Pfründe opferte und den Kerker dem Verrathe vorzog. Die Reue über seine Schwäche verbitterte und verkürzte sein Leben. Schon am 31. December 1559 starb er im Kerker an einem Schlage. In Oxford hatte er die ersten Würden der Universität bekleidet; so war er 1535 Präsident des berühmten Magdalen-College und besaß die ansehnlichsten Pfründen, was freilich den Gedanken nahe legt, er habe sich damals vom Strome mitreißen lassen und sich der Suprematie Heinrichs VIII. gefügt. 1556 wurde er auf den Stuhl von Carlisle erhoben, den er 1559 seiner Glaubenstreue zugleich mit seiner Freiheit zum Opfer brachte. Zu Tabcaster in seiner Heimat hat er eine Schule mit einem Jahreseinkommen von 40 Pfd. St. und ein Spital für 12 arme Leute gegründet [1].

Thomas Goldwell (Godwell), Bischof von St. Asaph, der Sprosse eines edeln Geschlechtes aus Kent, erhielt die akademischen Grade im Allerseelen-College zu Oxford 1531 und 1533. Er zeichnete sich namentlich in Mathematik und Astronomie aus. Als Königin Maria von seinem Eifer für die katholische Religion hörte, übertrug sie ihm 1555 das Bisthum St. Asaph. Die uralte Wallfahrt zur St.-Winefrieds-Quelle, die auch heutzutage in England selbst von Protestanten viel besucht wird, hatte an ihm einen eifrigen Beförderer, welcher von Rom den Pilgern verschiedene Ablässe erwirkte. Er verweigerte den Suprematseid, kam aber seiner Einkerkerung durch die Flucht zuvor und brachte das Ende seines Lebens meistens in Rom zu. 1562 nahm er an der Kirchenversammlung von Trient theil. 1580 war der hochbetagte Bischof auf einen Wunsch des Papstes sofort bereit, nach England zurückzukehren, obschon ihm daselbst nicht nur der Kerker, sondern das Schafott gewiß war. Allein er erkrankte unterwegs zu Rheims so schwer, daß er an die Fahrt nach England nicht denken konnte. Nach Rom zurückgekehrt, wo er im englischen Hospitale wohnte, dessen Vorsteher er war, starb er im März 1585 im Theatinerkloster allgemein geachtet und verehrt [2].

Thomas Watson, Bischof von Lincoln, war Vorsteher des St.-John's-College von Cambridge und Kaplan des Bischofs Gardiner von Winchester.

---

[1] Dodd l. c. p. 487.
[2] Diary of the English College, Records of the English Province of the Society of Jesus by Henry Foly S. J. Vol. VI, p. 112.

Maria erhob ihn 1557 auf den bischöflichen Stuhl von Lincoln. In jüngeren Jahren zählte er zu den besten Humanisten. Seine lateinische Tragödie „Absalon" wird als ein Meisterstück betrachtet. Später widmete er sich ganz dem Studium der Theologie, in welchem er es zu hoher Vollkommenheit brachte. Sein tabelloser Wandel und sein Eifer für die Kirchenzucht machten seine Wirksamkeit zu einer überaus segensreichen. Im Juli 1559 opferte er Freiheit und Eigenthum lieber, als daß er den Suprematseid geleistet hätte. 20 volle Jahre war er in verschiedenen Gefängnissen in und um London gefangen, bis man den in Ketten ergrauten Prälaten im Jahre 1580 in das von vielen Katholiken, namentlich vielen Priestern bevölkerte Gefängniß von Wisbeach=Castle warf, wo er am 25. September 1582 als der letzte Bischof aus den Tagen der Königin Maria, der noch in England weilte, reich an Tugenden und Verdiensten starb. Von seinem Kerker aus leitete und tröstete er nach Möglichkeit die zersprengte katholische Heerde, die ihn, solange er lebte, als ihren Hirten betrachtete [1].

Richard Pates, Bischof von Worcester, war ein Schüler vom Corpus=Christi=College in Oxford und erwarb seine akademischen Grade in Paris. Lange Zeit weilte er im Auftrage Heinrichs VIII. am Hofe des Kaisers und wurde 1539 schismatischer Bischof von Worcester. Sehr rasch scheint er diesen Fehltritt bereut zu haben. Als er im darauf folgenden Jahre wiederum in einer politischen Sendung den Kaiserhof besuchte, weigerte er sich, nach England zurückzukehren, weil er des Königs Vorgehen mißbilligte. So wurde er 1547 seines Sitzes verlustig erklärt und des Hochverraths angeklagt; er weilte nun in der Verbannung, nahm theil an der Kirchenversammlung von Trient und kehrte erst nach Maria's Thronbesteigung nach England zurück. Von 1554 an verwaltete er seinen Sprengel bis zum Juli 1559, wo er den Suprematseid verweigerte und dem Gefängnisse durch die Flucht entrann. Er wohnte dem Schlusse der Kirchenversammlung von Trient bei; Ort und Datum seines Todes sind nicht bekannt [2].

Heinrich Morgan, Bischof von St. David, studirte seit 1515 in Oxford, wo er 1525 den Doctorgrad in beiden Rechten erwarb und Vorsteher von St.=Edmunds=Hall=College war. 1555 wurde er Bischof von St. David. Er weigerte sich unter Elisabeth den Suprematseid zu schwören, und wurde deßhalb seines Bisthums beraubt; doch scheint

---

[1] Dodd l. c. p. 485. [2] Dodd l. c. p. 488.

er nicht eigentlich eingekerkert worden zu sein, sondern starb bei Verwandten in der Nähe von Oxford am Vorabend von Weihnachten 1559[1]. Er war vielleicht schon im Juli krank und wurde wohl deshalb nicht gefänglich eingezogen.

Außer diesen 15 Bischöfen, welche im Besitze ihrer Sprengel waren, nennt Dodd[2] noch 4 unter Maria erwählte Bischöfe, die ebenfalls den Suprematseid verweigerten und auf ihre Pfründe verzichteten. Es sind Karl Parker, Bruder des Lord Morley, der England verließ und den Rest seiner Tage in Flandern und Deutschland zubrachte[3]; Moritz Clenock, erwählter Bischof von Bangor, der mit Bischof Goldwell nach Rom floh, daselbst später am englischen Seminar als erster Rector wirkte[4]; Thomas Reynolds[5], einer der Kapläne der Königin Maria, erwählter Bischof von Hereford, welcher schon am 24. November 1559 im Gefängnisse der Marshalsea starb[6]; Thomas Wood, ebenfalls erwählter Bischof und Gefangener in der Marshalsea[7]. Endlich ist der Weihbischof von Hull, Robert Pursglove, noch diesen bischöflichen Bekennern beizuzählen. Derselbe verlor aus dem gleichen Grunde wie die übrigen Bischöfe im Jahre 1559 alle seine reichen Pfründen; doch wurde er nicht eingekerkert, sondern lebte zu Tibswell in Derbyshire, wo er am 2. Mai 1579 als Freund der Armen und Wohlthäter der Schulen allgemein betrauert starb[8].

So waren im Juli 1559 mit einem Schlage sämmtliche Bisthümer Englands erledigt und konnten nun mit Reformirten besetzt werden, selbstredend zum größten Schaden der katholischen Kirche. Ebenso hatte ein Federzug die Klöster vernichtet, deren Mitglieder dieses Mal lieber das Reich verließen, als sich dem sacrilegischen Eide zu beugen. So der Guardian der Franziskaner von Greenwich, Stephan Foy, und seine Mitbrüder; so der Prior der Dominikaner zu Smithfield, Wilhelm Poryn, und seine Genossenschaft; so der uns aus den Tagen Heinrichs VIII. bekannte Prior der Carthäuser von Shene, Moritz Chancey[9], mit seinen Mönchen; so der Prior der Johanniterritter Sir Richard Shelley; so der Obere der Brigittiner P. Hubert und die Oberin der Brigittinen, Katharina Palmer von Sion-House. Abt Feckenham von Westminster theilte das Loos der Bischöfe, mit denen er im Parlamente für die katho-

---

[1] Dodd l. c. p. 486. [2] II, 318. [3] L. c. 62.
[4] Diary of the English College l. c. p. 67. [5] Dodd I, 518.
[6] Dodd II, 124. [7] L. c. p. 108. [8] Dodd I, 489.
[9] Vgl. Die englischen Martyrer unter Heinrich VIII., S. 60 ff.

lische Kirche gekämpft hatte. John Feckenham stammte von armen Eltern, welche im Walde von Feckenham in Worcesthshire lebten; sein eigentlicher Name war Howman. Die Benediktiner von Evesham bemerkten in dem Knaben ein außerordentliches Talent, nahmen ihn in ihr Kloster und ließen ihn schließlich in Glocester-Hall zu Orford, dieser Pflanzstätte gelehrter Benediktiner, studiren. Als der Klostersturm unter Heinrich VIII. über England hinfegte, fiel ihm am 17. November 1537 auch die Abtei Evesham zum Opfer und wurde Feckenham aus seiner ruhigen Zelle vertrieben. Er ward in der Folge Kaplan Bischof Bonners und mit diesem 1549 unter Eduard VI. eingekerkert. Vom Tower aus wußte er für die Erhaltung der katholischen Religion thätig zu sein. Maria befreite ihn nicht nur, sondern übergab ihm auch die Abtei Westminster, welche er an der Spitze von 16 Benediktinern neu gründete. Er verstand es, von der Königin, selbst auf die Gefahr ihrer Ungnade, für manchen Verurtheilten Barmherzigkeit zu erflehen; auch für Elisabeth bat er, als diese wegen Hochverrath von ihrer Schwester im Tower gefangen gehalten wurde. Sie vergalt ihm seine Liebe schlecht. Freilich soll sie ihm das Erzbisthum Canterbury um den Preis des Abfalls vom Glauben angeboten haben; als er aber entschieden ablehnte, ließ sie ihn während mehr als 25 Jahren von Gefängniß zu Gefängniß schleppen, bis dieser edle Sohn des hl. Benedikt endlich 1585 im Wisbeach-Castle starb[1]. Seine Gelehrsamkeit, seine Milde, seine Liebe zu den Armen und vor allem seine Treue im Glauben werden ihm eine reiche Krone erlangt haben.

Der Weltclerus folgte anfangs im großen Ganzen[2] dem heroischen Beispiele der Bischöfe und der Ordensgeistlichkeit; in der Folge aber war leider die Mehrzahl schwach genug, den Besitz der Pfründe ihrer Pflicht vorzuziehen. Eine Liste in den Handschriften der Cotton-Bibliothek[3] nennt 13 Dekane, 14 Erzdiakone, 15 Vorsteher von Collegien, 50 Inhaber reicher Pfründen und 80 Pfarrer — im ganzen mit den Bischöfen und der Ordensgeistlichkeit 192 Geistliche, welche ihrer Pfründen beraubt und eingekerkert wurden oder über den Kanal entflohen. Allein die Liste ist offenbar unvollständig; zudem nennt sie nur diejenigen, die wirklich verurtheilt wurden und ihr Leben im Kerker oder in der Verbannung beschließen mußten. An sehr vielen Orten, namentlich in den nördlichen Grafschaften und in Lancashire, wo fast alle einflußreichen

---

[1] Dodd I, 525.   [2] Strype, Annals I, 185.
[3] Cott. Ms. Titus C. 10.

Familien dem alten Glauben treu blieben, wurden keineswegs alle Geistlichen zur Eidesleistung auch nur aufgefordert. So zum Beispiel forderten die Visitatoren von 1559 aus der Provinz York bloß 90 Geistliche zur Eidesleistung auf, und davon zeigten sich nur 21 gefügig, während 36 ausdrücklich ablehnten und 33 nicht einmal erschienen. Dennoch enthalten die Listen von diesen 69 getreuen Geistlichen nur sechzehn Namen als dem katholischen Glauben treu! Dodd, der selbst seine Liste als „unvollständig" überschreibt, nennt schon 25 Vorsteher von Collegien von Oxford und Cambridge, ferner die Vorsteher und Lehrer der Schulen von Bristol, Wells, Salisbury, Lincoln u. s. w.; er führt weiter mit Namen 37 Universitätslehrer von Oxford an und sagt dann[1]: „Der Leser mag urtheilen, wie unvollständig diese Liste ist, da Mr. Wood, der Geschichtschreiber von Oxford, uns versichert, allein vom New College hätten 23 Lehrer sich geweigert, den Suprematseid zu leisten. Die Zahl der Nonconformisten (so wurden nun die Eidsverweigerer und die Gegner der neuen Liturgie genannt) in den übrigen Collegien ist nicht genau festzustellen, und noch viel weniger diejenige der treuen Mitglieder von Cambridge." Dodd nennt überdies 38 Doctoren der Theologie und der beiden Rechte, darunter den Vicekanzler von Oxford, Richard Smith, und schließt endlich seine unvollständige Aufzählung mit den Worten: „Zu diesen müßten noch viele andere, die nicht so berühmt waren und deren Namen ich in Privaturkunden fand, gezählt werden. Manche lebten in katholischen Familien und wurden gewöhnlich ‚Alte Priester' genannt. Andere ließ man auf die Bitten ihrer Freunde unbehelligt im Besitze von Sinecuren. Einige versteckten sich in den beiden Universitätsstädten und suchten ihre katholische Ueberzeugung zu verheimlichen, indem sie immer noch auf eine baldige Aenderung hofften; aber nach und nach gingen sie ins Ausland und ließen sich zu Löwen, Douay, Paris, Rom u. s. w. nieder. Der Rest des niedern Clerus, der sich vom Strome der Reformation mitfortreißen ließ und im Besitze seiner Pfründen verblieb, war zeitlebens geneigt, zur alten Kirche zurückzukehren, wenn ihn nicht Furcht vor der Königin eingeschüchtert hätte."[2] Die Angabe Strype's, die Zahl der angestellten Geistlichen in England habe damals 9400 betragen, ist offenbar übertrieben.

Die Zahl der Pfarreien mag ungefähr diese Höhe betragen haben. Ein Schematismus, der dem ersten Diarium von Douay[3] beigegeben ist,

---

[1] Dodd II, 319.   [2] L. c. p. 320.
[3] Records of the English Catholics under the Penal Laws, vol. I, p. 98.

zählt 9285 Pfarreien. Angenommen aber, auch sie wären alle besetzt gewesen, so beweist das noch lange nicht, daß die Zahl der Abgefallenen so groß war, wie Strype nahe legt. Er selbst gesteht übrigens [1], daß nach Durchführung der Gesetze „viele Kirchen verwaist blieben und daß die Prädikanten, welche an Stelle der papistischen Priester namentlich in London eingesetzt wurden, nicht im Stande waren, in drei oder vier Kirchen an Sonn- und Feiertagen die Gebete vorzulesen und die Sacramente zu spenden. So mußten in diesem Jahre und dem folgenden bis 1564 einschließlich viele Laien, welche die erforderliche Schulbildung und einen nüchternen und frommen Lebenswandel führten, von den Bischöfen angestellt werden, die Gebete in den Kirchen vorzulesen, einige als Diakone, andere als Gehilfen der Diener am Wort". Wenn nun infolge der Gesetze in London, das der Reformation von Anfang an am meisten geneigt war, so viele Priester zurücktraten oder abgesetzt wurden, daß jeder Prädikant drei bis vier Kirchen zu besorgen hatte: wie wird es dann erst in den Provinzen, namentlich in den nördlichen Grafschaften ausgesehen haben? Strype theilt [2] einen Visitationsbericht der Diöcese Norwich aus dem Jahre 1562 mit, aus welchem hervorgeht, daß in derselben immer noch 434 Pfarreien verwaist waren. Wenn wir annehmen dürften, die Diöcese Norwich gäbe ungefähr das mittlere Verhältniß zwischen den südlichen Sprengeln und den nördlichen, so würde eine einfache Rechnung ergeben, da der Sprengel von Norwich in dem oben angeführten Schematismus mit 1121 Pfarreien vertreten ist, die Zahl der unbesetzten Pfarrstellen in England habe um 1562 noch immer 3594 betragen, und das läßt jedenfalls auf eine viel höhere Zahl von Priestern schließen, welche um des Glaubens willen auf ihre Pfründen verzichteten, als gewöhnlich auch von katholischer Seite angenommen wird.

Am bittersten empfanden die Neuerer den Widerstand der Universitäten. Jewell klagt in einem Briefe vom 22. Mai 1559 dem Freunde Antistes Bullinger von Zürich: „Unsere Universitäten sind so verwüstet und zu Grunde gerichtet, daß wir in Oxford kaum zwei Gesinnungsgenossen zählen, und auch diese sind so entmuthigt und geistig geknickt, daß sie unfähig sind. Dieser elende Bettelmönch Soto und ein anderer spanischer Mönch, dessen Namen ich nicht weiß, haben so alles, was Petrus Martyr segensreich pflanzte, mit den Wurzeln ausgerissen, daß der Weinberg des Herrn zur Wüste wurde. Ihr werdet kaum glauben

---

[1] L. c. p. 136. [2] Annals I, 861.

können, daß eine so große Verheerung in so kurzer Zeit auch nur möglich gewesen wäre."[1] Wood, der Geschichtschreiber der Universität Oxford, bestätigt die Treue dieser großen wissenschaftlichen Pflanzschule vollauf. Ende Juni 1559 kamen die königlichen Visitatoren nach Oxford, entfernten die treuen Katholiken aus ihrem Lehramte und setzten Häretiker an ihre Stelle. Die Folge davon war, daß in den Listen der Professoren für 1560 kein Lehrer der Theologie, nur einer des bürgerlichen Rechts, 3 der Naturphilosophie und 8 der Literatur, und im darauffolgenden Jahre kein einziger Lehrer in der Theologie, in der Rechtswissenschaft und in der Philosophie an der Universität Vorlesungen hielt[2]. Auch die Studenten waren so arm, daß viele unter dem Siegel des Commissärs Erlaubniß erhielten, ihr Brod bei guten Leuten zu betteln.

Die Hirten, die Priester, die Lehrer waren den Katholiken genommen; nun handelte es sich nur darum, während eines Menschenalters die Laien wenigstens zum äußern Gehorsam, zur Theilnahme an dem neuen Gottesdienste zu zwingen, und der katholische Glaube war endgiltig aus England verbannt. Es läßt sich begreifen, daß die Katholiken, welche sich mit einem Schlage ihrer Führer beraubt sahen, nicht wußten, was sie thun sollten. Anstatt sich aneinander zu schließen und durch einen erlaubten gesetzlichen Widerstand die Königin zu einer andern Politik zu zwingen, legten sie die Hände in den Schoß und erwarteten von irgend einem glücklichen Zufalle Rettung für ihr heiliges Recht und ihre Religion. Cecil konnte sterben, Elisabeth konnte sterben oder einen katholischen Fürsten ehelichen, oder der König von Spanien konnte kommen und Ordnung schaffen. „Dieses Hoffen auf bessere Tage, dieses einstweilige ruhige Billigen des Unrechts, diese dehnbaren Gewissen, welche nur dafür sorgten, Hab und Gut nicht zu verlieren," sagt ein englischer Schriftsteller[3], „haben England der Kirche verloren, wie sie seither schon manchen Mann, der von seiner Pflicht, zur katholischen Kirche überzutreten, überzeugt war, aber zuwartete, bis ihm diese Ueberzeugung hinschwand, um die Gnade der Bekehrung brachten. Die Katholiken warteten auf bessere Zeiten und warteten, bis ihre Kinder so erzogen waren, daß sie den Glauben ihrer Väter verfluchten, bis sie selbst Stück für Stück all ihrer Habe und all ihres Einflusses beraubt waren und eine hinschwindende Secte in dem Lande bildeten, das sie einst von Meer zu Meer besessen hatten." Es

---

[1] Zurich Letters I, 14.
[2] Wood, Annals ad ann. 1561.
[3] Richard Simpson in Edmund Campion, p. 6.

liegt auf der Hand, daß die Gesetze gerade ihrer übermäßigen Strenge wegen einer Zweidrittelmehrheit gegenüber einfach nicht durchführbar gewesen wären, wenn sich die Katholiken zu einer geschlossenen Partei geeinigt hätten.

Die Königin hütete sich wohl, die furchtbaren Strafgesetze allgemein in Anwendung zu bringen. Ihre Politik ging dahin, die Katholiken nicht vor den Kopf zu stoßen; langsam, ohne daß sie es selbst merkten, sollten sie in Anglikaner umgewandelt werden. Selbst der Suprematseid wurde anfangs nicht immer streng gefordert; man gab Aufschub für 2—3 Jahre, namentlich jungen Männern gegenüber und wo man mit der Zeit Unterwerfung hoffte[1]. Aber nach und nach ließ man das Gesetz seinen Druck ausüben. Im Frühjahr 1561 wurde Sir Eduard Waldgrave mit seiner Gattin in den Tower geworfen, weil sie die heilige Messe hörten und einen Priester in ihrem Hause hatten. Zur selben Zeit, sagt Strype[2], wurden viele andere um des gleichen Verbrechens willen in den Tower geworfen. Tags darauf wurde Sir Eduard Hastings, Lord von Loughborough, wegen der gleichen Uebertretung vor den Earl of Pembroke geladen. Vom Jahre 1562 an füllen sich die Gefängnisse immer mehr mit Katholiken, welche die heilige Messe hörten und den anglikanischen Gottesdienst nicht besuchen wollten. Immer empfindlichere Geldstrafen wurden auferlegt und eingetrieben. Manche Katholiken, denen es nunmehr in der Heimat unmöglich war, eine heilige Messe zu hören oder den Trost der Sacramente zu genießen, flohen mit Weib und Kind ins Ausland; Italien, Spanien, Frankreich, namentlich aber das benachbarte Flandern und die Niederlande, waren voll von diesen Flüchtlingen um der Religion willen.

Schon im Jahre 1563 ließ die Regierung das Parlament die Strafgesetze noch mehr verschärfen. Der Suprematseid wurde nun auch für alle Mitglieder des Hauses der Gemeinen vorgeschrieben und verhinderte so jedem treuen Katholiken die Theilnahme am Parlament; ferner allen Schullehrern, und schloß so alle treuen Katholiken von der Schule aus; allen Advokaten, Notaren, Gerichtsschreibern bis hinab zu den kleinsten Aemtern und Anstellungen im Staate. Gleichzeitig wurden die Strafen gesteigert. Umsonst erhoben sich im Oberhause Lord Montague, im Unterhause Mr. Atkinson in meisterhafter Rede gegen diese neuen Strafbestimmungen und bewiesen, sie seien nicht nöthig, nicht gerecht, nicht

---

[1] Dom. Eliz. v. XI, n. 25. [2] Annals I, 267.

durchführbar¹. Schon die erste Verweigerung des Eides zog die Strafen des Praemunire nach sich, die zweite Verweigerung die barbarische Todesstrafe des Hochverraths. Eine wahrhaft ironische Clausel verbot den Eid zum zweiten Male vorzulegen „Priester ausgenommen oder solche, welche den anglikanischen Gottesdienst nicht besuchen, denselben durch Wort oder That mißbilligen, oder welche Messe lesen oder hören". Dieses neue Gesetz hielt die Regierung für nothwendig, „weil zur Verhütung der Gefahren, Schmach und Schaden, die vormals der Königin edle Ahnherren, die Könige dieses Reiches und der ganze Staat durch die ungerechterweise beanspruchte und geübte Gerichtsbarkeit des römischen Stuhles erlitten, und zur Verhütung neuen Unheils, indem die Vorkämpfer der genannten Macht eine staunenswerthe Frechheit und zügellose Kühnheit an den Tag legen, Ihre Majestät die Königin jetzt eine schärfere Zucht und Handhabung der Strafgesetze walten lassen muß, als ihr überaus mildes und gnädiges Regiment bisher übte und pflegte"². Gleichzeitig wurde die Durchführung des Gesetzes, welches den anglikanischen Gottesdienst vorschrieb, entschieden in Angriff genommen.

Es hatten sich unter den Katholiken mit Rücksicht auf dieses Gesetz gleich von Anfang an zwei Parteien gebildet: die einen hielten dafür, die Theilnahme an diesem schismatischen Gottesdienste oder wenigstens die passive Assistenz, der einfache Besuch desselben, ohne an den Gebeten theilzunehmen oder die Sacramente aus der Hand und nach dem Ritus der Häretiker zu empfangen, könne zur Abwendung so schwerer Strafen geduldet werden; die anderen glaubten dagegen, weder die Theilnahme noch die bloße Assistenz lasse sich von einer schweren Sünde freisprechen, eben weil dieselbe von einer häretischen Regierung und zur Einführung der Glaubensneuerung vorgeschrieben sei. Es läßt sich leicht begreifen, daß die mildere Ansicht in den weitesten Kreisen Anklang fand und von sehr vielen Katholiken zum größten Unheile für die Religion befolgt wurde. Schon vor der letzten Verschärfung der Gesetze hatte Bischof de Quadra, der jetzt an Graf Feria's Stelle spanischer Gesandter in London war, im Namen der englischen Katholiken am 7. August 1562 an Vargas, den spanischen Gesandten in Rom, geschrieben, er möge den Papst fragen, ob die englischen Katholiken ohne Sünde dem anglikanischen Gottesdienste beiwohnen könnten. „Der Fall ist neu und nicht so leicht zu lösen",

---

[1] Siehe die Reden in Strype, Annals I, 295 u. 299.
[2] 5. Eliz. cap. 1.

schrieb der Bischof. Das „Gebetbuch" (Book of Common Prayer) enthalte nichts Gottloses und keine falsche Lehre. Es seien die alten katholischen Gebete; nur was sich auf die Lehre von den Verdiensten und auf die Anrufung der Heiligen beziehe, sei verändert, so daß, mit Ausnahme der Verheimlichung der eigenen religiösen Ueberzeugung und des damit vielleicht verbundenen schlechten Beispiels, in dieser Nachgiebigkeit nichts positiv Sündhaftes liege. Der Empfang der Communion könne umgangen werden; dafür bäten sie um keine Dispens. Nur darüber wünschten sie Belehrung, ob sie nicht dem gewöhnlichen Gottesdienste beiwohnen dürften. Des Bischofs eigene Meinung ging dahin, es könne wohl keine allgemein giltige Regel aufgestellt werden; nicht überall sei der Zwang gleich groß und die Folgen gleich schwer; auch hätten sich nicht alle in gleicher Weise durch Mangel an Eifer im Parlamente, als die Gesetze beschlossen wurden, und im Widerstande gegen deren Durchführung verfehlt. Ohne die Schuld dieser Lauen zu verkleinern, habe er deshalb dennoch in manchen Fällen denjenigen, welche den anglikanischen Gottesdienst besuchten, gesagt, er hoffe, sie hätten sich keiner schweren Sünde schuldig gemacht. Der Bischof fragte ferner an, wie er mit einer andern Klasse von Beichtkindern zu verfahren habe. Manche Engländer, welche sich in Häresie verstricken ließen, bereuten es und bäten um Lossprechung. Aber die Zahl der Priester, welche die Vollmacht der Lossprechung für diesen Fall habe, sei sehr gering, und man könne sie nur mit größter Gefahr aufsuchen. In einigen Fällen seien dieselben eingekerkert worden und hätten unter den Qualen der Folter die Namen ihrer Beichtkinder genannt. Er bat also auch für diesen Fall um Ausdehnung der Vollmachten [1].

Die Frage wurde der Inquisition vorgelegt und zwar unter der folgenden schärfer gefaßten Form: „Können Katholiken in einem Staate, in dem ihnen die Ausübung der Religion unter Todesstrafe verboten ist, und in dem ihnen das Gesetz gebietet, sich an Conventikeln zu betheiligen, in welchen Psalmen gesungen, Abschnitte aus der Bibel in der Landessprache vorgelesen und häretische Lehren in Predigten vorgetragen werden, sich dem Gesetze ohne Gefahr der Verdammung für ihre Seelen fügen?" Das Heilige Officium antwortete auf diese Frage, wie zu erwarten war, mit einem einfachen „Nein". Obschon die Katholiken nicht gezwungen würden, mit den Häretikern zu communiciren, so gäben sie sich doch den Schein, ihren Glauben anzunehmen und zu theilen. Der Zweck der Theil-

---

[1] Simancas Ms. bei Froude VII, 22.

nahme am Gottesdienste sei einzig der, daß man sie für Häretiker halte und daß sie infolge davon den Strafen des Gesetzes entschlüpften. Christus aber habe gesagt: „Wer sich meiner vor den Menschen schämt, dessen will auch ich mich schämen vor meinem Vater, der im Himmel ist." Katholiken, namentlich der katholische Abel, könnten die Versammlungen der Protestanten nicht besuchen, ohne den schwächeren Brüdern Aergerniß zu geben. Diese Antwort schickte Pius IV. an de Quabra. Bezüglich des andern Punktes der Bittschrift war er milde. Er gab dem Bischof, der als Gesandter die Strafgesetze Englands nicht zu fürchten hatte, die weitesten Vollmachten, Reumüthige loszusprechen und in den Schoß der Kirche wieder aufzunehmen, sowie auch andere Priester nach seinem Gutbefinden mit denselben Vollmachten auszustatten[1].

Diese Entscheidung Roms wurde später wiederholt bestätigt. Eine gleichlautende Antwort gaben in demselben Jahre die zu Trient versammelten Väter. 1566 bestätigte sie Pius V., und die Doctoren Harbing und Sanders wurden mit dem Auftrage nach England geschickt, diese Entscheidung den englischen Katholiken zu verkünden[2]. Gleichwohl fehlte es nicht an wohlgesinnten Männern, welche, wenigstens für einzelne Fälle, vertheidigten, es sei nicht in sich sündhaft, dem anglikanischen Gottesdienste beizuwohnen. Noch 20 Jahre später (im J. 1582) wandte sich Maria Stuart von ihrem Gefängnisse aus mit einer Bittschrift an den Bischof von Rimini, den päpstlichen Nuntius in Paris, er möge beim Papste für 50 ihrer Diener, Freunde und Anhänger die Erlaubniß nachsuchen, an dem protestantischen Gottesdienste theilnehmen zu dürfen[3].

Nach dem Erlasse der verschärften Strafgesetze von 1563 verwendeten sich verschiedene katholische Fürsten bei Elisabeth sowohl für die eingekerkerten Bischöfe als für eine mildere Behandlung der Katholiken. Ganz besonders warm trat Kaiser Ferdinand in seinem Briefe vom 24. September 1563 ein, den Strype zugleich mit der ablehnenden Antwort der Königin abdruckt[4]: „Indem Wir als Kaiser und katholischer Fürst das Heil und die Wohlfahrt Unserer Religionsgenossen abermals und immer wieder und in noch freierer Sprache Ew. Majestät empfehlen, sind Wir überzeugt, daß es mehr der Würde und dem Nutzen Ew. Hoheit entspreche,

---

[1] Simancas Ms. l. c. VII, 24.
[2] Simpson, Edmund Campion, p. 18.
[3] Der Brief ist abgedruckt in Records of the English Catholics under the Penal Laws, vol. I. Appedinx p. 385.
[4] Annals I. Appendix II. D und E.

wenn Ihr die katholischen Unterthanen (obschon dieselben nicht die gleiche Religion wie Höchstsie bekennen) mit königlicher Milde hegt und pflegt, als wenn Ihr es für gerathen haltet, dieselben zu verfolgen, zu quälen, auszurotten und zu unterdrücken. Deshalb bitten Wir Ew. Majestät wohlmeinend, deren Herzen lieber durch Milde und Güte zu gewinnen, als durch Verfolgungen und Strafen noch mehr zu entfremden. Es bewillige also Ew. Majestät in Gnaden benselben in den verschiedenen Städten wenigstens eine Kirche, in welcher ihnen verstattet werde, frei und sicher, ohne Bedrängung und Hinderniß, nach der uralten Anordnung der heiligen Väter und der Kirche Gottesdienst zu halten, das heilige Opfer darzubringen und die heiligen Sacramente als Arznei der Seele zu empfangen. Durch Gewährung dieser Bitte wird sich Ew. Majestät nicht nur die Liebe Ihrer Unterthanen, sondern auch der übrigen katholischen Könige und Fürsten in hohem Maße gewinnen und den Ruhm der Milde und Barmherzigkeit erwerben. Uns aber wird dieselbe so überaus werthvoll sein, daß Wir Uns alle Mühe geben werden, Ew. Majestät durch Gegendienste und Bruderliebe reichlich zu entgelten."

Religionsfreiheit wollte Elisabeth um keinen Preis gewähren; sie wußte auch recht wohl, wie gut katholisch noch die Mehrheit ihrer Unterthanen war und wie ihre neue Staatsreligion nur durch Gewalt und nicht auf dem Wege der Ueberzeugung siegen könne. Sie antwortete also, nur die Rücksicht auf die Kaiserliche Majestät habe sie bisher bewogen, gegen die Katholiken so milde zu verfahren und ihres Lebens zu schonen. Die Bitte aber, ihnen auch noch Kirchen und freie Ausübung ihrer Religion zu gewähren, könne sie ohne Preisgeben ihres Staates, ihrer Ehre und ihres Gewissens nicht gewähren. Sie befolge keine neue und keine unbekannte Religion, sondern diejenige, welche durch das übereinstimmende Zeugniß der Väter als die wahre bewiesen werde. Einem andern Bekenntnisse Kirchen einräumen, heiße Zwiespalt stiften, den Haß der Parteien schüren, Kirche und Staat verwirren, und das wäre in sich schlecht und ein böses, verderbliches Beispiel. Wenn sie bisher dem privaten Widerstande einiger gemäß ihrer natürlichen Milde und Güte und mit Rücksicht auf den Kaiser durch die Finger gesehen habe, so sei sie doch keineswegs gesonnen, deren Trotz auch fernerhin durch Nachgiebigkeit zu vermehren. So schrieb Elisabeth an den Kaiser. Der Brief hätte diesem treffliche Gründe liefern können, um ähnliche Bitten der Neuerer im Deutschen Reiche abzuweisen; aber katholische Fürsten haben sich der Religionsfreiheit durchgehends weniger widersetzt als protestantische.

Der Papst durfte also den englischen Katholiken durch eine Dispens nicht helfen, und der Kaiser und die übrigen katholischen Fürsten konnten durch ihre diplomatische Fürsprache für sie nichts ausrichten: es blieb deshalb den Bedrängten nichts anderes übrig, als entweder die Theilnahme an der Glaubensneuerung zu heucheln oder muthig die Folgen ihrer Treue zu tragen. Viele wählten, wenn auch mit blutendem Herzen, das erstere; manche trugen auf beiden Schultern, hörten insgeheim in ihrem Hause die heilige Messe und besuchten dann den anglikanischen Gottesdienst. Viele aber waren auch bereit, namentlich nachdem die Entscheidung Roms und des Concils von Trient bekannt war, jede Strafe des Gesetzes auf sich zu nehmen. Zahlreiche Beispiele davon begegnen uns in den Jahrbüchern der Reformation. Am 8. August 1562 war ein Priester in der Feuterlane zu London am Altare ergriffen und im Meßgewande durch die Straßen zum Lord-Mayor geführt worden, der ihn in die Marshalsea einkerkern ließ, „wo jetzt papistische Priester gewöhnlich eingethürmt werden" [1]. Am 2. Februar (Mariä Lichtmeß) 1563 gingen viele Männer und Weiber der seligsten Jungfrau zu Ehren am Durham-Platze und im Marienspital zur Messe. „Aber manche von ihnen wurden von der Wache festgenommen und ins Compter-Gefängniß und in andere Thürme abgeführt. Man sieht jetzt sehr scharf zu, daß kein papistischer Aberglaube mehr getrieben oder kein anderer Gottesdienst mehr besucht werden kann, als der vom Parlament vorgeschriebene." „Am selben Tage wurden die Wohnungen des französischen und spanischen Gesandten so scharf überwacht, daß viele Messehörer ergriffen und eingesperrt werden konnten." [2] Im Herbste des Jahres 1565 wurde an einigen Orten in Yorkshire, wie man dem anglikanischen Erzbischofe meldete, täglich Messe gelesen. Die Friedensrichter der benachbarten Ortschaften erhielten deshalb die Weisung, die „Schuldigen" gefänglich einzuziehen [3]. Im Jahre 1567 klagt Strype, daß es mit der Religion in Lancashire rückwärts gehe: „Die Papisten zeigen sich daselbst immer zahlreicher; Messen werden überall gelesen, Priester beherbergt, das allgemeine Gebetbuch und der durch das Gesetz bestimmte Gottesdienst beiseite geschoben." Die Königin schrieb deshalb einen scharfen Brief an den anglikanischen Bischof von Chester, und eine strenge Visitation wurde vorgenommen. Von Warrington seien der Seeküste entlang alle Edelleute, mit etwa einer Ausnahme,

---

[1] Strype, Annals I, 365.   [2] Ibid.
[3] Strype l. c. p. 506.

Papisten, namentlich werden die Westbys, die Molineur', die Blundels genannt. Wer Priester beherbergt hatte, mußte entweder ins Gefängniß wandern oder die folgende vom Privy Council vorgeschriebene Abbitte und Versprechung unterschreiben:

„Ich N. N. habe, ohne meiner Pflicht gegen Gott und die Königin zu gedenken, und meinem schuldigen Gehorsam gegen die Kirchengesetze und Verordnungen dieses Reiches zuwider, in mein Haus und meine Familie gewisse Priester aufgenommen, welche nicht den vorgeschriebenen Gottesdienst hielten, und sogar in meiner Gegenwart gegen die jetzige Gottesdienstordnung redeten, wie sie von Ihrer Majestät und den Ständen im Parlamente angeordnet ist, und habe mich auch sonst verfehlt, indem ich das Gemeinsame Gebet in der Pfarrkirche nicht besuchte, noch die Communion so oft empfing, als ich es hätte thun sollen. Durch Gegenwärtiges unterwerfe ich mich nun demüthig und ehrlich Ihrer Majestät und bin ob meiner Beleidigung Gottes und der Königin aufrichtig betrübt. Fürderhin verspreche ich Ihrer Majestät, allen Gesetzen und Anordnungen Ihrer Majestät zu gehorchen, welche die Königin mit Bezug auf die Religion und Kirchenordnung erlassen mag, und mich in allen diesen Punkten zu benehmen, wie es einem guten, demüthigen und gehorsamen Unterthan zukommt. Und ich werde die besagten Gesetze und Verordnungen weder durch Rede noch durch Schrift oder durch irgend eine That bekämpfen, auch nicht zugeben, daß ein anderer in meiner Gegenwart sie verletze, den ich daran verhindern kann; noch will ich irgend eine Person, welche außerhalb des Reiches weilt und von welcher ich weiß, daß sie die besagten Gesetze und Verordnungen übertritt, unterstützen, unterhalten, noch ihr ein Almosen zukommen lassen. Hierdurch hoffe ich getrost Ihre Majestät als meine gnädige und gute Herrin zu haben, wie sowohl ich als alle übrigen getreuen Unterthanen ihre wunderbare Milde und Güte bisher erfahren haben."[1]

Dem Ritter Sir John Southworth wurde die Unterschrift dieses Actenstückes vom Privy Council zuerst zugemuthet. Derselbe verweigerte sie, und das Gleiche müssen wohl auch die anderen Edelleute aus Lancashire gethan haben; Strype wenigstens nennt keinen einzigen, der unterschrieben hätte. Was die Unterstützung der um des Glaubens willen freiwillig Verbannten angeht, so ist es ein rührender Zug, daß die durch die Strafgesetze bis aufs Blut ausgesaugten Katholiken auch noch für die

---

[1] Strype l. c. p. 548.

Noth ihrer Glaubensbrüder jenseits des Kanals ihr Scherflein beisteuerten. Aus einem vom anglikanischen Bischofe von London am 30. März 1568 im Tower vorgenommenen Verhöre ersehen wir z. B., daß ein gewisser Rouse aus Suffolk das bedeutende Almosen von 19 Pfd. St. nach Löwen schickte. Schon im Jahre 1562 hatte das Privy Council Grindal, den Bischof von London, zur Wachsamkeit gemahnt, indem nicht nur insgeheim Messe gelesen, sondern auch für die entflohenen Priester Geldsammlungen abgehalten wurden[1].

Das Elend der treuen Katholiken wurde mit jedem Jahre größer. Geldstrafen und Erpressungen nahmen kein Ende; auch die reichsten Familien mußten ihren Ruin klar vor Augen sehen, und selbst die Gefängnißstrafe war für sie mit schweren Geldopfern verbunden. Wir wollen aus den Aufzeichnungen eines Katholiken aus Yorkshire einige Proben mittheilen, auf daß man sich einen Begriff von der Gefängnißordnung unter Elisabeth bilden könne[2]. „Wenn ich alle Grausamkeiten schildern wollte, welche wir in den Gefängnissen zu erdulden haben, so müßte ich ein großes Buch schreiben; überzeugt Euch nur selber, daß des Tyrannen[3] brutale Bosheit in der Folterung derjenigen, welche in seine Klauen fielen, weder Ziel noch Ende kennt. Die Kerkermeister, die er zu diesem Gaunergewerbe befördert, sind seine eigenen Leute, denen er sonst keine andere Stelle geben kann, oder fanatische Puritaner, die auf irgend eine Weise verarmt sind und die er nun durch Raub und Erpressung unterhält. Um diesen Raub in größerer Sicherheit verüben zu können, hat er im Schloß zu York bestimmte Gebühren festgesetzt, daß dieselben als vorgeschrieben und auf Befehl des Präsidenten erhoben werden können; nebenbei weiß aber der Kerkermeister doch noch genug zu erpressen. Beim ersten Betreten des Kerkers muß jeder katholische Freisasse (yeoman) 10 Schilling „Kettengeld" bezahlen, jeder Gentleman 20 Schilling und jeder Gutsbesitzer 40 Schilling. Die Priester zählen sie, um ihnen ein höheres Kettengeld auflegen zu können, unter die Gentlemen; sonst behandeln sie dieselben wie Leute aus der untersten Hefe. Als „Kerkergebühr" muß ein Freisasse 26 Sh. 8 D.; ein Gentleman 4 Mark Silber (die Mark = 13 Sh. 4 D.) erlegen. Für die Kerkerkost bezahlt ein Freisasse

---

[1] Strype l. c. I, 549.

[2] A Yorkshire Recusant's Relation in The troubles of our Catholic Forefathers by John Morris S. J. III, 68. Das Manuscript befindet sich in St. Mary's College zu Oscott. Es wurde 1586 geschrieben.

[3] Der Earl of Huntingdon, Präsident der nördlichen Grafschaften.

wöchentlich 6 Sh. 8 D. bis 8 Sh. 4 D.; ein Gentleman 10 Sh. 4 D. bis 13 Sh. 4 D. Diese Gebühren hat der Präsident mit seinem Rathe und dem vorgeblichen Bischofe Sands angeordnet, um uns auszurauben; Sands hat später gesagt, sie seien zuerst nur gemacht worden, um die Katholiken einzuschüchtern, und nicht in der Absicht, daß sie durchgeführt würden. Sehr wenige Katholiken sind im Stande, die wöchentliche Kost zu bezahlen; deshalb vergleichen sie sich sowohl in York als in Hull mit den Kerkermeistern auf einen unvernünftig hohen Miethpreis und sorgen für ihren eigenen Unterhalt. Nur in Dearman's Gefängniß wird das nicht geduldet; da verlangt das Weib ohne Gnade und Barmherzigkeit, und so arm die Leute auch sind, was sie gelüstet. Und wenn die Wüthende nicht in jeder Beziehung ihren Wunsch und Willen hat, so entzieht sie den Gefangenen 3 oder 4 Tage lang Speise und Trank, und wenn wir nicht nachgeben, so bekommen wir nichts als Wasser und Brod und selbst dieses nur karg zugemessen. Die wöchentliche Miethe, von der ich redete, beträgt für die Aermsten 12 D., für andere 16 oder 20 D., für Reichere 2 Sh., 3 Sh. 4 D. oder 4 Sh., und dann müssen wir für den ganzen Unterhalt selbst sorgen. Dabei werden in jeden Kerkerraum so viele hineingepfercht, als er nur fassen kann, und infolge dieses Mangels an Raum und Luft herrschen oft ansteckende Krankheiten unter uns. Die Kerkermeister haben volle Freiheit, uns auszusaugen, und erfinden immer neue Kniffe und Erpressungen. So verlangen die beiden Kerkermeister zu Hull zunächst eine Entschädigung von jedem Katholiken, der sich selbst beköstigen will; dann Bezahlung für die Mühe, ihnen die Lebensmittel einzukaufen, und obendrein berechnen sie zu 6—8 D., was man auf dem Markte für 4 D. erhält; endlich verlangen sie einen Kochlohn, und die Köchin muß auch noch für das Anrichten der Speisen ein besonderes Trinkgeld erhalten." Derselbe Gewährsmann erzählt ferner, wie man den Gefangenen die Lebensmittel wegnahm, welche ihnen von ihren Freunden zugeschickt wurden; wie man ihnen Summen von 10—20 Pfd. St. abschwindelte und sie auf diese „Bürgschaft" hin ein Viertel- oder ein Halbjahr in Freiheit setzte; wie sie jährlich mit 10 Pfd. St. oder 20 Mark Silber „Handsalbe" die Beamten erkaufen mußten, damit nicht auch Frau und Kinder ins Gefängniß geworfen wurden; wie endlich solche, welche ein derartiges Ansinnen der Beamten zur Anzeige brachten, wegen Beamtenverleumbung zu 20 Pfd. St. verurtheilt wurden[1].

---

[1] L. c. p. 80—81.

Zehn volle Jahre ertrugen die Katholiken diese unerträgliche Behandlung ohne den Versuch einer gewaltsamen Abwehr. Noch immer hofften sie, die Königin werde einen katholischen Fürsten heiraten, der ihre Lage verbessern könnte, oder die Thronfolge werde so geordnet, daß Maria Stuart die Herrschaft erreiche. Seit 1564 war das Heiratsproject mit dem Sohne Ferdinands, dem Erzherzog Karl, gescheitert, und seit 1568 weilte Maria Stuart als Gefangene in England. Elisabeth hatte es verstanden, alle katholischen Fürsten zu gängeln und alle Hoffnungen ihrer katholischen Unterthanen zu durchkreuzen. Die letzteren sahen sich endlich zu einer That der Verzweiflung getrieben. Cecil wußte es; er hätte es verhindern können. Aber mit kalter Berechnung fand er, daß es ihm vortheilhafter sei, den Ausbruch abzuwarten, blutig niederzuschlagen und damit die Hoffnung der katholischen Partei ein für allemal zu vernichten. Und so beschloß er zu handeln.

3. Die Absetzungsbulle.

(1569—1570.)

Was Elisabeth vom Papste gewärtigen mußte, wenn sie sich entschloß, England von der katholischen Kirche loszureißen, war ihr und ihren Rathgebern vollkommen bekannt. Wir haben oben gesehen, wie dieselben die feierliche Excommunication und die mit derselben nach damaligem Kirchenrechte verbundene Absetzung als sichere Folge ihrer Handlungsweise kalt und ruhig ins Auge faßten[1]. Aber der Papst war viel langmüthiger, als die englischen Staatsmänner gedacht hatten. Zehn lange Jahre war der Suprematseid in Kraft und die heilige Messe abgeschafft, und schmachteten die Bischöfe im Kerker und seufzten die treuen Katholiken unter dem eisernen Joche unerträglicher Verfolgungsgesetze, und noch immer hatte Rom den sicher erwarteten Bannstrahl auf die Tochter Anna Boleyns nicht geschleudert. Paul IV. hatte sich freilich geweigert, Elisabeth als Königin des Reiches anzuerkennen, das der Apostolische Stuhl seit der Schenkung König Johanns als sein rechtmäßiges Lehen ansah. Abgesehen von ihrem notorisch illegitimen Ursprunge bezweifelte er mit gutem Grunde ihre Rechtgläubigkeit. Er mußte deshalb sowohl als Lehensherr wie als gemeinsamer Vater der katholischen Kirche Einspruch erheben. Weiter ging Paul IV. nicht vor, selbst nicht als Elisabeth sofort jeden diplomatischen Verkehr abbrach und den englischen Gesandten Sir Eduard Carne abberief.

Paul IV. starb schon im folgenden Jahre, 1559. Sein Nachfolger Pius IV. suchte die Verhandlungen wieder anzuknüpfen und gab sich alle Mühe, Elisabeth zur katholischen Kirche zurückzuführen. Schon im Mai 1560 schickte der Papst den Abt Vincentius Parpalia, den Elisabeth kannte, mit einem wahrhaft väterlichen Schreiben an die Königin. Er sandte ihr, seines Hirtenamtes, ihres Seelenheils, ihrer Ehre und der Festigkeit ihrer Herrschaft fürsorglich eingedenk, seinen Gruß und Apo-

---

[1] Vgl. oben S. 6 u. 7.

ſtoliſchen Segen. „Wir mahnen und beſchwören Deine erlauchte Perſon, theuerſte Tochter," heißt es weiter, „daß Du doch die ſchlechten Rathgeber, die nicht Dein Wohl, ſondern nur das ihre ſuchen und ihren böſen Leidenſchaften dienen, aus Deiner Nähe entferneſt, und daß Du, die Furcht Gottes zu Rathe ziehend und den Tag Deiner Heimſuchung erkennend, Unſern väterlichen Mahnungen und heilſamen Rathſchlägen Folge leiſten mögeſt. Dann kannſt Du Dir Unſererſeits Alles verſprechen, was Wir nicht allein für Dein Seelenheil, ſondern auch zur Begründung und Befeſtigung Deiner königlichen Würde kraft des Anſehens Unſerer Stellung und der Würde Deinen Wünſchen gemäß für Dich thun können. Wenn Du, wie Wir wünſchen und hoffen, in den Schoß der Kirche zurückkehrſt, werden Wir Dich mit gleicher Liebe, Ehre und Freude aufnehmen, wie der Vater im Evangelium den heimkehrenden Sohn; ja mit noch größerm Jubel: freute ſich jener doch nur über die Rettung eines einzigen Sohnes, während Du alle Völker Englands mit Dir bringſt und ſo nicht allein ob Deiner, ſondern ob der Rettung der ganzen Nation Uns und die Gemeinſchaft Unſerer Brüder erfreuen wirſt, welche mit Gottes Hilfe bald zur Beſeitigung aller Irrthümer zu einer allgemeinen Kirchenverſammlung zuſammentreten werden. Die ganze Kirche wirſt Du mit Freuden erfüllen, den Himmel ſelbſt entzücken, Dir ob ſolcher That großen Ruhm erwerben und eine weit herrlichere Krone, als Du bereits auf Deinem Haupte trägſt." [1]

Der Papſt bat Philipp von Spanien um ſeine Mitwirkung zu dieſem Werke der Verſöhnung. Den ſpaniſchen Geſandten in London, den Biſchof de Quadra, hatte er ſchon unter dem 10. März des gleichen Jahres gebeten, in ſeinen Bemühungen für die katholiſche Religion fortzufahren und ſo dem Werke des päpſtlichen Nuntius vorzuarbeiten [2]. Der Zeitpunkt war ſehr gut gewählt. Die Königin war nicht wenig in Verlegenheit, da ſich das Kriegsglück auf Seite Frankreichs zu neigen ſchien. In einer Audienz, welche de Quadra am 1. Juni hatte, redete er mit der Königin von der Sendung eines päpſtlichen Nuntius an ſie. „Sie ſchien überraſcht", ſchrieb de Quadra an den Biſchof von Arras [3], „und beim Gedanken an die Erbitterung ihrer katholiſchen Unterthanen ſogar erſchreckt. Ich ſagte ihr, Seine Heiligkeit ſei ein ſo weiſer Fürſt und liebevoller Vater für alle ſeine Kinder, daß er gewiß nichts anderes

---

[1] 5. Mai 1560. Raynaldus ad ann. 1560, n. 42.
[2] Ib. n. 43 u. 44.
[3] Ms. Simancas bei Froude VI, 381.

wünsche, als ihr väterliche Mahnung und Rath zu ertheilen. Vielleicht sei die Sendung von dem Könige unserm Herrn veranlaßt worden, der immerdar hoffe, eine so hochbegabte und weise Frau werde Mittel und Wege finden, ihre Unterthanen mit der allgemeinen katholischen Kirche wieder zu vereinigen. Ich wisse, daß Se. Majestät diese seine Ueberzeugung dem Papste ausgesprochen habe, um den Absichten Frankreichs zuvorzukommen, und der Papst werde vielleicht ihre wahre Gesinnung erfahren wollen. Das freute sie offenbar. Sie hatte gefürchtet, Seine Majestät habe ihr zu Rom seine Hilfe entzogen, und eine feindselige Erklärung des Papstes gegen sie wäre ihr in den gegenwärtigen Umständen höchst ungelegen gekommen. Deshalb erklärte sie mir mit vielen Worten, **sie sei ebenso gut katholisch als ich. Sie rief Gott zum Zeugen an, ihr Glaube sei derselbe Glaube wie derjenige aller Katholiken im Reiche.** Ich antwortete ihr, wenn das wahr sei, so habe sie unrecht daran gethan, in einer Frage von solcher Tragweite gegen ihr Gewissen ihre Ueberzeugung zu verheimlichen. Sie habe ein Verbrechen gegen ihre armen Unterthanen begangen, welche sie durch ihr Beispiel zum Abfall vom Glauben verführt habe. Es sei eine Ehrensache für sie, das wieder gut zu machen. Sie antwortete nur, sie sei damals gezwungen worden, so zu handeln, wie sie handelte, und sei gewiß, daß ich sie entschuldigen würde, wenn ich wüßte, wie man sie dazu gedrängt habe. Ich entgegnete, es sei mir wohl bewußt, daß in einer so wichtigen Sache kein Grund sie entschuldigen könne, und selbst wenn man sich einen Fall denken könnte, der eine Entschuldigung zuließe, so träfe dieser Fall nicht bei ihr zu. Hätte sie doch mit viel weniger Mühe und Gefahr das Reich bei der Religion erhalten können, welche beim Tode ihrer Schwester bestand. Schließlich that ich, als ob ich ihr glaubte. Und ich legte großes Gewicht auf ihre Worte, so daß es ihr später schwer werden soll, denselben eine andere Deutung zu geben, was sie ganz gewiß versuchen wird, sobald die gegenwärtige Gefahr vorüber ist. Ich brachte sie dahin, daß sie sagte, der Nuntius, den der Papst schicke, sei willkommen, und es solle nicht ihre Schuld sein, wenn die Kirche nicht wieder vereinigt werde. Hätte ich sie noch mehr gedrängt, so würde sie noch klarere Zusagen gegeben haben; aber ihre Worte sind nicht ihre Gedanken. Es ist noch immer meine feste Ueberzeugung, daß ihre Pläne die oben angedeuteten sind; aber ich staune über die Unverschämtheit, mit welcher sie über so ernste Fragen sagt, was ihr gerade für den Augenblick paßt. Nun, sie ist eben ein Weib und unbeständig und mag vielleicht eines Tages sich genöthigt sehen, zu thun, was sie jetzt gerne zu thun vorgibt."

De Quadra durchschaute die königliche Heuchlerin, und es ging gerade so, wie er gesagt hatte. Einen Monat später wurde der Vertrag von Leith geschlossen, und die Franzosen zogen aus Schottland ab. Jetzt lag Elisabeth nichts mehr am Papste, und dem Nuntius Parpalia wurde nicht einmal erlaubt, seinen Fuß auf englischen Boden zu setzen.

Pius IV. ließ sich durch diese schmachvolle Behandlung nicht abhalten, im Interesse der Katholiken Englands und der Königin selbst schon im darauffolgenden Jahre einen erneuten Versuch zur Versöhnung zu machen. Er betraute den Abt Hieronymus Martinengo an Elisabeth, um sie und ihre Völker zur Theilnahme an der allgemeinen Kirchenversammlung einzuladen. Der Nuntius sollte in Belgien warten, bis der Geleitsbrief des spanischen Gesandten de Quadra eintreffe, nach dessen Empfang er sofort nach London zu reisen und nur die Königin in einer Privataudienz zu besuchen hatte. Ausdrücklich wurde ihm die Weisung, weder das Haus des spanischen Gesandten noch sonst ein anderes zu betreten, um ja der Königin jede Furcht zu nehmen, als ob er unter dem Deckmantel der Religion Politik treibe. Ja er hatte sogar die Weisung, von der Freilassung der Bischöfe nicht zu reden, noch sonst eine andere schwierige Frage zu berühren, bevor er die Zusage erhalten habe, daß England sich am Concile betheiligen werde[1].

England hatte stets gesagt, es werde sich jedem wahren ökumenischen Concil unterwerfen, ganz wie auch Luther stets vom Papste an eine allgemeine Kirchenversammlung Berufung eingelegt hatte. Jetzt mußte es sich zeigen, ob es ihm ernst war. Der Papst, der das Concil berief, hatte sich so freundlich und langmüthig gezeigt, daß er diesmal keinen Vorwand zur Ablehnung bilden konnte. Elisabeth verhehlte sich auch keineswegs, welchen Eindruck es auf die Mehrheit ihrer Unterthanen, welche sich noch mit der katholischen Kirche eins fühlten, machen müsse, wenn das Concil ihre neue Lehre und Kirchenordnung verwerfen werde. Auf der andern Seite hätte allerdings die Theilnahme an dem Concil ein gewisses Aufgeben der kirchlichen Suprematie seitens der Königin von vorneherein zur Voraussetzung gehabt. Auch war es klar, daß auf dem Concil die entscheidende Stimme einzig den Bischöfen und nicht ihren Hoftheologen zustehen werde.

---

[1] Raynaldus ad ann. 1561, n. 51.

Die Entscheidung drängte; der Nuntius Martinengo war bereits nach England unterwegs. Da suchte Cecil Anfang März den spanischen Gesandten auf und redete mit ihm zuerst über das Heiratsproject der Königin mit Sir Robert Dudley, den Elisabeth zum Earl of Leicester machte. Die „jungfräuliche" Königin lebte mit diesem Manne, der seine Gattin aus dem Wege geräumt hatte, um sich den Zugang zum Throne zu öffnen, schon längst in einem Verhältnisse, das ein Aergerniß für ihre Unterthanen und ein Gespött für die europäischen Höfe war. Dudley hatte dem Könige von Spanien hoch und heilig versprochen, er wolle katholisch werden, wenn ihm Philipp die Hand Elisabeths verschaffe; dem Manne galt der Preis eines Religionswechsels natürlich mindestens nicht mehr, als ihm das Leben seiner ihn zärtlich liebenden Gattin gegolten hatte. Cecil suchte die Verbindung Elisabeths mit Dudley zu verhindern; er fürchtete den Verlust seiner Stelle als leitender Staatsmann. Dann kam die Sprache auf den päpstlichen Nuntius. Wie der Papst es gewünscht, hatte Philipp die Absichten des Apostolischen Stuhles mitgetheilt und der Königin seinen persönlichen Wunsch aussprechen lassen, Elisabeth möge den Nuntius empfangen. Cecil erklärte de Quadra, wenn das Concil an einem Orte gehalten werde, der den Königen von Frankreich und Spanien genehm sei, so könne die Königin von England keinen vernünftigen Einwand gegen dasselbe erheben. Sie werde sich auch nicht weigern, dem Papste auf demselben den Ehrenvorsitz einzuräumen, wenn er sich nur keine Gewalt über dasselbe beimesse. Auch würden seine Entscheidungen in England anerkannt werden, „vorausgesetzt, dieselben stimmten mit der Heiligen Schrift und den ersten vier allgemeinen Kirchenversammlungen überein" (ob das der Fall sei, darüber sollte natürlich das Parlament entscheiden). Er setzte aber als selbstverständlich voraus, man werde den anglikanischen Bischöfen, die ja apostolisch geweiht und nicht einfach von einer Gemeinde gewählt seien, wie die lutherischen und calvinischen Häretiker, mit den anderen Bischöfen Sitz und Stimme einräumen.

De Quadra sagte, er zweifle, ob das Concil bei dem Trotze der Deutschen überhaupt zu Stande kommen werde, und fragte, ob es denn nicht möglich sei, in England unter dem Vorsitze eines päpstlichen Legaten ein Nationalconcil zu halten. Das wollte Cecil als gegen die Suprematsacte unter keinen Umständen zugestehen. Einen päpstlichen Legaten dürfe die Königin nicht zulassen, und, fügte er schließlich bei, wenn der Papst an die Königin schreibe, so müsse er sie als Defensor Fidei (Vertheidigerin des Glaubens) anreden; wenn nicht alle ihre Titel vollständig aufgeführt seien, so werde der Brief zurückgewiesen. „Die Lage der Königin ist eine überaus schwierige," schließt de Quadra seinen Brief an Philipp II. „Es ist zwar möglich, daß das Bewußtsein ihrer gefährlichen Lage zugleich mit ihrer Leidenschaft für Lord Robert (Dudley) ihr wirklich den Wunsch eingibt, sich mit der Kirche auszusöhnen; es ist aber ebenso möglich, daß sie bloß Komödie spielt, um die Freundschaft Ew. Majestät zu bewahren und ihre katholischen Unterthanen mit leeren Hoffnungen zu betrügen, deren Erfüllung ihr nicht in den Sinn kommt." [1]

Philipp versprach seine Beihilfe zur Heirat mit Dudley, wollte aber zuerst ein schriftliches Versprechen von Elisabeth haben, daß sie sich mit der Kirche aussöhnen werde; auch müsse sie die Bischöfe aus dem Kerker entlassen und den alten katholischen Gottesdienst für ihre Unterthanen freigeben. Cecil benützte die Höhe dieser Forderungen, um Dudley's Hoffnung zu durchkreuzen.

Jetzt hatte auch der Empfang des Nuntius wenig Aussicht. Martinengo wartete bereits in Flandern auf die Entscheidung der Königin. Die Bitte, den Nuntius vorzulassen, hatte Philipp II. als eine persönliche an Elisabeth gerichtet und diese die Angelegenheit dem Privy Council zur Begutachtung vorgelegt. Cecil, der beständig die Hugenotten in Frankreich zur Empörung aufreizte, war nur zu geneigt, andere Leute nach sich selbst zu beurtheilen. Er traute dem Nuntius jeden Verrath zu, und war überzeugt, derselbe komme nur, um die Katholiken zum Aufstande zu hetzen, obschon derselbe das eidliche Versprechen geben wollte, nichts gegen die Sicherheit des Reiches zu thun. Während der Rath verhandelte, ließ Elisabeth de Quadra kommen und suchte ihn durch süße Worte zu beschwichtigen. Der Bischof ließ sich nicht berücken, sondern bat sie, diese Gelegenheit, die Gott ihr darbiete, nicht zurückzuweisen und den Nuntius zu empfangen. Er werde sofort die Antwort des Rathes hören, sagte sie, und alsbald wurde der Gesandte in das Rathszimmer geführt. Der Bischof las die Antwort in den Mienen Cecils und weigerte sich, eine Botschaft vom Rathe anzunehmen; er sei mit einer persönlichen Bitte seitens seines Monarchen an die Königin betraut und werde seine Antwort nur von den Lippen der Königin entgegennehmen. Das könne er halten wie er wolle, wurde ihm bedeutet; aber der Beschluß werde in seiner Gegenwart verlesen werden, er möge darüber berichten oder nicht. Der Empfang des Nuntius wurde entschieden abgelehnt; weder direct noch in-

---

[1] Brief vom 28. März 1561. Ms. Simancas bei Froude VI, 481.

direct könne England eine Oberhoheit des Papstes anerkennen. Was die Sendung von Bischöfen oder Abgesandten an das Concil betreffe, so werde England sich gerne vertreten lassen, sobald mit Zustimmung aller christlichen Fürsten ein wahrhaft freies, allgemeines Concil unter Zusicherung völlig freier Discussion berufen werde; von dem Concil aber, zu dem sie jetzt eingeladen würden, und das der Papst als eine Fortsetzung des Trienter Concils berufe, „auf dem niemand entscheidende Stimme habe, als diejenigen, welche dem Papst bereits Treue geschworen hätten", könne Ihre Majestät nichts Gutes hoffen, sondern nur eine Bestätigung der Irrlehren und Ansprüche, welche die Christenheit in Verwirrung gebracht hätten.

Die Engländer hatten nichts Neues erfunden; das waren die alten schalen Ausreden der deutschen Protestanten. Bischof de Quadra kehrte sofort zur Königin zurück. „Ich fand sie", schreibt er an Philipp [1], „verlegen, verwirrt und offenbar erschreckt. Ich sagte ihr, man habe mir mitgetheilt, der Nuntius werde nicht empfangen werden. Sie habe mich eine andere Entscheidung erwarten lassen. Es thue mir leid mit Rücksicht auf das öffentliche Wohl; was mich angehe, habe sie mich überdies in den Augen Ew. Majestät lächerlich gemacht. Sie schützte vor, sie habe vorausgesetzt, das Concil werde ein ‚freies' sein, als sie mit mir über die Beschickung desselben verhandelt habe. Ich entgegnete, sie habe damals keine Bedingungen gemacht und ich hätte ihre eigenen Worte an Ew. Majestät geschrieben. Aber der schwerste Schaden treffe nicht mich. Ich kenne die Verhältnisse und wisse, daß sie allein diesen Schritt ungeschehen machen könne, wenn sie nur wolle. Mit vielen Worten über ihre dankbare Liebe zu Ew. Majestät entließ sie mich."

Martinengo mußte also wie sein Vorgänger Parpalia, ohne seine Botschaft ausrichten zu können, umkehren. Mit kaum begreiflicher Langmuth wollte Pius IV. nichtsdestoweniger noch einen Versuch machen, ob sie vielleicht dem Apostolischen Nuntius Commendone, der sich in Brüssel aufhielt, Zutritt gewähren werde. Nochmals ließ er versichern, er stehe für volle Sicherheit der Personen und Freiheit der Discussion ein. Erst als es gewiß war, die Königin würde auch diesen Boten seiner väterlichen Liebe abweisen, erhielt Commendone den Auftrag, die Sache auf sich beruhen zu lassen und zum Concil zu kommen."[2]

Noch einmal schien im Frühjahre 1562 eine leise Hoffnung aufzuleuchten, Elisabeth möchte doch noch zu bewegen sein, am Concil theilzu-

---

[1] Brief vom 5. Mai 1561, l. c. [2] Raynaldus l. c. n. 51—54.

nehmen, und sofort beschlossen die versammelten Väter auf Bitten des
Cardinals von Lothringen, die Sitzungen auf 3 bis 4 Wochen zu ver=
tagen, um ja der Königin von England keinen Vorwand selbst zu un=
gerechtfertigter Klage zu bieten, und abermals wurde ihr volle Freiheit
der Berathung zugesichert. Es war alles umsonst; Elisabeth wollte kein
Concil anerkennen, das den Papst zum Haupte habe, und die Väter sahen
sich gezwungen, ihre Berathungen ohne England fortzusetzen [1].

Nachdem also alles umsonst versucht war und Elisabeth fortfuhr,
nicht nur im eigenen Lande die Katholiken auf das härteste zu bedrücken,
sondern auch alles aufbot, um den katholischen Glauben in Schottland
zu vernichten, erwogen die versammelten Väter die Frage, ob es nicht an
der Zeit sei, die englische Königin feierlich mit dem Banne zu belegen
und sie ihres Reiches zu entsetzen. Die verbannten Engländer in Löwen
drängten zu diesem Entschlusse. Nichtsdestoweniger fürchteten die päpst=
lichen Legaten von einem solchen Schritte nur größeres Unheil für die
englischen Katholiken. Philipp II. und Kaiser Ferdinand baten überdies,
die Excommunication noch nicht auszusprechen, und Pius IV. entschied
schließlich, nochmals in Geduld und Langmuth zuzuwarten, ob die Königin
nicht durch Güte zu gewinnen sei [2].

Die größte Langmuth half nichts. Elisabeth spottete der päpstlichen
Autorität und ergriff mit jedem Jahre heftigere Zwangsmaßregeln gegen
die Katholiken, welche noch immer die heilige Messe hörten. 1566 hatte
der hl. Pius V. den Stuhl Petri bestiegen; immer dringendere Klagen
drangen an sein väterliches Ohr, und nach langem Zuwarten, nach vielen
Berathungen entschloß er sich endlich, das letzte Mittel anzuwenden und
das schon lange abgestorbene und brandige Glied vom Leibe der Kirche
zu trennen. Ganz abgesehen von seinen Rechten als Lehnsherr Englands,
hatte der Papst Elisabeth gegenüber die zweifellose Vollmacht, als Vater
der Christenheit und Stellvertreter Christi, als oberster Hirte das räudige
Schaf von der Heerde feierlich auszuschließen. Die unmittelbare Folge
war dann für Elisabeth, nach der im Mittelalter in ganz Europa be=
stehenden Rechtsordnung, der Verlust der Krone [3]. Kraft dieser geist=
lichen Vollmacht konnte der Papst zweifelsohne mit vollem Rechte gegen

---

[1] Raynaldus ad ann. 1562, n. 26. 27.

[2] Pallavicino, Istoria del Concilio di Trento XI. 1. 21. p. 127. Raynal=
dus ad ann. 1563, n. 114—116.

[3] Vgl. Gosselin, Die Macht des Papstes im Mittelalter II, 281. Hergenröther,
Katholische Kirche und christlicher Staat, S. 679.

Elisabeth vorgehen, und er brauchte dabei nicht einmal sich auf die directe oder indirecte Gewalt über die Fürsten zu stützen, welche die Theologen und Canonisten damals allgemein dem Papste als einen Ausfluß seiner höchsten Gewalt zuschrieben. So geschah endlich, was Elisabeth schon vor zehn Jahren erwartet hatte: Pius V. excommunicirte sie, erklärte sie ihrer Krone verlustig und forderte die katholischen Engländer auf, der unrechtmäßigen Prätendentin jeden Gehorsam zu verweigern.

Der Papst unterschrieb die Bulle Regnans in excelsis am 24. Februar 1569, veröffentlichte sie aber erst ein Jahr später, am 25. Februar 1570. Die Bulle beginnt mit einer Darlegung der Gewalt, welche Christus dem hl. Petrus und seinen Nachfolgern übertrug. „Der Herrscher des Himmels, dem alle Gewalt im Himmel und auf Erden gegeben ist, hat die eine heilige, katholische und apostolische Kirche, außer welcher kein Heil ist, auf Erden dem einen Apostelfürsten Petrus und dem römischen Papste, dem Nachfolger Petri, mit der Fülle der Macht zu leiten übergeben. Diesen einen hat er über alle Völker und Reiche zum Fürsten bestellt, daß er ausreute und niederreiße, zerstreue und vernichte, pflanze und aufbaue; daß er das Volk der Gläubigen durch das Band gegenseitiger Liebe in der Einheit des Geistes bewahre und heil und wohlbehalten seinem Heilande zuführe." Dann zählt der Papst die Missethaten Elisabeths, „der vorgeblichen Königin Englands", auf: allen Häretikern und Schismatikern bietet sie Schutz und Unterschlupf; sie hat sich die höchste Kirchengewalt in England angemaßt, und dieses Reich von der katholischen Kirche losgerissen; sie hat die Katholiken verfolgt, ketzerische Lehrer eingesetzt, das Meßopfer, die Gebete der Kirche, das Fasten, den Cölibat und die katholischen Ceremonien abgeschafft; die Bischöfe und Priester vertrieben, ihnen Meineide abverlangt, sie in den Kerker geworfen, wo viele, durch Leib und Trübsal aufgerieben, bereits gestorben sind. „Das alles ist vor aller Welt bekannt, unter aller Augen geschehen und von so vielen Zeugen gewichtiger Aussage bekräftigt, daß keine Entschuldigung, Vertheidigung oder Ausflucht Platz finden kann. Da also ihre Frevel und Missethaten täglich sich überbieten, da überdies die Verfolgung der Gläubigen, der Schaden der Religion und die Bosheit Elisabeths von Tag zu Tag zunehmen, da ihr Herz so verstockt und verhärtet ist, daß sie nicht allein die frommen Bitten und Vorstellungen der katholischen Fürsten verachtet, sondern sogar die Abgesandten dieses Stuhles, welche in dieser Angelegenheit an sie abgeordnet wurden, nicht einmal England betreten ließ: so haben Wir, von der Noth gezwungen, das

Schwert der Gerechtigkeit gegen sie ziehen müssen, obschon es Uns zu untröstlichem Leide gereicht, daß Wir jemand zu strafen haben, dessen Ahnen um die christliche Religion so hoch verdient sind. Gestützt auf das Ansehen desjenigen, der Uns, obschon einer solchen Bürde nicht gewachsen, auf diesen höchsten Thron der Gerechtigkeit erheben wollte, erklären Wir daher, gemäß der Fülle Unserer apostolischen Vollmacht, die vorgenannte Elisabeth als eine Ketzerin und Befördererin der Ketzer, welche ihr bei den vorgenannten Freveln beistehen, der Excommunication verfallen und mit ihnen allen von der Einheit des Leibes Christi abgeschnitten. Ueberdies erklären Wir sie des vorgeblichen Rechtes auf das genannte Reich und überhaupt jeder Herrschaft, Würde und jeden Vorrangs verlustig. Ebenso haben Wir alle Edelleute, Unterthanen und Völker des genannten Reiches und alle übrigen, welche ihr wie immer Treue gelobten, dieses Eides und jeder Unterthanentreue und Pflicht auf ewig entbunden, wie Wir sie kraft dieses Schreibens entbinden und die genannte Elisabeth ihres vorgeblichen Rechtes auf das Reich und aller übrigen Rechte, wie oben erwähnt, verlustig erklären. Wir befehlen und verbieten allen und jedem einzelnen Edelmann und den untergebenen Völkern und den übrigen Genannten, ihr oder ihren Befehlen und Gesetzen keinen Gehorsam mehr zu leisten. Wer gegen diesen Befehl zu handeln wagt, den erklären Wir in die gleiche Excommunication verstrickt."

Das sind die Hauptsätze der Absetzungsbulle Pius' V. Sie sind scharf, namentlich der letzte, welcher die katholischen Engländer einfach vor die Alternative stellt: entweder Excommunication oder offener Bruch mit der Königin, und in diesem Falle entweder Sieg oder Tod. Aber in verzweifelten Fällen ist der Arzt berechtigt, selbst das gefährlichste Mittel anzuwenden, wenn es sicherem Tode gegenüber auch nur einen Schimmer von Hoffnung gewährt. Und ein solcher Fall lag, wie der Papst überzeugt war, hier vor. Wenn man die Sache ohne Gewaltmittel ihren Weg gehen ließ, so blieb England der Kirche verloren; ein entschiedenes Eingreifen aber ließ den Sieg der katholischen Engländer wenigstens als möglich, und wie die englischen Theologen zu Löwen dem Papste versicherten, als wahrscheinlich, ja als fast sicher erscheinen.

Im Jahre 1569 waren die Katholiken den Reformirten in England noch immer an Zahl überlegen[1], und die Anwesenheit Maria Stuarts, welche von Elisabeth immer offener als Gefangene behandelt wurde, gab

---

[1] Froude IX, 1.

ihren Plänen und Hoffnungen eine gemeinsame, feste Unterlage. Selbst manche von dem hohen Adel, welche bisher zur Hofpartei gehalten hatten, waren jetzt entschieden dafür, daß die englische Thronfolge durch die Heirat eines englischen Edelmannes mit Maria Stuart geregelt werde. Elisabeth, jetzt schon 36 Jahre alt und seit ihrer Thronbesteigung beständig vom Parlamente gedrängt, sich endlich zu verheiraten, war noch immer nicht zu bewegen, die Freiheit ihrer Leidenschaften unter das Joch der Ehe zu beugen. Jetzt verlangte der Herzog von Norfolk, der erste Edelmann Englands, die Hand Maria Stuarts. Am 27. August 1569 wurde ein Rathsbeschluß gefaßt, die Thronfolge durch eine Verbindung der schottischen Königin mit einem englischen Edelmann zu ordnen, und viele Peers gaben Norfolk die Zusage, ihm zur Erreichung seines Planes beizustehen. Elisabeth war wüthend und gab Befehl, Maria zu tödten, sobald der Herzog es wagen sollte, für sie das Schwert zu ziehen [1]. Norfolk entsank im entscheidenden Augenblicke der Muth; er fürchtete wahrscheinlich, den Mord Maria's zu veranlassen, und anstatt im Verein mit dem nordischen Adel, der ihm seine Unterstützung versprochen hatte, die Schottenkönigin aus ihrem Gefängnisse zu Wingfield zu befreien, übergab er sich der Gnade Elisabeths, die ihn sofort in den Tower werfen ließ.

Das geschah am 9. October. Um diese Zeit mußte Dr. Nicolaus Morton, den der Papst nach England geschickt hatte, um einigen hervorragenden Katholiken den Inhalt der Absetzungsbulle mitzutheilen, in den nördlichen Grafschaften seine Botschaft schon ausgerichtet haben, die uns Sanders also mittheilt: „Er hatte mit apostolischer Vollmacht einigen hervorragenden Katholiken zu erklären, daß Elisabeth, welche die Krone trage, eine Ketzerin sei und deshalb all ihre Länder und ihre Herrschaft, mit welcher sie die Katholiken bedrücke, verloren habe, und daß man sie mit Recht wie eine Heidin und öffentliche Sünderin behandeln solle und fürderhin ihr, ihren Gesetzen und Befehlen keinen Gehorsam mehr schulde." [2] „Auf diese Erklärung hin", fügt Sanders bei, „wurden viele aus den höheren Klassen bestimmt, sowohl für ihre eigene Rettung als für die Rettung ihrer katholischen Mitbrüder aus der Tyrannei der Häretiker Schritte zu thun. Sie glaubten, alle Katholiken würden in einer so frommen Sache mit Aufbietung aller Kräfte zu ihnen stehen. Aber der Erfolg entsprach nicht ihrer Hoffnung, sei es, weil noch nicht alle Katholiken zuverlässig in Kenntniß gesetzt waren, daß Elisabeth rechtskräftig als Ketzerin erklärt

---

[1] Lingard VIII, 41.   [2] De Visibili Monarchia, p. 730.

sei, oder weil Gott entschlossen war, England für seine Auflehnung noch schwerer zu züchtigen. Dennoch ist ihr Unternehmen ein lobenswerthes und blieb auch nicht ganz ohne Erfolg."

Mortons Botschaft hatte also jedenfalls dazu beigetragen, daß die Herren in den nördlichen Grafschaften, wo der katholische Glaube noch am kräftigsten sich erhalten hatte, sofort bereit waren, Norfolk ihre Hand zur Befreiung Maria Stuarts und zur Befestigung einer Thronfolge zu bieten, welche den Katholiken berechtigte Hoffnungen gewährte. Aber die Unentschlossenheit des Herzogs und das kühne Vorgehen Elisabeths und Cecils hatten im entscheidenden Augenblicke den Plan durchkreuzt. Sie würden jetzt den Aufstand nicht gewagt haben, hätten nicht die Maßnahmen des Hofes selbst sie zur Nothwehr gezwungen.

Zunächst wurde die Gefangenschaft Maria Stuarts verschärft. Dann erging an alle obrigkeitlichen Personen im Königreiche die Aufforderung, einen Revers zu unterschreiben, durch den sie sich verpflichteten, das Statut der anglikanischen Liturgie und die Abschaffung der Messe (Act of Uniformity) strenge zu überwachen und durch Besuch des anglikanischen Gottesdienstes selbst ein gutes Beispiel des Gehorsams zu geben[1]. In der Gegend von London machten die Magistratspersonen wenig Schwierigkeiten; anders war es im Norden, und dieser Befehl gerade unter den damaligen Umständen, wo die nördlichen Herren zum Losschlagen gerüstet waren, schürte den Brand. Nun kam von Elisabeth der Befehl, die beiden Führer der Katholiken im Norden, die Earls von Northumberland und Westmoreland, sollten sofort an den Hof kommen. Das hieß ebenso viel verlangen, als die beiden sollten ihren Kopf aufs Schaffot tragen, und dies mußte den Ausbruch herbeiführen. Lord Sussex, der Präsident der nördlichen Grafschaften, sah die Folge und bat die Königin, bevor er den Befehl übermittelte, denselben zurückzuziehen oder wenigstens aufzuschieben; aber Elisabeth bestand auf ihrem Willen: sie sollten ohne Säumen kommen.

Northumberland war ein Sprosse der alten Familie der Percys, welche den Thron von England dem Hause Lancaster, dessen Seitenlinie die Tudors waren, gegeben hatte. Sein Vater, Thomas Percy, der als Theilnehmer an der gnadenreichen Pilgerfahrt zum Schutze der katholischen Religion das Schwert gezogen hatte, endete dafür auf dem Schafotte, und seine Güter wurden confiscirt. Maria hatte sie der Familie unter dem

---

[1] Siehe das vom Privy Council vorgeschriebene Formular, welches mit der Unterschrift der Magistratspersonen an den Lordkanzler einzusenden war, bei Froude IX, 116 Anm.

Jubel der Bewohner Northumberlands zurückerstattet. Ebenso berühmt durch den Adel seines Geschlechts und mächtig durch seine Verbindungen war der Earl von Westmoreland, das Haupt der großen Familie der Nevilles. Er hatte eine Schwester des Herzogs von Norfolk, der jetzt im Tower lag, zur Gattin. „Kein Wappenschild von England zeigte stolzere Felder, und keine Familie hatte eine größere Rolle in der Feudalzeit Englands gespielt."[1]

Die Aufforderung, sich Lord Sussex zu York auf Befehl der Königin zu stellen, traf die beiden Grafen am 6. November zu Raby. Westmoreland weigerte sich entschieden; und als eine Erklärung, daß er nicht gesonnen sei, sich ohne Schwertstreich ergreifen zu lassen, hielt er eine Truppenschau über seine waffenfähige Mannschaft. Auch Northumberland lehnte ab, doch nicht so entschieden, und sagte, er werde später nach London gehen. Er ging auf sein Schloß Topcliffe; dort suchte ihn ein Bote von Sussex auf und wollte ihn bereden, sich sofort der Königin zu stellen. Aber seine Gattin, Gräfin Anna, eine Tochter Somersets, des Earl of Worcester, traute Elisabeth nicht und wußte den Gatten durch die Nachricht, die Häscher der Königin nahten, zu dem entscheidenden Schritt zu drängen. Mitten in der Nacht des 10. November ließ er satteln, die Brücke über die Swale abbrechen, und die Sturmglocken riefen seine Leute unter die Waffen. Er ritt nach dem Schlosse Banspeth, wo Westmoreland seine Sippe und Mannen um sich sammelte. Eine letzte Aufforderung Sussex' wurde am 13. abgewiesen, und schon am folgenden Tage, den 14. November, zogen die Grafen an der Spitze einer Schaar von 60 Reitern in Durham ein. Hoch wehte die alte Fahne der gnadenreichen Wallfahrt, das Kreuz mit den fünf Wunden. Sie zogen in die ehrwürdige Kathedrale ein, zertrümmerten die anglikanische Communionbank, zerrissen die englische Bibel und das „Gebetbuch", suchten den entweihten Altarstein mit den heiligen Reliquien unter einem Haufen Kehricht hervor und gaben ihm seinen Ehrenplatz wieder auf dem Altare, und nachdem das entheiligte Gotteshaus mit Weihwasser neu gesegnet war, verkündete Glockengeläute und brausender Orgelschall, daß der alte Gottesdienst mit dem hochheiligen Kreuzesopfer aufs neue seinen Einzug in die ehrwürdige Kathedrale halte. Vor mehreren tausend Menschen, die Thränen heiliger Freude weinten, wurde die heilige Messe feierlich dargebracht. Es war ein glänzender Anfang, der gegründete Hoffnung auf Erfolg verhieß. Waren doch in

---

[1] Froude l. c. p. 122.

der ganzen Gegend keine zehn Edelleute, welche das Vorgehen der Königin in Sachen der Religion gebilligt hätten[1].

Am darauffolgenden Morgen zogen die Grafen, überall ihren Aufruf erlassend und das Volk zur Hilfe auffordernd, südwärts. Zu Stainbrop, Darlington, Richmond und Ripon wurde der alte katholische Gottesdienst wieder eingeführt. In der Proclamation wiesen sie an erster Stelle auf die Schändung der Religion hin. So lautet z. B. der Aufruf vom 19. November: „Wir, die Grafen von Northumberland und Westmoreland, der Königin getreue und ergebene Unterthanen, allen Unterthanen, welche dem alten katholischen Glauben ergeben sind, kund und zu wissen, daß wir im Verein mit vielen anderen Wohlgesinnten sowohl aus dem Adel als aus dem Volke unsere Treue zur Beförderung dieser gewiß guten Absicht gelobt haben. Da mehrere verwegene und übelgesinnte Personen von der Umgebung der Königin durch List und Trug, in der Absicht ihrer eigenen Beförderung, im Reiche die wahre und katholische Religion zu Grunde richteten, dadurch die Königin in Schande und das Reich in Schmach gebracht haben und nun in letzter Zeit auch noch den Adel zu vernichten suchen: haben wir uns zusammengeschaart, um Gewalt mit Gewalt zu begegnen und mit der Hilfe Gottes und Eurer Hilfe, gute Leute, diesem Verderbnisse Einhalt zu thun und alle alten Gebräuche und Freiheiten Gott und diesem edeln Reiche zurückzugeben. Endlich ist zu bedenken, daß, wenn wir nicht selbst Hand ans Werk legen, vielleicht Fremde im Reiche Ordnung schaffen, zur größten Gefahr unseres Staates und unserer Heimat, der wir alle unsere Treue schulden. Gott erhalte die Königin!"

Diese Sprache blieb nicht ohne Eindruck, und noch mehr als der Aufruf zündete die Wiedereinführung des lange entbehrten feierlichen katholischen Gottesdienstes in den Orten, durch die der Zug ging. Auch der Anblick der Führer, denen es offenbar ernst war mit ihrem Unternehmen für den alten Glauben, wirkte günstig; namentlich konnte man den greisen Sir Richard Norton, der das Banner trug, mit seinen ehrwürdigen weißen Haaren und mit seinem von heiliger Begeisterung leuchtenden Antlitz nicht ohne Ergriffenheit sehen[2]. Ohne Widerstand zu finden, rückten die Grafen voran bis auf das Moor von Branham, wo sie ihre Streitkräfte musterten. Sie hatten dort 1700 wohlgerüstete Reiter und 4000 Mann Fußvolk, von denen aber viele ohne ordentliche Bewaffnung waren; später sollen

---

[1] Lingard VIII, 46. [2] Lingard l. c. p. 47.

sie noch mehr, gegen 2000 Reiter und 8—15000 Mann Fußvolk (die Angaben schwanken), gezählt haben. Am 20. November waren sie in Knaresborough, am 23. hatten sie York, das Sussex besetzt hielt, bereits passirt und standen mit ihrer Hauptmacht zu Tabcaster. Eine Abtheilung von 800 Reitern schwärmte vorauf, um Tutbury zu erreichen, das keine 50 englische Meilen von ihren Vorposten entfernt war, und Maria Stuart zu befreien. Hätten die Aufständischen Maria Stuart in ihrem Lager gehabt, so wäre aller Wahrscheinlichkeit nach der ganze Norden für sie unter die Waffen getreten. Aber schon in Pontefract vernahmen sie, daß sie zu spät kämen. Huntingdon hatte die Gefangene in aller Eile nach Coventry in Sicherheit gebracht.

Das war der Anfang ihres Mißerfolges. Im Rathe kam es zu ernsten Meinungsverschiedenheiten; rasch gingen die Geldmittel zur Neige. Von vielen Edelleuten, von denen sie sichere Unterstützung erwarteten, wurden sie kalt abgewiesen, von anderen geradezu verrathen; so schickte der Earl of Derby ihre Briefe zum Zeichen seiner Treue an Elisabeth. Lord Montague wollte abwarten, bis Herzog Alba, der bestimmt erwartet wurde und an den Küsten von Zeeland Schiffe mit Waffen und Munition bereit hielt, herüberkäme. Aber Alba wartete auf den Befehl Philipps und zauderte. So ging eine kostbare Zeit verloren, und obschon der Weg nach London noch immer offen war, konnten sie nicht mehr hoffen, dasselbe mit einem Handstreich zu nehmen und die Königin zu zwingen, die alte katholische Religion wieder einzuführen. Es war dasselbe Mißgeschick, das schon 30 Jahre früher an derselben Stelle die gnadenreiche Wallfahrt (Pilgrimage of Grace) zum Scheitern brachte.

Die Armee der Königin rückte inzwischen auf Doncaster zu, während Lord Hunsdon mit der Besatzung von Berwick die Aufständischen im Rücken bedrohte. Die Sache war verloren, bevor es zu einem ernsten Gefechte kam. Die Grafen baten umsonst ihre Standesgenossen um schleunigen Zuzug; nach einigen kleinen Vortheilen, die sie errangen, wie die Eroberung von Barnard Castle und des kleinen Seehafens Hartlepool, der wichtig gewesen wäre, wenn Alba eine Landung versucht hätte, lösten die Grafen ihr Heer auf und entflohen über die schottische Grenze. Elisabeth forderte von Murray, dem schottischen Regenten, sofort ihre Auslieferung; allein nur Northumberland war in seine Gewalt gefallen, und diesen sperrte er vorläufig in das Schloß von Lochleven.

Der ganze Grimm der Tochter Heinrichs VIII. fiel nun auf die armen Leute, welche für ihren Glauben zu den Waffen gegriffen hatten, und sie verfuhr mit ihnen gerade so, wie ihr Vater mit den Theilnehmern an der Pilgerfahrt. Auf ihren Befehl hob im Norden ein grausiges Schlachten an, mit dem die Hinrichtungen unter ihrer Schwester, welche dieser den Namen „bloody Mary" eintrugen, was die Zahl der Hingerichteten angeht, kaum verglichen werden können. Sussex, der Elisabeth wegen seines Zauberns den Aufständischen gegenüber verdächtig schien, sollte den Henker machen. Zunächst erhielt er den Auftrag, eine Liste aller hervorragenden Männer anzufertigen, welche entweder persönlich oder durch Unterstützung an Waffen, Nahrungsmitteln oder Geld an der Erhebung theilgenommen. Alle diese seien sofort festzunehmen, und wo er keine Beweise habe, genüge dazu der Verdacht; er solle sie in strenger Haft halten und mit Hunger und Durst so lange „zwicken" (pinch), bis sie die Namen aller Theilnehmer, so vieler sie sich erinnern könnten, angeben würden. Wenn er so die Theilnehmer kenne, so seien in einer bestimmten Nacht zur gleichen Stunde alle zu ergreifen; namentlich müsse man Acht geben, daß alle Priester, Vögte, Bailiffs und sonstige obrigkeitliche Personen, welche sich betheiligt hatten, festgenommen würden. Cecil fügte noch eigens die Note bei: „man solle an den Priestern, die theilgenommen, ein hervorragendes Exempel statuiren". Die Gefangenen waren dann in zwei Klassen einzutheilen: in die Armen, die keinen Grund und Boden besaßen, und in die Besitzenden. Mit den Armen solle man kein Federlesen machen, sondern ohne weiteres eine beträchtliche Anzahl derselben standrechtlich aufknüpfen, und zwar auf den Marktplätzen oder Dorfwiesen (Parish-green), wo sie ihre aufständischen Versammlungen hielten; ebenso seien die Knechte und Diener der Edelleute angesichts der Schlösser ihrer Herren aufzuknüpfen, und „ihre Leichname dürfen nicht entfernt werden, sondern müssen hangen, bis sie in Stücken zur Erde fallen". Die Besitzenden dagegen sollten vor Gericht gestellt werden, „damit Ihre Majestät von ihren dem Fiskus verfallenen Gütern genau in Kenntniß gesetzt werde". Und wenn das Verdict gegen dieselben nicht im Sinne der Krone ausfalle, so seien sie keineswegs freizulassen, sondern nach London einzuliefern, wo man ihnen vor der Sternkammer den Proceß machen werde[1].

Das war eine traurige Weihnachtszeit für die Katholiken zwischen dem Humber und dem Tweed! Schon am 28. December schrieb Sussex an Cecil: „Die Zahl derjenigen, welche den Tod erleiden, ist mir noch

---

[1] Froude l. c. p. 178.

nicht genau bekannt; denn ich kenne die Zahl der Ortschaften nicht; aber ich meine, es werden nach der allerniedrigsten Schätzung nicht unter 6—700 von der ‚ärmern Sorte‘, die im Felde ergriffenen Gefangenen nicht gerechnet, gehängt werden."[1] In seiner Liste der Hinzurichtenden für die Grafschaft Durham, welche vom 4. Januar 1570 datirt ist, befiehlt er, zu Durham 80, zu Darlington 41, zu Barnard Castle 21 und 172 in den übrigen Städten und Dörfern der Grafschaft zu hängen[2]: also zusammen 314 Opfer aus der ärmern Klasse nur in dieser einen Grafschaft! Zwischen Newcastle und Wetherby, auf eine Strecke von 60 Meilen in der Länge und 40 in der Breite, war kein Städtchen und kein Dörfchen, in dem nicht einige Bewohner am Galgen endeten. Am 23. Januar schrieb Sir George Bowes, er habe etwa 600 hingerichtet, wobei die von Sussex Gehängten nicht gezählt sind. Die Gesammtzahl der Hingerichteten aus dem armen Volke wird über 900 geschätzt. Dennoch war der Grimm Elisabeths noch nicht besänftigt. Als das standrechtliche Verfahren endlich eingestellt werden mußte, gab sie dem Rath zu York den Befehl, alle Theilnehmer, deren man habhaft werden könne, auf gerichtlichem Wege auf Tod und Leben anzuklagen. Erst als sogar der Kronanwalt Sir Thomas Gargrave ihr bemerken mußte, wenn man so vorangehe, so würden manche Orte ihre ganze Einwohnerschaft verlieren[3], wurde endlich Gnade angeboten, aber unter der Bedingung, daß die Begnadigten nicht allein den Eid der Treue, sondern auch den Suprematseid schwören mußten[4].

Nun begann erst die Reihe der Processe gegen die Begüterten, und da zeigte sich Elisabeth gerade so habsüchtig wie grausam. Nach einem Statut aus dem 25. Regierungsjahre Eduards III. waren alle Güter der Hochverräther unter allen Umständen der Krone verfallen. Eine Specialcommission saß zu York; aber die einflußreicheren Gefangenen wurden nach London geführt. 11 wurden zu York zum Tode verurtheilt; 4 davon sofort hingerichtet, 7 zu lebenslänglichem Kerker begnadigt, weil die Königin, so lange sie lebten, den Nießbrauch ihrer Güter hatte, die mit ihrem Tode auf Familienglieder hätten übergehen müssen. Die großen Güter Westmorelands und Northumberlands konnte sie nur erhalten,

---

[1] Memorials of the Rebellion by Sir Cuthbert Sharp, p. 121 (Lingard l. c. p. 51).
[2] Sharp l. c. p. 133.
[3] Brief vom 6. Februar 1570, bei Froude l. c. p. 182.
[4] Strype, Annals I, 588.

wenn sie die beiden Grafen vor ein Gericht stellte, oder durch einen
Parlamentsbeschluß. Cecil schrieb deshalb schon am 18. Januar an Sir
Rudolf Sadler, man solle den schottischen Lairds, zu denen die Grafen
geflohen, bis zu 1000 Pfd. St. für deren Auslieferung anbieten; West-
moreland entkam nach Flandern; Northumberland aber wurde um den
Judaslohn von 2000 Pfd. St. von Sir William Douglas in die Hände
Elisabeths ausgeliefert[1].

Das geschah freilich erst zwei Jahre später, am 29. Mai 1572;
aber die kurze Schilderung des Todes dieses Mannes wird dennoch an
dieser Stelle am Platze sein. Die Katholiken seiner Zeit betrachteten ihn
als Märtyrer, wenn er auch jetzt weder in der Liste der Seligen
noch der Ehrwürdigen aufgenommen ist[2]. Nach seiner Auslieferung
wurde er von Lord Hunsdon zu Berwick als Staatsgefangener bewacht;
daselbst erkrankte er an einem heftigen Fieber und hatte nur die eine
Sorge, es möchte ihm nicht vergönnt sein, um des Glaubens willen sein
Blut zu vergießen. Hunsdon, sonst wahrlich kein Freund der Katholiken, war von der liebenswürdigen Geradheit seines Gefangenen so
ergriffen, daß er sich an die Königin um Begnadigung wandte. Aber
da kam er bei Elisabeth schlimm an. Sie ließ ihm den Auftrag schicken,
den Grafen nach York zur Hinrichtung zu führen; zum Tode war er
nämlich schon verurtheilt, und es bedurfte keines neuen Gerichtsverfahrens
mehr. Hunsdon antwortete, es sei nicht seines Amtes, Edelleute zum
Henker zu führen; lieber wolle er selbst eingesperrt werden, als diesen
Befehl vollziehen. So erhielt Sir John Foster, der die Güter Northumberlands empfangen hatte, diesen Häscherdienst; er führte den Grafen an
dessen eigenem Schlosse Topcliffe vorbei nach Durham und brachte ihn in
kleinen Tagmärschen nach York. Man hatte unter den Landleuten, vielleicht damit sie keinen Befreiungsversuch machten, das Gerücht verbreitet,
der Graf sei begnadigt und werde demnächst wieder in seine Besitzungen
eingesetzt, und so eilten von allen Seiten Edelleute herbei, die ihm Glück
wünschten. Er war sehr ruhig und sagte, ihm sei der Tod lieber als

---

[1] Froude X, 72.

[2] Eines der Bilder, welche nach Circiniani angefertigt wurden, stellt freilich die
Enthauptung eines Edelmanns dar, und die erklärende Unterschrift sagt: Quidam vir
illustris capite plexus est (Ein erlauchter Herr wurde geköpft), und P. Morris setzt
hinzu: „Wahrscheinlich Thomas Percy, Earl von Northumberland". Allein da der
Name leider (und vielleicht absichtlich) auf den von Gregor XIII. gutgeheißenen Bildern nicht genannt ist, unterblieb derselbe auch in dem päpstlichen Decrete vom
29. December 1886.

das Leben, und ehe er sein Gewissen verletze, wolle er sterben. Man hatte ihm nämlich bedeutet, wenn er nur seine Religion ändern wolle, so würde er begnadigt werden und ein Leben in Freuden führen können. Da er aber auf diese Vorschläge, welche dem katholischen Glauben ebensowohl wie seiner Ehre widerstritten, nicht eingehen wollte, theilte ihm Foster am 21. August abends nach Sonnenuntergang mit, er werde am folgenden Tage nachmittags 2 Uhr den Tod erleiden müssen. Diese Nachricht nahm der Gefangene, wie Foster bezeugte, mit großer Freude entgegen und sagte, man könne ihm keine größere Ehre als die Ehre des Martyriums erweisen. Er wollte sich nun im Gebete auf den Tod vorbereiten. Aber zwei anglikanische oder vielmehr calvinische Prediger, Hutton und Palmer, belästigten ihn mit ihren „Bekehrungsversuchen". Er mußte also mit ihnen disputiren und soll es so geschickt gethan haben, daß Foster über seine Schlagfertigkeit und Bescheidenheit nicht genug staunen konnte. Sie wollten dann wenigstens mit ihm beten; auch dessen weigerte er sich, weil sie nicht Glieder der wahren Kirche seien, und bat sie endlich, ihm die wenigen Stunden seines Lebens nicht länger zu verbittern. Er brachte nun den größten Theil der Nacht im Gebete zu und ließ sich auch von seinem Diener Johannes Clark aus einer Trostschrift des seligen Thomas More vorlesen, vielleicht aus dem schönen Gebet, welches derselbe aus Psalmenstellen im Tower verfaßte[1].

Mit frohem und freudigem Antlitze trat er am 22. August zu York den Gang zur Richtstätte an. Beim Schafotte angelangt, legte er sein Oberkleid ab und bezeichnete sich vor aller Augen mit dem Zeichen des heiligen Kreuzes; auch die Leiter, welche auf das Schafott führte, bekreuzte er. Dann stieg er dieselbe unerschrocken hinan. Palmer forderte ihn auf, sein Verbrechen gegen die Königin einzugestehen. Da sagte er zu dem versammelten Volke: „Ich würde gern schweigend sterben; da es aber Sitte ist, daß die Verurtheilten über die Ursache ihres Todes einige Worte an die Versammelten richten, so wisset, daß ich von meiner Kindheit an bis auf diesen Tag im Glauben jener Kirche gelebt habe, welche über den ganzen Erdkreis hin verbreitet und in heiliger Eintracht verbunden ist, und daß ich in diesem Glauben mein armseliges Leben schließen will. Von dieser neuen anglikanischen Kirche aber will ich nichts wissen." Hier unterbrach Palmer den Grafen mit den Worten: „Ich sehe, daß du als verstockter Papist sterben willst, als ein Glied der römischen und nicht

---

[1] Vgl. Die englischen Martyrer unter Heinrich VIII, S. 53.

der katholischen Kirche." — „Die Kirche, welche du die römische nennst," antwortete der Graf, „das ist eben die katholische, auf die Lehre der Apostel gegründete, auf dem Eckstein Christus Jesus gebaute, durch das Blut der Martyrer gefestigte, durch das Zeugniß der heiligen Väter verklärte Kirche, die ewig dieselbe bleibt und gegen die nach den Worten des Heilandes die Pforten der Hölle nichts vermögen." Wieder wollte ihn Palmer unterbrechen; er sagte aber zu demselben: „Laß mich jetzt im Frieden; denn diese Wahrheit ist meinem Herzen und Gewissen unentreißbar eingepflanzt." Da aber Palmer durchaus keine Ruhe geben wollte, wandte sich der Graf an das Volk und sagte: „Liebe Brüder, hütet Euch vor diesen reißenden Wölfen, die im Schafpelze zu Euch kommen und Eure Seelen zerreißen." Da endlich verließ Palmer das Schafott. Dann fuhr Northumberland fort: „Es thut mir überaus leid, daß durch meine Veranlassung so viele arme Leute aus dem Volke aus Liebe zur wahren Religion und auch aus Liebe zu mir den Tod durch Henkershand erdulden mußten. Wenn ich doch durch meinen Tod ihr Leben hätte erhalten können, obschon ich nicht im mindesten daran zweifle, daß ihre Seelen im Besitze der himmlischen Glorie sich befinden. Was mir sonst vorgeworfen wird, habe ich in meiner Antwort auf die vom Rathe der Königin mir vorgelegten Artikel schon längst beantwortet. Daß bei ihnen Barmherzigkeit keinen Platz hat, weiß ich; deshalb erwarte ich von ihnen kein Erbarmen, sondern einzig von Ihm, den ich als die Quelle aller Erbarmung anbete und von dem ich zuversichtlich erwarte, er werde mir barmherzig sein."

Noch empfahl er seine Kinder und Diener und die Ausgleichung seiner Schulden, die nicht beträchtlich seien, der Sorge seines Bruders, bat alle Anwesenden um Verzeihung, wie auch er allen verzeihe, betete auf seinen Knieen, küßte das Kreuz, breitete seine Arme in Kreuzesform aus und empfing, als er eben die Worte gesprochen: „Herr, nimm meine Seele auf", vom Henker den Todesstreich. Das Volk schluchzte und weinte laut, und es fehlte nicht an solchen, welche ihre Tücher in das Blut des Hingerichteten wie in das eines Martyrers tauchten[1]. So starb Thomas Percy, Herzog von Northumberland.

Man kann sich denken, welchen Schmerz die Nachricht vom unglücklichen Ausgange der Erhebung im Norden dem hl. Pius V. bereitete,

---

[1] Aquaepontanus (Bridgewater), Concertatio Ecclesiae Catholicae in Anglia, f. 45—49.

und als nun erst die Kunde von dem blutigen Gemetzel eintraf, das Elisabeth unter den armen und unschuldigen Katholiken angerichtet hatte, konnte er sich in seinem Schmerze kaum mehr fassen. Viele waren der Ansicht, der Mißerfolg sei nur dem Umstande zuzuschreiben, daß die Excommunication Elisabeths nicht allgemein bekannt gewesen. Southampton und Montague hatten dem spanischen Gesandten in London geradezu erklärt, die Ungewißheit, ob Elisabeth wirklich excommunicirt sei, habe die Katholiken im Norden gespalten und die Niederlage nach sich gezogen. Wenn der Papst Elisabeth öffentlich excommunicire und sie ihrer Unterthanenpflicht entbinden wollte, so würde ein zweiter Aufstand nicht fehlschlagen. Es würde dann alles wohl vorbereitet werden; wie ein Mann würden sie sich an einem und demselben Tage erheben, und nicht ruhen noch rasten, bis die katholische Religion wieder hergestellt wäre [1]. Aehnliche Nachrichten mögen auch nach Rom gekommen sein, und der Papst veröffentlichte am 25. Februar 1570 die Absetzungsbulle.

Er schickte sofort mehrere Exemplare an Herzog Alba in die Niederlande, damit er dieselben in den Hafenstädten, welche von den Engländern viel besucht wurden, anschlage. Auch der Cardinal von Lothringen erhielt Abzüge. Man hat gemeint, Philipp II. habe die Bulle veranlaßt; er war im Gegentheile sehr unzufrieden damit und rührte keinen Finger zu ihrer Durchführung. Umsonst forderte ihn der Papst auf, wenigstens seinen Gesandten aus London abzuberufen. Ein Bruch mit England paßte damals nicht in seine diplomatischen Cirkel, und er sah, mit großem Schmerze freilich, wie er dem Papste versichern ließ, ruhig zu, wie die Verfolgung in England jetzt hoch auflöberte, „bis eine günstige Gelegenheit kommen würde, die er gewiß nicht unbenützt wolle verstreichen lassen" [2].

---

[1] Brief Don Guerau's an Philipp II. vom 18. Jan. 1570 Ms. Simancas, bei Froude IX, 172.

[2] Brief des spanischen Gesandten in Rom an Philipp II. Ms. Simancas, bei Froude IX, 384.

4. Die seligen Felton und Storey.

(1570 und 1571.)

Die Bulle Pius' V. fand ihren Weg nach England. In der Morgenfrühe des 25. Mai 1570, am Frohnleichnamsfeste, sah man sie an dem Thore des bischöflichen Palastes von London angeschlagen. Groß war der Aerger des Rathes und der Zorn der Königin.

Sofort wurden die umfassendsten Nachforschungen angestellt. Ganz besonders verdächtig waren die Rechtsschulen, deren Mitglieder stets einen starken conservativen Geist gezeigt hatten. Wirklich fand man bei einem Studenten der Lincolns-Inn ein Exemplar der Bulle, und derselbe, der natürlich sofort als der kühnen That verdächtig festgenommen wurde, bekannte auf der Folter, er habe das Exemplar von einem Mr. John Felton erhalten.

Johannes war ein angesehener Edelmann, der zu Southwark, im Süden Londons, ansässig war, ein glühender Anhänger des Glaubens seiner Väter. Er hatte es für seine Pflicht gehalten, nach dem Willen des Papstes die Bulle seinen Landsleuten zur Kenntniß zu bringen, und gab sich bei seiner Verhaftung auch nicht die mindeste Mühe, seine That in Abrede zu stellen[1]. Alles gestand er sofort; kurz vor 11 Uhr Abends am 24. Mai habe er die Bulle am Thore des bischöflichen Palastes bei St. Paul angeschlagen, und er unterschrieb am 27. Juni auf der Wache von Albersgate in der St. Annen-Pfarre „alle einzelnen Punkte, welche die Bulle enthält, und erklärte, daß der Königin der Titel, die Ehre und die Krone einer Königin nicht zustehe, und daß sie gar nicht Königin von England sein sollte." So in den vorhandenen Acten des Processes[2]. Ein freimüthigeres und offeneres Bekenntniß konnte man nicht erwarten; dagegen war er auch auf der Folter nicht zur Angabe eines Mitschuldigen zu bringen. Freitag den 4. August fand in der Guildhall die Gerichtsverhandlung statt. Vor den Schranken gestand der Selige wiederum

---

[1] Vgl. Oldmixon, Chronicle, p. 409.
[2] Public-Record-Office, 12. Elizabeth (1570) Pouch XLI.

unumwunden seine Thaten; aber auf die Frage, ob er sich also des Hoch=
verrathes schuldig bekenne, sagte er folgerichtig: „Nicht schuldig"; denn er
anerkannte ja Elisabeth nicht als seine Königin. Das Urtheil konnte
nicht zweifelhaft sein: der Galgen zu Tyburn und die übliche barbarische
Verstümmelung und Viertheilung, die unsern Lesern hinlänglich bekannt ist[1].

Ueber den Tod des Seligen haben wir einen Bericht, der unmittel=
bar nach dem Ereignisse in London selbst mit Gutheißung der Regierung
gedruckt wurde[2]. Wir wollen denselben einfach mittheilen. Obschon er
in einigen Punkten offenbar nicht die Wahrheit enthält, stellt er doch der
Glaubenstreue unseres Blutzeugen, gewiß ohne es zu beabsichtigen, ein
glänzendes Zeugniß aus:

„John Felton, der die hochverrätherische Bulle am Thore des Bischofs
von London anschlug, wurde am Freitag den 4. August in der Guild=
hall des Hochverraths angeklagt und verurtheilt, daß er geschleift, gehängt
und geviertheilt werde, wie er das wahrhaftig wohl verdient hat. Nach
dem Urtheile wurde er nach Newgate ins Gefängniß zurückgebracht und
blieb daselbst bis Dienstag den 8. August. An diesem Dienstag Morgen
traten drei gottselige Prediger zu ihm in den Kerker, bevor er zum Tode
geführt wurde. Diese baten ihn inständig und alles Ernstes, ermahnten
ihn und redeten ihm zu, von seinem Glauben abzulassen, und führten
viele Stellen der Heiligen Schrift und der alten Väter und Kirchen=
lehrer gegen denselben an. Er aber antwortete mit viel Anmaßung, so
gut als er es nach seiner Ueberzeugung konnte, bis er endlich den klaren
Stellen der Heiligen Schrift nichts entgegenhalten konnte und so über=
wunden schweigen mußte. Und sie hielten ihm seine verrätherische und
hinterlistige Handlungsweise vor und wie er andere mit in seinen Treu=
bruch verstricken wollte, und welche Schuld also auf seiner Seele laste;
er aber machte sich wenig daraus und entgegnete kaum etwas auf diese
Vorwürfe. Und als er dann bereit war, zur Schleife hinabzugehen,
drangen die Prediger in ihn, er solle sich mit Gott versöhnen, seine
hämische That als überaus verbrecherisch und verabscheuungswürdig ein=
gestehen. Habe er doch böswillig und hochverrätherisch die giftige Schrift=
rolle, die man ‚Bulle' nenne, angeschlagen, überdies hochverrätherisch die

---

[1] Vgl. Die englischen Martyrer unter Heinrich VIII., S. 104.
[2] The End and Confession of John Felton, the rank Traitor, who set up
the traiterous Bull on the Bishop of London's Gate. Who suffered before the
same Gate for High Treason against the Queen's Majesty, the 8. day of August
1570. By J. Patridge. London 1570. Abgedruckt in State Trials I, 1085.

Suprematie der Königin geläugnet, und noch andere hochverrätherische Reden geführt, die man besser nicht wiederhole, wie sich ja beim Processe gezeigt habe. Er antwortete entschlossen und ganz verstockt, er wisse wohl, was er gethan und es thue ihm leid. Ein anderer forderte ihn auf, an sich selbst zu denken und seine Hoffnung auf Christi Tod zu stellen. Er antwortete frech und der Lehre Christi entgegen, welches die wahre und echte Religion ist, er halte fest an dem alten und katholischen Glauben, den der Heilige Vater, der Papst, seit langer Zeit vertheidige, und sage: ‚Wer einen andern Glauben annimmt oder eine andere Lehre hält, der wisse, daß sie böse und irrthümlich sei.'

„Alsdann stieg er die Treppen hinab, bekleidet mit einem Atlaswams und einem Grogramkleide. Und am Fuße der Treppe sagte er zu den Leuten, sie möchten für ihn beten, und rief zu Gott und ihnen allen um Verzeihung. Dann wurde er auf die Schleife gelegt und an der Old Bailey vorüber nach Pauls-Kirchhof geschleift, wo er sterben mußte. Unterwegs betete er auf lateinisch das ‚De profundis'. Und da er von Mr. Young ermahnt wurde, um Barmherzigkeit zu flehen und seine einzige Hoffnung auf Christi Tod und Blutvergießung zu stellen, antwortete er ihm kein einziges Mal auch nur ein Wort, das man hätte verstehen können. Mr. Bechar, der Sheriff, sagte zu ihm: ‚Bitte Gott um Erbarmen und deine Fürstin, und bereue den Hochverrath, den du verübt hast.' Felton antwortete: ‚Es ist mir leid und ich bitte Gott von Herzen um Verzeihung.'

„Am Platze der Hinrichtung wurde er von zwei Häschern von der Schleife losgebunden; dann zog ihm der Henker den Grogramrock und das Atlaswams aus. Er stand nun aufrecht und sagte zitternd und bebend vor Furcht: ‚Ach, ach, Herr, habe Mitleid mit mir'; dann wurde er vom Henker an den Fuß der Leiter geführt." (Es wurde nun eine Proclamation der Königin verlesen, welche befahl, alle Zuschauer sollten 20 Fuß zurücktreten, damit die Beamten ungestört ihres Amtes walten könnten.) „Die Leute riefen: ‚Gott erhalte die Königin!' und manche schrieen: ‚Allen Feinden der Königin möge es wie Felton ergehen!' Da ließ Felton den Kopf hängen und sagte nichts, soviel man hören oder sehen konnte. Nach der Proclamation kniete er nieder und betete den 51. Psalm lateinisch[1]. Dann bestieg er die Leiter, wandte sein Gesicht nach dem Thore des Bischofshauses und sagte: ‚Liebe Leute, ich wünsche

---

[1] Den Psalm Miserere.

euch alle zu Zeugen, daß ich darauf sterbe, niemals meinem Fürsten ein
Haar zu krümmen oder Verrath wider ihn zu üben. Die Bulle freilich
habe ich angeschlagen.' Dann sagte Mr. Young: „Ha, seht, wie er
sich gerne von seinem scheußlichen Hochverrathe reinigen möchte!" Und
der Unterbeamte rief: „Felton, du bist des Hochverraths überwiesen und
auf den Eid von 12 glaubwürdigen und ehrlichen Männern schuldig
befunden worden. Bekenne daher deinen Verrath und bereue ihn und
bitte Gott und die Königin um Verzeihung.' Und Mr. Bechar, der
Sheriff, rief laut vor allem Volke: ‚Du bist wegen Hochverrath gerecht
verurtheilt und bist wahrhaftig der veruchteste unter allen Verräthern,
von denen ich gehört habe. Bitte die Königin um Verzeihung; so will
auch ich Gott bitten, daß er dir verzeihe.' Felton erwiederte: ‚Ich wünsche,
lieber Mr. Sheriff, daß Ihr Ihre Majestät, die Königin, versichert:
ich hätte niemals Hochverrath gegen sie geplant.' Mr. Bechar sagte:
‚Wir wollen ihr berichten, was wir von dir hörten.' Dann bat Felton,
man solle Ihrer Majestät sagen, die That, für welche er verurtheilt sei,
thue ihm leid, und er bitte sie um Verzeihung. ‚Das ist schön gesagt',
entgegnete Mr. Bechar, der Sheriff, und forderte ihn auf, alle Leute
um Verzeihung und um Gebet zu bitten. Das that er. Und dann sagte
er auf englisch: „Herr, in deine Hände empfehle ich meinen Geist!' und
als er es auf Latein wiederholte: ‚In manus tuas, Domine', wurde
er von der Leiter gestoßen. Und nachdem er sechsmal hin und her
geschwungen, schnitt man ihn los und schleppte ihn zum Block, wo ihm
der Kopf abgeschlagen und dem Volke gezeigt wurde. Da schrieen die
Leute: ‚So soll es jedem Verräther ergehen!' Dann wurde er geviertheilt und nach Newgate zurückgebracht, wo die Viertel gesotten und dann
aufgehängt wurden, wie man es mit allen Hochverräthern thut. Gott
erhalte die Königin!"

Das also ist der Regierungsbericht. Er stellt zunächst fest, daß
der Selige offen und feierlich erklärte, im alten katholischen Glauben
sterben zu wollen, und daß er alle „Bekehrungsversuche" der Prediger
entschieden, oder wie der Bericht sagt, „mit viel Anmaßung" zurückwies.
In einem andern Punkte weicht er freilich von dem katholischen Berichte,
den uns Bridgewater gibt, ganz bedeutend ab: in der Behauptung, Felton
habe seine That als hochverrätherisch bereut und Elisabeth als seine
Königin um Verzeihung gebeten. Diese Behauptung ist bei dem Charakter
und der Glaubenstreue unsers Seligen wenig glaubwürdig. Ein Mann,
der vor Gericht so kühn seine That, die er für seine Pflicht hält, ein-

gesteht, und ganz folgerichtig, weil er das Urtheil des Papstes als vollkommen rechtskräftig betrachtet, mit der sichern Aussicht, daß seine Worte sein Todesurtheil sind, frei und kühn Elisabeth den Königstitel weigert: ein solcher Mann bleibt sich treu und kommt nicht drei Tage später und bittet um Verzeihung. Wäre der Selige einer solchen Feigheit fähig gewesen, so hätte er auf der Folter die Mitschuldigen angegeben und hätte vor Gericht, wo seine Bitte noch wirksam sein konnte, um Verzeihung gebeten. Deshalb ist schon aus inneren Gründen die katholische Darstellung glaubwürdiger als der Regierungsbericht. Nach Bridgewater[1] sagte der Selige, als er auf die Schleife geworfen wurde, zu den Umstehenden, er sterbe um des katholischen Glaubens willen, weil er den Primat des Papstes bekenne und in Abrede stelle, daß die Königin das Oberhaupt der Kirche sei. An der Stätte der Hinrichtung angelangt, habe er die Todesangst, die ihn beschleichen wollte, mit den Worten verscheucht: „Was ist das, Felton! fürchtest du den Tod?" Dann sei er die Leiter hinaufgestiegen und habe beim Anblicke des Thores, an welches er die Bulle Pius' V. angeschlagen hatte, gesagt: „Ja, da hat das Urtheil des Papstes gegen die vorgebliche Königin gehangen; und jetzt bin ich bereit, für den katholischen Glauben zu sterben!" Als ihn die Anwesenden aufforderten, die Königin um Verzeihung zu bitten, habe er geantwortet: „Ich habe sie nicht beleidigt; wenn ich aber jemanden beleidigt habe, so bitte ich ihn und die ganze Welt um Verzeihung." Mit zum Himmel erhobenen Augen empfahl er dann seine Seele in die Hände Gottes, während man ihm die Schlinge um den Hals legte und ihn von der Leiter stieß. Kaum hatte er einige Augenblicke gehangen, befahl man dem Henker, ihn loszuschneiden, damit er lebend die übrigen Qualen empfinde. Der Henker zauderte, um ihm die Pein zu erleichtern; aber der Sheriff drängte ihn zur Vollendung seines grausigen Werkes. Und Bridgewater fügt bei, die Standhaftigkeit des Seligen habe die Zuschauer so ergriffen, daß die Hinrichtung dem katholischen Glauben Nutzen, der Sache der Königin Schaden gebracht habe.

Nach dem Berichte der Tochter unseres Seligen, welchen Dodd in Händen hatte[2], können wir noch die folgenden Einzelheiten beifügen: Felton wohnte zu Barmsey Abbey bei Southwark. Er wurde in seinem Hause ergriffen, welches der Lord-Major, der Lord-Oberrichter und die

---

[1] Bridgewater, Concertatio fol. 42.
[2] Church History II, 151. „Manuscript in my hands, written by Mrs. Salisbury, Mr. Felton's Daughter."

beiden Sheriffs von London mit 500 Hellebardieren umstellt hatten. Der Selige verlor keinen Augenblick den Muth; sobald er die Häscher durch das Fenster sah, ging er hinab, öffnete die Thüre und hieß sie willkommen und gab ihnen gleichzeitig zu verstehen, er ahne wohl, weßhalb sie kämen. Seine Gattin, welche nicht denselben Starkmuth besaß, fiel in Ohnmacht. Sein Silbergeräthe und sein kostbarer Schmuck, deren Werth auf 33 000 Pfd. St. geschätzt wurde, ließ die Königin für sich confisciren. Noch hatte er einen kostbaren Diamantring im Werthe von 400 Pfd. St., den er an seiner Hand trug. Der Lord-Oberrichter hätte ihn gerne gehabt; aber er verweigerte ihm denselben. Vor der Hinrichtung zog er diesen Brillantring vom Finger und schickte ihn durch den Earl of Sussex Elisabeth, zum Zeichen, daß er ohne Groll gegen sie in seinem Herzen sterbe.

Es ist kein Zweifel, daß der Selige für die Anerkennung des päpstlichen Urtheilspruchs, für den Glauben an den Primat in den Tod ging, und so ließ ihn Gregor XIII. von Circiniani unter den englischen Martyrern abbilden, und reihte Leo XIII. auch seinen Namen unter die Seligen ein, „welche für dieses Apostolischen Stuhles Oberhoheit und für die Wahrheit des rechtmäßigen Glaubens Blut und Leben hinzuopfern nicht zauderten", obschon die von den englischen Bischöfen eingereichte Liste seinen Namen nicht enthalten hatte.

Das nächste Opfer, welches um des katholischen Glaubens willen in London blutete, ist der selige Johannes Storey.

Storey (oder Story; er selbst schrieb sich auch Store) machte seine Rechtsstudien zu Oxford, wo er 1538 zum Doctor beider Rechte promovirte. Unter Eduard VI. verwaltete er ein Friedensrichteramt und benützte diese Stellung mit großem Eifer, um die katholische Religion und das Kirchenvermögen gegenüber den Angriffen der Neuerer zu vertheidigen. Natürlich war das bei Hofe nicht genehm, und er mußte um der Gerechtigkeit willen nach Flandern fliehen, wo er blieb, bis Maria den Thron bestieg[1]. Der Selige kehrte nun in die Heimat zurück und wurde zufolge seiner Kenntniß des canonischen Rechts Kanzler der Diöcese Oxford. In dieser Eigenschaft hatte er sich auch mit den Processen zu befassen, welche Maria gegen die Häretiker anstrengen ließ, und so wurde sein Name unter den Neuerern bald sehr verhaßt. Man that ihm dabei großes Unrecht; wie wir ihn selbst werden erzählen hören, hat er auf die Gefahr der königl-

---

[1] Dodd II, 164.

lichen Ungnade vielen das Leben gerettet. Aber es ist nun einmal herkömmlich, daß sich der Zorn des Volkes auf untergeordnete Beamte entladet, wenn er sich gegen den eigentlichen Urheber einer gehässigen Verfügung nicht wenden darf. Er war Mitglied des Hauses der Gemeinen und trat als solches im ersten Parlamente unter Elisabeth mit großer Entschiedenheit für den katholischen Glauben ein. Wenn man den Nachrichten Strype's glauben dürfte, hätte er sich bei dieser Gelegenheit zu sehr scharfen Ausdrücken hinreißen lassen; aber die Rede, die ihm in den Mund gelegt wird, ist wenig glaublich. Nach Schluß des Parlaments wurde er vor die Queen's Bench gebracht, aufgefordert, den Suprematseid zu leisten, und da er sich dessen weigerte, in den Kerker geworfen. Mit Hilfe einiger Freunde entkam er abermals nach Flandern und lebte längere Zeit mit seiner Frau, vier Kindern und überdies mit Neffen und Nichten, die von ihm unterhalten werden mußten, zu Löwen in großer Armuth. Als ihm daher Herzog Alba in Antwerpen eine Anstellung gab, welche ihm und seiner Familie wenigstens zur Noth den Unterhalt gewährte, nahm er dieselbe sofort an, obschon sie eigentlich unter seiner Stellung als Lehrer der beiden Rechte war und etwas Gehässiges an sich hatte. Er mußte nämlich im Auftrage des Statthalters der Niederlande die englischen Handelsschiffe nach häretischen Büchern durchforschen, welche damals massenhaft von England nach Flandern und Frankreich eingeschleppt wurden.

Cecil, seit dem 25. Februar 1571 Lord Burghley, scheint einen ganz besondern Grimm auf Storey gehabt zu haben; auch wußte er, wie populär das Gerichtsverfahren gegen den verhaßten Mann sei. Nie wählerisch in seinen Mitteln, bestach er einen gewissen Parker, der Storey's Vertrauen genoß, den nichts Böses Ahnenden in eine Falle zu locken. Durch falsche Angaben brachte dieser Judas seinen Freund und Wohlthäter auf einen englischen Kauffahrer, der unterhalb Antwerpen in der Schelde ankerte. Kaum war er an Bord und in den Schiffsraum hinabgestiegen, um seinem Amt gemäß nach häretischen Büchern zu forschen, so ließ der Kapitän die Fallthüre der Luken schließen, den Anker heben, die Segel hissen und eilte mit seiner Beute die Schelde abwärts und über den Kanal Harwich zu. Sofort wurde Cecil von dem Gelingen des Unternehmens in Kenntniß gesetzt, und er befahl, den Gefangenen alsbald nach London zu bringen, wo er denselben in den Lollards=Thurm werfen ließ, „damit er mit demselben Gefängnisse Bekanntschaft mache, in dem er manchen guten Christen gequält hatte", sagt der Regierungsbericht[1], dem wir in dem Nachstehenden folgen wollen:

„Später wurde er nach verschiedenen Verhören in den Tower von London gebracht, wo er bis zum 26. Mai 1571 verblieb." Im Beauchamp Tower findet sich links vom Kamin der von seiner Hand in den Stein eingekratzte Name: John Store, Doctor. Wie Dobb erzählt[2], wurde er wiederholt aufgefordert, den Suprematseid zu leisten, was er immer entschieden ablehnte. Abt Feckenham, damals sein Mitgefangener im Tower, bestärkte den Greis in seinem treuen Festhalten am katholischen Glauben.

„Am 26. Mai", fährt der Regierungsbericht fort, „wurde er zu Westminster-Hall vor die Richter der Queens-Bench gestellt und man las ihm die folgende Anklage vor: er habe mit den flüchtigen Hochverräthern, den nach Flandern entflohenen Aufständischen aus dem Norden, den Tod Ihrer Majestät geplant, er, der doch ein geborner Engländer und ein Unterthan Ihrer Majestät sei[3]. Darauf antwortete Storey, er sei kein Unterthan der Königin, noch sei er das die letzten sieben Jahre gewesen, sondern er sei ein Unterthan des Königs von Spanien, dem er Treue geschworen habe und von dem er jährlich 100 Pfd. St. Amtsgehalt beziehe. Er sei deshalb nicht verpflichtet, noch wolle er auf diese Anklage antworten. Und er gab den Richtern sehr kühn heraus, und gefiel sich in hübschen Finten und Fechtkünsten. Und er hielt seinen Vorwand sehr fest aufrecht und sagte, sie seien gar nicht seine Richter und hätten kein Recht, über ihn zu urtheilen, indem er kein Unterthan der Königin sei. Da stellte man ihm die Frage, wo er geboren sei. Er antwortete: „In England!" Daraus folgerten die Richter: „Also seid Ihr den Gesetzen von England unterworfen und solltet es auch der Königin sein." Darauf entgegnete er: Gott habe Abraham befohlen, das Land, in dem er geboren war, und Freunde und Verwandte zu verlassen und in ein anderes Land zu ziehen. Diesem Beispiele sei er gefolgt um der Religion willen und habe Heimat und Königin verlassen, und sich

---

[1] Declaration of the Life and Death of John Story, late a Roman Canonical Doctor by Profession, London by Thomas Colwell, 1571. Abgedruckt in State Trials I, 1087 sq.

[2] L. c. p. 165.

[3] Nach Dobb a. a. O. wurde ihm sein Vorgehen gegen die Protestanten in der Zeit Maria's, verschiedene hochverrätherische Reden gegen die Königin und namentlich als Hauptklagepunkt seine Abläugnung ihrer Suprematie vorgeworfen.

ganz dem Dienste eines andern Königs geweiht, nämlich des Königs von Spanien. Und auf dieser Ausrede hielt er sich steif: aber es nützte ihm wenig.

„Als er nun sah, daß man nichtsdestoweniger mit der Gerichtsverhandlung gegen ihn vorgehe, erklärte er abermals, sie hätten kein Recht dazu; dann wandte er sich an das anwesende Volk und sagte: ‚Gute Leute, ich bin überzeugt, daß Ihr einsehet, wie gewaltsam man gegen mich vorgeht und wie ungerecht und allen Gesetzen und aller Billigkeit zum Hohne man gegen mich verfährt.‘ Und er fügte bei, es würden wohl einige Freunde anwesend sein, welche seinen Herrn, den katholischen König von Spanien, in Kenntniß davon setzen würden, wie grausam und gewaltsam man mit ihm verfahre. Man forderte ihn auf, sich zu vertheidigen, und einer der Richter sagte zu ihm: ‚Mr. Storey, Ihr haltet dieses Verfahren für Gewalt, anstatt für Recht und Gerechtigkeit. Wisset, daß wir nichts thun, als was uns Recht und Billigkeit erlaubt.‘ Und ein anderer Richter sagte: ‚Das ist Scarboroughs Fall!‘ [1] — ‚Nein,‘ entgegnete Storey, ‚es ist nicht Scarboroughs Fall; aber man gab mir Scarboroughs Warnung [2]; denn vor heute Morgen 7 Uhr wußte ich nichts von dieser Anklage.‘"

So stritt man sich noch eine Weile über die Competenz des Gerichts, das nach englischem Gesetze allerdings einen nicht englischen Unterthanen weder wegen Verweigerung des Suprematseides, noch wegen vorgeblicher im Auslande begangener Majestätsbeleidigungen belangen konnte. Der Gefangene benützte seine Kenntniß des Rechts und bereitete den Richtern einen schweren Stand. Unter den Augenzeugen der Gerichtsverhandlung befand sich auch der selige Edmund Campion, der damals, wie wir später ausführlich erzählen werden, gerade auf dem Punkte stand, den Anglikanismus zu verlassen und sich in den Schoß der katholischen Kirche zurückzuflüchten. Das Beispiel des seligen Storey scheint einen entscheidenden Einfluß auf den hochherzigen jungen Mann gehabt zu haben, der vom Gerichtssaale weg sofort die Reise nach Douay antrat, um sich auf denselben Tod vorzubereiten, dem dieser Greis mit so großer Ruhe entgegenging. P. Persons (Personius) erzählt in seinem Leben Campions, der selige Storey habe vor Gericht bewiesen: „daß jeder Unterthan um einer so gerechten Sache wie seiner Religion willen befugt sei, aus seinem

---

[1] Der ebenfalls die Competenz der Richter in Abrede stellte.
[2] Scarborough's Warning, sprichwörtlich für Ueberrumpelung.

Volke auszuscheiden und sich unter die Hoheit eines andern Fürsten zu stellen, wie er sich unter die Hoheit des katholischen Königs von Spanien gestellt habe, und daß sie dann folgerichtig kein Gerichtsverfahren gegen ihn anstrengen könnten. Und selbst wenn der Austritt aus seinem Volke nicht erlaubt wäre, so sei er doch in England nicht straffällig, da die That, deren er angeklagt werde, in einem fremden Lande begangen sei und da er außer den Grenzen Englands durch List ergriffen und mit Gewalt nach England gebracht worden sei"[1]. Aber alle Rechtsgründe halfen nichts. So sagte der Selige endlich: „Gott sei mir gnädig!" und ergab sich mit großer Ruhe in sein Schicksal.

„Da fällte der Lord=Oberrichter", fährt der Regierungsbericht fort, „das Urtheil über ihn, daß er geschleift, gehängt und geviertheilt werde, und so führte man ihn wieder nach dem Tower zurück. Und als er des Weges ging, begegneten ihm viele Leute an verschiedenen Plätzen, und einer sagte: ‚O Story, Story, du bist mir eine nette Geschichte![2] Denke an den gottseligen Mann Mr. Brabford![3] Sein Blut schreit um Rache nach dir. Story, bereue rechtzeitig!' Ein anderer rief ihn an und sagte: ‚Gedenke der Strenge, die du Mr. Reade[4] erzeigtest, dessen Tod du bewirktest; bitte Gott für diese verbrecherische That um Verzeihung!' Ein anderer rief: ‚Gott sei gepriesen, Storey, der dir den Trank einträngt, den du vormals den unschuldigen Gliedern Christi kredenztest!' Ein anderer rief: ‚Storey, Storey, der verfluchte Kelch der H.... und Unreinigkeit, den du anderen darbotest, möge dir jetzt bis an den Rand voll zurückgegeben werden, auf daß am Tage des großen und furchtbaren Gerichts und Zornes deine Plagen um so gräßlicher seien, wenn du nicht für dein schmutziges, verworfenes Leben voll Fäulniß um Verzeihung bittest!' Ein anderer aber rief: ‚Ich bitte Gott, daß dein Herz nicht verhärtet sei wie Pharao's, und nicht härter werde als Diamant und Stahl, so daß es, selbst wenn es wollte, nicht um Verzeihung und Gnade rufen könnte.' Und unter allen kam namentlich einer am ‚Stein von London'[5] und begrüßte ihn mit den folgenden Versen:

---

[1] Simpson, Edmund Campion, p. 44.

[2] A strange story, Wortspiel mit dem Namen des Seligen.

[3] John Brabford, calvinistischer Prediger, wurde wegen hartnäckiger Läugnung der Gegenwart Christi im Altarssacramente 1558 hingerichtet. In den Acten bei For kommt der Name Storey's auch nicht einmal vor.

[4] Ein Mr. Reade ist dem protestantischen Martyrologen For unbekannt.

[5] Der London=Stone, ein altes Wahrzeichen der Stadt, steht heute noch nicht weit von St. Paul.

> Master Doctor Story,
> For you they are right sorry
>   The court of Louvain and Rome;
> Your holy Father, the Pope,
> Cannot save you from rope,
>   The hangman must have your gown [1].

Der Regierungsbericht, der mit offenbarem Behagen diese Schmähungen wiederholt, welche der puritanische Pöbel über den zum Tode verurtheilten Greis ausgoß, kann doch nicht umhin, das schöne Zeugniß beizufügen: „Auf alles das antwortete er keine Silbe."

„Am 1. Juni (1571)", fährt derselbe Bericht fort, den wir nun ohne weitere Unterbrechung zu Ende hören wollen, „wurde Storey vom Tower nach Tyburn geschleift, wo ein neuer Galgen auf drei Pfählen in Dreiecksform für ihn aufgerichtet worden war. Und unterwegs riefen ihn viele Leute an und redeten ihm zu, seine Tyrannei zu bereuen und Gottes Barmherzigkeit anzurufen. Aber er lag da, als ob er schliefe, und wollte niemand antworten. Und als er von der Schleife genommen und auf den Karren gestellt worden war, hielt er folgende feierliche Rede:

‚,Ich bin hierhergekommen, um zu sterben, und wahrlich, wenn die Todesart zehnmal grausamer und bitterer wäre, als sie es ist, ich hätte sie verdient. Ich lebte 67 Jahre, und nun muß mein Leib diese irdische Pein und Strafe erdulden, welche für mich bereit ist und meine Tage enden soll.' Obschon er den Tod gefürchtet habe, sei er jetzt im Hinblicke auf das Leiden Christi vollständig ruhig und getröstet [2], und er wolle die Qual dieses Todes als eine zeitliche Strafe für die Sünden seiner 67 Jahre hinnehmen. Auch David sei vom Herrn seiner Sünden wegen zeitlich gestraft worden, und mit ihm bete er: ‚Herr, zu dir rufe ich an diesem Tage der Trübsal: höre mich, o Herr, vom Orte deiner Wohnung!' ‚Jetzt aber', fuhr er fort, ‚ein kurzes Wort über meinen Proceß. Als ich in Westminster vor Gericht stand, behauptete ich in meiner

---

[1] Deutsch lautet die Reimerei etwa:
> Meister Doctor Storen,
> Um Euch lassen hangen die Ohren
> Die Höfe von Löwen und Rom.
> Der Papst, Euer heiliger Vater,
> Vom Strick Euch retten nicht that er,
> Daß der Henker Euern Rock bekomm'.

[2] Der Regierungsbericht hat es versucht, dieser Stelle einen protestantischen Beigeschmack zu geben. Sehr mit Unrecht, wie die ausdrückliche Betheuerung des Seligen im Verlaufe seiner Rede zeigt.

Vertheidigung, ich sei kein Unterthan dieses Reiches. Dasselbe that ich vor den Commissären der Königin, Sir Thomas Wrots, Mr. Thomas Wilbraham, Osborne, Marche und Dr. Wattes, und der Schreiber stellte die gleiche Frage an mich, welche man auch zu Westminster an mich richtete: ob ich in England geboren sei oder nicht. Und darauf antwortete ich mit Ja. Er schloß aus meiner Antwort: ‚Daraus folgt, daß Ihr zu allen Zeiten ein treuer Unterthan der Königin sein und bleiben müßt.‘ Und ich antwortete und wiederholte auch heute noch dieselbe Antwort:

„‚Ich habe dem edeln Könige, dem Vertheidiger des alten katholischen Glaubens, König Philipp von Spanien, Treue geschworen, und auch er seinerseits hat mit einem körperlichen Eide gelobt, die Universität Löwen, deren Mitglied ich bin, zu schützen und zu vertheidigen. Ich bin also kein Unterthan dieses Reiches und stehe nicht unter seinen Gesetzen. Ueberdies ist es bekannt, daß die Königin keine Sehnsucht nach meinen Diensten hatte; betrachtete sie mich doch als einen gemeinen Auswürfling. Auch kam ich nicht mit freiem Willen hierher zurück, sondern ich wurde mit List und Trug hergebracht. Obschon mir eine Warnung zuging, es sei so etwas gegen mich im Werke, entging ich der Schlinge nicht; es war eben der Wille Gottes, daß mein Verstand sie nicht erkennen, noch mein Auge sie sehen sollte. Aber die Heilige Schrift befiehlt mir, meine Feinde zu lieben, und so verzeihe ich hier allen von ganzem Herzen und bitte Gott, daß ihnen um meinetwillen in einem fremden Lande kein Unheil widerfahre. Es würde mir leid thun, wenn ihnen etwas Uebles zustieße, obschon sie mich verrathen haben. Ich ging mit ihnen acht Tage lang von Schiff zu Schiff und ahnte nicht, daß mir Gefahr drohe, bis ich in der Schlinge festsaß. Aber gewiß war es Gott, der es so fügte. Ich weiß wohl, man hat mich als einen Blutsauger der englischen Kauffahrer ausgeschrieen; allein ich bezeuge vor Gott und im Angesichte des Todes, daß ich nie von einem Schiffe mehr annahm als 2 Goldstücke und 40 Dollars Hafengeld.

„‚Noch ein Wort zu meinem Processe. Es wurden mir einige Briefe zur Last gelegt, in denen ich die Nortons, Nevilles u. a. zur Empörung aufgereizt haben soll. Das ist mir nie eingefallen. Allein ich will frank und frei die Wahrheit sagen und nichts auf dem Herzen behalten. Es wurde ein ähnlicher Aufruf nach Schottland geschickt, und den habe ich eigenhändig geschrieben; aber derselbe enthielt eine Clausel, welche ausdrücklich bestimmte, es dürfe nichts gegen die Königin von England und ihr Reich unternommen werden.

„„Zwei Punkte möchte ich noch erwähnen. Es sind hier so viele junge Leute gegenwärtig, und ich wünschte zu Gott, ich möchte reden und aussprechen können, was alle Menschen zur Einheit der Kirche bekehrte. Denn es gibt nur eine Kirche, eine Heerde und einen Hirten. Wenn ich das zu Stande bringen könnte, wahrlich dann dächte ich, ich hätte ein gutes Werk gethan! Der erste Punkt betrifft meine vorgebliche Grausamkeit, die man mir so schwer zur Last legt, und der zweite Punkt meine Religion. Was den ersten Punkt angeht, so waren wir unserer drei in der Untersuchungscommission, und mein Einfluß war der geringste; denn ich war der letzte von den dreien. Ich konnte freilich durch Zureden versuchen, sie zur Abänderung des Urtheils und zur Annahme meiner Meinung zu bewegen. Allein das Sprichwort genügt schon: „Wer Scheltworte spricht, darf noch nicht für Schläge verurtheilt werden"[1]; ebenso wenig darf ich der Grausamkeit geziehen werden, weil ich gescholten habe. Der Bischof sprach das Excommunicamus (Excommunicationsurtheil), und dagegen konnte ich nichts thun; denn ich war ein Laie. Aber oftmals war der Bischof, dessen Diener ich war, ebenso ärgerlich als ich, wenn er so viele Gefangene hatte, daß er nicht wußte, wohin mit ihnen. Denn manchmal schickte uns Lord Kitche aus Essex auf einmal 28, ein anderesmal 16 und wieder ein anderesmal 14, und einige wurden zu mir geschickt, und diese unterhielt ich in meinem Hause und gab ihnen dieselbe Kost, wie ich und meine Familie sie genossen und zwar aus meinem Beutel. Und zum Beweise, daß ich kein so grausamer Mensch bin, wie man mich schilderte, möge diese eine Thatsache genügen. Es waren einst 28 miteinander zum Feuertode verurtheilt. Da beredete ich den Dekan von St. Paul, der später Abt von Westminster wurde, einen überaus mildreichen und barmherzigen Mann (ich denke, die meisten von Euch kennen ihn; es ist Mr. Feckman[2]), sich ihres Schicksals zu erbarmen. Und wir gingen zu den Verurtheilten und redeten mit ihnen und fanden sie keineswegs verstockt. So gaben Mr. Feckman und ich uns Mühe bei Cardinal Pole und überzeugten ihn, daß sie nicht wußten, was sie thaten. Der Cardinal und wir zwei gingen nun miteinander zur Königin und legten beide Schwerter zusammen[3] und erhielten so Verzeihung für dieselben und retteten alle, mit Ausnahme eines alten Weibes, das in der Nähe von St. Pauls Kirchhof wohnte. Das wollte sich nicht be-

---

[1] He who chideth, is not worthy to be condemned for fighting.
[2] Soll heißen Feckenham.
[3] Das der geistlichen und das der weltlichen Gerichtsbarkeit.

lehren und wurde verbrannt. Alle anderen erhielten Freisprechung und zwar mit allen Ehren. Suchet in den Gerichtsacten und ihr werdet es finden. Ja, und es ist mein Werk, daß in London nicht mehr verbrannt wurden; denn ich sah wohl, daß es nichts helfe, und so schickten wir sie nach abgelegenen Orten in den Provinzen. Deshalb bitte ich Euch, nennt mich nicht grausam! Es würde mich schmerzen, mich mit einer solchen Verleumbung behaftet zu sehen. Aber da ich in Liebe sterbe, bitte ich Euch alle um der Liebe willen: betet für mich, daß Gott mir Kraft gebe, meinen Tod mit Gebuld zu leiden, den ich ganz gerne an mir vollstrecken lasse. — Und hier stelle ich eine Bitte an Euch, meine Freunde, die Ihr bereit waret, mich nach Kräften zu unterstützen. Ich beschwöre Euch um der Liebe willen: lasset Eure Gabe jährlich meiner Frau zukommen, welche vier unversorgte Kinder hat; Gott hat mich ihr jetzt weggenommen, der ich ihr Stab und ihre Stütze war. Und jetzt ist auch meine Tochter Weston mit ihren drei kleinen Kindern zu ihr (nach Antwerpen) hinübergegangen, und ich weiß nicht, wie sie ihr Brod erhalten sollen, wenn sie nicht von Thür zu Thür darum betteln gehen. Freilich Engländer betteln nur von Engländern, und Lady Dorm und Sir Francis werden wohl helfen. Ich hoffe zuversichtlich, ihr werdet milde gegen sie sein; denn sie ist das treueste, liebenswürdigste und standhafteste Weib, das jemals einem Manne gehörte. Zweimal haben wir all unser Hab und Gut verloren, und jetzt verliert sie mich zu ihrem größten Grame, wie ich wohl weiß.

„Der zweite Punkt, über den ich zu reden gedachte, betrifft die Religion; denn ich weiß, daß viele begierig sind, zu erfahren, in welchem Glauben ich sterben wolle. Das will ich Euch in Kürze auseinandersetzen. Ich sage mit dem hl. Hieronymus, diesem alten Kirchenvater und dieser Säule der alten katholischen und apostolischen Kirche, die auf dem Fundamente der Patriarchen, Propheten und Apostel gegründet ist, daß ich in demselben Glauben, in dem ich geboren wurde, sterben will. Und da die Arche, welche Noah und seine Familie errettete, das Bild des Schiffes der Kirche Christi ist, und da keiner außerhalb dieses Schiffes gerettet werden kann, so bleibe ich in diesem Schiffe. Höret ein Beispiel. Ein Schiff, das von den Wogen umhergeworfen wird, ist manchmal in Gefahr, auf Sandbänken oder an Klippen zu Grunde zu gehen. Wenn aber die Leute im Schiffe drohende Gefahr erblicken, so haben sie ein Rettungsboot am Stern des Schiffes, und zu diesem nehmen sie ihre Zuflucht. So bin auch ich einst aus dem Schiffe Christi gefallen¹ und schwebte in großer Gefahr gänzlichen Unterganges. Aber ich nahm wie ein guter Schiffer meine Zuflucht zum Rettungsboote, um an den Strand zu kommen. Und da ich das Boot erreichte, fand ich darin drei Ruder: Reue, Beichte und Lossprechung, und diese drei umklammerte ich fest, und seither bin ich immer im Schiffe Christi geblieben, dessen Steuermann und Capitän der hl. Petrus ist. Und im katholischen Glauben meines Königs sterbe ich.'"

Auch in dieser Fassung, in welcher der Regierungsbericht die Rede des Blutzeugen gibt, leuchten uns sein edler Sinn, seine erhabene Feindesliebe, seine tiefe Demuth, mit welcher er seine Fehler offen bekennt, seine heroische Glaubenstreue, in welcher er zweimal den Verlust aller irdischen Güter und schließlich den schmachvollsten Tod hinnahm, herrlich entgegen. Derselbe Bericht erzählt die letzten Worte des Seligen also: „Nachdem er seine Rede geendet, sagte der Earl of Bedford zu ihm: ‚Seid Ihr nicht ein Unterthan der Königin?' ‚Nein,' antwortete Storey; ‚aber ich schließe die Königin nicht aus und bete für sie, ihren Rath und den Adel dieses Landes, daß er noch lange fortblühe.' Lord Hunsdon rief ihm zu: ‚Seid Ihr nicht ein Unterthan der Königin? Ihr seid doch in England geboren.' Storey entgegnete: „Jedermann ist frei geboren und hat die ganze Oberfläche der Erde vor sich, daß er weile und wohne, wo es ihm gefällt. Wenn er hier nicht leben kann, mag er anderswohin gehen.' Es stand auch noch ein Prediger da, wenn ich mich nicht irre, und da dieser hörte, wie wenig er sich aus unserer edeln Königin und unserem Lande mache, fragte er ihn, ob sie nicht nächst und unmittelbar unter Gott das oberste Haupt der Kirchen von England und Irland sei. Er entgegnete: ‚Ich bin nicht zum Disputiren hergekommen. Wenn sie es ist, so sei sie es. Mein Nein wird nicht als Beweis dagegen angenommen werden!' Da schrie die Menge: ‚Ziehet den Karren hinweg!' Und so wurde er gehängt, ganz seinem Urtheile gemäß."

So schließt der Regierungsbericht. Das Urtheil wurde in der That in seiner ganzen schrecklichen Barbarei und mit einer Langsamkeit, welche dem greisen Blutzeugen keinen Schmerz und keine Schmach ersparte, vollzogen. Die Chronisten erzählen uns davon. Als die schamlose Verstümmelung vor aller Augen an dem seiner Sinne noch völlig mächtigen Blutzeugen vorgenommen wurde, wehrte er sich und rang in heiliger

---

¹ Der Selige scheint unter Heinrich VIII. als Lehrer an der Hochschule von Orford den Suprematseid geleistet zu haben.

Entrüftung mit dem Henker[1]. Dem noch Lebenden wurden die Eingeweide herausgeriffen. Den Kopf des Seligen ließ die Königin auf der Londoner Brücke aufstecken. So endete „dieses Ungeheuer in Menschengestalt", wie der protestantische Chronist Holinshed zu Nutz und Frommen seiner Leser unsern Seligen nennt[2].

Strype[3] hat uns ein schönes Document unseres Seligen aufbewahrt, das wir nicht übergehen dürfen, da es uns einen tiefen Blick in dessen frommes Herz gestattet; es ist das Testament, welches er im Jahre 1552 zu Löwen nach seiner ersten Flucht aus England unter Eduard VI. aufsetzte. Sein Eingang lautet:

„Emmanuel! Im Namen Gottes, Amen, und im Jahre unseres Herrn und Gottes 1552 und am letzten Tage des Mai, ich, John Storie, Doctor L. L. Gelobt sei der Allmächtige! Gesund an Leib und Seele, erkläre ich vor Gott und der Welt meinen letzten Willen und mein Testament in folgender Fassung und Form. Zuerst und vor allen vergänglichen Dingen erstatte ich meinen demüthigsten Dank, Lob und Preis meinem Herrn und Gott für meine Schöpfung und Erlösung. Und nicht minder bemüthig danke ich ihm für seine große Erbarmung, in welcher er mich armen Sünder aus meiner Heimat hinwegführte, welche über Bord des sichern Schiffes unseres Heils gerissen wurde. Ich beschwöre den allmächtigen Gott um seiner unendlichen Erbarmung und um seines heiligen Namens willen, sie wiederum in die Einheit und in dasselbe Schiff aufzunehmen, welches unsere Mutter, die heilige katholische Kirche, ist. Mit vollem Vertrauen und gänzlicher Zuversicht, daß ich ein Glied und einer aus der Zahl der besagten katholischen und sichtbaren Kirche bin, welche umfaßt und hier auf Erden umfassen muß Gerechte und Sünder, bis einer entweder eigenwillig über Bord springt oder nach rechtmäßigem Urtheilsspruche ausgestoßen wird: bekenne ich vor Gott und der Welt, daß ich in dieser gefahrvollen Zeit der Scheidung des Weizens von der beweglichen Spreu glaube und mit vollem Vertrauen und Zuversicht alle und jeden einzelnen Artikel, jede Unterscheidung und Lehre für wahr halte, welche die genannte Mutter, die heilige Kirche, die ununterbrochen von den Zeiten der Apostel her bestand, für wahr erklärte, aufstellte, zu glauben vorschrieb und uns, ihren Kindern, zu beobachten befahl oder das noch thun wird. Für meine Uebertretung irgend eines Gebotes, das

---

[1] Holinshed, Chronicles III, 1225.
[2] „This monster disguised in the likeness of man" l. c.
[3] Annals II, Appendix n. 10.

durch die Auctorität der genannten Kirche aufgestellt wurde; für meinen Ungehorsam gegen irgend eines ihrer Decrete, Verordnungen oder Wünsche, und namentlich für meine Sünde, daß ich ihre Einheit verließ und ein anderes oberstes Haupt anerkannte, als ihr unser Heiland Jesus Christus für alle Zeiten hier auf Erden gab, welches der hl. Petrus und dessen Nachfolger, die Bischöfe auf dem Stuhle von Rom, sind — bitte ich in tiefster Demuth und bußfertigen Herzens um Gottes Erbarmung und flehe zu ihm um Verzeihung, wie ich auch alle Menschen um Verzeihung bitte, welchen ich durch diese meine Sünde und mein böses Beispiel oder sonst irgendwie zum Aergerniß und zum Anstoße in dieser Welt gereichte. Mein Wunsch ist, es mögen alle Christen, welche in der Einheit unserer Mutter, der katholischen Kirche, verbleiben, für mich beten, der ich ein einfältiges und unnützes Glied derselben Kirche bin."

Es folgen nun die testamentarischen Bestimmungen, welche beweisen, daß der Selige während seines ersten Exils noch nicht so ganz mittellos war, wie nach seiner zweiten Flucht nach Flandern. Wir werden aus diesem Theile des Testamentes nur diejenigen Stellen ausheben, welche für unsere Leser von Interesse sein können. „Was meine zeitlichen Güter angeht, deren Verwalter ich nach der Fügung des allmächtigen Gottes in diesem Thale der Thränen war, so ist es vor allem mein Wille, daß der Testamentsvollstrecker zuerst alle meine Schulden begleiche." Seiner Tochter Ellen vermacht er 660 Florin, „welche ihr am Tage ihrer Verheiratung auszubezahlen sind, vorausgesetzt, daß die Mutter oder der Vormund mit der Wahl des Bräutigams zufrieden sind. Wenn aber meine Tochter, nur der Stimme der Sinnlichkeit folgend, ohne oder gegen den Wunsch der Mutter u. s. w. wählt, so soll sie nur 60 Florin zur Beschaffung der Aussteuer haben und nicht mehr. Und wenn meine Tochter Ellen, durch Gottes gütige Berufung angetrieben, in einen Orden eintreten sollte, so vermache ich dem betreffenden Kloster, in dem sie Profeß ablegt, 120 Florin, indem ich die betreffenden Ordensleute bitte, meiner Tochter gute Lehrmeister zu sein, und von ihrer Liebe verlange, daß sie für meinen Vater Nicolaus und meine Mutter Johanna und für meine Seele und die Seelen aller Christgläubigen beten."

Für sich selbst bestimmte der Selige: „Meine Seele übergebe ich dem allmächtigen Gott, von dem sie mein sterbliches Fleisch empfangen hat. Und mein Leib soll bei den Franziskanern in Löwen begraben werden, wenn ich in Löwen sterbe, und zwar so nahe dem Grabe Mr. Tybalds, als es möglich ist. Für meine Exequien und andern Gottesdienst, der dann für die

Wohlfahrt meiner Seele von dem Kloster zu halten ist, vermache ich dem Kloster 20 Florin. Ferner gebe und testire ich demselben Kloster 40 Florin und bitte die Mönche um ihrer Liebe willen, in der täglichen Feier der heiligen Messe der Seelen meiner Eltern Nicolaus und Johanna, meiner Seele und der Seelen aller Christgläubigen eingedenk zu sein. Und sie sollen ein frommes Mitglied ihrer Klostergemeinde wählen und bestimmen, daß es von meinem Begräbnisse an zwei Jahre lang täglich ein besonderes Memento zu Gott für meine Seele und die Seelen aller Christgläubigen mache. Und es ist mein Wille, daß der genannte Convent am Tage nach meinem Monatsgedächtniß, welches er für meine Seele halten soll, von meiner Testamentsvollstreckerin die genannte Summe von 60 Florin erhalte. Dafür bitte ich ihn, drei Jahre mein Jahrgedächtniß mit Messe und Dirige zu begehen.

„Ferner gebe und testire ich dem Kloster und der Klostergemeinde der Carthäuser in Löwen die Summe von 20 Florin und bitte sie um ihrer Liebe willen in ihren heiligen Messen um ein besonderes Memento für die Seelen meiner Eltern und für meine Seele, solange ihre Liebe sie hierzu antreiben soll. Und ich gebe und testire dem großen Spitale, welches Kranke aufnimmt und verpflegt, die Summe von 10 Florin, indem ich die Spitalleute um ihrer Liebe willen bitte, für meine Seele und für die Seelen aller Christgläubigen zu beten."

Zur Universalerbin setzte der Selige seine Frau Johanna ein, welcher er in seiner letzten Rede vor der Hinrichtung ein so glänzendes Lob gespendet hat. Zum Mittestamentsvollstrecker und zum väterlichen Rathgeber seiner Frau bestellte er seinen Freund Anthony Bonvyse, wahrscheinlich derselbe, an welchen der selige Thomas More vor seiner Enthauptung aus dem Tower schrieb[1]. Er mahnte denselben, seine Frau zur Erfüllung des Versprechens anzuhalten, welches sie Gott und ihm gemacht: solange England nicht wieder durch das Band der Einheit mit der Kirche verknüpft sei, nicht dorthin zurückzukehren noch seine Tochter dorthin zu bringen. Nur für den Fall, daß sie ihre Mutter nach Flandern herüber holen wolle, gestattet er ihr eine Reise nach England, und dann dürfe sie ihren dortigen Aufenthalt nicht über drei Monate ausdehnen.

In jeder Zeile dieses wahrhaft christlichen Testamentes zeigt sich uns der Selige als ein dankbarer Sohn, ein liebender und fürsorglicher

---

[1] Vgl. Die englischen Martyrer unter Heinrich VIII., S. 109.

Vater und Gatte, der zunächst und zumeist für das ewige Wohl seines Kindes und seiner Gattin besorgt ist, als Freund und Wohlthäter der Lebenden und Verstorbenen, als echter, durch und durch von Glauben und Liebe durchdrungener Katholik. Nachdem er dieses Testament geschrieben, hatten 20 Jahre und die Leiden einer neuen Verbannung um des Glaubens willen, verbunden mit dem gänzlichen Verluste seines Vermögens, sein Herz noch mehr geläutert, seine Tugend noch mehr geadelt und gestählt. Und dann verlieh ihm der Herr als Preis und Lohn seines Lebens die Krone der Blutzeugen. „Selig sind diejenigen, welche Verfolgung leiden um der Gerechtigkeit willen."

5. Fortschritte der Verfolgung. Blutzeugen aus dem alten Clerus.

(1570—1577.)

Elisabeth gab sich zwar den Anschein, als mache sie sich nichts aus der Absetzungsbulle des Papstes; aber sie hatte von der Zeit an keine ruhige Stunde mehr. Sie, die in Schottland die Calvinisten und in Frankreich die Hugenotten unaufhörlich zur Empörung stachelte und reizte, lebte jetzt in der beständigen Furcht, ihre katholischen Unterthanen, welche der Papst von der Treue und dem Gehorsam ihr gegenüber entbunden hatte, möchten ihr jetzt Gleiches mit Gleichem vergelten. Sie that bei den Höfen Schritte, um den Widerruf der Bulle zu erlangen; namentlich veranlaßte sie den Kaiser Maximilian, die Zurücknahme derselben vom Papste zu erbitten. Die Gründe, welche den hl. Pius V. bestimmten, auf diese Bitte nicht einzugehen und trotz der Verschärfung, welche die Verfolgung in England anläßlich der Bulle erhielt und welche er schon in einer Allocution vom 3. August 1570 bitter beklagte[1], sein Strafurtheil aufrecht zu halten, entnehme man seiner Antwort an den Kaiser vom 5. Januar 1571:

„Liebster Sohn in Christo! Heil und apostolischen Segen! Was Ew. Majestät thut, geschieht zweifelsohne in guter Absicht und kluger Vorsicht. Von keinem christlichen Fürsten würden Wir anders denken, und noch viel weniger von Ew. Majestät. Gleichwohl ist die Bitte Ew. Majestät in Ihrem Briefe vom 28. September (1570), der Uns erst gestern zuging, daß Wir nämlich das Urtheil und die Excommunication, welche Wir gegen Elisabeth, die vorgebliche Königin von England, letztes Jahr erließen, zurückziehen möchten, von solcher Art, daß Wir, solange die genannte vorgebliche Königin in der Trennung vom Leibe der Kirche und von der Gemeinschaft mit diesem Heiligen Stuhle verharrt, von dem sie sich selbst losgerissen hat, nicht in der Lage sind, das

---

[1] Laemmer, Analecta Romana, p. 187.

Urtheil und die Excommunication, welche Wir auf die Bitte vieler guten Katholiken gegen sie erließen, irgendwie zurückzuziehen, obschon Wir Ew. Majestät für Ihre Sorge sowohl um Uns als die ganze Christenheit herzlich danken. Weshalb sie übrigens so viel Aufhebens ob dieses Urtheilsspruches macht, ist Uns nicht ganz verständlich. Wenn sie wirklich Unserem Urtheil und Unserer Excommunication so großes Gewicht beilegt, weshalb kehrt sie denn nicht in den Schoß der heiligen Mutter, der Kirche, zurück, aus dem sie sich freiwillig losgerissen hat? Wenn sie aber demselben gar keine Tragweite beimißt, weshalb macht sie denn ein solches Wesen daraus? Was ihre Drohungen und ihren Haß gegen Uns angeht, so sind Wir weit davon entfernt, daß Wir Uns davor fürchten oder auch nur den Wunsch hegten, ihren Nachstellungen zu entgehen. Ja, wenn Wir durch Verspritzung Unseres Blutes ihren Haß löschen könnten, so wäre Uns das eine größere Freude und Befriedigung, als Uns die päpstliche Würde bereitet, welche der allmächtige Gott trotz Unserer Unwürdigkeit Uns zutheilte. Die Erwägung der Zeitlage, welche Ew. Majestät mit so viel Liebe und Klugheit eindringlich geltend macht, muß gewiß für alle umsichtigen Männer großes Gewicht haben; sie darf Uns aber nicht zu irgend einer Handlung bewegen, welche eine Beleidigung Gottes oder eine Schmälerung der Rechte dieses Heiligen Stuhles einschlösse. Was die Bitte angeht, den Druck des Urtheils gegen die vorgebliche Königin zu verbieten, so sieht Ew. Majestät, daß Wir Geschehenes nicht ungeschehen machen können; den Wiederdruck derselben für die Zukunft zu verhindern, liegt nicht in Unserer Hand. In anderen Anliegen wollen Wir gerne, soweit Wir das im Herrn können, Ew. Majestät Beweise Unserer väterlichen Liebe geben. Zu St. Peter unter dem Fischerring am 5. Januar 1571, im 5. Jahre Unseres Pontificats."[1]

Elisabeth konnte also trotz ihres kaiserlichen Fürsprechers die Zurücknahme der Bulle nicht erreichen. Sie beschloß nun, durch neue Strafgesetze und die strenge Durchführung der schon bestehenden die gänzliche Unterdrückung der katholischen Religion in England durchzusetzen. Zu diesem Zwecke wurden dem am 2. April 1571 zusammengetretenen Parlamente eine Reihe von Gesetzentwürfen vorgelegt und von diesem beschlossen, welche den treuen Katholiken den Aufenthalt im Reiche auf die Dauer unmöglich machen sollten. Zunächst wurde jeder mit den Strafen des Hochverraths bedroht, welcher die Königin eine Ketzerin, eine Schisma-

---

[1] Theiner III, 595. (Simpson 369.)   [2] 13. Eliz. c. 1.

tikerin, eine Tyrannin, eine Ungläubige, eine unrechtmäßige Königin nennen sollte[2]. Dann wurde ebenfalls als Hochverrath erklärt, „irgend eine Bulle, welche eine Absolution oder Wiederversöhnung mit dem Bischofe von Rom enthält, in Umlauf zu bringen; oder sich in Kraft einer derartigen Bulle die Vollmacht einer solchen Lossprechung oder Wiederversöhnung anzumaßen; ferner sich solche Bullen zu verschaffen oder zu veröffentlichen, oder auf dieselben hin Lossprechung zu empfangen." „Alle, welche dazu helfen oder Vorschub leisten in der Absicht, die Ausübung der genannten angemaßten Gewalt aufrecht zu halten, sind dem Statut ‚Praemunire' verfallen. Alle, welche eine solche Bulle verheimlichen oder nicht Anzeige machen, wenn ihnen eine derartige Aussöhnung angeboten wird, sind der Hehlerei des Hochverraths (misprison of treason) schuldig." „Wer ein Agnus Dei, ein Kreuz, ein Bildchen, einen Rosenkranz, den der Papst oder irgend jemand in dessen Namen gesegnet, anbietet, ist dem Verluste aller seiner Güter und den übrigen Strafen des ‚Praemunire' verfallen."[1] Ein folgendes Statut richtet sich gegen diejenigen, welche um des Glaubens willen England verließen. Wer ohne Erlaubniß der Königin ins Ausland gegangen und nicht binnen einer Frist von sechs Monaten zurückkehrte, verlor den Ertrag seiner Güter, Länder, Lehen, alle seine bewegliche Habe und seinen Viehstand. Geistliche verloren ihre Pfründen. Alle Schritte, die getroffen werden konnten, um die Güter vor dem Fiscus sicherzustellen, als Vermächtnisse, Schenkungen, Verkäufe, wurden für null und nichtig erklärt[2]. Es wurde ferner verboten, schriftlich oder mündlich die Behauptung aufzustellen, irgend eine bestimmte Person sei Kronerbe, „es wäre denn der natürliche Sprößling der Königin"[3]. Alle diese Vorschläge gingen im Parlamente durch und erhielten die Bestätigung Elisabeths. Ein vierter Gesetzesvorschlag, welcher unter kaum erschwinglichen Geldstrafen den Empfang der anglikanischen Communion vorschrieb, wurde von der Königin fallen gelassen, da die katholischen Edelleute, welche noch immer einen bedeutenden Bruchtheil des Oberhauses bildeten, gemeinschaftlich eine Audienz der Königin verlangten, um ihr eine ganz entschiedene Vorstellung zu machen. Sie wollte diese Herren nicht zum Aeußersten treiben.

---

[1] 13. Eliz. c. 2.   [2] 13. Eliz. c. 3; vgl. Collier II, 529 sq.

[3] „Except the same were the natural issue of her body." Die Schlüsse, die man aus dieser Clausel bei dem notorischen Verhältniß Elisabeths mit Leicester zog, sind bekannt. Camben (Annals II, 241) sagt, er habe oft gehört, die Clausel sei aufgenommen, daß Leicester einen seiner Bastarde auf den Thron bringe.

Inzwischen lastete die Verfolgung stets schwerer auf dem katholischen Volke. Wer noch immer sich vom anglikanischen Gottesdienste fernhielt, war gänzlich der Gewalt der Nachbarn, der Ortsbehörden oder seiner Feinde bloßgestellt. Täglich mußte er gewärtig sein, vor Gericht gerufen, seiner Habe beraubt, ins Gefängniß geworfen zu werden, wenn er sich nicht ausweisen wollte oder konnte, wo und wann er die anglikanische Communion empfangen habe. Immer neue Aufrufe und Befehle vom Hofe brängten die geistlichen und weltlichen Behörden zu strengen Nachforschungen nach „Weigerern", „Recusanten", wie die treuen Katholiken genannt wurden, und forderten genaue Wachsamkeit, unnachsichtliche Durchführung der Gesetze. Dabei bildete sich die häßliche Klasse der „Angeber" immer mehr aus und entstand das Geschlecht der Katholiken- und Priesterjäger, die, mit Scheinen des Privy Councils versehen, zu jeder Stunde bei Tag und bei Nacht in jegliches Haus einbringen konnten, um alles brunter und brüber zu werfen. Nicht einmal das Hausrecht und die Unverletzlichkeit der Wohnungen der fremden Gesandten wurden geachtet. Die Königin selbst gab den Beamten „das gute Beispiel ihres Eifers", indem sie auf ihren Reisen gelegentlich Befehl gab, einige treue Katholiken einzukerkern [1].

Lingard führt ein Document an, welches ein derartiges Tugendbeispiel der Königin Elisabeth enthält: „Ihre Majestät hat Gott mit großem Eifer und tröstlichen Beispielen gedient; denn auf ihren Rath wurden zwei notorische Papisten, der junge Rookewood und ein gewisser Edelmann Namens Downes eingekerkert, der eine ins Stadtgefängniß von Norwich, der andere ins Landgefängniß ebendaselbst, wegen verstockter Papisterei. Und noch sieben andere Edelleute von hohem Ansehen wurden in Norwich in verschiedene Häuser gefangen gesetzt, zwei von den Lovells, noch ein anderer Downes, ein Beningfield, ein Pray und noch zwei andere, alle wegen ihres frechen Festhaltens am Glauben. Die Königin hatte in Rookewoods Hause zu Euston übernachtet und hatte ihm mit Dank für die Gastfreundschaft ihre Hand zum Kusse gegeben. Aber Mylord Kämmerer (Earl of Sussex) rief ihn, da er hörte, er sei wegen Papisterei excommunicirt, voll Adel und Würde vor sich und fragte ihn, wie er sich unterstehen könne, Ihrer Majestät unter die Augen zu treten, er, der unfähig sei, mit irgend einem Christenmenschen zu verkehren; besser stände es ihm, in den Stock gespannt zu sein. Und so jagte er ihn vom Hofe, und zu Norwich wurde er eingekerkert." [2] Wir fügen

---

[1] Lingard VIII, 139. [2] Lodge II, 186 bei Lingard l. c.

aus dieser Zeit die Namen noch einiger anderer Mitglieder des englischen Adels bei, welche um der Ausübung ihrer Religion willen im Kerker schmachteten: Hastings, Lord Loughborough, Sir Eduard Walbegrave, Sir Thomas Fitzherbert, Sir Eduard Stanley, Sir John Southworth, die Ladies Walbegrave, Warton, Carew, Brookes, Morley, Jarmin, Browne, Guilford u. s. w.[1] Der Chronist Stow[2] gibt zu diesen Namen folgende Erklärung: „Am 4. April (1574), am Palmsonntag, wurde zu Aldgate in London im Hause Lord Morley's ein gewisser Priester Alban Dolman beim Messelesen ergriffen, und Lady Morley mit ihren Kindern und verschiedenen anderen Personen, welche die Messe hörten, wurden ebenfalls eingekerkert. Am selben Tage und zur selben Stunde wurde in Lady Guilfords Hause in der Dreifaltigkeitsgasse ein gewisser Priester Oliver Heywood bei der Messe gefangen genommen und mit ihm Lady Guilford und verschiedene andere Edelfrauen, weil sie die Messe hörten. Zur gleichen Zeit wurden im Hause der Browne in der Cow-Lane die beiden Priester Thomas Heywood und John Cooper wegen Messelesens gefänglich eingezogen und mit ihnen viele andere, welche der Messe beiwohnten. Alle diese Personen," sagt der Chronist, „wurden wegen dieses Verbrechens vor Gericht gestellt, überwiesen und den betreffenden Strafgesetzen gemäß verurtheilt." Der Bischof von London und Ely, welcher die Personen zu verhören hatte, die bei einer Messe in Lady Carew's Hause anwesend waren, stellte den Antrag, den Priester auf die Folter zu spannen, damit er die Namen aller Theilnehmer bekenne[3]. Strype gibt im Jahre 1576 die Namen von 68 begüterten Engländern, welche um der Religion willen mit dem Verluste ihrer Habe aus England flohen[4].

Das kann uns einen Begriff von der Verfolgung geben, welche die katholischen Laien in England in den siebenziger Jahren des 16. Jahrhunderts erduldeten und welche sich jetzt von Jahrzehnt zu Jahrzehnt, solange Elisabeth regierte, steigerte. Aber mit den Leiden der Laien waren die Drangsale der Priester, welche von den Häschern förmlich zu Tode gehetzt wurden, nicht zu vergleichen. Nicht nur lebenslängliches Gefängniß, sondern der grausige Tod des Hochverräthers stand ihnen jetzt bevor; denn wenn sie ihrer Pflicht gemäß eine verirrte Seele mit der Kirche ausgesöhnt hatten, so hatten sie vor dem Gesetze das Verbrechen des Hochverraths begangen und waren dessen Strafe verfallen.

---

[1] Strype, Annals I, 233. 237; II, 110. 255. 263. 408. 416. 495.
[2] Chronicle p. 678.   [3] Haynes p. 365 bei Lingard l. c.
[4] Annals II, Appendix p. 102 (Book 2, n. 1).

Das erste Priesterblut hatte Elisabeth im Jahre 1570 anläßlich der Erhebung im Norden vergossen. Damals befahl Cecil, „an den Priestern ein hervorragendes Exempel zu statuiren"[1]. Als „Theilnehmer" an der „Empörung" wurden natürlich alle Priester betrachtet, welche nach der kurzen Wiederherstellung der katholischen Religion öffentlich katholischen Gottesdienst gehalten hatten. Unter diese zählte Thomas Plumtree, ein Priester aus der Zeit der Königin Maria, also ein Mitglied des „alten" Clerus, wie die in England geweihten Priester im Gegensatze zu den im Ausland gebildeten und geweihten „Seminarpriestern" genannt wurden. Collier[2] nennt Plumtree neben dem Alberman Struther an erster Stelle unter den 66 Hingerichteten von Durham. Der Selige starb um des Glaubens willen am 8. Januar[3] 1570 und wurde am 14. Januar in der St.-Nicolaus-Kirche ebendaselbst begraben, woraus Mr. Gillow[4], der bekannte katholische Kirchenschriftsteller Englands, dem wir auch den Taufnamen des Seligen verdanken, den Schluß zieht, der Selige, den der Chronist Stow „Pfarrer" (parson) nennt, sei Pfarrer dieser Kirche gewesen.

Der nächste Priester, welcher durch Henkershand um seines Glaubens willen starb, ist der selige Thomas Woodhouse. Stow trägt das Ereigniß mit den knappen Worten ein: „Thomas Woodhouse, ein Priester aus Lincolnshire, der lange Zeit ein Gefangener im Fleet-Gefängniß war, wurde am 16. Juni 1573 in der Guildhall vor Gericht gestellt und als Hochverräther verurtheilt. Er wurde am 19. Juni zu Tyburn gehängt und geviertheilt."[5] Auch Bridgewater hat über diesen Seligen nur die wenigen, aber inhaltreichen Zeilen: „Er war ein Mann von großer Liebe und Frömmigkeit, der durch vieljährigen Kerker, Armuth und unsägliche Trübsal geprüft war. Auf Antrieb der göttlichen Gnade, die sein starkes Herz erfüllte, und aus Sehnsucht nach der himmlischen Heimat läugnete er unumwunden Elisabeths Weiber-Pontificat und vertheidigte die Oberhoheit des römischen Papstes als des wahren Stellvertreters Jesu Christi auf Erden und erlangte so den bittersten Tod, den calvinischer Grimm verhängen kann, der aber glorreich ist und den er mit Freuden annahm."[6]

---

[1] Vgl. oben S. 65. [2] II, 520.
[3] Ms. Burton-Constable n. 168. Das Manuscript nennt den Seligen nicht Thomas, sondern Wilhelm Plumtree.
[4] In The Tablet 1887, n. 2444, p. 406.
[5] The Annals of England, p. 676.
[6] Concertatio f. 49.

Weit eingehender sind die Nachrichten, welche uns Henry Foley S. J. in seinem umfangreichen Werke Records of the English Province of the Society of Jesus mittheilt[1]. Er kennt einen doppelten Bericht über den Tod dieses Blutzeugen, einen ältern aus dem Jahre 1574, der sich im Archiv der Gesellschaft Jesu zu Rom befindet[2], und einen neuern aus der Feder Henry Garnets, den die Bibliothek von Stonyhurst aufbewahrt[3]. Der erste Bericht, welcher dem Seligen irrthümlich den Namen Wilhelm gibt statt Thomas, erzählt, er sei bei der Darbringung des heiligen Meßopfers ergriffen und in den Kerker geworfen worden, in welchem er jahrelang ein so leuchtendes Beispiel der Frömmigkeit und des Starkmuthes gegeben, daß er sich aller Herzen gewonnen habe. Vom Kerker aus habe er sich brieflich an den Obern der Gesellschaft Jesu zu Paris gewandt und um Zulassung in den Orden, oder wenn er dessen nicht würdig erachtet werde, um Theilnahme an seinen geistlichen Gnadenschätzen gebeten. P. Heinrich Garnet, der Obere der englischen Mission der Gesellschaft Jesu, bestätigt das völlig. Auch P. Thomas Stephenson, der 1585 in den Orden eintrat und 1624 im Alter von 72 Jahren als ein Bekenner des Glaubens und langjähriger Gefangener im Tower starb, berichtet in seinem Leben von Thomas Pound, daß sowohl Woodhouse als der selige Nelson, von dem wir in einem folgenden Kapitel zu handeln haben, im Kerker in die Gesellschaft Jesu aufgenommen wurden.

Seine Liebe und sein schlichtes und gerades Wesen hatten ihm, erzählt der Bericht weiter, in solchem Grade das Vertrauen des Kerkermeisters erworben, daß er die Mitgefangenen besuchen konnte. Diese Freiheit benutzte er dazu, die Wankenden im Glauben zu bestärken, die Kranken zu pflegen und die Traurigen zu trösten, worin er ein seltenes Geschick hatte. Menschenfurcht und Scheu vor Gefahr kannte er nicht. Täglich brachte er in seinem Kerker das Meßopfer dar, auch als der Sturm gegen die Katholiken auf seiner Höhe war; seine heißeste Sehnsucht bildete der Wunsch, für Christus sein Blut vergießen zu dürfen. Ein Brief des Seligen an Cecil, dessen Inhalt dem Schreiber des Berichts nicht bekannt war, dessen Autograph aber heute noch im Britischen Museum aufbewahrt wird[4], gab die Veranlassung zu seiner Verurtheilung. Das ehrwürdige Document, welches den apostolischen Freimuth des Blutzeugen in hellem Lichte zeigt, hat folgenden Wortlaut:

---

[1] Vol. VII, 1257—1267; cf. p. 859.
[2] Anglia. Necrol. 1573—1651. [3] Stonyhurst Mss. Anglia I, n. 3.
[4] Burghley Papers Lansdown Mss., v. XCIX. Abgedruckt bei Foley l. c. p. 1266.

„Jesus. Ew. Lordschaft wird sich vielleicht über meine Kühnheit wundern, daß ich es wage, Eure Weisheit, welche mit so großen und für das ganze Reich wichtigen Staatsgeschäften überhäuft ist, zu stören. Ich habe aber von Ew. Lordschafts Leutseligkeit die Meinung gefaßt, Ihr werdet den guten Willen keines Menschen verachten, so einfältig und unbedeutend er auch sei. Das gibt mir den Muth, Euch in diesem Augenblicke meinen einfältigen Rath zu geben, was mir unter allen großen und folgenschweren Angelegenheiten für Ew. Lordschaft das Allerbringendste und Beste scheint. Weil nun unser Herr und Gott Jesus Christus die höchste Gewalt seinem Apostel St. Petrus übertrug und in ihm dessen Nachfolgern, den Bischöfen von Rom, damit sie seine Schafe weiden, leiten und führen, und zwar alle Christen, wie aus dem dreimaligen: ‚Weide meine Lämmer, weide meine Lämmer, weide meine Schafe‘ sich ergibt —, so geht mein einfältiger Rath dahin, daß Ihr demüthig und ohne Hehl, ja vom Grunde Eures Herzens Eure große Sünde und Schuld gegen den allmächtigen Gott erkennt und bekennt, welche Ihr namentlich dadurch begangen habt, daß Ihr der Macht und dem Ansehen des Apostolischen Stuhles, welche der König der Könige und der Herr der Herren Jesus Christus also eingesetzt und aufgerichtet hat, mit Ungehorsam entgegentratet. Suchet daher alles Ernstes und mit würdigen Früchten der Buße die Aussöhnung mit diesem höchsten Fürsten und Hirten hier auf Erden, aufgestellt für Euch und bezeichnet von unserm Herrn und Gott und Erlöser Jesus Christus. Rathet auch gleicher Weise alles Ernstes der Lady Elisabeth (welche für ihren schweren Ungehorsam höchst gerechter Weise abgesetzt wurde), daß sie sich ihrem geistlichen Fürsten und Vater, seiner Heiligkeit, dem Papste, mit aller Demuth unterwerfe und sich mit ihm aussöhne, auf daß sie ein Kind des Heiles werde.

Ew. Lordschaft kennt nun meinen einfältigen Rath, und wenn Eure Weisheit es nicht verachtet, denselben zu befolgen, so hoffe ich, er werde durch Gottes Barmherzigkeit zur Rettung unserer theuern Heimat und zur Blüte und zum Glücke des christlichen Gemeinwesens gereichen und darüber hinaus zur ewigen Rettung, Ehre und Glorie führen. Wenn Ihr aber, was Gott verhüte, denselben verachtet und vernachläßiget, so fürchte ich, es werde zu großer Trübsal und zum Ruine unsers geliebten Vaterlandes und Volkes und für Euch und die Euren zur vollständigen Verwerfung und Verdammung in der Hölle führen, wo der Wurm nicht stirbt und das Feuer nicht erlöscht, wo Heulen und Zähneknirschen ist. Dixi.

Mylord, für diesen meinen einfältigen Rath verlange ich keine andere Huld von Ew. Lordschaft, als daß Ihr dem Ueberbringer dieses Briefes, der ein eifriger Protestant ist und keine Ahnung von dessen Inhalt hat, keinerlei Ungelegenheiten bereitet; dasselbe bitte ich auch für die Wärter und Kerkermeister, die ebenfalls nichts von diesem Briefe wissen. Sie halten mich in strengerem Gewahrsam, als es meiner Ueberzeugung nach Ew. Lordschaft Wille ist, und meinen, ich hätte weder Feder noch Tinte oder Bote.

Ew. Ehren bemüthiger und täglich für Euch betender Diener
Thomas Woodbus[1].

Den 19. November 1572."

Der Bericht von 1574 erzählt, Cecil sei bei Durchlesung dieses Briefes in heftigen Zorn gerathen und habe sofort Befehl geschickt, den Schreiber in schwere Ketten zu legen und in ein elendes Verließ zu stoßen, was derselbe mit großer Standhaftigkeit und Ruhe ertragen habe. Nach einigen Tagen wurde er vor Cecil geführt und befragt, ob er den Brief geschrieben habe und seinen Inhalt jetzt noch aufrecht halte. Der Selige antwortete unerschrocken: ja, und er ziehe auch nicht eine Silbe zurück. Cecil war sehr zornig und drohte ihm mit Galgen, Messer und Feuer. Der Selige antwortete, das alles habe er sich schon früher vor Augen geführt; er vertraue auf Christus und sei bereit, seinen Brief mit seinem Blute zu besiegeln. Cecil fragte ihn, wie er sich unterstehe, ihn einfach „Mr. Cecil" anzureden anstatt mit dem üblichen Titel „Mylord Schatzmeister", welche Würde er von der Königin empfangen habe. Der Selige stellte jegliches Recht der Königin, welche durch die Excommunication des Papstes Pius V. abgesetzt sei, solange sie nicht Buße thue und sich dem Papste und der heiligen Mutter, der Kirche, unterwerfe, unumwunden in Abrede. So der Bericht von 1574.

Es läßt sich nicht läugnen, daß nach den Regeln bloß menschlicher Klugheit weder der Brief des Seligen noch dessen herausforderndes Auftreten Lord Burghley gegenüber gerechtfertigt erscheint. Wir dürfen annehmen, daß er auf Antrieb des Heiligen Geistes so gehandelt hat, der Königen und Fürsten zu allen Zeiten durch den Mund seiner Diener bittere Wahrheiten verkünden ließ. Vor Gericht gestellt, verwahrte sich der selige Woodhouse gegen das Recht weltlicher Richter, über Priester

---

[1] Diese Schreibweise des Namens ist wahrscheinlich die richtige. Der Bericht von 1574 schreibt ihn lateinisch Wuddus. Aber die Chronisten und P. Garnet schreiben Woodhouse, und da das päpstliche Decret diese Schreibweise beibehalten hat, sind auch wir derselben gefolgt.

und in geistlichen Angelegenheiten zu urtheilen, was allein der Kirche zustehe. Nach dieser Verwahrung antwortete er auf die Fragen, die man ihm stellte, mit solcher Kühnheit, daß die anwesenden Katholiken mit Bewunderung, die Protestanten mit Staunen ob solchen unerhörten Freimuths erfüllt wurden. Sie schmähten ihn und hielten ihn für einen Wahnwitzigen. Natürlich wurde er zum Tode verurtheilt. Er empfing seinen Spruch mit heiterer Miene wie die größte Wohlthat aus der Hand Gottes. Dann wurde er vor den Schranken mit Ketten beladen, vom Pöbel und namentlich von einer Schaar Gassenjungen als „Pfaff" beschimpft und in das für Räuber bestimmte, überaus schreckliche Gefängniß geworfen, welches vordem die seligen Carthäuser beherbergt hatte[1]. Verschiedene protestantische Prediger belästigten den Seligen mit „Bekehrungsversuchen", die er aber entschieden zurückwies. Am darauffolgenden Freitage, am Feste der hll. Gervasius und Protasius (19. Juni), wurde er auf eine Schleife gebunden und am Schweife eines Pferdes zur Richtstätte nach Tyburn geschleift. Hier angekommen, fiel er auf seine Kniee und begann mit über der Brust gekreuzten Armen das Vaterunser auf Latein zu beten. Bei der Bitte Sanctificetur nomen tuum (Geheiligt werde dein Name) unterbrach ihn der Sheriff und befahl ihm, auf Englisch zu beten. „Was störst du mich?" sagte der Martyrer; „für den Frieden deiner Seele bete ich so." „Wie, verharrest du in deiner Verstocktheit?" entgegnete dieser. „Hinweg mit ihm! Henker, reiß ihm die Kleider vom Leibe und lege den Strick um seinen Hals und mache geschwind voran!" Als alles zur Hinrichtung bereit war, richtete der Sheriff folgende Mahnung an ihn: „Gedenke, was dir bevorsteht und was du jetzt sagst. Erinnere dich, wie schwer du Gott, die Königin und das Vaterland beleidigtest. Noch ist es Zeit zur Reue. Deshalb befehle ich Euch, einen Augenblick innezuhalten, und dir, Gott, die Königin und das Vaterland um Verzeihung zu bitten." „Nein," antwortete der Selige muthig, „ich fordere Euch und die Königin im Namen Gottes auf, Gott und die heilige Mutter, die Kirche, um Verzeihung zu bitten, da Ihr der Wahrheit zum Trotze Christus, dem Herrn, widerstanden habt und seinem Stellvertreter auf Erden, dem Papste."

Als die Menge den Papst nennen hörte, erhob sich ein tobendes Wuthgeschrei, aus dem man nur die Worte verstehen konnte: „Häng ihn! Häng ihn!" Da empfahl der Priester seine Seele Gott, und der Karren

---

[1] Vgl. Die englischen Martyrer unter Heinrich VIII., S. 77.

wurde weggezogen. Dann folgt in dem Berichte eine haarsträubende Beschreibung der brutalen Urtheilsvollstreckung, welche an dem noch Lebenden vorgenommen wurde, wie man seine Glieder sott und an den vier Thoren der City aufhängte und den Kopf auf die Londoner Brücke spießte.

Der Bericht schildert den seligen Woodhouse als einen Mann mittlerer Größe, mit schönem, blühendem Antlitze, großen, ausdrucksvollen Augen, ruhigem und fröhlichem Gesichtsausdruck, den er bis zum Ende beibehielt. Er zeigte in allen Lagen seines Lebens Selbstbeherrschung und Unerschrockenheit. Ganz besonders wird seine Andacht bei der heiligen Messe und seine opferwillige Nächstenliebe gerühmt. Als er die Aufnahme in die Gesellschaft Jesu erhielt, habe er dieselbe aus Demuth niemanden anders mitgetheilt als seinem Beichtvater. Wahrscheinlich war derselbe bevollmächtigt, ihm die Gelübbe abzunehmen, und er selbst hat vielleicht diesen ersten Bericht vom Jahre 1574 verfaßt. Jesuiten waren zur Zeit der Gefangenschaft und des Martertodes des Seligen keine in England.

Der zweite Bericht über den seligen Thomas Woodhouse, den der ehrwürdige Blutzeuge P. Heinrich Garnet als Oberer der englischen Mission, also zwischen 1587 und 1606, verfaßte und der in Stonyhurst aufbewahrt wird, bestätigt alle wesentlichen Punkte des ältern Berichtes und erweitert ihn durch manche interessante Einzelheiten, welche wir demselben entnehmen wollen [1].

Der selige Woodhouse war kurz vor dem Tode der Königin Maria zum Priester geweiht und als Pfarrer einer Gemeinde in Lincolnshire angestellt worden. Da er den Suprematseid verweigerte, mußte er auf seine Pfarrei verzichten. Er ging 1560 nach Wales und wirkte eine kurze Zeit als Erzieher im Hause eines Edelmannes. Allein auch dort wurden Anforderungen an ihn gestellt, welche sein Gewissen nicht erfüllen konnte. Er verließ also auch diesen Posten und wurde bald nachher gefangen und nach London in das Fleetgefängniß gebracht, wo er zwölf lange Jahre um seines Glaubens willen eingekerkert war. Als im Jahre 1563 eine Pest in London herrschte, brachte Mr. Tyrrel, der Aufseher des Fleetgefängnisses, mit Erlaubniß der Königin seine katholischen Gefangenen, unter denen sich damals mehrere hervorragende katholische Geistliche und Doctoren der Theologie befanden [2], auf sein Gut in Cambridge-

---

[1] Eine vollständige Uebersetzung gibt A. Kobler S. J. in seinem beachtenswerthen Werke: „Die Martyrer und Bekenner der Gesellschaft Jesu in England während der Jahre 1580 bis 1681" (Innsbruck, Vereinsbuchdruckerei, 1886), S. 18 f.

[2] So Dr. Cole, Dekan von St. Paul, die beiden Brüder Dr. Johann und Dr. Nicolaus Harpsfeld, Dr. Draycourt, Dr. Hartcourt u. s. w.

shire. Da nun der Selige Zeuge war, wie Mr. Tyrrel, obschon derselbe im Herzen noch an der alten katholischen Religion hing, aus Menschenfurcht an gebotenen Fasttagen offen Fleisch aß, stellte er ihn wiederholt darob zur Rede, und drohte ihm schließlich, er werde nicht länger unter seinem Dache bleiben, wenn derselbe das Kirchengebot nicht beobachte. Mr. Tyrrel lachte ob dieser Drohung, überzeugt, der Gefangene werde nicht entkommen können, und aß vor wie nach Fleisch. Aber der Selige hielt Wort; zwei Tage darauf war er verschwunden. Das war Mr. Tyrrel, der für die Haft seiner Gefangenen verantwortlich war, natürlich sehr unangenehm; er schickte Berittene hinter dem Flüchtlinge her, die aber umsonst suchten und forschten. Endlich kam er auf den Gedanken, einen Boten nach London an den Aufseher des Fleetgefängnisses zu schicken; denn bei der bekannten Gewissenhaftigkeit des Gefangenen kam ihm der Gedanke, derselbe werde am Ende dorthin gegangen sein. Richtig, der Bote kam mit der Nachricht, Mr. Woodhouse sei dort eingetroffen und habe gesagt, er wolle lieber in der Fleet als auf dem Lande wohnen, und so habe ihn der Aufseher in seine alte Gefängnißzelle eingesperrt.

Für Gott fürchtete der Selige nichts und hatte stets ein glühendes Verlangen, für den katholischen Glauben zu sterben. Als man ihm erzählte, das Parlament habe jetzt Gesetze erlassen, welche alle Katholiken an den Galgen bringen würden, kniete er sofort nieder und betete mit entblößtem Haupte zu Gott, daß er das erste Opfer sein möchte. Je heftiger der Sturm der Verfolgung tobte, desto fröhlicher war er.

Täglich feierte er das Meßopfer in seiner Gefängnißzelle, trotz der großen Gefahr, in welche er sich dadurch brachte. Einer seiner katholischen Mitgefangenen erzählt den folgenden Zug: „Einst wohnte ich seiner Messe bei, als ein Protestant, welcher in der anstoßenden Zelle wohnte, bemerkte, was vorging, Lärm schlug und mit seinen Gesinnungsgenossen uns alle, die wir fünf an der Zahl waren, dem gewissen Verderben überliefern wollte. Sie kamen und schlugen dreimal so gewaltig auf unsere Thüre los, daß ich glaubte, sie müsse aus den Angeln fliegen. Mr. Woodhouse kehrte sich vor der Wandlung zu uns und sagte, wir sollten gutes Muthes sein; so wahr er lebe, würden sie keine Gewalt über uns haben, und auf dieses Wort hin hielten wir uns für so sicher, als ob wir in einer festen Burg wären. Und in der That, es geschah uns nichts, wie er versprochen hatte, und sie entfernten sich."

Keine Gefahr schreckte ihn ab, jemanden mit der Kirche auszusöhnen. Er beredete einen Edelmann, Thomas Gascoigne, der Schulden halber in der Fleet gefangen saß, in den Schoß der Kirche zurückzukehren, und nahm ihn wirklich auf, obschon es für beide sehr gefährlich war. Die Sache konnte nicht geheim bleiben; denn Gascoigne, der vorher täglich dem anglikanischen Gottesdienste in der Fleet beigewohnt hatte, besuchte denselben nun nicht mehr und verkehrte dafür viel mit dem seligen Woodhouse. Gascoigne fragte deshalb den Seligen, welche Antwort er vor Gericht geben solle, wenn man ihn zur Rede stelle, wer ihn mit der Kirche ausgesöhnt habe; denn daß er ausgesöhnt sei, werde er nicht läugnen. Woodhouse sagte, er solle frisch und frank die Wahrheit bekennen und sagen, er habe ihn in den Schoß der Kirche aufgenommen; er sei von Herzen bereit, dieses Geständniß mit seinem Blute zu besiegeln.

Als der selige Storey zum Tode verurtheilt war, schickte Woodhouse seinen Gefangenwärter an den Schwiegersohn Storey's, Mr. W. Weston, welcher damals ebenfalls in der Fleet gefangen saß, mit dem Anerbieten, er wolle, um Dr. Storey zu retten, an dessen Stelle den Tod durch Henkershand erleiden. In seines Herzens Einfalt meinte nämlich der Selige allen Ernstes, es könne ja der Königin und dem Rathe gleichgiltig sein, ob Dr. Storey oder ein anderer an dessen Stelle gehängt werde, und er wolle gerne für ihn in den Tod gehen, um den braven Mann seiner Familie zu erhalten.

Der Auftritt zwischen dem Seligen und Cecil wird von P. Garnet fast wörtlich so erzählt, wie ihn der oben angeführte Bericht schildert. Nur wird noch beigefügt, Cecil habe den Gefangenen, der ihm seinen Titel nicht geben wollte, gefragt, weshalb er denn auf der Adresse des Briefes „Lord Burghley, Ober-Schatzmeister von England", geschrieben habe. „Ich that das," antwortete der Selige, „weil ich wußte, daß sonst der Brief nicht in Eure Hand gekommen wäre." Dann habe Cecil mit ihm einen Disput über die Gewalt des Papstes angefangen und sich dabei sehr erhitzt.

Als der Selige darauf in Eisen gelegt wurde, gab er dem Schmied, der ihm die Ketten an Händen und Füßen festnietete, als Belohnung zwei Schillinge. Nach acht Tagen wurden ihm die Ketten wieder abgenommen; da nun der Schmied mit dieser Arbeit fertig war, blieb er mit seiner Mütze in der Hand stehen, in der Meinung, er werde wieder ein Geldstück empfangen. Der Selige ging aber ruhig an seine Arbeit und kümmerte sich nicht länger um den Schmied. Dieser mahnte ihn endlich mit den Worten: „Herr, als ich Euch vor acht Tagen mit Eisen belud, gabt Ihr mir zwei Schillinge Belohnung; jetzt, da ich dieselben zu Eurer Bequemlichkeit wieder fortnahm, werdet Ihr mir gewiß noch einen weit größern Lohn geben." „Nein," antwortete der Selige; „damals, da du mir die Ketten anlegtest, gab ich dir einen Lohn, weil ich gewiß war, für das Tragen derselben ebenfalls meines Lohnes nicht verlustig zu gehen; jetzt aber mußt du nicht böse werden, wenn du ohne Lohn entlassen wirst; denn indem du meine Ketten wegnahmst, hast du mir auch den Lohn weggenommen, den mir ihr Tragen eingebracht hätte. Du sollst mir immer willkommen sein, wenn du mir die Ketten wieder anschmiedest, und wenn ich noch ein Geldstück habe, so sollst du dann nicht mit leerem Beutel nach Hause gehen."

Es hatte sich das Gerücht verbreitet, der Gefangene, der so wenig nach den Regeln einer bloß menschlichen Klugheit voranging, sei wahnsinnig geworden, und der Rath hätte sich gerne mit dieser Auffassung begnügt. Man fragte seinen Mitgefangenen, den Priester Sir Richard Cooke, um sein Urtheil über die Zurechnungsfähigkeit des Seligen. Ueberdies berief man ihn vor den ganzen versammelten Rath. Er trat vor ihn hin und setzte sich mit einem kurzen Gruße, wie es Edelleuten gegenüber Sitte, ohne weiteres an das untere Ende des Rathstisches. Man rief ihn an das obere Ende desselben und befahl ihm, niederzuknieen. Dazu war er durchaus nicht zu bringen, und Cecil, der wohl verstand, weshalb der Gefangene so handle, fragte ihn gerade heraus, wen von den Versammelten er für den schlimmsten Ketzer halte. Woodhouse antwortete, er halte ihn nicht für den unschuldigsten. Sie fragten ihn über viele Dinge; aber er antwortete auf alles klar und vernünftig und gab keinerlei Zeichen eines verwirrten Geistes. Ein anderes Mal wurde er vor Commissären verhört, und da er einfach behauptete, die Königin sei abgesetzt, sagte man ihm, er würde das nicht vor der Königin zu wiederholen wagen; denn sie träte mit großer Majestät auf. Da antwortete der Selige: „Noch viel größer ist Gottes Majestät."

Das Gerichtsverfahren erzählt P. Garnet also: „Endlich wurde er nach der Guildhall zu London geführt und vor Gericht gestellt. Vor die Schranken gerufen, antwortete er ‚hier‘, und als man ihm befahl, der Sitte gemäß seine Hand zu erheben, that er es, und die Anklage wurde verlesen. Dann fragte man ihn, was er zu seiner Vertheidigung vorzubringen vermöge. Die Anklage lautete auf Hochverrath, weil er die Gewalt der Königin von England läugne. Er antwortete, sie seien nicht seine Richter, und er werde sie nie als seine Richter anerkennen, da sie keine Glieder der Kirche seien und ihre Vollmacht von einer Frau herleiteten, welche sie nicht als Richter aufstellen könne. Sie antworteten, er komme mit dieser Verwahrung zu spät; denn er habe durch das Auf=

heben seiner Hand vor den Schranken sie als seine Richter anerkannt und könne nun nach dem Gesetz diese Anerkennung nicht mehr zurückziehen. Woodhouse entgegnete, er habe keine Kenntniß des Rechts, und deshalb sollten sie ihm keine Falle stellen; es sei Gebrauch, in zweifelhaften Fragen, welche das Recht und nicht die That beträfen, dem Angeklagten einen gelehrten Rechtsbeistand zu gewähren. Er verzichte aber auf einen solchen, wenn sie mit der Verhandlung noch einmal beginnen und das Aufheben seiner Hand als nicht geschehen betrachten wollten. Aber alle seine Gründe halfen nichts; er wurde von den Geschworenen des Hochverraths schuldig befunden und empfing demgemäß sein Todesurtheil . . ."

„Als er nach Newgate geführt wurde, mißhandelte man ihn schmählich, stieß ihn hin und her, schwach und von den Ketten, die er trug, wund, wie er war. Da er also die Treppen von Newgate hinaufstieg, fiel er mehrmals auf die Stufen nieder. Zu einem, der ihm sein Mitleid bezeigte, sagte er mit lächelnder Miene, diese Leiden seien ihm süß. Zu einem andern, der ihm einen Schlag ins Gesicht versetzte, sagte er mit liebenswürdigem, freundlich mitleidigem Gesichtsausdruck: ‚Wollte Gott, ich könnte für dich zehnmal so viel leiden, damit du für diesen Schlag nicht gestraft würdest! Ich verzeihe dir und bete zu Gott, daß er dir verzeihe, gerade so, wie auch ich von ihm Verzeihung erhoffe.'

„Die kurze Frist, die er noch in der Newgate verlebte, brachte er in einem Raume zu, wo die Prädikanten und wer immer wollte, mit ihm disputiren konnten. Manche Diener am Wort thaten das. Namentlich einer wollte in Gegenwart eines Freundes von mir durchaus beweisen, daß es keinen Reinigungsort gebe. Aber Woodhouse vertheidigte sich so glänzend, daß alle anwesenden Protestanten sich für ihren Prediger schämten, und mein Freund, wie er selber gestand, sehr staunte, daß Woodhouse so gelehrt über diese Frage redete; denn er wurde von seinen Bekannten stets für einen Mann von weit größerer Tugend als Gelehrsamkeit gehalten."

Die Hinrichtung erzählt P. Garnet gerade so, wie der Bericht von 1574. Nur fügt er bei, der Selige sei so rasch vom Galgen losgeschnitten worden, daß er auf dem Weg zum Block neben dem Feuer, wo die grausige Schlächterei vollzogen ward, vollständig wieder zur Besinnung kam und noch sprach, als die Hand des Henkers schon in seinen Eingeweiden wühlte und nach dem Herzen griff, das so glühend für Gottes Ehre, für die Kirche und ihr sichtbares Oberhaupt und für das ewige Wohl seiner Mitmenschen geschlagen hat.

6. Der Protomartyr von Douay.

(1577—1578.)

Mochte ein großer Theil der englischen Katholiken noch so treu sein mitten in allen Verfolgungen, mochten noch so viele Laien und Priester ihren Glauben im Kerker und auf dem Schafotte bekennen, der vollständige Sieg der Staatsgewalt über die alte Religion schien dennoch gesichert. Elisabeth und ihre Minister brauchten nicht einmal zu Strang und Henkerbeil zu greifen, um die katholische Kirche auf englischem Boden auszurotten: nur Geduld mußten sie haben; nicht mehr so viele Jahre, als sie schon gewartet hatten, bevor das erste Priesterblut floß, konnte es dauern, und der Tod hatte den letzten katholischen Priester hinweggerafft. Sie starben rasch weg, aufgerieben von Arbeit, von Alter, von Kerkerleiden, ohne Rast und Ruhe bei Tag und Nacht von den Häschern gejagt und gehetzt. Und an einen Nachwuchs war nicht zu denken. Die katholischen Bischöfe lagen ja alle in Banden; die meisten waren beim Beginne der siebenziger Jahre schon todt. Seit Einführung der anglikanischen Staatsreligion war in England keine katholische Priesterweihe mehr gehalten worden und konnte keine mehr gehalten werden. Also auch ohne weiteres Blutvergießen schien das Loos des katholischen Glaubens in England entschieden, und das war auch der Grund, daß die Regierung im Vergleiche zu den Tagen Heinrichs VIII. bisher nur wenige Todesurtheile über Priester gefällt hatte.

Aber Gottes Barmherzigkeit hatte für ein Heilmittel gesorgt. Sie gab einem Manne, dessen Herz für die Erhaltung der katholischen Religion seiner Heimat glühte, den providentiellen Plan ein, eine Priesterpflanzschule für England zu gründen und so die schlaue Politik Elisabeths und ihrer Räthe zu durchkreuzen, welche deshalb diesen Mann und sein Werk mit tödtlichem Hasse verfolgten. Wilhelm Allen, später (seit 1587) Cardinal, ist der Mann, dem die göttliche Vorsehung diese Aufgabe stellte; er entsprach ihr und wurde der Retter des katholischen Glaubens seiner Heimat. Mit Recht sagt von ihm der Herausgeber der Tagebücher von

Douay[1]: „Ihm verdanken wir es, daß England nicht wie Schweden, Norwegen und Dänemark gänzlich von der Kirche abfiel, sondern daß ihm durch die langen Jahre einer blutigen und zermalmenden Verfolgung eine Schaar von Katholiken verblieb, welche von Geschlecht zu Geschlecht das unbezahlbare Erbe des katholischen Glaubens ihren Kindern bis auf unsere Tage übergaben."

Allen[2] war 1532 geboren. 1547, im Todesjahre Heinrichs VIII., kam er nach Oxford an das Oriel-College, wo er Morgan Philipps, einen durch Wissenschaft und Eifer für die katholische Religion ausgezeichneten Mann, zum Lehrer hatte. Unter Maria's Regierung widmete er sich dem geistlichen Stande, wurde 1556 Vorsteher von St. Mary's Hall in Oxford und 1558 Canoniker zu York. Als Elisabeth den Suprematseid verlangte, entsagte er seiner Stelle und einer glänzenden Laufbahn und mußte 1561 England verlassen. Wegen Kränklichkeit kehrte er 1562 wieder zurück und blieb bis 1565, eifrig, auch schriftstellerisch[3], für die katholische Kirche thätig, in der Heimat. Dann sah er sich wiederum gezwungen, in Flandern Zuflucht zu suchen, und betrat den Boden Englands nie wieder. 1567 machte er mit seinem alten Lehrer Morgan Philipps und mit Dr. Vendeville, dem spätern Bischof von Tournay, einem heiligmäßigen Manne, eine Romfahrt. Vendeville hatte vorgehabt, dem Papste einen Plan zur Bekehrung der Irrgläubigen, oder, wie andere erzählen, zur Befreiung der Sklaven vorzulegen, war aber nicht zu seinem Ziele gekommen. Etwas niedergeschlagen erzählte er nun auf der Rückreise seinem Gefährten von den fehlgeschlagenen Hoffnungen, und nun fiel das Samenkorn auf ein fruchtbares Erdreich. Allen faßte den Plan auf und machte den Vorschlag, denselben praktisch für England zu verwerthen, indem ein Seminar für junge Engländer gegründet würde, welches die Aufgabe haben sollte, den langsam aussterbenden Clerus durch neue Kräfte zu ersetzen.

Der Plan fand Vendeville's volle Billigung, und man beschloß, in der Universitätsstadt Douay in der Provinz Artois, wo Vendeville damals Professor des canonischen Rechts war, ein Studienhaus für eng-

---

[1] Records of the English Catholics under the Penal Laws v. I. Introduction p. XXI.

[2] Vgl. Thomas Knox D. D., The Letters and Memorials of William Cardinal Allen (Vol. II der eben angeführten Records of the English Catholics under the Penal Laws). Ein vorzügliches, auf Grund dieses Quellenwerkes gearbeitetes deutsches Lebensbild des hochverdienten Cardinals verdanken wir Dr. Alphons Bellesheim: Wilhelm Cardinal Allen und die englischen Seminare auf dem Festlande (Mainz, 1885).

[3] So schrieb er Certain brief reasons concerning catholic faith 1564. Vgl. Dodd II, 53.

lische Studenten zu erwerben. Um Michaeli 1568 wurde der Plan verwirklicht; man bezog ein großes Gebäude in der Nähe der theologischen Schulen. Almosen, welche Dr. Vendeville von den Aebten von St. Vaast, Anchin und Marchiennes und anderen Wohlthätern erbat, bildeten die ersten Hilfsquellen. Noch im selben Jahre erfolgte die erste Bestätigung des Seminars unter dem Namen Collegium Anglo-Duacenum durch den hl. Pius V.[1] Seine ersten Mitglieder waren Richard Bristow, Mitglied (fellow) des Exeter-College von Oxford, John Marshall, Mitglied des New College von Oxford, Eduard Risden, ebenfalls ein Graduirter von Oxford, und John Wite[2]. Dr. Allen war der Gründer und Vorsteher; sein alter Lehrer von Oxford, Morgan Philipps, theilte mit ihm die Arbeit und hinterließ dem Seminar bei seinem Tode im Jahre 1570 sein ganzes Vermögen[3]. Bald schlossen sich dem Unternehmen neue Kräfte an, so im zweiten Jahre seines Bestehens der als Lehrer der Theologie und Schriftsteller bekannte Dr. Thomas Stapleton, 1570 der selige Edmund Campion und andere. Die Zahl, welche in den ersten Jahren gering war, nahm später rasch zu, wie sich der Ruf des Seminars verbreitete[4]. 1576 kamen mit einem und demselben Schiffe zwölf Jünglinge, die Hälfte Studenten von Oxford, und baten um Aufnahme[5]. Schon 1573 konnten die ersten vier Schüler des Seminars in Brüssel die Priesterweihe empfangen; 1574 wurden 6, 1575 10, 1576 11, 1577 24 Zöglinge des Seminars Priester.

Jetzt konnte man daran denken, dem aussterbenden Clerus in England Ersatz zu schicken. 1574 gingen die ersten drei Priester von Douay in die schwer geprüfte Heimat; darunter Louis Barlow, der nach zehnjähriger Arbeit eingekerkert wurde und 1594 noch in Wisbeach Castle eingesperrt war, wo er wahrscheinlich starb. Ueberaus schwierig war die Aufgabe, welcher diese jugendlichen Priester entgegengingen. Von einer geordneten Seelsorge, von der fürsorglichen Leitung durch ältere Priester, von der väterlichen Ueberwachung seitens der bischöflichen Behörden konnte keine Rede sein. Nicht einmal das priesterliche Kleid gab ihnen Schutz in den Gefahren, welche der Priester am meisten zu fürchten hat. Aber in außerordentlichen Lagen verleiht Gott denjenigen, die um seiner Sache willen in den Kampf gehen, auch außerordentliche Gnaden. Ueberdies that Dr. Allen

---

[1] Diarium primum p. 4.   [2] L. c. p. 3.   [3] L. c. p. 5.
[4] Vgl. den interessanten Aufsatz Blessed Edmund Campion at Douay von P. John Morris S. J. in The Month n. 279 p. 30 sq. (September 1887).
[5] L. c. p. 6.

das Mögliche, um seine Söhne wohlvorbereitet in das feindliche Lager zu senden. Er selbst beschreibt in einem Briefe an Dr. Vendeville die Grundsätze, nach denen er die Seminaristen für ihren Missionsberuf erzog.

„Groß waren die Schwierigkeiten, mit denen die zeitliche Verwaltung zu kämpfen hatte, namentlich seitdem grausame Gesetze in England gegen unsere Wohlthäter erlassen und wir gezwungen wurden, fast ausschließlich von der Unterstützung durch den Papst zu leben, obschon das Colleg in den letzten Jahren nie weniger, aber oft mehr als 100 Zöglinge zählte, von denen 20—25 Priester, die übrigen Candidaten der heiligen Weihen sind. Im Durchschnitt empfangen jährlich 20 die Priesterweihe und ebensoviele gehen jährlich nach England . . . Unsere Studenten, welche für das englische Erntefeld bestimmt sind, brauchen keine glänzenden und ausgezeichneten Theologen zu sein; ihre Lehrer freilich müssen sich durch Gelehrsamkeit und Klugheit auszeichnen; aber an Eifer für das Haus Gottes, an Liebe und Durst nach Seelen müssen sie hervorragen. Je größer ihre Kenntniß der Heiligen Schrift und der Controvers-Theologie ist und je mehr Klugheit und Scharfblick sie damit verbinden, desto reicher wird natürlich auch ihr Erfolg sein; dennoch werden sie mit glühendem Seeleneifer auch bei geringeren Kenntnissen, vorausgesetzt, daß sie die nothwendige theologische Kenntniß besitzen, an der Seite von gelehrteren Arbeitern, die wir in allen Provinzen besitzen, durch Beichthören und Messelesen großen Nutzen erzielen." Allen führt dann weiter aus, wie dieser Seeleneifer zu wecken und zu nähren sei. Man solle den Jünglingen die Schönheit und Würde des katholischen Gottesdienstes vor Augen führen und gleichzeitig auf den traurigen Gegensatz hinweisen, der in England zu Tage trete, „in unserer Heimat, einst so berühmt durch Heiligkeit, jetzt der wahren Religion bar, wo unsere Freunde und Verwandten, unsere Lieben und zahllose Seelen in Schisma und Gottlosigkeit zu Grunde gehen, wo jedes Gefängniß und jeder Kerker zum Ersticken voll ist, nicht von Dieben und Verbrechern, sondern von den Priestern und Dienern Christi, ja von unseren Eltern und Verwandten. Wir müssen deshalb den Blick auf uns richten und bekennen, daß um unserer Sünden willen dieses Unglück über das Heimatland kam. Wir müssen also Buße thun und unsere Sünden beichten, nicht oberflächlich und gewohnheitsmäßig, wie wir es bei der jährlichen Beicht thaten, sondern wir müssen unser ganzes vergangenes Leben erforschen und die geistlichen Uebungen unter Leitung der Väter der Gesellschaft [Jesu] machen, damit wir unser Gewissen vollständig erforschen und ein heiligeres Leben beginnen, das zu unserer eigenen und zur Rettung anderer geeigneter ist. Ferner sollen wir in einen heiligen Bund mit diesen Vätern und mit anderen treten, in der Absicht, ohne Unterlaß mit vielen gemeinsam für unsere Kirche und Heimat und die schwergeprüften Katholiken, die dort leben, zu beten. Und wir müssen unser Mitleid wachhalten und es selbst zu Thränen steigern, im Andenken an sie, namentlich an diejenigen, welche zu Hause so elend zu Grunde gehen, und dann überlegen, auf welche Weise wir, ja wir selbst, den einen oder andern dem Untergange entreißen können, wohl wissend, daß wir so die Menge unserer Sünden bedecken. Endlich müssen wir den Entschluß fassen, öfter zu beichten, andächtiger zum Tische des Herrn zu treten, fleißiger zu studiren und so uns auf die Priesterwürde vorzubereiten, welche wir durch die Fürsorge Christi sogar im Exile, wider all unsere Hoffnung und Verdienst, empfangen können, indem wir erwägen, daß so viele Ausländer uns ihre Wohlthaten zuwenden, ja daß Christi eigener Stellvertreter sich würdigt, uns arme unwürdige Menschen auf seine Kosten zu unterhalten, auf daß wir das Ziel erreichen können, wozu Gott uns vorherbestimmte. Wir müssen deshalb den Wunsch hegen, einigermaßen den Absichten Gottes zu entsprechen, der uns unversehrt aus Soboma hinausführte, und uns darnach sehnen, ihm im heiligen Priesterthume zu dienen, nicht weil dieser Stand, wie es früher war und immer sein sollte, irdisches Gut und irdische Ehre einbringt, sondern weil wir in unseren Tagen, da er in den Augen der Welt für einen verächtlichen Beruf gilt und voller Gefahren ist, für Christus und seine Kirche am Heile unseres Volkes in Thränen und Buße zu arbeiten wünschen. Wir müssen ferner bedenken, daß die Tage dieses Lebens und seiner Freuden wenige, ungewisse und böse sind; daß diejenigen glücklich zu preisen, denen es zufällt, etwas für ihre Heimat, für ihre Verwandten, für die Religion und für Christus zu leiden; daß die Zeit dieser Welt sehr kurz ist, während welcher die gottlosen Verfolger ihren Ingrimm an den heiligen Opfern auslassen können; daß das Andenken des einen sofort ein glorreiches wird in den Augen Gottes und der Menschen, während die Schmach der anderen grenzenlos und ewig sein wird, wie wir nicht allein am Beispiele der alten Blutzeugen klar sehen, sondern auch an dem Beispiele derjenigen, die in unseren Tagen durch ihr Bekenntniß des Glaubens Ehre vor den Menschen und, woran niemand zweifeln kann, die Seligkeit des Himmels gewonnen haben. Wir müssen daher lieber zu jeder Marter bereit sein, als das Unglück unseres Volkes ruhig mitansehen."

Das also waren die Erwägungen, das die Mittel, mit welchen Allen in den Herzen seiner Schüler den Seeleneifer, ja eine heilige Begierde nach dem Martyrtode um des Heils der Heimat willen entflammte. Er legt dann in seinem Briefe die Studienordnung dar, durch welche er die wissenschaftliche Bildung seiner Arbeiter erzielte. An erster Stelle kam das Studium der Heiligen Schrift, namentlich derjenigen Stellen, welche zum Beweise der katholischen Lehre dienen oder welche von den Irrgläubigen durch falsche Auslegung mißbraucht wurden. Außer einer täglichen Vorlesung über die Heilige Schrift in der Schule wurde stets nach Tisch, bevor man den Speisesaal verließ, ein Kapitel aus dem Alten und eines aus dem Neuen Testament kurz erklärt. Alle mußten sich die wichtigeren Stellen und die Auslegung derselben aufschreiben. Einmal jede Woche wurde über dieselben eine Disputation gehalten, wobei die Studenten der Reihe nach die katholische Auslegung gegen die protestantischen Angriffe vertheidigen mußten, und die Professoren, welche beizuwohnen verpflichtet waren, hatten dafür zu sorgen, daß die Einwürfe gründlich gemacht und ebenso gründlich und allseitig widerlegt wurden. Es liegt auf der Hand, wie wichtig eine derartige Schulung gerade für jene Zeit war. Täglich wurden mittags und abends über Tisch wenigstens drei Kapitel aus der Bibel vorgelesen, und jeder hatte dieselben vorher für sich durchzusehen, und zwar, so viel als möglich, in der Originalsprache. So wurde binnen drei Jahren das ganze Alte Testament 12mal und und das ganze Neue Testament 16mal durchgenommen. Die Schüler wurden in Griechisch und Hebräisch so weit unterrichtet, daß sie alle die Heiligen Schriften im Urtexte lesen konnten.

Täglich hatten sie zwei Vorlesungen über die Summa des hl. Thomas. „Denn wir lehren scholastische Theologie, ohne welche niemand ein gründlicher Theologe oder ein scharfer Controversist sein kann, und folgen dabei hauptsächlich dem hl. Thomas, manchmal aber auch dem Magister sententiarum. Einmal in der Woche wird eine Disputation über fünf eigens ausgewählte Artikel der Summa gehalten." — Ebenso legte Allen großes Gewicht auf die Pastoraltheologie, wozu er in erster Linie den Katechismusunterricht nach Canisius, dann die Behandlung der Gewissensfälle nach Navarrus[1] u. s. w. hinzufügte. Ganz besondere Sorge wurde der Ausbildung zum Predigtamte gewidmet. Jeden Sonn- und Festtag

---

[1] Manuale sive Enchiridion confessariorum et poenitentium des Dr. Martin Azpilcueta (gewöhnlich Dr. Navarrus genannt); seine Schwester war die Mutter des hl. Franz Xaver.

wurden von den fortgeschritteneren Schülern englische Predigten über Evangelium und Epistel oder sonst über einen auf den Tag passenden Gegenstand gehalten [1].

Der ganze Plan, wie ihn Allen in den angeführten Zeilen darlegt, verräth ebenso wohl den erleuchteten Feuereifer dieses Mannes, als den alles praktisch anfassenden Engländer. Unter solcher Leitung mußten ausgezeichnete apostolische Arbeiter heranwachsen. Die mehr als hundert heiligen Blutzeugen, welche aus seinem und den nach seinem Vorgange und Vorbilde gegründeten Seminarien hervorgingen, bilden die Feuerprobe seiner Schöpfung. Schön schildert Dr. Allen in dem folgenden Briefe die Arbeiten, Gefahren und Erfolge der ersten Missionäre.

Am 10. August 1577 schreibt er an Moritz Chauncey, unsern alten Bekannten aus der Londoner Carthause [2], der damals Prior der englischen Carthause zu Bruges war:

„Gewiß ist es, daß dort (in England) Priester beständig beten, viel fasten und wachen und sich selbst im Zaume halten müssen, damit die vielen Verlockungen zur Sünde und die nothwendige Verheimlichung in an sich gleichgiltigen Dingen, um in allen Kreisen verkehren zu können, nicht zur Beleidigung Gottes führen und so sie selbst zu Grunde gehen, während sie an der Bekehrung anderer arbeiten. Sie müssen ihre Sitten um so sorgfältiger überwachen, da aller Augen auf sie gerichtet sind, weil sie als Führer für das Leben und den Glauben der anderen auftreten. Ihre Fehler wird mancher bemängeln, der nicht für sie betet, und jedermann wird ihre Mißgriffe bemerken, während wenige beachten, in welcher Furcht und Gefahr sie leben und welche unsägliche Mühe sie sich geben, um dem Nutzen guter Leute so zu dienen, daß diese dabei möglichst wenig Gefahr laufen. Ich könnte Euch das Ungemach aufzählen, das sie bei ihren nächtlichen Reisen beim schlechtesten Wetter ertragen, die Gefahren von Räubern, von Häschern, von falschen Brüdern; wie sie in engen Kämmerchen wie in Gefängnissen und Kerkern wohnen ohne Feuer und Licht, damit sie den Feinden ihren Aufenthalt nicht verrathen; wie sie oft um Mitternacht plötzlich von ihrem Lager aufspringen, um den eifrigen Nachforschungen der Irrgläubigen zu entrinnen; wie sie alles das und noch viele andere Mißhelligkeiten, Verdemüthigungen und Vorwürfe gerne ertragen, was wahrlich eine bittere Buße für ihre

---

[1] Der ausführliche lateinische Brief findet sich in Letters and Memorials of Cardinal Allen, n. XXV, p. 52 sq., namentlich p. 62 sq.

[2] Vgl. Die englischen Martyrer unter Heinrich VIII., S. 60 f.

weltliche Kleidung ¹ ist; wie sie das alles thun und leiden, um die Seelen ihrer lieben Landsleute zu gewinnen, während wenige mit solchen Mühsalen Mitleid haben und nicht viele dieselben nach Billigkeit vergelten." ²

Deshalb gab sich Dr. Allen die größte Mühe, nur wohlvorbereitete Missionäre diesen Gefahren Leibes und der Seele bloßzustellen. „Ich meinerseits", sagt er in demselben Briefe, „habe nie einen für diesen Beruf vorgeschlagen, der nicht allen canonischen Vorschriften, was Alter, Wissenschaft und Betragen angeht, nach meinem besten Wissen entsprochen hätte. . . . Und selbst unter diesen hielt ich wieder Auswahl, bevor ich sie nach England schickte, und ließ nicht alle ziehen, die dort Gutes thun konnten und vielleicht auch wollten, noch ertheilte ich allen die gleichen Vollmachten. . . Ich schickte keinen, der nicht 30 Jahre alt war, und die meisten waren viel älter und manche unter ihnen waren so gelehrt, daß sie die Doctorwürde der Theologie auf jeder Hochschule hätten erlangen können, selbst als dieselben noch in größerer Blüte standen, als es heute der Fall ist. Was Kenntniß der praktischen Seelsorge angeht, waren sie ebenfalls weit besser bewandert, als die Pfarrer der alten Zeit. . . Meine Freude und mein Trost in Christus ist es, daß durch ihre und ihrer Genossen Arbeiten die Ehre Gottes in unserer Heimat täglich besser befördert wird und das Wachsthum des katholischen Glaubens mehr und mehr zunimmt, indem aus allen Ständen zahllose Seelen, welche früher im Herzen wohl katholisch waren, aber aus Menschenfurcht nicht nach ihrem Glauben zu handeln wagten, jetzt den Glauben bekennen, die Gemeinschaft mit den Irrgläubigen im Gottesdienste und Empfange der Sacramente verabscheuen. Täglich kommen auch auf die Anregung unserer Priester so viele über den Kanal, um in ihrem Glauben unterrichtet und in der Uebung der kirchlichen Disciplin geschult zu werden, daß sich alle Fremden darob wundern und wir selbst große Freude empfinden. Was mich angeht, würde ich alle meine Sorgen und Mühen reichlich bezahlt erachten, wenn jeder unserer Arbeiter in England auch nur eine Seele dem Schisma und dem Verderben entrisse, und ich habe die sichere Kunde, daß jeder eine große Anzahl errettet."

Als Dr. Allen dem Carthäuserprior von Bruges diesen Brief schrieb, schmachtete der erste Blutzeuge von Douay schon zwei Monate im Kerker. Am 28. Juni 1577 war die Nachricht von England herüber-

---

[1] An welcher manche Anstoß nahmen.
[2] Letters and Memorials of Cardinal Allen, n. XIII, p. 36.

gekommen, Cuthbert Maine, Johannes Payne und Heinrich Shaw seien gefangen [1].

Der selige **Cuthbert Maine** (Mayne) war zu Barnstaple in Devonshire geboren. Ein schismatischer Oheim, der eine reiche Pfründe besaß und diese gerne seinem Neffen überlassen hätte, ertheilte ihm den ersten Unterricht und schickte ihn dann nach Oxford, wo er 1570 im St.-Johns-College Magister der Künste wurde [2]. Schon früher hatte der Jüngling auf das Drängen seines Oheims die schismatischen Weihen empfangen, noch bevor er eine Kenntniß der katholischen Glaubenslehre besaß. In Oxford machte er die Bekanntschaft des seligen Edmund Campion, Gregor Martins und anderer ausgezeichneter junger Männer, welche die katholische Wahrheit erkannten und endlich den entscheidenden Schritt der Rückkehr in den Schoß der Kirche thaten, obschon demselben die Flucht aus der Heimat folgen mußte. Von Douay aus, wohin sie geflohen, blieben sie aber in brieflichem Verkehr mit den Gleichgesinnten in Oxford, und einer dieser Briefe mit der Aufforderung an Cuthbert, sein Amt niederzulegen und nach Flandern zu kommen, fiel zufällig dem anglikanischen Bischof von London in die Hände. Dieser ließ die jungen Leute, welche in dem Briefe genannt waren, sofort als Feinde der Staatskirche gefänglich einziehen. Doch entging der selige Maine dieser Verfügung, indem er gerade von Oxford abwesend war und von seinem Freunde, dem seligen Thomas Ford, der ebenfalls die Marterkrone errang, damals aber noch als Mitglied (fellow) des Trinity-Colleges wirkte, rechtzeitig gewarnt wurde [3]. Maine floh nun über den Kanal, trat 1573 in das Seminar von Douay [4] und empfing 1575 die Priesterweihe [5]. Schon im darauffolgenden Jahre 1576 wurde der selige Maine in Gesellschaft des seligen Johannes Payne, der ebenfalls des Martyrtodes starb, nach England auf das große Feld der Arbeit und der Leiden geschickt [6].

Nach einem kurzen Aufenthalte in seiner Heimat Devonshire ging der Selige nach Cornwall und nahm seine Wohnung in dem Hause eines reichbegüterten, dem katholischen Glauben treu ergebenen Edelmanns, Mr. Franz Tregian von Volvedon oder Golden, als dessen Verwalter er öffentlich galt, während er insgeheim als Seelsorger wirkte. Aber die Frist seiner Arbeit war kurz bemessen.

---

[1] Das Diarium secundum p. 106 gibt irrthümlich die Jahreszahl 1576.
[2] Dodd II, 91.
[3] Challoner, Denkwürdigkeiten der Missionspriester I, 29.
[4] Diarium primum p. 5.   [5] L. c. p. 7.   [6] L. c. p. 24.

Im Juni 1577 hielt der anglikanische Bischof von Exeter eine Kirchenvisitation in Cornwall. Von Sir Richard Granville[1], dem Obersheriff der Grafschaft, erfuhr der Prälat, daß das Haus des Mr. Tregian ein „Nest von Recusanten" sei und wahrscheinlich auch einen katholischen Priester beherberge, und man beschloß sofort, dasselbe auszuheben. So erschien am 8. Juni der Sheriff mit neun oder zehn Friedensrichtern und einer Schaar von wohl hundert Bewaffneten vor der Wohnung Mr. Tregians, welche sie gewaltsam durchsuchten[2]. Die Zimmerthüre des seligen Maine war verschlossen, da derselbe sich gerade im Garten befand; sie wollten dieselbe zertrümmern, als der Priester herbeieilte und öffnete. Der Sheriff faßte ihn sofort an der Brust und rief: „Wer bist du?" „Ein Mann," antwortete dieser. „Trägst du einen Panzer unter deinem Kleide?" fragte der Beamte weiter und riß ihm den Rock auf. Da fand er ein Agnus Dei in einem Futteral und schalt ihn einen Hochverräther und Empörer; sofort verhaftete er den Priester, Mr. Tregian und eine Anzahl Diener und Nachbarn, und schleppte sie nach dem nahegelegenen Marktflecken Truro, zugleich mit einer Menge Bücher, Briefe und Schriften. Mr. Tregian wurde um eine Bürgschaft von 2000 Pfd. St. unter dem Versprechen, sich bei den nächsten Assisen zu stellen, entlassen[3]. Der selige Maine aber, in dessen Besitz sich ein Abdruck der Jubiläumsbulle Gregors XIII. von 1575 gefunden hatte, wurde mit elf oder zwölf Gefährten nach Launceston Castle gebracht. Der Sheriff selbst führte ihn mit großem Pompe nach diesem Gefängniß und stieß ihn dort in einen von Unrath und Ungeziefer verpesteten Kerker, in welchem er kaum zur Mittagszeit Hand oder Fuß sehen konnte. Mit Ketten beladen, ohne Möglichkeit, etwas schreiben oder den Trost eines Buches genießen zu können, ohne die Freude, mit irgend einem Menschen sich unterreden zu können, es sei denn mit specieller Erlaubniß und nur in Gegenwart des Kerkermeisters, mußte er drei Monate die schärfste Kerkerstrafe aushalten, bevor er auch nur vor Gericht gestellt wurde.

---

[1] Nach Challoner Mr. Greenfield.

[2] Wir besitzen über den ganzen Vorgang, die nachfolgende Gerichtsverhandlung und das Schicksal Mr. Tregians einen ausführlichen Bericht, dessen Manuscript im St. Mary's College zu Oscott aufbewahrt wird und dem wir in unserer Darstellung folgen. Die Ueberschrift lautet: A Treatise touching the Imprisonment and Indictments of Mr. Francis Tregian, Esquire, of Volvedon, now called Golden in Cornwall. Mitgetheilt in The Troubles of our Catholic Forefathers by John Morris S. J. I, 65—189.

[3] L. c. p. 67.

Am 16. September 1577 hatte er vor den Schranken zu erscheinen und zugleich mit ihm sechs „Mitschuldige". Zu größerer Schmach hatte man allen Angeklagten die Oberkleider weggenommen, so daß sie nur mit Wams und Beinkleidern angethan vor den Richtern standen. Sechs Klagepunkte wurden dem Seligen, beziehungsweise seinen Gefährten, vorgeworfen: 1. die Annahme einer Vollmacht vom Stuhle zu Rom für die Lossprechung, worauf die Strafe des Hochverrathes stand; 2. die Veröffentlichung der genannten Vollmacht, worauf abermals die Strafe des Hochverrathes stand; 3. das Anerkennen der römischen Oberhoheit, worauf Verlust aller Güter und Gefängniß stand; 4. das Einführen und Verschenken eines Agnus Dei, worauf ebenfalls Verlust aller Güter und Gefängniß stand; 5. das Anbieten eines solchen Agnus Dei, worauf dieselbe Strafe stand; 6. Cuthbert Maine für Messelesen, worauf hundert Mark Silber oder sechs Monat Gefängniß, und Mr. Tregian für Messelesenlassen, worauf die gleiche Strafe stand. Endlich 7. wurden noch 17 Personen wegen Nichtbesuch der anglikanischen Kirche angeklagt[1].

Der Staatsanwalt, Sir John Popham, konnte keinen durchschlagenden Beweis führen; denn obschon sich der Abdruck einer Jubiläumsbulle[2] gefunden hatte, konnte nicht erwiesen werden, daß der Angeklagte dieselbe von Rom erhalten habe, wie die Anklage behauptete. Der Selige stellte das mit vollem Recht in Abrede. Er habe sie bei einem Buchhändler in Douay gekauft und dieselbe sei nur zufällig unter seinen Büchern mit nach England gekommen; auch habe sie ja gar keine Bedeutung mehr gehabt, indem das Jubiläumsjahr schon abgelaufen war, als er nach England kam. Sir Roger Manwood, der Vorsitzende unter den Richtern, übernahm nun, aller Rechtsordnung zuwider, die Rolle des Anklägers, sprang auf und sagte: „Wahrlich, daß diese Bulle in unserm Lande keine Kraft mehr hatte, oder daß sie oder irgend eine andere päpstliche Bulle überhaupt jemals hier zu Lande Kraft hatte, das geben wir gerne zu. Aber wir haben ein Gesetz, das mit all diesem römischen Plunder und Aberglauben aufräumt, und deshalb kann keine Bulle ohne die größte Verachtung Ihrer Majestät und deren Gesetze in dieses Reich gebracht werden." Dann wandte er sich an die Geschworenen und redete sie also an: „Masters, Geschworene, Ihr seht, dieser Bursche da, Cuthbert Maine,

---

[1] Siehe den Wortlaut der einzelnen Anklagen und die Namen der in den einzelnen Punkten als Mitschuldige Angeklagten l. c. p. 71—74 und 93—96.
[2] Nicht der Excommunicationsbulle Pius' V., wie Froude (XI, 54) fälschlich berichtet, um so die Hinrichtung des Seligen entschuldigen zu können.

ist ein Rombote (Rome-runner), ein geheimer Verräther wider die Königin und das Reich, einer der umhergeht, um das Volk dem Gehorsame, welchen es Gott und seiner Fürstin schuldet, zu entfremden und der deshalb keinerlei Gnade verdient. Zu Eurer bessern Unterweisung erinnere ich Euch deshalb, daß in Fällen, wo directe Beweise nicht vorliegen, Vermuthungen (presumptions) als Beweis zuzulassen sind. Wenn ja ein Mensch ermordet ist und man den Mörder mit der blutigen Waffe und mit blutbespritzten Kleidern findet, so ist das eine Vermuthung, welche einen rechten und vollständigen Beweis liefert, auch wenn man ihn den Mord selbst nicht vollbringen sah. Hochverrathsfälle werden gewöhnlich auf einen solchen Beweis abgeurtheilt, weil sonst die Verräther nicht ermittelt werden könnten. Da also dieser Mensch eine Bulle in seinem Besitze hatte, von Douay und anderen Ländern jenseits der See kömmt, wie er selbst gesteht, überhaupt ein schlechtes Subject ist, sich weigert, die Kirche zu besuchen und die überaus gottselige Kirchenordnung der Königin zu befolgen, so ist er außer allem Zweifel der verschiedenen Hochverrathsfälle überwiesen, welche man ihm zur Last legt." [1]

In ähnlicher Weise wurde der „Beweis" für alle sechs Punkte zunächst gegen den seligen Maine und dann gegen jeden einzelnen Angeklagten als Mitwisser und Mithelfer geführt. Von den letzteren sagte der Staatsanwalt zu den Geschworenen: „Zunächst müßt Ihr festhalten, daß sie alle Papisten sind und zum gleichen Bunde gehören; daß sie alle sich weigern, den Vorschriften der Königin bezüglich des Kirchenbesuchs zu gehorchen; daß sie seine (Maine's) Bekannte und Hausgenossen und durch die Papisterei miteinander verbunden sind, weßhalb sie keinerlei Geheimniß voreinander haben." [2] Einen der Angeklagten, John Hobge, einen Schneider von Profession, hatte der Sheriff durch das Anerbieten von Straflosigkeit und einer Belohnung von 80 Pfd. St. zu einer Aussage gegen den Seligen verleiten wollen. Allein der brave Mann war nicht dazu zu bewegen, und seine Treue ist um so höher zu schätzen, als er von Natur eine überaus furchtsame Seele war und der Sheriff ihm das Anerbieten machte, als eben das Todesurtheil gesprochen werden sollte. „Einen furchtsamern Menschen hat man nie gesehen," sagt der Bericht, dem wir folgen; „aber Gott gab ihm in diesem Augenblicke eine so große Gnade, daß er weder aus Furcht, obschon halb ohnmächtig, noch um der sehr verlockenden Versprechen willen der schlimmen Absicht der Bösen sich gefügig erzeigte." [3]

---

[1] L. c. p. 79.   [2] L. c. p. 84.   [3] L. c. p. 88.

Als die Geschworenen in den Gerichtssaal zurückkehrten, schienen sie mit dem Verdicte nicht ganz im Klaren zu sein. Da eilte der Sheriff unter sie und redete angesichts der Richter und des Volkes gegen alle Gerichtsordnung mit großer Heftigkeit zu ihnen. Darauf verkündete der Obmann der Geschworenen den Spruch „Schuldig", und die Angeklagten wurden in das Gefängniß zurückgeführt [1].

Am folgenden Tage, am 17. September, wurden sie wieder vor die Schranken gebracht, um ihr Urtheil zu empfangen. Man hatte sie mit schweren Ketten beladen und je zwei und zwei zusammengeschlossen. Nur der selige Cuthbert schritt allein, aber ebenfalls in Fesseln, als ihr Anführer an der Spitze. So wankten sie durch die gaffende Menge. Zuerst wurde der selige Maine der Sitte gemäß gefragt, was er zu seiner Vertheidigung vorzubringen habe. Er wiederholte, daß er keinen Verrath wider Ihre Majestät oder sein liebes Heimatland geplant habe. Die Jubiläumsbulle sei ein abgelaufenes Document, das er von Douay und nicht von Rom mitgebracht habe, wo er nie gewesen sei. Aber auch wenn das Datum derselben nicht schon längst abgelaufen gewesen wäre, so würde es doch noch kein Hochverrath sein, ein Document zu besitzen, das die Vollmacht, von Sünden loszusprechen, ertheile, es sei denn, man betrachte das Spenden des Bußsacraments als Hochverrath. Manwood erwiederte ihm: „Euer papistischer Brauch der Sündenlossprechung geht uns nichts an; daß die Bulle abgelaufen und kraftlos war, thut ebenfalls nichts zur Sache und wir geben keinen Heller darum; aber dieselbe ist dennoch kraft des Gesetzes unseres Reichs Hochverrath, und so hast du den Tod verdient." Was er verdient habe, antwortete der Selige, wisse Gott am besten; wenn aber das Gesetz so laute, so bedaure er sehr, daß seine Heimat solche Gesetze habe.

Manwood wollte jetzt zum Urtheilsspruche schreiten. Aber der zweite Richter, Sir John Jeffreys, flüsterte längere Zeit mit seinen Collegen, offenbar die unrichtige Rechtsauslegung des Vorsitzenden beanstandend, und es zeigte sich große Uneinigkeit unter den Richtern. Endlich aber sagte Sir Roger Manwood, zornig über den Widerspruch: „Es thut alles nichts; nichtsdestoweniger will ich das Urtheil fällen," und mit diesen Worten wandte er sich an den seligen Cuthbert und fällte über ihn das bekannte barbarische Todesurtheil [2]. Der Selige hörte es mit einem überaus milden und frohen Gesichtsausdruck an und sagte mit zum Himmel erhobenen Augen und Händen: „Gott sei Dank!" Die Mit-

---

[1] L. c. p. 89.   [2] L. c. p. 91.

schuldigen wurden zum Verluste ihrer Ländereien, Lehen, Güter und Heerden und zu lebenslänglichem Kerker verurtheilt, und alle mit Ketten beladen in das Gefängniß zurückgeführt.

Das Todesurtheil sollte binnen 14 Tagen vollzogen werden. Allein Sir John Jeffreys legte Verwahrung dagegen ein, und so wurde der Fall dem Richtercollegium von England vorgelegt. Die Mehrzahl, darunter die ältesten und gelehrtesten Richter, erklärte das Todesurtheil für ungiltig; aber der Rath hielt es für angezeigt, an diesem Seminarpriester ein Exempel zu statuiren und ihn zum Schrecken der Papisten hinrichten zu lassen[1].

Der Sheriff von Cornvall erhielt also endlich das von sieben oder acht Mitgliedern des Rathes unterzeichnete Todesurtheil, welches bestimmte, daß Cuthbert Maine auf St. Andreastag, 30. November 1577, den Tod des Hochverräthers zu leiden habe. „Am Tage vor der Hinrichtung hatten sich alle Friedensrichter der Grafschaft und viele Prediger der sogenannten reformirten Religion in Launceston versammelt; vor diese Versammlung wurde Cuthbert Maine gestellt, nicht nur an den Füßen mit schweren Ketten beladen, sondern auch mit zusammengeschlossenen Händen, in welcher qualvollen Lage er schon lange Zeit hatte aushalten müssen. Also gefesselt vertheidigte er den Glauben bezüglich aller Punkte, die angegriffen wurden, von Morgens früh um 8 Uhr bis es nahezu völlig dunkel war, und er mußte die ganze Zeit über stehen, was ihm in seinem jammervollen Zustande zweifelsohne die größten Schmerzen bereitete. Die Prediger boten ihm Leben und Freiheit an, wenn er nur ihr Bekenntniß annehmen und dem Gehorsame des Bischofs von Rom entsagen wolle, und machten ihm noch manches Anerbieten. Aber es war verlorene Mühe; denn trotz aller Spöttereien und Schmähungen, welche sie sehr freigebig über ihn ausgossen, konnten sie ihn auch nicht einmal zu einer kleinen Ungebuld verleiten."[2]

Nach einem handschriftlichen Berichte, welchem Challoner[3] folgt, bestürmten ihn die Prediger, nachdem er erklärt hatte, er werde seine Religion nicht verläugnen, wenigstens auf die Bibel zu schwören, daß die Königin das Oberhaupt der Kirche von England sei. Wenn er auch dieses verweigere, so müsse er geschleift, gehängt und geviertheilt werden. Da habe der Selige die Bibel ergriffen, das Kreuzzeichen über sie gemacht, sie geküßt und gesagt: „Die Königin war niemals das Haupt der Kirche von England, noch ist sie es jetzt, noch wird sie es jemals sein."

---

[1] L. c. p. 98. Challoner a. a. O. S. 82. Dodd l. c. p. 93. Lingard VIII, 140.
[2] L. c. p. 98.   [3] A. a. O.

„So wurde er", fährt unser Berichterstatter fort, „am folgenden Tage seinem Urtheilsspruch gemäß in roher Weise auf eine Schleife geworfen und schmachvoll, wobei er mit einem Riemen Hiebe über den Kopf und über seine Finger erhielt, bis zum Marktplatze der genannten Stadt geschleift, wo ein sehr hoher Galgen errichtet war und Feuer und Messer zum abschreckenden Anblicke schon bereit waren. Da zwang man ihn, alsbald die Leiter zu besteigen, und zwar rückwärts zu seiner größern Schmach, und man gestattete ihm nur sehr wenige Worte zu reden. Gleichwohl legte er kurz den Grund seiner Verurtheilung dar, es dem Spruche des allmächtigen Gottes überlassend, ob er dieselbe verdient habe; doch versicherte er feierlich angesichts des Todes, sein Hausherr habe nichts von der Jubiläumsbulle oder dem Agnus Dei gewußt, um derentwillen er zum Tode verurtheilt wurde. Dann wollte er noch einige Worte der Ermahnung an die Zuschauer richten. Allein einer der Richter (William Treffry) befahl dem Henker, ihm erst den Strick um den Hals zu legen: ‚Dann,' sagte er, ‚mag er predigen.' Und als das geschehen war, befahl ein anderer Richter (Sir Reginald Mohun), die Leiter umzustoßen. So hatte er nicht einmal Zeit, den Vers ‚In manus tuas, Domine' (In deine Hände, o Herr), zu Ende zu beten. In aller Eile wurde er losgeschnitten und hätte beim Herunterstürzen beinahe das Leben verloren, welches noch vollkommen vorhanden war. Denn da der Galgen sehr hoch war und er noch hin und her schwang, als man den Strick durchschnitt, stürzte er im Herabfallen mit dem Kopf an die Kante des Schafotts, das zu seiner Viertheilung errichtet war, so daß die eine Seite seines Gesichts furchtbar zerquetscht und eines seiner Augen herausgeschlagen wurde."[1]

Man erlasse uns die Schilderung der nun folgenden Henkerarbeit. Am Schlosse von Launceston, zu Bodmin, der volkreichsten Stadt Cornwalls, zu Barnstaple in Devonshire, in seiner Heimat zu Tregony, in der Nähe des Hauses Mr. Tregians und zu Wadebridge, an der belebtesten Hauptstraße der Grafschaft, verkündeten in einem Umkreise von mehreren Tagereisen die blutigen Ueberreste des Martyrers seine heldenmüthige Treue und die Grausamkeit seiner Henker, und als drüben in Douay die Kunde von seinem blutigen Tode, von seinem herrlichen Siege eintraf, konnten manche seiner Mitschüler den dornenvollen Weg erkennen, der auch sie zur gleichen Krone führen sollte.

---

[1] L. c. p. 99. Nach Challoner, dessen Bericht sonst mit dem von uns benützten übereinstimmt, hätte die Hinrichtung schon am 29. November stattgefunden.

7. Franz Tregian.
(1578.)

Eng verbunden mit dem Martertode des seligen Cuthbert Maine ist das Loos Franz Tregians, der ihm seine Gastfreundschaft geboten hatte. Wir wollen dasselbe nach der mehrfach angeführten Handschrift[1] ebenfalls kurz schildern, da es uns in einem anschaulichen Bilde vor Augen führt, was der katholische Adel Englands unter „der guten Königin Elisabeth" zu leiden hatte.

Nach der Gefangennahme des Seligen hatte Mr. Tregian um die Bürgschaft von 2000 Pfd. St., wie wir erzählten, zunächst für seine Person die Freiheit erlangt. Aber bald traf ein Befehl des Privy Councils ein, den Edelmann nach London zu bringen. Der Rath behandelte ihn anfangs freundlich. Es sei ihnen mitgetheilt, sagten sie, man habe bei seinen Dienern gesetzlich verbotene Dinge gefunden; auch beschuldige man ihn, die Kirchenverordnungen der Königin nicht zu beobachten. Man sei jedoch überzeugt, das seien bloße Verdächtigungen seiner Feinde, und da er mit mehreren Mitgliedern des Raths nahe verwandt sei, wolle man ihm gerne durch die Finger sehen. Mr. Tregian gestand sofort die Richtigkeit der Angabe, daß er den anglikanischen Gottesdienst nicht besuche; das geschehe aber nicht aus Trotz oder Mißachtung der Befehle Ihrer Majestät, sondern weil er in seinem Gewissen überzeugt sei, er dürfe es nicht thun, ohne Gott höchlich zu mißfallen, und er bat, man möge also seine Gewissenhaftigkeit nicht als Bosheit deuten. Sir Francis Walsingham sagte ihm, man könne ihn noch nicht entlassen; man erwarte weitern Bericht aus der Grafschaft; er solle deshalb an einem bestimmten Tage wieder vor dem Rathe erscheinen und inzwischen auf sein Ehrenwort versprechen, London nicht zu verlassen. Als er sich entfernen wollte, rief ihn der Earl of Sussex freundlich zurück, lud ihn zu Tisch und suchte dann seinen

---

[1] Vgl. oben S. 114. L. c. p. 68 sq. Vgl. auch Dodd II, 168 sq., der offenbar dieselbe Handschrift benützte.

Gaſt auf alle mögliche Weiſe zu bereden, wenigſtens ein einziges Mal den
anglikaniſchen Gottesdienſt zu beſuchen; wenn er ſich dazu verſtehe, ſo
ſolle der ganze Proceß niedergeſchlagen werden, ja ſogar ſeine Diener
ſollten die Freiheit erlangen. Aber der edle Tregian blieb ſeinem Ge=
wiſſen treu.

Inzwiſchen war der ſelige Maine zum Tode verurtheilt worden, und
gleichzeitig hatte der Gerichtshof zu Launceſton Tregian als dem Statut
„Praemunire" verfallen bezeichnet, weil er Meſſe gehört, ein Agnus Dei
empfangen, ein Jubiläum gehalten und in ſeinem Hauſe Leute beherbergt
und unterhalten habe, welche Roms Oberhoheit vertheidigten. Er wurde
nun ſofort in die Marſhalſea in ſtrenge Kerkerhaft genommen, noch
bevor der Gerichtshof der Kings=Bench das Urtheil beſtätigt hatte. Schon
während der Proceß ſchwebte, hatte der Edelmann ſchwere Vermögens=
verluſte ſeitens ſeiner Gläubiger zu ertragen, welche unverweilt Fauſt=
pfänder wegnahmen. Ein Beiſpiel genüge. Tregian ſchuldete einem Lon=
doner Goldſchmied 70 Pfd. St. Sofort ließ ſich dieſer, ſobald er von
der Einkerkerung ſeines Schuldners erfuhr, einen Pfändungsſchein ausſtellen,
eilte nach Cornwall und nahm an Getreide und Vieh im Werthe von
500 Pfd. St. weg, und Tregian hatte ſpäter anſtatt der 70, die er ſchul=
bete, 200 Pfd. St. zu bezahlen, nur um das Vieh wieder einzulöſen.
Freilich machte das keinen Unterſchied, da er doch in kurzer Friſt ſein
ganzes Vermögen verlieren mußte; aber es zeigt, welche ungerechte Quäle=
reien ſich die Behörden gegen die treuen Katholiken erlaubten.

Tregians Feinde, welche einen Theil ſeiner Habe für ſich zu erbeuten
hofften, mußten es dahin zu bringen, daß der Proceß in Launceſton ver=
handelt wurde und nicht an der Kings=Bench zu London, wo der An=
geklagte manche mächtige Freunde hatte. Vorher jedoch wurde er noch=
mals vor das Privy Council beſchieden; die Herren wollten ſich über=
zeugen, ob die vielen Monate ſtrenger Gefangenſchaft den Edelmann noch
nicht zur Nachgiebigkeit in betreff des Kirchenbeſuches gebracht hätten.
Als ſie ſahen, daß er ihnen nicht zu Willen ſei, entließen ſie ihn mit
mancher „dröhnenden Drohung" (thundering threat) [1]. Nochmals ver=
ſuchte der Rath die „Bekehrung" dieſes Mannes. Er ließ ihm durch
einen Rathſchreiber ſagen, bis jetzt ſei man mit väterlicher Milde gegen ihn
verfahren, nun aber entſchloſſen, Maßnahmen zu ergreifen, welche er ſehr
beklagen werde. Er möge deshalb von ihren Lordſchaften die Gnade

---

[1] L. c. p. 107.

erbitten, daß man ihm einen gelehrten Prediger bezeichne, der seine religiösen Zweifel lösen könne. Wenn er sich in der Religion dem Wunsche des Rathes anbequeme, so werde man die Anklage fallen lassen und den ganzen Proceß niederschlagen. Tregian antwortete, er habe keine Zweifel über seine Religion und brauche deshalb auch keinen Prediger, der sie ihm löse. Doch wolle er auf den Wunsch des Rathes gern vor jedermann Rechenschaft über seinen Glauben ablegen.

Diese Antwort war nicht nach dem Geschmacke des Rathes. Der Edelmann wurde also einem gewissen Wallow übergeben, der ihn schon früher bitter verfolgt hatte und ihn jetzt mit großem Gespötte „auf einem stolzen Prachtroß, das sammt Zaum und Sattelzeug nicht viel weniger als 10 Schilling werth war", also auf einem elenden Klepper, nach Cornwall brachte. Zugleich mit ihm wurden auch die anderen Gefangenen von London wiederum nach Launceston geschleppt, obschon sie eigens heraufgebracht worden waren, um an der Kings=Bench ihr Urtheil zu hören[1].

Nach einiger Zeit wurde nun der edle Bekenner vor die Launceston=Assisen gestellt. Als Hauptzeuge gegen ihn trat ein gewisser Twigges auf, ein fahrender Musikant, den Tregian um Weihnachten in seinem Hause beherbergt hatte, daß er der Dienerschaft und den Nachbarn der Sitte gemäß aufspiele. Dieser Fiedler sagte aus, er habe Tregian in das Zimmer des Cuthbert Maine gehen und darin „wohl so lange verbleiben sehen, als eine Messe daure". Tregian stellte durch einige Fragen fest, daß der Mensch nicht einmal wußte, in welchem Zimmer der selige Maine gewohnt habe. Aber der Staatsanwalt erklärte einen solchen Umstand für unbedeutend u. s. w. Twigges wurde noch anderer offenbarer Unwahrheiten überwiesen. War ja der selige Maine um Weihnachten 1575, wo der Aussage des Zeugen gemäß der Fall vorgekommen sein sollte, noch gar nicht in England. Tregian sagte, er könne mit 40 Zeugen beweisen, daß Maine erst Ostern 1576 herübergekommen sei. Alles half nichts — die Geschworenen wurden eingeschüchtert und sprachen das Schuldig, und Richter Manwood erklärte den Edelmann der Strafe des „Praemunire" verfallen, also aller seiner Habe verlustig und zum Kerker zeitlebens verurtheilt. Umsonst machte sein Rechtsanwalt geltend, ein solches Urtheil dürfe nicht auf einen bloßen Indicienbeweis gefällt werden, indem, abgesehen von seinem eingestandenen Nichtbesuch des anglikanischen Gottesdienstes, keine einzige Anklage gerichtlich erwiesen war. Ein Bote,

---

[1] Die Handschrift schiebt hier nicht unpassend den lateinischen Vers ein: „Sic lex lege caret legumque invertitur ordo."

ben er nach London sandte, um Vertagung des Gerichtsverfahrens zu erlangen, wurde vom Earl of Bebforb zu Exeter einfach seines Briefes und Geldes beraubt und in den Kerker geworfen. Von den Schranken hinweg führte man Tregian in ein dunkles und elendes Verließ voll Ungeziefer [1]. Am folgenden Tage wurde er dann in sein altes Gefängniß in Launceston Castle gebracht, wo er zwar armselig genug daran war, aber doch etwas bessere Pflege fand.

Inzwischen hatten sich seine Verfolger, sobald der Urtheilsspruch gefällt war, mit der Bescheinigung einer Gerichtsperson ausgerüstet, nach Golden, Tregians Wohnhaus, begeben, um sofort im Namen der Königin Besitz von seinem Vermögen zu ergreifen. In dunkler Nacht kamen sie an, zertrümmerten Thore, Thüren und Mauern und stürmten sogar mit tobendem Geschrei in das Schlafgemach von Tregians Gemahlin, das sie mit ihren drei kleinen Kindern Franz, Hadrian und Maria bewohnte. Sie warfen die Edelfrau, welche überdies in kurzer Zeit ein viertes Kind erwartete, mit ihren Kindern, aller Habe beraubt, ohne Mitleid und Erbarmen in die Nacht und ins Elend hinaus, ohne daß die arme Frau wußte, wohin sich wenden und was beginnen [2]. „So wurde Frau Tregian grausam aus einem irdischen Paradiese hinaus auf die hohe See des Unglücks gestoßen, bloßgestellt jedem Schlage, der einen Menschen treffen kann. Mit Hilfe einiger Freunde wurde sie aber mit dem Nothwendigsten versehen; man gab ihr einen Knecht und eine Magd, und diese trugen in zwei Körben ihre beiden Knäblein, die süßen Liebespfänder ihres eingekerkerten Vaters. Und so reiste sie, Gott allein ist bekannt, mit welchem Weh und Leid beladen, nach London, wo Ihre Majestät damals Hof hielt, in der Hoffnung, aus der Hand der Königin, wenn nicht den vollen Ersatz für die erlittene Ungerechtigkeit, so doch einige Hilfe und Unterstützung zu empfangen." Sie hatte nicht die Hälfte des Weges zurückgelegt, als sie eines Mädchens genas und so ihre Reise unterbrechen mußte. Kaum war sie wieder reisefähig, so schleppte sie sich mit ihren Kindern weiter London zu. „Aber", schließt der Bericht diesen ergreifenden Zug edler Gattenliebe, „diese ganze schmerzliche Reise und all diese verdemüthigenden Gänge und alle Thränen, die sie zu den Füßen Ihrer Majestät vergoß, endeten nach einem vollen Jahre des Bittens und Flehens damit, daß sie auch nicht einen Pfennig für ihren Unterhalt erhielt und daß ihr Gnadengesuch abgewiesen wurde." [3]

[1] L. c. p. 119. [2] L. c. p. 120. [3] L. c. p. 122.

Die ganze reichbegüterte Familie Tregian, deren jährliches Einkommen 1000 Pfd. St. alte Rente überstieg, also nach heutigem Geldwerthe mehr als 100 000 M. betrug, kam an den Bettelstab; alle Güter hatte die Königin an sich genommen oder verschenkt. So verlor auch Tregians Mutter Katharina ihr Leibgeding. Sie alle lebten nun vom Almosen ihrer Freunde, und Tregian selbst starb fast vor Hunger in Launceston Castle; denn was ihm Wohlthäter zuschickten, mußte durch viele Hände gehen, welche erst davon nahmen, was ihnen gut schien. Ja es wurde sogar von solchen, welche eine Begnadigung und infolge derselben den Verlust ihres Raubes befürchteten, der Versuch gemacht, den Gefangenen zu ermorden. Das alles konnte aber dem edeln Dulder seinen Seelenfrieden nicht rauben, und er fühlte sich mitten in den Leiden von himmlischem Troste erfüllt. In Gedichten voll tiefem, religiösem Gehalte, von denen uns einige erhalten sind, offenbarte er das echte Gold seines Herzens. Wie er selbst in einem derselben seiner Gemahlin erzählt, war er gezwungen, sie mit einem Holzsplitter und der Schwärze, welche er von den Kerzen= schnuppen gewann, niederzuschreiben, da man ihm weder Tinte noch Feder gewährte. Einige Strophen, in welchen uns der Schwergeprüfte sein eigenes Charakterbild entwirft, mögen hier folgen. Wie zeigt sich gleich in den ersten Verszeilen sein tiefgläubiges Herz, das mitten in allem Leid sich im Herrn freut und nur den einen Wunsch hat, nie von der Kirche getrennt zu werden:

> O ew'ger Gott, du Herr der Herrn,
> Der Kön'ge Königsmacht,
> Der Kummervollen süßer Trost,
> Pokal, drin Freude lacht.
> Du höchster Fürst, Kraft ohne End',
> Des Weltalls Herr und Hort,
> Mein Licht und Führer, treib' von mir
> All' Furcht und Kummer fort.
> Send' beinen Geist aus Himmelshöh'n
> In meines Herzens Schrein,
> Daß ohne Zaudern, ohne Scheu,
> Ich thu' den Willen dein. . .
> Laß nie mich flieh'n der Kirche Fels
> Durch meiner Sünden Schuld,
> Bei deiner Heerde halt' mich treu,
> O Hirt, in deiner Huld![1]

---

[1] Die Uebersetzungen dieser und der folgenden schönen Strophen verdanke ich P. Alexander Baumgartner S. J. Wir fügen den englischen Wortlaut bei:

O ever living Lord of Lords,
O mighty king of kings,

O solace of the sorrowful,
O glass, who gladness brings,

Wohl fühlt der Gefangene die Schwere seines Unglücks und er
möchte um Abwendung zu Gott bitten, doch nur mit den Worten: „Nicht
mein, sondern dein Wille geschehe!" Ja, zu noch schwererem Leide erklärt
sich der Dulder bereit. Für die Feinde kennt sein Edelmuth kein Gefühl
der Rache, sondern er gibt uns das Beispiel der edelsten Feindesliebe und
hofft nur Eines: durch alle diese Stürme in den Hafen der ewigen
Ruhe einzulaufen.

  Mir ist, o Herr, nicht Geld, nicht Gut,
   Du weißt, wie arm ich bin,
  Es rauscht der Trübsal Wogenflut
   Wild über mich dahin.
  Soll ich bir's zählen, Leid um Leid,
   Du sahst ja allem zu —
  Mein Glück zerschmettert und zerschellt,
   Und helfen kannst nur du.
  Laß mich, wenn es dir so gefällt,
   Um Hilfe zu dir fleh'n;
  Doch nicht mein Wille, lieber Herr!
   Der deine soll gescheh'n.
  Ist's so bestimmt in deinem Rath,
   So zücht'ge für und für,
  Doch zu den Wunden, die du schlägst,
   O gib auch Balsam mir.
  Schon' jener, Herr, wenn's dir gefällt,
   Die mich so tief gekränkt,
  Die mir dies Netz von Weh gewirkt,
   Und mich darin versenkt.
  Demüthig bitt' ich dich, o Gott,
   Bei deinem heil'gen Blut,
  Vergib, was Böses sie gethan,
   Und mach' es alles gut.
  Wend' nicht dein Antlitz von mir ab,
   Hab' auf den Aermsten Acht;
  Sei du mein Trost den ganzen Tag,
   Sei du mein Trost bei Nacht [1].

---

[1] O puissant Prince, O passing power,
 O regent of all rule:
My guide, my guard, expel from me
 All foolish fear and dule.
Send down with speed that Spirit on me
 From out Thy holy hill,
Which never may by might of men
 Once doubt to do Thy will ...
Let not my sins me cause, O Lord,
 To wander from the Rock,
But grant I may be found in fold
 Of Thine afflicted flock.

The want of worldly wealth, O Lord,
 Thou see'st I do sustain,
And how that fury with great force
 Is poured on me amain.

What should I show Thee one by one
 The causes of my grief, [my lack,
Thou see'st my wrack, Thou knowest
 Thou canst give me relief.

Mitten in seinen Leiden kann der eble Mann noch scherzen, und so beschreibt er in einem herrlichen Briefe an seine treue Gattin Maria sein Schreibzeug mit köstlicher Laune:

> Lieb' Weib, du weißt, in Versen bin
> Ich nicht erfahren recht.
> Drum trag's in Liebe und Geduld,
> Schreib ich dir herzlich schlecht.
> Ein Splitter dient als Feder mir,
> Als Tinte Kerzenruß;
> Drum nimm vorlieb, ich bitte dich,
> Mit meinem ärmsten Gruß.
> Von vielen ward es mir gesagt,
> Von Weisen mir erzählt,
> Ein Werkmann ist gar wenig werth,
> Wenn ihm sein Werkzeug fehlt.
> An Werkzeug, ja, zu kurzem Brief
> Nicht ganz es mir gebricht,
> Zu malen Nesseln, taugt es noch,
> Doch Rosen — das geht nicht [1].

Der Gefangene ist durch und durch ein Mann des Gebetes. Im vertrauten Umgange mit Gott findet er alles. So weiß er auch „seiner theuern Mary" kein besseres Geschenk aus dem Kerker zu schicken, das all ihr Leiden in Trost umwandeln könnte, als den Rath zu herzinnigem Gebete und zur Betrachtung des Lebens und Leidens Christi:

> The which if so Thy pleasure be
> I humbly ask of thee,
> For will of Thine, not will of mine,
> O Lord, fulfilled be;
> But if Thy doom have so decreed
> I shall be scourged more,
> Grant yet at least, I never lack
> A plaster for each sore.
> As is Thy holy Ghost, O Lord,
> I pray that Thou wouldst spare
> The workers of my web of woe,
> The causers of my care.
> I humbly Thee beseech, O Lord,
> Even by Thy blessed Blood:
> Forgive their guilt, forgive their ill,
> And send them all much good.
> Turn not, O Lord, Thy face from me,
> Although a wretched wight,
> But let me joy in Thee all day
> Rejoice in Thee all night.

---

[1] My wont is not to write in verse,
You know, good wife, I wis,
Wherefore you may well bear with me
Though now I write amisse:
For lack of ink the candle coal,
For pen a pin I use,
The which also I may allege
In part of my excuse.
For said it is of many men
And such as are not fools:
A workman is but little worth
If he do want his tools.
Though tools I have wherewith in sort,
My mind I may disclose,
They are in truth more fit to paint
A nettle than a rose.

Gebet sei, Weib, dein Tagewerk,
  Gebet dein frohes Spiel,
Gebet der Hoffnung Stapelplatz,
  Gebet der Wand'rung Ziel;
Gebet sei deine starke Burg,
  Gebet dein Wall und Hort,
Gebet dein süßer Ruheplatz,
  Gebet im Sturm dein Port:
Gebet erflehe Gnade dir
  Und Recht durch Gottes Macht,
Gebet sei deine höchste Lust
  Bei Tage wie bei Nacht.
Ein Rettungsbalsam, süße Braut,
  Ein Land, wo Freude weht,
Ein Fels voll froher Sicherheit
  Ist herzliches Gebet.
Drum fleh' zu ihm, nach dessen Wink
  Die Welten all sich dreh'n.
Klag' ihm dein Weh, dein Herzeleid:
  Mild wird auf dich er seh'n [1].

Drum nimm zum Spiegel, liebes Weib,
  Das Leben Christi dir,
Da schau, o Theure, oft hinein
  Und such' nicht and're Zier.
Nichts wüßte ich zu senden dir,
  Zu sagen wüßt' ich nicht,
Was in der ganzen weiten Welt
  Mehr Freude brächt' und Licht
Und Trost im Leid und Muth im Streit
  Und Freude und Vertrau'n,
Als des Erlösers Lebenslauf
  Fromm betend zu beschau'n [2].

---

[1] Let prayer be your practice, wife,
  Let prayer be your play,
Let prayer be your staple of trust,
  Let prayer be your stay,
Let prayer be your castle strong,
  Let prayer be your fort
Let prayer be your place of rest,
  Let prayer be your port:
Let prayer always plead for grace,
  Let prayer purchase right,
Let prayer be your chief delight,
  By day and eke by night.
For sure, sweet spouse, a salve that saves
  A pleasant bone of bliss,
A gladsome rock of rest, I find
  That perfect prayer is.
Pray therefore still unto that king
  Who rules the rolling spheres,
To oppress your grief, to send relief,
  He will regard your tears.

[2] Wherefore, good wife, of Christ the life
  Take for your looking glass,
Look often in the same, sweet heart,
  And let all other pass:
I know not what to send you, wife,
  I know not what to say,
I know not in this world a mean,
  Whereby so well you may
Appease your grief, procure relief
  And eke all ill resist,
As prayer and to meditate
  Upon the life of Christ.

Die innigste, von übernatürlicher Gnade verklärte Liebe zu seiner Gattin und zu seinen lieben unmündigen Kindern spricht sich in dem wahrhaft ergreifenden Schlusse seines Briefes aus. Selbst der treuen Magd gedenkt er in liebenden Worten — ein schönes Zeugniß für das damalige Familienleben, wie auch der selige Thomas More vom Kerker aus selbst die Dienstboten freundlich grüßen ließ:

> Der Wächter klopft am Käfigthor,
>   Wie es den Falken geh'.
> Drum muß ich schließen, gutes Weib,
>   Leb, Liebste, wohl! Ade!
> Leb wohl, o Hoffnungsanker mein,
>   Du meines Lebens Pol,
> Verlassenste Penelope,
>   Du treues Weib, leb wohl.
> O segne du an meiner Statt
>   Die Kinder klein und groß,
> Das kleinste auch, o segn' es ja,
>   Das du noch trägst im Schoß.
> Grüß mir die treue Magd Boêgrave,
>   Ich lebe noch, sag ihr,
> Und möchte gern beschenken sie,
>   Doch selber arm sind wir.
> Nur beten kann ich für ihr Wohl,
>   Ihr wünschen Glück und Heil,
> Und daß von Gott ihr werde Lohn
>   In reichstem Maß zu theil.
> Wen soll ich nun zum Freundesgruß
>   Noch zählen weiter her?
> Gewiß, ich wünsche allen wohl,
>   Nenn' ich auch keinen mehr.
> Leb wohl! Du Herzenskönigin,
>   Noch einmal, du mein Stern.
> Wer, ach! so oftmals Abschied nimmt,
>   Der scheidet, traun, nicht gern.
> Und doch, es muß geschieden sein,
>   So weh's dem Herzen thut.
> Gott geb' uns frohes Wiederseh'n,
>   Gott geb' uns Freud' und Muth,
> Zu wandern rastlos unsern Pfad,
>   Von Leid und Noth umdrängt,
> Bis uns durch Christi heilig Blut,
>   Einst Seligkeit umfängt[1].

---

[1] My keeper knocks at door, who comes   Farewell, the anchor of my hope,
      To see his hawks in mew. [short   Farewell, my stay of life,
    Wherefore, good wife, I must make   Farewell, my poor Penelope,
      Farewell, sweet spouse, adieu.   Farewell, my faithful wife!

Maria Tregian war dem christlichen Heldenmuthe ihres Gemahles, der sich in den eben mitgetheilten Versen so schön ausspricht, vollkommen ebenbürtig. Sobald sie die Ueberzeugung hatte, daß alle weiteren Gnadengesuche bei der Königin Elisabeth erfolglos blieben, kannte sie nur den **einen** Wunsch: mit ihrem Gatten das Gefängniß zu theilen. Wirklich theilte die edelmüthige Frau, so lange und so oft man es ihr nur erlaubte, den Kerker ihres Mannes. Sie gebar ihm 18 Kinder, wovon 11 während seiner Kerkerhaft das Licht der Welt erblickten. Als er eingekerkert und seiner Güter beraubt wurde, war er erst 28 Jahre alt; seine Frau, deren Schönheit hervorgehoben wird, vermuthlich noch jünger. Beide stammten aus den edelsten englischen Geschlechtern; er war durch die Grays mit der Königin verwandt und seine Frau die älteste Schwester Lord Stourtons, deren Mutter eine Schwester des Earl of Derby war. Die Martyreracten der ersten christlichen Jahrhunderte enthalten vielleicht kaum das Beispiel eines Ehepaares, das gemeinsam einen beinahe 30jährigen Kerker erduldete, nur um nicht eine einzige Sünde, den Besuch des anglikanischen Gottesdienstes, zu begehen.

Als Tregian von dem Plane seiner Feinde hörte, ihn im Kerker umzubringen, bewog ihn der Gedanke, sie würden nach seiner Ermordung zweifelsohne ausstreuen, er selbst habe Hand an sich gelegt, zu einem Fluchtplane. Derselbe wurde durch die Unklugheit eines Verwandten vereitelt und hatte nur die Folge, daß er mit einer nahezu 30 Pfund schweren Kette beladen wurde. Ja man stieß ihn in das gemeinsame Verließ, welches der Aufenthalt der gemeinsten Verbrecher war, von unsäglichem Schmutze starrte und von ekelhaftem Ungeziefer wimmelte. Um ihn noch mehr zu quälen und zur Nachgiebigkeit gegen die kirchlichen Verordnungen der Königin zu zwingen, unterließ man sogar die aller-

---

Bless in my name my little babes,
  God send them all good hap,
And bless withal that little one
  That lieth in your lap!
Commend me to your maid Bosgrave,
  And tele her yet I live,
But not in state to pleasure her,
  For nought I have to give:
Yet sure I will pray for her weal,
  And wish her happy chance,
That well she may by virtues lore
  Her poor estate advance:
Whom more I may remember now,
  I know not without blame,

Yet sure I may wish all men well,
  Though them I do not name.
Farewell again, thou lamp of light,
  Viceregent of my heart,
He that takes leave so oft, I think,
  He likes not to depart.
And yet depart we must of force,
  To my no little grief;
God send us well to meet again,
  God send us still relief
And well to run our restless race,
  Though rough and full of pain,
That through the blessed Blood of
  True glory we may gain. [Christ

nothbürftigſte Reinigung, die ſonſt wenigſtens dreimal wöchentlich vorgenommen wurde, einen ganzen Monat lang, wodurch das von faſt 20 Verurtheilten beſetzte Gefängniß zu einer wahren Senkgrube wurde[1]. Und noch peinlicher war Tregian das Zuſammenleben mit dieſer Hefe von Menſchen, welche ihn läſterten, höhnten, durch ſchmutzige Reden empörten, namentlich aber ſein Gebet und ſeine Frömmigkeit verſpotteten.

Es gelang endlich ſeiner treuen Frau, einen Befehl zu erwirken, daß er von Launceſton in das Gefängniß der Kings-Bench nach London überführt wurde, wohin ſie ihm folgte. Für den Transport machte aber der Beamte eine Rechnung von 50 Pfd. St. Als der Gefangene die Bezahlung nicht leiſten konnte, drohte man, ihn wiederum nach Launceſton zurückzuſchleppen; da verkaufte ſeine Frau die Kleider von ihrem Leibe und bettelte ſo lange bei Freunden und Verwandten, bis ſie die unverſchämte Forderung begleichen konnte. Mr. Francis Tregian blieb nun während der ganzen Regierung Eliſabeths zuerſt zwei Jahre im Kings-Bench-Gefängniß und dann in der Fleet eingekerkert, wo er in den letzten Jahren etwas mehr Freiheit genoß.

Der Bericht, dem wir folgten, ſchließt mit dem 20. Juli 1593, im 13. Jahre der Gefangenſchaft. Erſt im Jahre 1606 erlangte der Bekenner die Freiheit und verließ nun England, um das Ende ſeines Lebens in einem Reiche zuzubringen, in welchem er den katholiſchen Glauben, für den er ſo Bitteres gelitten, offen bekennen und üben durfte. Die Handſchriften der Bibliothek von Stonyhurſt enthalten einen Brief des P. Ignaz Stafford von Liſſabon an P. Forcer in Madrid, datirt Liſſabon den 26. April 1625, welcher von unſerem edelmüthigen Bekenner handelt und welchen wir deshalb wörtlich zum Schluſſe dieſes ſeltenen Beiſpiels heroiſcher Glaubenstreue mittheilen:

„Hochwürdiger Pater! Pax Christi. Ich will Ihnen den folgenden Fall erzählen, der ſich geſtern, den 25. des laufenden Monats, bei Eröffnung eines Grabes zutrug, in welchem ſeiner Zeit ein engliſcher Ritter beigeſetzt wurde, wie im Buche des Kirchenvorſtehers mit kurzen Worten alſo bemerkt iſt: „In dieſer Gruft iſt begraben Mr. Franz Tregian, ein engliſcher Edelmann, der 28 Jahre lang für den heiligen Glauben in England eingekerkert war. Er war Herr vieler Vaſallen; aber man entriß ihm ſein ganzes Vermögen. Endlich kam er aus England verbannt in dieſe Stadt Liſſabon, wo er von einer Penſion von 60 Kronen monatlich, welche ihm unſer König gab, lebte. Im Alter von 60 Jahren nahm

---

[1] L. c. p. 182.

ihn unser Herr ins Paradies, am 25. September 1608.' So lautet wörtlich die Stelle im Buche des Kirchenvorstehers, welche ich vor etwa drei Wochen zufällig las, als ich das Buch an dieser Stelle geöffnet fand und so erfuhr, welche Bewandtniß es mit diesem Edelmann habe. In unserem Hause hörte ich dann von Patres, die ihn persönlich gekannt hatten, große Lobsprüche seiner Heiligkeit. Da nun gestern sein Grab geöffnet wurde, fand es sich, daß sein Leib unverwesen und unversehrt sei, ohne eine Spur von Zersetzung. Das Fleisch ist weich und elastisch, so daß es sich wieder hebt, wenn man es eindrückt; seine Arme, Finger und Beine sind biegsam. Kurz, alle, welche hier zusammenströmten, Aerzte und Laien, betrachten den Fall als einen wunderbaren; denn es sind 17 Jahre, seit er beerdigt wurde, und ein junger Mensch, der vor 5 Jahren in demselben Grabe, aber nicht so tief, beigesetzt wurde, ist vollständig vermodert. Ueberhaupt finden wir durch Erfahrung, daß alle Leichen, welche in unserer Kirche begraben werden, sehr rasch verwesen. Einige gestanden, sie hätten versucht, einen Nagel oder einen Finger von ihm loszureißen, es aber nicht zu Stande gebracht. Und noch ein außerordentlicher Umstand ist zu bemerken: der Franziskanerhabit, in welchem er begraben wurde, ist beinahe ganz vermodert. Das ist in aller Kürze der vorliegende Fall." [1]

Franz Plunket, ein Enkel unseres Bekenners, schrieb ein Leben seines Großvaters Franz Tregian, welches 1655 in Lissabon erschien. Dasselbe enthält einen Zug, der uns einen Schlüssel zu der grausamen Härte bietet, mit welcher die Königin die Gemahlin Tregians von sich stieß und ihn selbst durch 28 Jahre im Gefängniß schmachten ließ. Es ist die Geschichte von Putiphars Weib und dem ägyptischen Joseph. Die Tochter Heinrichs VIII. fühlte sich verschmäht und konnte niemals verzeihen, und P. Grene faßt deshalb sein Leben und Leiden in die Worte zusammen: „Man darf ihn einen Martyrer der Keuschheit nennen, indem er die Königin abwies." [2]

---

[1] Stonyhurst Mss. Anglia A. vol. IV, n. 69. Vgl. Collectanea M. f. 800. Der Brief ist abgedruckt in The Troubles of our Catholic Forefathers I, 81.

[2] „Aulam Elizabethae adit, ingruente persecutione, ut Catholicis opem aliquam ferret, ducta jam in conjugem Maria Vicecomitis Sturtoniae filia; Regina per pedissequam illum invitat ad cubiculum intempesta nocte; recusantem adit, lectoque assistens ad impudica provocat; renuentem increpat. Castitati suae curam gerens ex Aula se proripuit, insalutata Regina: quae idcirco furit et in carcerem detrudi jubet. Factum id 8. Jun. 1577." Stonyhurst Mss. Father Grene's Collectanea M. f. 9.

8. Die seligen Nelson und Sherwood.

(1578.)

Am Tage nach der Hinrichtung des seligen Cuthbert Maine fiel das zweite Opfer des Collegs von Douay den Schergen in die Hände und erhielt zwei Monate später die Marterkrone.

Johannes Nelson stammte aus einer angesehenen Familie von Yorkshire; sein Bruder Christoph war Gutsbesitzer zu Shelton bei York[1]. Wo der Selige seine Studien machte, ist nicht bekannt; als er von dem Seminar zu Douay und von dessen Zweck hörte, machte er sich auf, um daselbst einzutreten und sich dem Dienste der katholischen Kirche seiner Heimat zu weihen, obschon er bereits das 40. Lebensjahr zurückgelegt hatte. Schon dieser Umstand beweist, wie glühend er für den Glauben seiner Väter begeistert war. Im Jahre 1573 kam er nach Douay und wiederholte zunächst die humanistischen Studien[2]. Schon am 11. Juni 1575 wurde er für würdig befunden, die Priesterweihe zu empfangen, welche ihm zugleich mit dem seligen Cuthbert Maine durch die Hand des Erzbischofs von Cambray zu theil wurde[3]. Offenbar war ihm mit Rücksicht auf sein Alter die Zeit der Studien kürzer bemessen worden. Zugleich mit dem Seligen studirte sein Bruder Thomas seit 1575 in Douay und empfing 1577 die Priesterweihe. Im gleichen Jahre reiste unser Seliger am 5. Juli[4] nach England, um in die Fußstapfen Cuthbert Maine's zu treten, von dessen Gefangennahme und muthmaßlichem Schicksal man in Douay schon Kunde hatte.

Nicht lange war es dem Seligen vergönnt, am Seelenheile seiner Landsleute zu arbeiten. Schon am Abende des 1. December wurde er zu London in seinem Zimmer verhaftet, während er eben beim Lampen-

---

[1] Dodd II, 112.
[2] Diarium primum p. 6: „Item alii duo humanioribus literis incubuerunt: Joannes Nelsonus, Eboracen., Gualterus Pitscus, Oxonien."
[3] Diarium primum p. 7. Diarium secundum p. 105.
[4] Diarium secundum p. 260.

scheine das Breviergebet für den folgenden Tag verrichtete[1]. Das genügte natürlich, um ihn als papistischen Priester sofort in den Kerker zu werfen. Nach einigen Tagen wurde der selige Nelson vor die Kroncommissäre gestellt, welche ihn aufforderten, der Königin den Suprematseib zu leisten. Er verweigerte denselben entschieden und antwortete, nach dem Grunde seiner Weigerung gefragt, er habe niemals gelesen oder gehört, daß ein weltlicher Fürst mit der obersten Leitung der Kirche betraut sei. Der römische Papst allein sei das sichtbare Haupt der Kirche Christi auf Erden. Sie fragten ihn nun weiter, was er denn von der anglikanischen Kirche halte. Er entgegnete: „Sie ist ohne allen Zweifel sowohl schismatisch als häretisch." Man forderte ihn auf, zu erklären, was er unter einem Schisma verstehe. Der Selige sagte: „Das Schisma ist die freiwillige Trennung von der Gemeinschaft des römisch=katholischen Glaubens." Sofort zogen sie nun den Schluß: „Wie? also ist die Königin schismatisch?" „Das weiß ich nicht," antwortete er; „denn ich kenne die Gesinnung ihres Herzens betreffs der Verkündigung und Vertheidigung der neuen Religion nicht." „Gerade sie ist es," drängten die Commissäre, „welche diese Religion verkündigt und vertheidigt. Was denkst du also?" Da schwieg der selige Nelson einen Augenblick; denn er kannte das Statut wohl, welches jeden, der die Königin schismatisch oder häretisch nenne, mit der Strafe des Hochverraths bedrohte[2]; auch wollte er die Königin nicht ohne Noth reizen. Von der andern Seite dachte er, es sei besser, die Ungnade eines Menschen sich zuzuziehen, als die Gnade und Liebe Gottes zu verlieren. So antwortete er bedingungsweise: „Wenn sie diese Religion öffentlich verkündet und vertheidigt, so ist sie zweifelsohne schismatisch und häretisch." Als die Commissäre ihm diese Worte entlockt hatten, brachen sie das Verhör ab; denn sie hatten jetzt genügende Beweise, um ihn auf Leben und Tod anzuklagen.

Sieben Wochen später wurde er vor Gericht gestellt und, da er auch vor dessen Schranken die kirchliche Oberhoheit der Königin nicht anerkennen wollte und bei seiner vor den Commissären gegebenen bedingten Behauptung, sie sei schismatisch und häretisch, verblieb, zum Tode der Hochverräther verurtheilt. Am 1. Februar 1578, am Vorabende von Mariä Lichtmeß, empfing er sein Urtheil, und am 3. Februar, am Tage nach dem schönen Muttergottesfeste, wurde es vollstreckt. Er vernahm sein Urtheil mit großer Seelenruhe und ohne eine Miene zu verziehen.

---

[1] Bridgewater, Concertatio f. 49.   [2] Vgl. oben S. 91.

Von der Stunde seiner Verurtheilung an bis zum Tode genoß er nichts als Brod und etwas Dünnbier. Die Frau des Kerkermeisters bot ihm Wein an, daß er sich etwas erheitere; aber er antwortete, Wasser sei für ihn jetzt ein passenderes Getränke. Die ganze Zeit brachte er in Gebet und Betrachtung zu und wollte von irdischen Dingen nichts mehr hören. Nicht einmal die Lesung der Martyreracten, die ihm ein Freund anrieth, wollte er annehmen; er habe Betrachtungsstoff genug, sagte er, und denke ohnehin an das blutige Leiden, das so viele tausend Heilige für Christus erduldeten. Daraus schöpfe er solchen Trost, daß er bestimmt hoffe, auch ihm werde die göttliche Gnade im Tode beistehen. Der Empfang der heiligen Communion scheint ihm die Quelle dieser süßen Zuversicht gewesen zu sein.

Nach Challoner [1] hat der Selige dieselbe am Donnerstage vor seiner Verurtheilung und seinem Tode empfangen. „Es besuchte ihn nämlich," erzählt Challoner, „ein Priester mit mehreren anderen; sie wünschten aus der Hand Mr. Nelsons die heilige Communion zu empfangen, und hatten anfangs das Fest Mariä Lichtmeß dafür in Aussicht genommen. Bald aber erkannten sie, daß das kein geeigneter Tag sei, weil man an solchen Festtagen mit größerem Argwohn überwacht werde. So wollten sie die Communion auf den Tag nach dem Feste verschieben; allein Mr. Nelson wollte nicht so lange warten, sondern wünschte, am Donnerstag vor dem Feste zu communiciren. Und so geschah es, obwohl weder er noch einer seiner Freunde eine Ahnung davon hatte, daß er so nahe vor seinem Martertode stehe. Und siehe! am Tage darauf wurde ihm angezeigt, daß er am folgenden Morgen vor Gericht gestellt und ohne Zweifel zum Tode verurtheilt werden würde, wenn er seine frühere Aussage nicht widerrufe. Es geschah also durch Gottes besondere Vorsehung, daß er den Donnerstag vor dem Feste bestimmte; denn sonst hätte er ohne die heilige Wegzehrung sterben müssen." [2]

Wie wir schon oben bemerkten [3], hat der Selige während seiner Gefangenschaft die Aufnahme in die Gesellschaft Jesu nachgesucht und erhalten. Wahrscheinlich ist der Wunsch während der geistlichen Uebungen entstanden, welche die jungen Priester von Douay regelmäßig unter Leitung der dortigen Patres hielten, bevor sie die Reise nach England antraten. P. Stephenson, eine Zeitlang in Rom der Gehilfe P. Persons, bezeugt die Thatsache der Aufnahme des Seligen in die Gesellschaft [4], und

---

[1] I, 87. [2] Challoner a. a. O. [3] S. 100.
[4] Letters and Notices Nr. XCII, p. 84. Vgl. Foley, Records vol. VII, p. 1448.

auf dieses Zeugniß hin hat der Apostolische Stuhl sowohl in den Lesungen des Breviers als im römischen Martyrologium die seligen Thomas Woodhouse und Johannes Nelson der Gesellschaft Jesu beigezählt, obschon das päpstliche Decret vom 29. December 1886 nur drei Selige als Jesuiten anführt: Campion, Briant und Cottam [1].

Der 3. Februar, ein Montag, war also der Todestag des seligen Johannes Nelson. Vor Tagesanbruch wurde er aus dem tiefen und schrecklichen Verließ, in welches man ihn nach seiner Verurtheilung am Samstage geworfen hatte, in ein oberes Gemach des Gefängnisses geführt. Dort trafen ihn zwei Anverwandte in Gebet vertieft. Als dieselben, welche ihn noch einmal sehen wollten, vor Schmerz die Thränen nicht zurückhalten konnten, sagte er zu ihnen: „Was fangt Ihr an? Ich sollte von Euch in dieser Stunde getröstet und nicht durch Eure Thränen mit neuem Schmerz und neuer Pein gequält werden. Weinet und seufzet über Eure Sünden! Was mich betrifft, so bin ich der zuversichtlichen Hoffnung, daß mir dieser Tod das größte Glück bringen wird." [2] Als die Verwandten ihm aber das letzte Lebewohl sagten, brachen sie nichtsdestoweniger in solches Weinen und Wehklagen aus, daß er selbst ergriffen wurde; doch bezwang er den natürlichen Schmerz und entließ sie gefaßt [3]. Sobald sie ihn verlassen hatten, traten zwei anglikanische Geistliche ein, wohl vorbereitet, um ihn zum Abfalle vom alten Glauben zu bewegen. Allein er ließ sich mit ihnen in gar keinen Disput ein, sondern bat sie, ihn in Ruhe zu lassen.

Als man ihn aus dem Gefängnisse führte und auf die Schleife legte, forderten ihn die Beamten auf, er solle die Königin um Verzeihung bitten. Er antwortete, das werde er nicht thun; denn er sei sich keines Verbrechens bewußt. Da tobte die Volksmenge und schrie, dann solle er auch mit all den ausgesuchten Qualen sterben, welche das Urtheil über den Hochverräther verhänge. „Gut," sagte er, „Gottes Wille geschehe! Ich sehe den Tod vor meinen Augen und sterbe gerne. Besser ist es, hier unter den ausgesuchtesten Qualen zu sterben, als die ewigen Qualen der Verdammten in der Hölle zu leiden."

---

[1] Die betreffende Stelle des römischen Martyrologiums für den 1. December lautet: „Londini in Anglia beati Martyres Edmundus Campion, Alexander Briant, Thomas Cottam e Societate Jesu sacerdotes, quibus praeiverant eodem supplicio interempti Thomas Woodhouse et Joannes Nelson, sacerdotes Angli, paulo ante martyrium in eandem Societatem admissi, quorum omnium cultum auspice Gregorio XIII. inductum Leo XIII. solemni decreto confirmavit."

[2] Bridgewater, Concertatio p. 50.   [3] Challoner a. a. O. S. 88.

Auf der Richtstätte angelangt, wurde er von der Schleife losgebunden und auf den Karren gestellt. Dann sprach er: „In manus tuas, Domine, commendo spiritum meum!" (In deine Hände, o Herr, empfehle ich meinen Geist!) und bat die anwesenden Katholiken, während er selbst auf lateinisch das Vater unser, den Englischen Gruß, das Apostolische Glaubensbekenntniß, den Psalm Miserere, das De profundis und das Confiteor betete, in seinem Namen mit ihm dieselben Gebete Gott aufzuopfern. Darauf richtete der Selige vom Karren aus die folgende Ansprache an das versammelte Volk: „Euch alle, so viele ihr am heutigen Tage diesem Schauspiele anwohnet, fordere ich zu Zeugen auf, daß ich ein Katholik bin und für meinen Glauben, den ich nicht verrathen wollte, mit größter Freude Blut und Leben hinopfere. Deßhalb bitte ich den allmächtigen Gott, daß er gemäß seiner großen Barmherzigkeit Eure Herzen erleuchten wolle, damit Ihr echte Katholiken werdet und im Schoße der heiligen katholischen römischen Kirche lebet und sterbet." [1] Challoner bemerkt, das Volk habe bei diesen Worten laut geschrieen: „Nieder mit dir und deinem römisch-katholischen Glauben!" aber der Selige habe unerschrocken dieselbe Bitte nochmals wiederholt [2]. Dann bat er alle um Verzeihung, wenn er jemanden beleidigt habe, betete und forderte abermals die anwesenden Katholiken auf, für ihn zu beten, daß Christus um der Verdienste seines Leidens willen seine Seele zur ewigen Glorie aufnehme. Viele riefen: „Herr, nimm seine Seele auf!" Nochmals forderten ihn die Beamten auf, die Königin um Verzeihung zu bitten. Der Selige besann sich einen Augenblick, dann sagte er: „Wenn ich sie oder sonst jemanden beleidigt habe, so bitte ich sie und jedermann um Verzeihung, wie auch ich allen verzeihe."

Der Selige wurde, sobald er hing, vom Stricke losgeschnitten, und so rissen sie ihm bei voller Besinnung die Eingeweide aus dem Leibe. Als der Henker nach seinem Herzen suchte, soll er sich etwas aufgerichtet und die Worte gesprochen haben: „Ich verzeihe der Königin und allen, die an meinem Tode schuldig sind." So wollen Umstehende gehört haben. „Ich selbst," sagt der Augenzeuge, dem sowohl Bridgewater als Challoner folgten, „sah wohl, wie er die Lippen bewegte, konnte aber die Worte nicht verstehen." Die ehrwürdigen Gliedmaßen des Seligen wurden in der üblichen Weise an den vier Thoren der City, sein Haupt auf der

---

[1] Bridgewater, Concertatio l. c.
[2] A. a. O. S. 89.

Londoner Brücke aufgespießt. Am 15. Februar kam die Kunde seines Martertodes nach Douay[1].

Bridgewater bemerkt am Schlusse seines Berichtes, es sei ihm glaubwürdig überliefert worden, daß Gott durch die Reliquien des Blutzeugen verschiedene Krankenheilungen gewirkt habe. Auch soll derselbe sieben Jahre vor seinem Tode einem angesehenen Manne vorherverkündet haben, er werde für den Glauben sterben; denn das Blut der Martyrer werde in England der Same der wiederherzustellenden katholischen Kirche sein.

Nur vier Tage nach dem Tode des seligen Nelson errang an der gleichen blutigen Stätte von Tyburn ein Jüngling die gleiche Martyrkrone. Es ist der selige Thomas Sherwood, ein Neffe des edeln Bekenners Tregian aus Cornwall[2]. Auch er wird von Bischof Challoner als ein Student des Seminars von Douay aufgeführt, in dessen Tagebüchern vom Jahre 1576 er ihn fand. Die Ausgabe der Tagebücher, welche 1878 veranstaltet wurde, enthält ihn nicht unter den Studenten, wohl aber an zwei Stellen[3] die Erwähnung seines Martertodes. Nach Challoner[4] wäre der Selige nach London zurückgekehrt, um seine Vermögensverhältnisse zu ordnen und die Mittel zur Fortsetzung seiner Studien zu erhalten; nach Bridgewater[5] war er im Begriffe, in das Seminar nach Rheims abzureisen, wohin das Seminar von Douay im März 1578 verlegt werden mußte. Wie dem auch sei, in den folgenden Angaben stimmen die Quellen überein.

Thomas Sherwood pflegte während seines Aufenthaltes in London öfters das Haus einer edeln katholischen Dame, der Lady Tregony, zu besuchen. Diese Dame hatte einen Sohn Namens Martin, dessen Glaube und Sitten himmelweit von dem Glauben und der Tugend seiner frommen Mutter entfernt waren. Ein fanatischer Calvinist, wie er war, brachte ihn der Verdacht, daß im Hause seiner Mutter öfter das heilige Meßopfer gefeiert werde, in wahre Wuth, und er faßte einen tödlichen Haß gegen den armen Studenten, weil er glaubte, derselbe habe bei diesen Messen die Hand im Spiele. Als er ihm nun einst auf offener Straße begegnete, übermannte ihn die Wuth und er schrie: „Verräther! Faßt den Verräther!" Sofort stürzten sich aus den nächstliegenden Buden Krämer und Handwerker auf den Jüngling, nahmen ihn fest und schleppten ihn zum nächsten Friedensrichter. Tregony, der die Verhaftung veranlaßt

---

[1] Diarium secundum p. 183.   [2] Dodd II, 156.
[3] Diarium secundum p. 185 u. 181.   [4] A. a. O. S. 40.
[5] Concertatio f. 79.

hatte, konnte nichts vorbringen, als seinen Verdacht, derselbe sei ein Papist und habe wahrscheinlich Verkehr mit den Pfaffen. Der Beamte stellte also an den Verhafteten einige Fragen über seine religiösen Ansichten, namentlich was er von der geistlichen Oberhoheit der Königin und des Papstes halte. Der edle Jüngling gestand muthig seinen Glauben, und auf die Frage, was er denn von der Religion der Königin denke, gab er eine ähnliche Antwort, wie der selige Nelson. Da hieß es, wie in einem andern Verhöre: „Was bedürfen wir noch der Zeugen? Ihr habt die Lästerung gehört! Was scheint euch? Er ist des Todes schuldig."

Sofort wurde der Selige in den Tower geworfen und daselbst in einer der verborgensten Höhlen neben der Folterkammer, also unter dem Hauptbau des White=Towers, eingekerkert, wahrscheinlich in der sogen. „Little Ease", welche drei Jahre später auch der selige Campion zeitweilig bewohnte. Inzwischen wurde sein Miethzimmer von den Häschern durchsucht und seine geringe Habe geraubt. Auch bei 90 Goldstücke[1], die ihm nicht zu eigen gehörten, sondern die er für seinen armen kranken Vater geliehen hatte, verschwanden unter den Händen dieser Diener der Gerechtigkeit. Dann wurde der Selige auf die Folter gespannt, um ihm das Geständniß zu erpressen, bei wem und wo er Messe gehört habe. Er ertrug die Pein mit der Standhaftigkeit der ersten Martyrer und war nicht zu bewegen, daß er jemand verrathen hätte. Der Kerker, in dem er ohne Licht, ohne genügende Kleidung und bei elender, spärlicher Nahrung fast ein halbes Jahr, und zwar zur Winterszeit, zubrachte, sollte ihn mürbe machen. Mr. Roper, der Schwiegersohn des seligen Thomas More, der damals ein hochbetagter Greis sein mußte, wollte dem Jüngling, von dessen Leiden um des Glaubens willen er hörte, ein Almosen zuschicken; aber der Lieutenant des Towers schickte es ihm zurück: der elende Papist sei keiner Unterstützung werth. Nur einen Sixpence (50 Pfennig) nahm er an, um dem Gefangenen ein frisches Bund Stroh als Lager zu geben. Als weder Kerker noch Folterqual den Entschluß des Seligen zu brechen vermochten, stellte man ihn endlich vor Gericht und sprach über ihn, da er auch hier die Oberhoheit des Papstes in Glaubenssachen vertheidigte, das Todesurtheil der Hochverräther aus. In allen Leiden und Qualen pflegte er zu sagen: „Herr Jesu, ich bin nicht würdig, diese Leiden für dich zu erdulden, und noch viel weniger bin ich des Lohnes würdig, welchen du denjenigen versprochen hast, die dich bekennen!"[2]

---

[1] Challoner a. a. O.   [2] Diarium secundum p. 185.

Zu Tyburn wurde ihm am 7. Februar 1578 die Martyrerpalme unter denselben Leiden, welche wir wiederholt beschrieben haben, zu theil. Der Chronist Stow verzeichnet[1] die Hinrichtung der Seligen Nelson und Sherwood und fügt ausdrücklich bei: John Nelson wurde am 3. Februar von Newgate nach Tyburn geschleift u. s. w., „weil er die Suprematie der Königin läugnete"[2] und sich ähnlicher hochverrätherischer Ausdrücke bediente. Am 7. Februar wurde ein gewisser Sherwood „um des gleichen Hochverrathes willen"[3] gehängt. Auch Holinshed gibt als einzigen Grund ihres Todes „die Läugnung der Suprematie" an[4].

Das Colleg von Douay wurde durch diese blutigen Opfer nur um so mehr angespornt, seine Zöglinge nach England zu senden, damit sie in die Fußstapfen dieser Martyrer eintreten möchten. Ein schönes Zeugniß stellt denselben Mendoza in einem Briefe vom 28. December 1578 an Philipp II. aus. Der Gesandte schreibt an seinen Herrn: „Die Zahl der Katholiken nimmt täglich zu; das ist den Arbeitern aus dem Colleg zu danken, welches Ew. Majestät zu Douay gegründet hat. Wohl hundert, welche dort oder zu Rom studirten, sind in letzter Zeit hierhin zurückgekehrt. Sie wandern, als Laien verkleidet, umher, und obschon es lauter junge Leute sind, kann man doch den Eifer, mit dem sie sich der Arbeit weihen, und den freudigen Starkmuth, mit dem sie gegebenen Falls in den Martyrtod gehen, nicht genug bewundern. Schon haben einige mit der vollkommensten Ruhe den Tod erlitten, den Fußstapfen der Heiligen folgend, die vor ihnen denselben Weg gingen. In letzter Zeit lebten nur mehr wenige Priester in England, und der Glaube war am Aussterben, da es an Lehrern fehlte. Nur die wenigen, denen Gott Gnade gab, aus reiner Liebe zu seinem Dienste auszuharren, hatten den Muth, offen als Katholiken aufzutreten. Jetzt aber hat Gottes Güte ein Heilmittel bereitet durch die Arbeit derjenigen, welche in letzter Zeit (aus den Seminarien) herüberkamen."[5]

---

[1] The Annals of England p. 684.
[2] „For denying the Queens Supremacy."
[3] „For the like treason."
[4] Holinshed p. 1271 u. 1277: „For denying Supremacy".
[5] Mss. Simancas bei Froude XI, 53.

9. Vorbereitung eines neuen apostolischen Feldzugs.

(1579—1580.)

Der unermüdliche Dr. Allen war fort und fort bemüht, für die Bekehrung Englands neue Kräfte zu gewinnen. Zu Rom, im Herzen der katholischen Einheit und unter den Augen des Heiligen Vaters selbst, wollte er ein zweites Seminar zur Heranbildung des englischen Clerus errichten, und er fand bei seiner zweiten Romfahrt 1575/1576 in Gregor XIII. den Mann, der seine apostolischen Pläne vollkommen würdigte und willig zu deren Verwirklichung seine starke Hand bot. Kaum nach Douay zurückgekehrt, schickte Allen am 30. Juli 1576 den eben zum Priester geweihten Wilhelm Holt, später (seit 1578) Mitglied der Gesellschaft Jesu und Missionär in Schottland, als ersten Baustein des neuen Unternehmens in die ewige Stadt. Andere folgten, im ganzen 22, fast sämmtlich Theologen, bis zur Verlegung des Seminars von Douay nach Rheims im März 1578. Das englische Pilgerhaus und eine an dasselbe anstoßende Wohnung bildeten das neue Seminar, als dessen ersten Vorsteher der Heilige Vater Moritz Clenock, den kurz vor Maria's Tode ernannten Bischof für Bangor, anstellte. Die Wahl scheint keine glückliche gewesen zu sein und hatte unter den Seminaristen heftige Reibereien zur Folge, welche beinahe die Auflösung der kaum gegründeten Anstalt herbeigeführt hätten. Weihnachten 1578 erließ der Papst das Gründungsbreve des neuen Seminars, in welchem er demselben den Stiftungsfond des Pilgerhauses anwies. Aus einem Briefe Dr. Gregor Martins an den seligen Campion vom 18. Februar 1579 ersehen wir, daß die Anstalt damals 42 Zöglinge, fast lauter Theologen, zählte, und daß 3 Jesuiten als Lehrer in derselben wirkten. In den ersten Monaten von 1579 fanden die schon oben erwähnten traurigen Zerwürfnisse zwischen den Engländern und den Wales'schen statt, welche dadurch glücklich beendet wurden, daß der Heilige Vater den Wünschen der Mehrheit unter den Studenten und Dr. Allens nachgab und die Leitung des Seminars der

Gesellschaft Jesu übertrug, die demselben von da an bis zur Aufhebung des Ordens im Jahre 1773 vorstand[1].

Allen war im Sommer 1579 nach Rom geeilt. Der Zweck dieser Reise war aber nicht nur die endgiltige Schlichtung der Zwistigkeiten, sondern viel mehr noch die Absicht, die Gesellschaft Jesu zur Theilnahme an der Mission in England zu gewinnen. Manche seiner hoffnungsvollsten Seminaristen waren nämlich in den letzten Jahren in die Gesellschaft Jesu eingetreten und viele würden zweifelsohne jetzt, da das englische Seminar in Rom, wie er es selbst gewünscht hatte, der Leitung der Jesuiten übergeben war, diesem Beispiele folgen. Die Ordensoberen konnten die jungen Männer, welche offenbar Ordensberuf hatten und dringend um die Aufnahme baten, nicht wohl abweisen, und doch bewirkte ihre Zulassung, nicht bei Dr. Allen, der dafür einen viel zu weiten Blick hatte, aber bei anderen Mißstimmung, indem so manche der begabtesten Arbeiter dem Felde, für das sie zunächst bestimmt waren, entzogen wurden. Allen glaubte die Unzufriedenen am besten dadurch versöhnen zu können, daß er die Jesuiten als Mitarbeiter gewänne; so waren die Seminaristen, die aus seinen Anstalten in den Orden eintraten, gewissermaßen nur ein geliehenes Kapital, von dem er für England Zinsen und Zinseszinsen erwarten durfte.

Mit seiner gewohnten überzeugenden Beredsamkeit trug er diese Bitte dem General der Gesellschaft Jesu, P. Eberhard Mercurian, vor. Die Heiligkeit, die Nothwendigkeit, die segensreichen Folgen des Unternehmens wurden betont. Hervorgehoben wurde ferner, wie sehr die englischen Katholiken diese Hilfe ersehnten; welche Ermuthigung und Stütze es den Seminarpriestern sein würde, wenn sie die Jesuiten nicht nur im Auslande zu Lehrern, sondern auch in der Heimat als Mitkämpfer hätten; welchen Trost die Rückkehr von Ordensleuten, namentlich solchen, die keinerlei Ansprüche auf die Güter der alten Orden erhöben, den Katholiken, welche so lange Zeit keinen Ordensmann mehr sahen, bereiten würde; wie sehr dieses Arbeitsfeld dem Berufe der Jesuiten entspreche, deren Orden ja den Zweck habe, dem Umsichgreifen der neuen Irrlehren einen Damm entgegenzusetzen. Betont wurde auch, die Engländer seien nähere Nachbarn als die Indier und hätten größere Ansprüche auf geistliche Hilfe; denn strenger binde die Pflicht, die Katholiken beim Glauben zu erhalten, als die Heiden dem Glauben zu gewinnen. Ob ferner der

---

[1] Vgl. The Diary of the English College, Rome, from 1579—1773. Introduction in Records of the English Province of the Society of Jesus by Henry Foley, vol. VI.

Umstand, daß jetzt mehr Engländer in der Gesellschaft Jesu, als in allen alten Orden zusammen seien, nicht klar den göttlichen Willen erkennen lasse, der sie für das Arbeitsfeld in England berufe? Die Jesuiten hätten als Gewissensführer und Lehrer die Seminarpriester für ihr gefahrvolles Unternehmen begeistert; da sei es doch nur billig, daß sie die Last und Hitze des Tages gemeinsam mit diesen trügen und nicht selbst außer Schußweite stünden [1].

Die Gründe Allens waren gewiß schwerwiegend. Schon der hl. Ignatius hatte sich darnach gesehnt, England Hilfe zu senden. Aber von der andern Seite waren auch große Schwierigkeiten zu berücksichtigen, und das Für und Wider mußte genau abgewogen werden. Jesuiten unter diesen Umständen nach England senden, wurde geltend gemacht, heiße nichts anderes, als dieselben zur Schlachtbank schicken; die Wuth und Grausamkeit der Häretiker sei ungleich größer gegen den Orden, als gegen die Weltgeistlichen. Es werde zwar den Oberen nicht an solchen fehlen, welche die Sendung nach England trotz aller Gefahr mit Freuden annehmen, ja mit Eifer erbitten würden: ob aber das fast zweifellos sichere Opfer solcher Männer, die anderswo, menschlich gesprochen, noch lange und viel arbeiten könnten, wirklich der Klugheit gemäß und der größern Ehre Gottes entsprechend sei, das frage sich. Ganz bestimmt werde die englische Regierung sofort eine Proclamation erlassen mit der Erklärung, nicht um der Religion willen, sondern zu politischen Zwecken seien die Jesuiten nach England gekommen; das werde ihre Thätigkeit in Frage stellen. Eine andere Schwierigkeit erblickten die Ordensoberen in der Lebensweise, welche die Priester in England nothgedrungen führen mußten; diese schien mit den Ordensregeln unverträglich. Während die äußeren Gefahren diese Mission glorreich erscheinen ließen, mußten die Gefahren für das Ordensleben gewichtige Bedenken erregen. Die Missionäre würden gezwungen sein, in Verkleidung umherzuschleichen, ihren Priesterstand, ihren Ordensberuf unter dem Glanz und Flitter weltlicher Kleidung zu verbergen; sie würden voneinander getrennt und oftmals mit Leuten zweifelhaften Charakters zusammenleben müssen; sie würden von Arbeiten erdrückt werden und dabei nicht, wie in Indien, die Gelegenheit haben, den erkaltenden Eifer durch häufige geistliche Uebungen neu anzufachen; sie würden keine Ruhe, keine Sammlung haben, keine feste Ordnung einhalten können und dabei des Hochverraths angeklagt und als Hoch-

---

[1] Simpson, Edmund Campion p. 79 sq.

verräther zu Tode gehetzt werden. Schließlich sahen die Ordensoberen auch die Schwierigkeiten vorher, welche aus dem gänzlichen Mangel einer geordneten Hierarchie in England entstehen mußten, und fragten, wer denn bei vorkommenden Mißverständnissen das Amt des Schiedsrichters zwischen Welt- und Ordensgeistlichkeit übernehmen solle?

P. Mercurian kam nicht gleich zur Entscheidung; die Angelegenheit wurde wieder und wieder überlegt und im Gebete Gott empfohlen. Dr. Allen drängte, er ging zum Papste, und Gregor XIII. beschloß, um wenigstens die letzte Schwierigkeit, deren Hebung einigermaßen in seiner Gewalt war, zu beseitigen, den greisen Bischof Goldwell von St. Asaph als geistlichen Obern von ganz England in seine Heimat zu senden. Darin konnten die Jesuiten den Wunsch des Heiligen Vaters erkennen, und der P. General entschied sich für Annahme der schwierigen, ja blutigen Mission. An erster Stelle hatten zu diesem Entscheide mitgewirkt P. Claubius Aquaviva, der Nachfolger P. Mercurians im Generalate, welcher bringend bat, ihn selbst auf diese Mission zu senden, und P. Oliverius Manaräus, der deutsche Assistent, der als geborener Belgier ein ganz besonderes Interesse an dem Nachbarlande seiner Heimat nahm.

Es wurden nun für die englischen Missionäre eigene Verhaltungsmaßregeln ausgearbeitet, welche heute noch im königlichen Archiv zu Brüssel[1] eingesehen werden können und welche eine glänzende Widerlegung der landläufigen Anschuldigung sind, der Jesuitenorden habe bei seinen Missionen politische Zwecke verfolgt. Wir wollen den Auszug Simpsons mittheilen, dem man gewiß keine Parteilichkeit zu Gunsten der Jesuiten vorwerfen wird[2]. „Den Missionären wurde zuerst die Uebung der Tugend und Frömmigkeit, dann der Klugheit ans Herz gelegt, deren sie bei ihrem Wandel unter schlauen, welterfahrenen und gewissenlosen Feinden benöthigten. Zur Erhaltung der Tugend und Frömmigkeit sollten sie die Ordensregeln so genau beobachten, als es die Umstände nur gestatteten. Was die Klugheit angehe, so sollten sie stets wohl erwägen, mit wem, wann, wie und worüber sie redeten, und ganz besonders auf der Hut sein, sich nicht in der Gesellschaft guter Freunde gehen oder durch ungezügelten Eifer zur Heftigkeit hinreißen zu lassen. Ihre Kleidung solle zwar weltlich, aber nicht stutzerhaft sein; das Ordensgewand sollten sie nur tragen, wo sie ganz sicher wären, und auch dann nur bei Ausübung

---

[1] Inventaire des Archives du Provincial des Jésuits n. 1086.
[2] L. c. p. 99 sq.

priesterlicher Verrichtungen. Wenn sie nicht zusammen wohnen könnten, so sollten sie sich wenigstens oft besuchen. Was den Umgang betreffe, so sollten sie sich vorzüglich an Männer der höhern Stände anschließen, und zwar lieber an solche, welche schon mit der Kirche ausgesöhnt seien, als an solche, welche noch das Schisma umstrickte. Mit den Irrgläubigen sollten sie nicht persönlich verkehren, sondern durch Laien die einleitenden Schritte unternehmen lassen und erst dann eingreifen, wenn am guten Willen der Irrenden nicht mehr zu zweifeln sei. In Dispute über die Glaubensartikel sollten sie sich nicht gar zu gerne einlassen; wenn sie es thäten, sich jedes Sarkasmus enthalten, solide Antworten gewandten Gegenhieben vorziehen und immer an erster Stelle den allerbesten und stärksten Beweis ins Feld führen. ‚Stets sollen sie sich so betragen, daß jedermann ersehe, der einzige Gewinn, den sie ergeizen, sei der Gewinn von Seelen.' Sie sollen nicht durch die Strafgesetze verbotene Gegenstände bei sich tragen, noch sonst irgend etwas, das sie verrathen könnte, wie z. B. Briefe, und nur die zwingendsten Gründe dürfen sie veranlassen, sich als Jesuiten oder als Priester öffentlich zu bekennen. Endlich: ‚Sie sollen sich nicht in Staatsgeschäfte einmischen, noch über Politik nach Rom schreiben; auch sollen sie nichts gegen die Königin sagen, noch in ihrer Gegenwart andere gegen sie reden lassen, es wäre denn in der Gesellschaft lang erprobter und ganz zuverlässiger Freunde, und auch dann nur, wenn es durch die zwingendsten Gründe geboten scheine.'"

Nachdem diese Regeln entworfen waren, traf der P. General unter den vielen, welche die Sendung nach dem gefahrvollen Kampfplatze glühend wünschten, die Wahl der ersten englischen Missionäre; sie fiel auf P. Robert Persons (Parsons, Personius) und P. Edmund Campion (Campianus), den seligen Martyrer. Zum Obern wurde Persons bestimmt; er hatte in Rom unter den Augen des Generals gelebt und gearbeitet, der also eine genaue Kenntniß seiner außerordentlichen Tugend, seiner Wissenschaft, seiner seltenen Willensstärke, Klugheit und aller übrigen Eigenschaften hatte, welche ihn für eine so schwierige Stellung befähigten. Aber Campion stand, weder was Tugend noch Wissenschaft angeht, hinter seinem Freunde und Studiengenossen Persons zurück. An glänzenden Talenten, an der Gabe einer seltenen Beredsamkeit, des liebenswürdigsten Umgangs, einer erhabenen Begeisterung für alles Schöne und Edle, an glühendem Seeleneifer überholte er Persons, wie alle, welche diese beiden Männer kannten, eingestehen, während sie dem letztern einen ruhigern Verstand, größere Klugheit und tiefere Menschenkenntniß zusprechen. Beide Männer er=

gänzten sich gegenseitig in wunderbarer Weise, und von ihrem gemeinsamen Wirken durften sich die Oberen unter Gottes Hilfe mit Recht die segensreichsten Früchte versprechen.

Wir müssen das Lebensbild der beiden Männer und namentlich Campions, welcher in den jetzt folgenden Ereignissen eine so hervorragende Rolle spielte, bis zu dem Augenblicke ihrer Abreise aus Rom kurz zeichnen, bevor wir die Erzählung ihres glorreichen Unternehmens aufnehmen.

Robert Persons war der Sohn eines angesehenen Freisassen (yeoman), der sich durch die Zeitströmung von der Kirche hatte losreißen lassen, der aber (1579) durch den seligen Martyrer Alexander Briant wiederum mit dem Glauben seiner Väter ausgesöhnt wurde. Die Mutter hatte um des Glaubens willen viel zu leiden und starb zu London hochbetagt um 1599. Robert erblickte das Licht der Welt zu Neitherstowey bei Bridgewater in Somersetshire am 24. Juni 1546. Der Geistliche seines Heimatsorts, ein früherer Regularcanoniker, entdeckte in dem Knaben seltene Talente und schickte ihn um 1564, nach der ersten Vorbildung, die er ihm selbst ertheilt hatte, in die St. Mary's Hall zu Oxford, wo er sich bald unter den ersten rühmlich hervorthat. Schon 1568 erwarb er das Baccalaureat, 1572 wurde er Magister artium, Mitglied (fellow) des Balliol Collegs und ein gefeierter Lehrer. Aber seinem ernsten Sinn genügte die von Elisabeth verordnete Staatsreligion nicht. Bald entdeckte er, daß die Wahrheit nur in der alten katholischen Kirche zu finden sei. Sofort war er entschlossen, der erkannten Wahrheit jedes Opfer zu bringen; er entsagte am 13. Februar 1574 seiner Stellung und verließ die Heimat. Er wollte nun auf die Universität von Padua, um Medicin zu studiren. Auf der Reise dorthin machte er zu Löwen die Bekanntschaft des P. William Grob, eines englischen Jesuiten, und dieser leitete ihn an, die geistlichen Uebungen des hl. Ignatius zu machen. Persons ging zwar nach Padua; aber der erhaltene Eindruck war so gewaltig und die Stimme der Gnade rief so klar, daß er nach wenigen Monaten nach Rom eilte, um Aufnahme in die Gesellschaft Jesu bat und am 24. Juli 1575 in das Noviziat eintrat. Am römischen Colleg studirte er Theologie, erhielt 1578 die Priesterweihe, wurde Gehilfe des Großpönitentiars und mit der Leitung der Novizen betraut. Dringend wünschte der eifrige Ordensmann, als Missionär nach Indien geschickt zu werden. Statt dessen erhielt er nun die Sendung nach England[1].

---

[1] Vgl. Records v. VII, 571 sq.; Dodd II, 402.

Der selige Edmund Campion, Persons' Freund und Gefährte, wurde zu London am 25. Januar 1540 von nicht reichen, dem Bürgerstande angehörigen Eltern geboren. Sein Vater war ein Buchhändler; nach dessen Tode nahm sich die Kaufmannsgilde des Knaben an, der in früher Jugend ein seltenes Talent verrieth, und ließ ihn zunächst die Lateinschule der Christus-Kirche in der Newgate-Straße besuchen. Bald stand er im Rufe des besten Schülers von London und begrüßte als solcher am 3. August 1553 die Königin Maria bei ihrem feierlichen Einzuge in London mit einer Anrede vor der St.-Pauls-Schule. Die Königin war mit dem jungen Redner, der sich durch den Glanz und die Pracht des Hofes, durch die unabsehbare Volksmenge und den brausenden Festjubel nicht beirren ließ, sehr zufrieden, und Tausende schrieen ihm Beifall. Es war der erste Triumph dieser Art seines Lebens, das an solchen Triumphen reich war; damals stand der 13jährige Knabe auch zum erstenmale der Lady Elisabeth gegenüber, die 28 Jahre später sein Todesurtheil bestätigte und vollstrecken ließ. Auch Sir Thomas White, der Lord-Mayor von London, wurde damals auf den talentvollen Schüler aufmerksam und nahm ihn 1557 in das von ihm gegründete St.-Johns-Colleg zu Oxford auf.

Auch an diesem Sitze der Musen, an dem sich die besten Talente von ganz England bildeten, glänzte der junge Campion in den humanistisch-classischen Studien bald als ein Stern erster Größe. Es war damals Sitte, daß alle hervorragenden Ereignisse, welche die Universität berührten, durch Reden gefeiert wurden. Campion traf es, auf Robert Dudley's unglückliches Weib Amy Robsart eine Trauerrede zu halten, die sehr bewundert wurde. Er hielt auch dem Stifter des St.-Johns-Collegs, seinem persönlichen Wohlthäter, Sir Thomas White, 1564 eine wundervolle lateinische Grabrede, die uns erhalten ist[1]; in derselben hob er, im Gegensatze zu den Neuerern, die Werke der Barmherzigkeit so beredt hervor, daß er die Zuhörer mit sich fortriß, wie Persons als Augenzeuge berichtet, und die Prädikanten für lange Zeit über diesen Punkt zum Schweigen brachte. Campion war es wiederum, der im Jahre 1566, als Elisabeth Oxford besuchte, die Königin im Namen der Universität mit einer lateinischen Rede begrüßte, vor ihr und dem Hofe mit großem Beifall Sätze aus der Physik vertheidigte[2] und in einer Disputation glänzte,

---

[1] Stonyhurst Mss., Anglia II, 586.
[2] Darunter über die Ursachen der Ebbe und Flut.

welche auf Wunsch des spanischen Gesandten ohne jede Vorbereitung über
eine von der Königin selbst gestellte Frage unternommen wurde. Elisabeth
zeichnete ihn dann auch vor allen aus und empfahl ihn ihrem Günstlinge
Leicester und Sir William Cecil. Unter solcher Protection stand dem
jungen Manne, er mochte in den Dienst des Staates oder der Staats=
kirche treten, eine glänzende Laufbahn offen. Inzwischen wurde er an
der Universität geradezu gefeiert; ein ganzer Kranz von Jünglingen
schaarte sich um ihn und suchte ihn nachzuahmen. Seine persönliche
Liebenswürdigkeit ließ den Neid, den seine Erfolge leicht hätten wecken
können, nicht aufkommen [1].

Aber diese Triumphe hatten für den Jüngling ihre Gefahren und
hätten seine Seele beinahe in traurige Fesseln geschlagen. Um die aka=
demischen Grade zu erlangen, mußte er den Suprematseid leisten, der
ihn von der Kirche losriß. Das Beispiel und der Befehl seiner Vor=
gesetzten mag als Milderungsgrund gelten; dazu kam die lange Ent=
behrung der sacramentalen Gnaden. Allein ein Hauptbeweggrund seiner
Einwilligung war die in seinem Herzen erwachte und durch das Lob
seiner Freunde genährte Ehrsucht; er konnte sich noch nicht entschließen,
der glänzenden Laufbahn zu entsagen, deren Pforte der verbotene Eid
war. Daß er dessen Unerlaubtheit erkannte, geht daraus hervor, daß er
dem jüngern Persons behilflich war, an dem Eide vorbeizukommen [2]. Bis
1567 hatte sich Campion mit humanistischen und philosophischen Studien
beschäftigt; dann begann er nach Absolvirung des Aristoteles das Stu=

---

[1] Einer seiner Mitschüler sagt in einer Elegie auf seinen Tod:
„Novi te Oxonii puerum puer: haeret imago
   Prima tui cordi non abolenda meo.
Doctus eras, facundus eras, gratissimus unus
   Omnibus ob mores ingeniumque tuum.
Per quoscumque gradus ires, seu laurea bacca,
   Sive magisterii te decoraret honor,
Primus eras princepsque gregis; cessere priores
   Partes et palmam caetera turba tibi." (Concertatio f. 66.)
„Kannt' ich zu Oxford dich doch, der Knabe den Knaben; es hatte
   Unauslöschlich dein Bild tief sich ins Herz mir geprägt.
Weise du warst und beredt und allen bei weitem der Liebste
   Ob deiner Sitte und Huld, ob deines selt'nen Talents.
Auf was immer für Stufen du schrittst, ob der Lorbeer dich krönte,
   Ob des Lehrers Amt Würde und Zier dir verlieh:
Erster du warst und der Führer der Schaar; es wichen dir alle,
   Sieg und Palme zugleich gerne verliehen sie dir."

[2] Stonyhurst Mss. Collect. Soc. Jesu I, 149.

bium der Väter und der Controversisten. Bald kamen ihm Gewissens=
bedenken; aber der Umgang mit dem anglikanischen Bischof Richard
Cheney, der, obschon im Herzen katholisch, der Meinung war, man
dürfe sich der Staatsreligion fügen, beschwichtigte dieselben so weit, daß
er sich sogar bereden ließ, die anglikanische Diakonatsweihe zu empfangen.
Cheney hätte ihn nämlich gerne zum Nachfolger als Bischof von Glou=
cester gehabt [1].

Diese unglückselige Weihe, welche der Selige zugleich mit dem
Suprematseid sein ganzes Leben hindurch mit bitteren Thränen beweinte
und am Ende desselben glorreich mit seinem Blute abwusch, bildete aber
auch den Wendepunkt in seinem Leben. Der traurige Fall öffnete ihm
die Augen und zeigte ihm, wohin ihn der Ehrgeiz geführt hatte. Die hef=
tigsten Gewissensbisse erwachten, und kein Drängen der Freunde konnte
ihn bewegen, auf dem betretenen Pfade weiter zu schreiten. Nach länge=
rem Kampfe verließ er Oxford und ging nach Irland, wo er an der
Hochschule von Dublin ein Lehramt übernahm und offen als Katholik
lebte, obgleich die förmliche Aussöhnung mit der Kirche noch nicht ge=
schehen war. Eine Frucht seines dortigen Aufenthalts ist die in herrlichem
englischen Stile, ein Muster englischer Prosa für seine Zeit, verfaßte
Geschichte Irlands [2]. Sein offenes Bekenntniß des katholischen Glaubens
erzürnte die Neuerer, und er wäre gefänglich eingezogen worden, hätten
ihn nicht einflußreiche Freunde beschützt und rechtzeitig gewarnt. So ent=
kam er in der Nacht des 17. März 1571 den Häschern, die ihn ver=
haften wollten, und fand zu Turvey, acht englische Meilen von Dublin,
bei Sir Christoph Barnewall eine Zuflucht. Um seinen edeln Gastfreund
nicht in Gefahr zu bringen, floh Campion als Lakai verkleidet unter dem
Namen Mr. Patrick nach England. Die Häscher waren ihm auf der
Spur; sie durchsuchten das Schiff; aber der Selige, der vertrauensvoll
die Hilfe des hl. Patricius anrief, wurde nicht entdeckt, was er einem
ganz besondern Schutz dieses Heiligen zuschrieb. Seine Geschichte Irlands
fiel den Verfolgern in die Hände; er bekam sie nie mehr zu sehen und
glaubte sie verloren. Erst nach seinem Tode kam sie wieder zum Vor=
scheine und wurde 1586 im zweiten Bande von Holinsheds Chronicles
abgedruckt [3].

---

[1] Simpson, Edmund Campion p. 20.
[2] Ein durch Feuer leider stark beschädigtes Manuscript derselben enthält das
Britische Museum Cott. Ms. Vitellius F. IX. 78. b.
[3] Simpson l. c. p. 42.

Glücklich erreichte er London und wohnte, wie wir gesehen haben[1], am 26. Mai 1571 in der Westminster-Hall der Verurtheilung des seligen Storey bei. Das bestimmte seinen Entschluß, sofort nach Flandern zu eilen, „nicht um der Gefahr zu entgehen", wie Simpson schön bemerkt[2], „sondern um derselben mit größerem Nutzen entgegenzutreten". Auf dem Kanal wurde sein Schiff durch den Capitän der englischen Fregatte „Hare" angehalten, und der Selige ward, da er keinen Paß hatte und somit als Papist verdächtig war, sammt seinem Gepäck nach Dover zurückgebracht. Der Capitän that, als wolle er den Gefangenen sofort nach London bringen; nachdem er sich aber dessen Baarschaft bemächtigt, war sein patriotischer Eifer bedeutend ermäßigt, und er ließ den Papisten entwischen. Abermals versuchte nun Campion sein Glück und erreichte Douay, wo er von seinen alten Oxforder Freunden und Dr. Allen mit offenen Armen aufgenommen wurde. Hier kehrte er nun alsbald förmlich in den Schooß der katholischen Kirche zurück, von der er schon lange nur mehr äußerlich getrennt war. Mit Eifer warf er sich dann auf das Studium der scholastischen Theologie. Noch besteht das Exemplar der Summa des Aquinaten, welches dem Seligen zu Douay diente, und legt durch die zahlreichen Bemerkungen, mit denen die Hand Campions den breiten Rand der Plantin'schen Ausgabe bedeckte, Zeugniß ab von dem Fleiße, dem Wissen und der Geistesschärfe Campions[3]. Aus diesen Randbemerkungen erhellt, daß der Selige auch das Studium des hl. Thomas in erster Linie pflegte, um Waffen zur Vertheidigung des katholischen Glaubens gegen die Irrlehrer seiner Zeit zu sammeln. In Douay empfing er die niederen Weihen und das Subdiakonat. Das Seminar von Douay hatte bei der Ankunft Campions noch lange nicht so viele Zöglinge, wie Simpson[4] annimmt; noch im Jahre 1575 zählte es kaum 60 Zöglinge[5], nahm aber von dieser Zeit an stetig zu. Neben seinen theologischen Studien war Campion Lehrer der geistlichen Beredsamkeit und hatte als

---

[1] Vgl. oben S. 79.   [2] L. c. p. 45.
[3] Wie auf dem Titelblatte des ersten Bandes vom Seligen bemerkt ist, kaufte er die Summa am 13. August 1571. Die genaue Beschreibung des kostbaren Exemplars und der Randbemerkungen Campions gab dem verdienten Dekan der Universität von Lille, Canonikus Didiot, soeben den Stoff zu einer interessanten Schrift: „La Somme d'un Martyr" (Bergès, Rue Royal 2, Lille). Campions Exemplar der Summe des Aquinaten befindet sich jetzt im Besitze des Noviziatshauses der englischen Provinz zu Roehampton. Vgl. The Month n. 279, p. 39.
[4] Edmund Campion p. 46.
[5] Douay Diary, p. XXXVI u. 310.

solcher den seligen Cuthbert Maine, der ihm zur Marterkrone voranging, zum Schüler. Aber mehr noch durch sein Beispiel als durch trockene Regeln war er der Lehrer seiner Schüler. Nach seiner Predigt über die heiligen Engel erklärte Gallenius, der Kanzler der Universität, Flandern habe keinen solchen Geist hervorgebracht. Ganz besonders berühmt war seine Rede De juvene academico (Ueber den Studenten der Hochschule), und wir wollen als eine kurze Probe den Schluß derselben hier anführen:

„Höret Euren himmlischen Vater, der seine Talente mit Wucher zurückverlangt; höret die Kirche, die Mutter, die uns gebar und mit ihrer Milch groß zog, die jetzt um unsere Hilfe fleht; höret den mitleiderregenden Nothschrei unserer Nachbarn, die in Gefahr und geistlicher Hungersnoth sind; höret das Geheul der Wölfe, welche die Lämmer zerreißen! Die Ehre Eures Vaters, die Erhaltung Eurer Mutter, Euer eigenes Heil und die Rettung Eurer Brüder stehen auf dem Spiele — könnt Ihr da noch müßig sein? Wenn dieses Haus vor Euren Augen in Flammen stände, was würdet Ihr von einem jungen Laffen denken, der, während alles auf dem Spiele steht, sänge und Grimassen schnitte und in die Hände klatschte und sein Steckenpferd tummelte? Seht, die Bosheit der Verworfenen möchte das Haus Gottes den Flammen und dem Untergange weihen; zahllose Seelen sollen getäuscht, zum Falle gebracht, dem Verderben überantwortet werden, und jede dieser Seelen ist mehr werth als die Herrschaft der ganzen Welt! Nein, nein, ich beschwöre Euch, betrachtet ein solches Trauerspiel nicht als einen Scherz! schlafet nicht, während der Feind wacht! spielet nicht, während er seine Beute zerreißt! überlasset Euch nicht der Trägheit und Eitelkeit, während er im Herzblut Eurer Brüder wühlt! Nicht Reichthum oder Freiheit oder Lebensstellung, sondern das ewige Erbe eines jeden von uns, das Lebensblut unserer Seelen, unser Geist und unser Leib zugleich, haben den Schaden zu tragen. Sehet also wohl zu, meine theuersten und hochgebildeten Jünglinge, daß Ihr keinen Augenblick dieser kostbaren Zeit verlieret, sondern mit einer reichen, goldenen Ernte versehen dieses Seminar verlassen könnt, mit einer Ernte, die ausreichend ist, der öffentlichen Noth beizuspringen und für Euch selbst den Lohn pflichttreuer Söhne zu gewinnen."

Inzwischen nahm das Tugendleben unseres Seligen einen gewaltigen Aufschwung. Eine Sehnsucht nach Buße, nach höherer Vollkommenheit, nach dem Ordensstande erfaßte ihn, und er sprach Dr. Allen seinen

Wunsch aus, in die Gesellschaft Jesu einzutreten. Ein minder großherziger Mann würde wohl alles aufgeboten haben, um seinem Seminar diesen vorzüglichen Lehrer, England einen so hochbegabten Missionär zu erhalten; Dr. Allen aber ließ ihn ziehen, überzeugt, das Opfer, welches er Gott bringe, werde England reiche Früchte tragen, und er täuschte sich nicht. Campion machte die Fahrt nach Rom, wo er um die Aufnahme bitten wollte, im März 1573 als einen Bußgang zu Fuß im Gewande eines armen Pilgers zu einer Zeit, da noch hoher Schnee die Alpen bedecken mußte. Unterwegs traf er mit einem Protestanten aus Orford zusammen, der ihn einst in schönen Kleidern und unter glücklichen Verhältnissen gekannt hatte. Der reiche Engländer ritt an dem Pilger im Bettlergewande vorüber; dann fiel es ihm auf, er müsse den Mann schon gesehen haben, und er ritt zurück. Jetzt erkannte er ihn, sprang vom Pferde, schüttelte Campion die Hand und rief außer sich vor Mitleid, ob er denn von Räubern geplündert worden sei, daß er in einem solchen Aufzuge des Weges komme. Als er erfuhr, das geschehe aus freiwilliger Buße, war er außer sich über einen solchen Einfall, der eines Engländers unwürdig sei, und zog seine Börse mit der Bitte, Campion möge zugreifen. Aber Persons erzählt uns, Campion redete so beweglich über die Weltverachtung und über die große Würde, Christo in Armuth zu dienen, daß der Mann tief ergriffen von dem Pilger Abschied nahm[1].

Im April 1573[2] erreichte der Büßer die heilige Stadt. Wahrscheinlich nahm er im englischen Pilgerhause seine Wohnung. Cardinal Gesualdi, den der Selige besuchte, fragte ihn um seine Meinung über die Bulle Pius' V. und bot ihm an, ihn in seine Dienste zu nehmen; der Selige aber erklärte dem Cardinal, sein Wunsch sei die Aufnahme in die Gesellschaft Jesu. Dieser Wunsch ging bald in Erfüllung. Am 23. April 1573 wurde Eberhard Mercurian zum General gewählt, und wenige Tage später nahm er Edmund Campion als den ersten Novizen unter seinem Generalat in die Gesellschaft auf. Eine englische Ordensprovinz gab es damals noch nicht, und so wurde er nach einem Wettstreite der zur Generalswahl versammelten Provinciale, wer Campion für sich gewinnen sollte, wie P. Persons erzählt, schließlich der öster-

---

[1] Simpson l. c. p. 52.
[2] Simpson glaubt irrthümlich, der selige Campion sei bereits im Herbste 1572 in Rom angekommen. Wie aus dem Douay Diary (Appendix p. 278) hervorgeht, hielt der Selige am 21. Januar 1573 zu Douay seinen letzten öffentlichen Act als Baccalaureus Theologiae.

reichischen Provinz zugeschrieben. Im Sommer reiste er mit dem Provinzial P. Lorenz Maggi (Magius) nach Wien und von dort weiter nach Prag ins Noviziat. Dasselbe wurde aber noch im gleichen Herbste nach Brünn verlegt, und so machte er sein erstes Probejahr in Mähren. Campion fand selbst während dieses Jahres Gelegenheit, seinen Seeleneifer unter den umwohnenden Irrgläubigen zu bethätigen; es gelang ihm mit Gottes Gnade, in den Dörfern um Brünn manchen derselben mit der Kirche zu versöhnen. In Brünn war es auch, wo ihm unter einem alten Maulbeerbaum im Garten die seligste Jungfrau in der Gestalt ihres dem hl. Lucas zugeschriebenen Bildes erschien, welches zu Rom in Maria Maggiore verehrt wird und dessen Abbildungen der hl. Franz Borgia an alle Noviziatshäuser des Ordens vertheilt hatte. Die Erscheinung zeigte ihm ein purpurrothes Gewand, und er erkannte sofort, das sei ein Zeichen, daß er das Glück haben solle, sein Blut für den Glauben zu vergießen[1].

Im Herbste 1574 wurde der Novizenmeister P. Paul Campanus als Rector an das Colleg von Prag versetzt; er nahm seinen eifrigen Novizen Campion mit sich, und nun begann für diesen eine Reihe einförmiger und anstrengender Arbeiten als Lehrer der Rhetorik, als Präfect in dem Institute der Adeligen, als Vorsteher der Marianischen Congregation unter den Studirenden. Vom Erzbischofe Anton von Prag wurde er zum Priester geweiht und feierte sein erstes heiliges Meßopfer am 8. September, dem Feste Mariä Geburt, 1578. Von nun an widmete er die ganze Zeit, welche ihm die Schule ließ, dem Beichtstuhle und der Kanzel. Als Prediger genoß er einen großen Ruf. Der Hof, der damals in Prag weilte, und Kaiser Rudolf II. selbst besuchte oft seine Predigten; sogar der englische Gesandte, Sir Philipp Sidney, gestand später, zu den denkwürdigsten Ereignissen, die er in Prag erlebt, zähle er eine Predigt Campions, welche er in Gesellschaft des Kaisers besuchte. In Prag verfaßte der Selige auch die beiden in classischem Latein geschriebenen Trauerspiele „König Saul" und die „Ambrosiana Tragoedia", welche beide mit großem Beifall wiederholt vor dem kaiserlichen Hofe aufgeführt wurden. So wirkte der Selige, von allen geachtet und geliebt, mehr noch seiner Tugend als seines seltenen Talents und gewinnenden Wesens wegen, bis zum März 1580 in Prag, als der Befehl des P. General eintraf, der ihn nach Rom berief, von wo aus der Selige die

---

[1] Simpson l. c. p. 74.

Reise nach England antreten sollte. Wer war glücklicher als Campion, der also seinen heißesten Wunsch verwirklicht sah! Er hat sich nicht weniger gefreut, als Dr. Allen, der ihm den Entschluß seiner Oberen in den folgenden Zeilen voll Jubel anzeigte:

„Mein Vater, Bruder, Sohn, Edmund Campion; denn indem ich Euch anrede, muß ich jeden Ausdruck der zärtlichsten Liebe wählen. Euer Ordensgeneral, der für Euch die Stelle Christi vertritt, ruft Euch von Prag nach Rom, von wo Ihr nach England gehen sollt; Eure Brüder dem Fleische nach rufen Euch; denn obschon Ihr deren Worte nicht hört, hat doch Gott deren Gebet erhört. Da darf ich, der ich mit ihnen, mit Euch und mit unserem gemeinsamen Vaterlande sowohl durch irdische Bande als im Herrn so innig verbunden bin, doch allein nicht schweigen, während ich der erste sein sollte, an Euch meine Sehnsucht, meinen Ruf, meinen Nothschrei zu richten. Eilt Euch also und kommt, theuerster Campion! Genug habt Ihr in Prag gearbeitet, um den Schaden gutzumachen, den unsere Landsleute Böhmen zufügten[1]. Pflicht, Frömmigkeit und Christenliebe rufen Euch jetzt, den Rest Eures Lebens und einen Theil Eurer außerordentlichen Talente unserer geliebten Heimat zu weihen, welche Eurer Arbeit in Christus am nothwendigsten bedarf. Bei der Frage nach Eurem persönlichen Wunsch und Eurer Neigung mag ich mich gar nicht aufhalten, da ich weiß, daß Euer Glück darin besteht, nicht nach dem eigenen Willen, sondern nach dem Winke des Gehorsams zu leben, und daß Ihr weder vor den größten Gefahren noch vor dem entlegensten Winkel Indiens zurückschreckt, wenn Eure Obern Euch dorthin senden wollten. Groß ist unsere Ernte in England; die gewöhnlichen Arbeiter reichen nicht aus; geübtere Männer sind nöthig, Ihr vor allen und andere aus Eurem Orden. Der General hat alle unsere Bitten erhört; der Papst, der wahre Vater unserer Heimat, hat zugestimmt, und Gott, in dessen Hand der Sieg ist, hat endlich gewährt, daß unser Campion mit seinen außerordentlichen Gaben der Weisheit und Gnade uns zurückgegeben werde. Auf denn, bereitet Euch zur Reise, zur Arbeit, zum Leiden! Ein ausgezeichneter Mitarbeiter wird Euch zur Seite stehen, und obschon diejenigen noch leben, ‚welche dem Kinde nach dem Leben trachten‘, glaube ich doch, daß in letzter Zeit euch im Herrn ‚ein Thor geöffnet ist‘. Nicht ich werde, wie einst Eurer Seele ahnend vorschwebte, für Euch und Euren Orden in England einen Platz bereiten,

---

[1] Durch die Irrlehre Wiclifs.

sondern Ihr werdet, wie ich hoffe, mir und den Meinen die Rückkehr erschließen. Alles andere mündlich, mein lieber Campion; hoffentlich trefft Ihr bald hier ein; denn ich weiß nicht, wie lange ich noch in Rom bleiben kann, und muß mit Ende Winter jedenfalls nach Rheims oder Douay, wo unsere gemeinsamen Freunde Bristow und Martin jetzt weilen. Ihr werdet ob unserer belgischen und römischen Collegien staunen und leicht einsehen, weshalb jetzt unsere Hoffnung für die Heimat so groß ist. Inzwischen wollen wir zum Herrn der Ernte bitten, daß er uns seiner Gnade und Heimsuchung würdig mache, und tilget Ihr durch Eure Gebete und Opfer meine Sünden vor Jesus Christus, der Euch wohlbehalten uns möglichst bald zuführe."[1]

In den ersten Tagen des März 1580 muß der Selige Prag verlassen haben; denn er hielt am Feste des hl. Thomas von Aquin in München vor dem Hofe und den Studirenden eine begeisterte Lobrede über den Text: Vos estis sal terrae (Ihr seid das Salz der Erde)[2]. Er reiste bis München in der Gesellschaft Ferdinands, des zweiten Sohnes des Herzogs Albert von Bayern, der ihn zu Wagen bis Innsbruck bringen ließ. Von dort setzte er die Reise zu Fuß fort bis Padua, wo ihn die Oberen verpflichteten, sich eines Pferdes zu bedienen, und so erreichte er Rom am 2. April 1580, am Charsamstage.

Die Osterwoche verging in Zurüstungen zur Abreise nach England. Auf die Bitte der Missionäre wurde die Bulle Pius' V., wie Campion es Cardinal Gesualdi gegenüber geäußert hatte, dahin geändert, daß es den Katholiken erlaubt war, Elisabeth als Königin anzuerkennen, „so lange die gegenwärtige Lage fortdaure". Am 14. April ertheilte der Papst Persons und Campion die weitgehendsten geistlichen Vollmachten und Ablässe, und zwei Tage später erlaubte er ihnen, dieselben allen Weltpriestern mitzutheilen. Ebenso sorgte er für das nöthige Reisegeld. Inzwischen besuchte Campion noch einmal die Kirchen und Heiligthümer Roms und verkehrte im englischen Colleg mit den Landsleuten, welche sich zu derselben Fahrt vorbereiteten. Drei Priester und zwei Studenten, welche die Priesterweihe noch nicht empfangen hatten, waren die Erstlinge, die dieses Seminar nach England schickte.

---

[1] Letters and Memorials of Cardinal Allen p. 84 n. 24, datirt: 5. December 1579 im englischen Colleg zu Rom.

[2] Simpsons Angabe a. a. O. S. 96, Campion habe Prag am 25. März verlassen, muß also irrthümlich sein.

An ihrer Spitze stand der selige Rudolf Sherwin, der Protomartyr dieses Collegs, dessen Name auch an erster Stelle im Diarium des englischen Collegs eingetragen ist [1]. Er war in Derbyshire geboren, machte seine Studien im Exeter-Colleg zu Oxford und erwarb sich den Ruf eines ausgezeichneten Griechen und Lateiners, verließ aber sein Vaterland und kam 1575 nach Douay, von wo er in das neugegründete englische Colleg in Rom übersiedelte. 1579 ist er in dem eben genannten Tagebuch dieses Seminars als Priester, mit der Angabe „29 Jahre alt", angeführt. Bischof Goldwell wählte ihn zu seinem Kaplan [2], als ihn der Heilige Vater nach England schickte. Auch der selige Lucas Kirby [3], der zweite der kleinen Schaar, erlangte die Martyrkrone. Nach Dodd [4] war derselbe zu Richmond in Yorkshire geboren und 1576 zu Douay eingetreten, wo er im darauffolgenden Jahre die Priesterweihe empfing. Auch er war erst 31 Jahre alt, als er die gefahrvolle Mission nach England antrat. Der dritte Priester war Eduard Rishton, der, wie die beiden genannten, zum Tode verurtheilt wurde. Sein Todesurtheil ward jedoch in Verbannung verwandelt, und so entging ihm die Palme der Martyrer. Ihm verdanken wir das dritte Buch zu Sanders' Geschichte des anglikanischen Schismas und als Anhang dieses Werkes ein Tagebuch über die Vorgänge im Tower von 1580—1585 [5]. Die Geschichte seines Lebens bis zur Reise nach England gleicht ganz derjenigen seiner Gefährten. Er war in der Nähe von Blackburn in Lancashire geboren und kam um 1568 in das Brazennose-Colleg von Oxford, verließ 1573 um der Religion willen seine Heimat und machte seine Studien zu Douay und Rom im englischen Colleg [6]. Auch er war 30 Jahre alt, als er in die englische Mission reiste. Er starb zu Pont-à-Mousson am Feste Peter und Paul 1585, wenige Wochen nach seiner Verbannung aus England [7]. — Von den beiden noch nicht zu Priestern geweihten Studenten, Thomas Bruscoe (Briscoe oder Bruce, auch Burscough) und Johann Pascal, empfing der erstere zu Douay (Rheims?) auf der Reise nach England die Priesterweihe, damals 26 Jahre alt. Er wurde ebenfalls gefangen und

---

[1] Records of the English Province vol. VI. Diary of the English College p. 180. Vgl. Diarium primum p. 8.   [2] Dodd II, 132.
[3] Diary of the English College l. c. p. 182.
[4] L. c. II, 126. Vgl. Diarium primum p. 8.
[5] Diarium rerum gestarum in Turri Londinensi 1580—1585. Am Schlusse der Ausgabe von Sanders von 1588.
[6] Dodd II, 74. Vgl. Diarium secundum p. 154.
[7] Diary of the English College l. c. p. 132.

nach längerer Haft im Tower aller Wahrscheinlichkeit nach verbannt[1]. Pascal galt als ein besonderer Liebling des Papstes; er war der einzige von der Schaar, der das Unglück hatte, um sein Leben zu retten, vom Glauben abzufallen. — Mit den beiden Jesuiten gingen zwei Laienbrüder; der Name des einen ist nicht angegeben, der andere war Bruder Rudolf Emerson, der so viele Jahre in der englischen und schottischen Mission thätig war und jahrelang von Kerker zu Kerker geschleppt wurde, bis er endlich 1603 bei der Thronbesteigung Jakobs I. verbannt ward und im darauffolgenden Jahre zu St. Omer eines heiligmäßigen Todes starb[2].

Am 18. April 1580 trat die apostolische Schaar die gefahrvolle Fahrt an, nachdem sie von Gregor XIII. den Segen erhalten hatte[3]. Auch zu dem greisen hl. Philipp Neri gingen sie. „Mann für Mann traten diese jugendlichen Soldaten vor den Greis hin, und Mann für Mann harrten sie aus im Kampfe und errangen Krone und Palme, mit Ausnahme des einen, der nicht hinging und diesen gnadenreichen Segen nicht empfangen wollte."[4] Sie reisten nicht in priesterlichen Kleidern, weil sie durch manche protestantische Städte und Länder ziehen mußten. Als man dem seligen Campion einen neuen Anzug anbot, wollte er ihn durchaus nicht nehmen, sondern kleidete sich in abgetragene Gewänder und warf einen alten Mantel um seine Schultern. „Für ihn, der nach England gehe, um gehängt zu werden, sei jeder Anzug gut genug, sagte er, wie Persons erzählt."[5] Auch liebte er es auf der ganzen Reise, als Bedienter eines seiner Gefährten aufzutreten. Bis nach Ponte Molle begleiteten sie fast alle Engländer, welche in Rom waren, darunter Sir Richard Shelly, der englische Prior der Malteser, und im Namen des Generals der Gesellschaft Jesu der deutsche Assistent P. Oliverius Manaräus, zu dessen Assistenz damals England gehörte. Am selben Tage noch theilte ein Spion der englischen Regierung, der sich als Student in das englische Colleg eingeschlichen hatte, dem Staatssecretär Walsingham die Namen und das Signalement der Abgereisten mit.

So zog nun die jugendliche Streiterschaar dem fast sichern Tode entgegen. Ueber Bologna, wo sie die Gastfreundschaft Cardinal Paleotto's

---

[1] Diary of the English College l. c. p. 134.
[2] Seine ausführliche Biographie siehe in Records of the English Province vol. III, 17 sq.; Kobler S. J., Die Martyrer und Bekenner der Gesellschaft Jesu in England, S. 460.
[3] Diary of the English College; Annal Letters p. 69.
[4] Dr. Newman bei Simpson l. c. p. 111. [5] Simpson l. c. p. 108.

genossen, ging es nach Mailand, wo der hl. Karl Borromeo, der besondere Beschützer der englischen Verbannten, sie nöthigte, acht Tage lang unter seinem gastlichen Dache zu verweilen. „Er hielt manche gelehrte und gottselige Gespräche mit uns," sagt P. Persons, „welche alle auf die Verachtung dieser Welt und den vollkommenen Eifer im Dienste Christi abzielten. Und davon sahen wir in ihm selbst und in seinem strengen und arbeitsamen Leben ein seltenes Beispiel. Durch fortgesetzte Mühsale, Fasten und Bußwerke ist er nur mehr Haut und Knochen, so daß er uns auch ohne Worte eindringlich genug predigte und wir hoch erbaut und außerordentlich begeistert von ihm schieden."[1]

Von Mailand führte sie der Weg über Turin nach Genf. Es gehörte gewiß Muth dazu, diese Wiege des Calvinismus, die mit den Neuerern in England so enge verbunden war, zu betreten, und wohl kam ihnen der Gedanke, sie möchten festgenommen und gefangen Walsingham eingeliefert werden. An den Thoren, welche herumstreifender spanischer Truppen wegen scharf bewacht wurden, hielt man sie an und führte sie vor den Magistrat, der auf offenem Marktplatze in einer Sitzung versammelt war. Nach den gewöhnlichen Fragen über Woher und Wohin sagten die Rathsherrn: „Seid ihr von unserer Religion?" „Nein," antwortete Pascal. „Vom ersten bis zum letzten sind wir katholisch," fügte Bruscoe hinzu. „Das sind wir auch," entgegnete der Rath. „Ja," erwiederte der selige Sherwin, „aber wir sind römisch-katholisch." „Das wundert uns," sagte ein Rathsherr; „denn Eure Königin und Euer Reich haben unsere Religion." „Was die Königin angeht," entgegnete einer (P. Persons kann sich nicht mehr erinnern, ob es Campion war), „so können wir wirklich bei der Verschiedenheit der Glaubensmeinungen unserer Tage nicht sagen, ob sie Eure Religionsgenossin ist. Was aber das Reich betrifft, müßt Ihr wissen, daß viele Engländer weder ihre noch Eure Religion theilen, sondern gute katholische Christen sind und um ihres Glaubens willen den Verlust ihres Vermögens und das Exil erdulden. Zu dieser Zahl gehören wir, die wir mehrere Jahre in Italien lebten und jetzt auf der Reise nach dem englischen Seminar zu Rheims sind und so Genf berührten, um den Spaniern und den Aufständischen in der Dauphiné nicht in die Hände zu fallen." Der Rath von Genf ehrte dieses offene Religionsbekenntniß und ließ die Fremden zur Verpflegung in die städtische Herberge führen. Nach Tisch machten sie Theodor Beza

---

[1] Simpson l. c. p. 111.

einen Besuch, mit dem sie sich nicht ungern in ein Religionsgespräch eingelassen hätten. Sein Weib Candiba, von der sie viel gelesen, öffnete ihnen die Thüre, ließ sie aber nur in ein kleines Höfchen eintreten. Da sahen sie Calvins Nachfolger und brachten ihn einigermaßen in Verlegenheit, indem sie ihn fragten, was er über die Regierungsform der anglikanischen Kirche halte, welche durch die Königin und durch Bischöfe geleitet werde. Nach einigen Ausflüchten erklärte Beza, das gefalle ihm nicht; es sei aber nur ein Unterschied in der Disciplin und nicht in der Lehre. Campion machte sich sofort anheischig, zu beweisen, daß es ein Unterschied in der Lehre und zwar ein wesentlicher sei. Aber Beza wollte sich nicht weiter einlassen, und verabschiedete unter dem Vorschützen bringender Geschäfte die Fremden.

Am 31. Mai erreichten die Missionäre Rheims und wurden mit Jubel im englischen Colleg empfangen. Da predigte zum erstenmale nach langen Jahren Campion wieder englisch vor den Seminaristen über den Text: Ignem veni mittere in terram (Feuer auf diese Erde zu senden, bin ich gekommen). In begeisterter Sprache schilderte er zunächst das entsetzliche Feuer, das die Irrlehrer angefacht, und dessen furchtbare Verwüstungen, und wie es die Herzen der Menschen mit der Glut des Hasses erfüllt habe. Dann forderte er seine Gefährten und alle auf, dieses Feuer mit vereinter Kraft zu löschen durch das Wasser der reinen katholischen Lehre, durch die Milch liebreichen Umgangs und heiligen Beispiels, endlich auch, wenn es sein müsse, durch das Blut des Martyriums, das wohl die Kraft habe, dieses Feuer zu ersticken. Die Predigt machte einen unvergeßlichen Eindruck auf alle Zuhörer. In Rheims versammelte sich nun die ganze Missionsschaar. Die alten Priester, welche noch unter Maria's Regierung geweiht worden und dann ins Exil gegangen waren, Dr. Bromburg, Giblet, Crane, Kemp, waren schon von Rom her eingetroffen. Der greise Bischof von St. Asaph, Dr. Goldwell, und Dr. Morten, sahen sich leider genöthigt, wegen Krankheit hier zurückzubleiben. An ihre Stelle traten aber sofort Dr. Ely und Johann Hart, beide Priester des Seminars von Rheims.

Hier schloß sich der apostolischen Schaar auch der selige Thomas Cottam an. Im Jahre 1549 in Lancashire geboren, hatte er seine Studien im Bazenose-College zu Oxford gemacht, später in London eine Grammatikschule geleitet und dabei einen keineswegs erbaulichen Lebenswandel geführt. Thomas Pound, der später fast 30 Jahre um des Glaubens willen gefangen war und im Kerker in die Gesellschaft Jesu aufgenommen wurde, bekehrte ihn zum katholischen Glauben und führte ihn auf den Weg der Tugend zurück. Er war ihm ewig dankbar dafür. Nachdem er in Douay theologische Studien gemacht, eilte er nach Rom und erlangte daselbst am 8. April 1579 die Aufnahme in das Noviziat der Gesellschaft. Wie wir ihn selbst später vor Gericht werden aussagen hören, war er von den Oberen für die indische Mission und nicht für die englische bestimmt. Das Klima von Rom war aber seiner Gesundheit so nachtheilig, daß die Aerzte sagten, er könne weder in Rom verweilen, noch nach Indien gehen, sondern müsse nothwendig in seine Heimat reisen, wenn er genesen wolle. Darauf scheint der Selige mit der Aussicht, wenn seine Gesundheit sich bessere, wieder aufgenommen zu werden, aus dem Noviziat entlassen worden zu sein. Er suchte nun zunächst Heilung in Avignon, und da er diese nicht fand, reiste er nach Rheims. Unterwegs heftete sich ein gewisser Sledd, ein Polizeispion der englischen Regierung, unter der Maske eines eifrigen Katholiken an die Fersen des Arglosen, und war so im Stande, eine genaue Personalbeschreibung Cottams und einiger anderer rechtzeitig seiner Regierung zusenden zu können. In Rheims empfing der Selige 1580 die Priesterweihe [1] und wird wie ein Mitglied des Seminars im selben Jahre als „nach England geschickt" verzeichnet [2]. Wie dem aber auch sei, gewiß ist, daß er als Mitglied der Gesellschaft Jesu starb; denn P. Persons, der Obere, zählt ihn in einem Briefe vom 15. September 1584 mit dem seligen Campion ausdrücklich zu den Mitgliedern der Gesellschaft [3].

Vorsichtigerweise faßte man den Entschluß, die Ueberfahrt nach England nicht in einem und demselben Schiffe, sondern getrennt und auf verschiedenen Wegen zu unternehmen, um so mehr, da von drüben die Warnung gekommen war, die Regierung sei über ihren Plan unterrichtet. Die Königin hatte sogar eine Proclamation erlassen, sie habe sichere Kunde, daß der Papst, der König von Spanien, der Herzog von Florenz und andere katholische Fürsten einen Bund zum Angriffe Englands geschlossen hätten, und zwar auf Anstiften ihrer Unterthanen im Auslande. Da konnten die Missionäre deutlich sehen, welche Anklage man jetzt schon gegen sie vorbereitet habe. . Sie theilten sich also. Bromburg ging mit Briscoe über Dieppe, Sherwin mit Pascal über Rouen, Giblet, Crane und Kemp über Boulogne, Ely, Rishton, Kirby, Hart und Cottam über

---

[1] Diarium primum p. 10.   [2] L. c. p. 27.
[3] More, Historia Prov. Angliae p. 140.

Dünkirchen, Campion, Persons und Bruder Emerson am 6. Juni zunächst nach St. Omer. Die dortigen Jesuiten trugen schwere Bedenken, ihre Mitbrüder ziehen zu lassen; denn inzwischen war Kunde von dem Kriegsunternehmen in Irland gekommen, welches der Papst unterstützte. Schon in Rheims, als P. Persons zum erstenmale von diesem an sich gewiß gerechtfertigten politischen Unternehmen hörte, war er darüber sehr betroffen. „Denn wir sahen klar voraus," sagt er[1], „daß dieses Unternehmen uns und anderen Priestern, welche in England gefangen würden, zur Last gelegt werden würde, als ob wir Mitwisser und Theilnehmer daran wären, während wir doch in Wahrheit bis auf diesen Tag weder Kenntniß noch Ahnung davon hatten. Aber da wir die Sache nicht ändern und in unserem Gewissen ruhig sein konnten, entschlossen wir uns, möge man nun Böses oder Gutes von uns reden, voranzugehen mit der rein geistlichen Sendung, die uns übergeben war. Und wenn einer von uns nach Gottes Fügung unter falscher Anklage den Tod erleiden sollte, so wäre es ja sein Wille und würde uns nicht zum Nachtheile, sondern in den Augen dessen, der die volle Wahrheit kennt und für den wir dieses Unternehmen wagen, zu größerem Gewinne gereichen." Dieselben Gründe setzte P. Persons auch den Oberen von St. Omer auseinander und bestimmte sie, die Missionäre ziehen zu lassen, da dieses der Wille Gottes und der Wunsch des Heiligen Vaters sei. So geschah es.

P. Persons versuchte die Reise zuerst auf St.-Barnabas-Tag, den 11. Juni. Als ein aus den Niederlanden heimkehrender Hauptmann mit Goldtressen und Federhut und mit seinem Diener Georg (wahrscheinlich dem von Rom mitgekommenen Laienbruder, dessen Name nicht angegeben ist) fuhr er von Calais nach Dover und täuschte durch sein Auftreten die Wächter so vollkommen, daß sie ihm sogar ein Pferd nach Gravesend besorgten. Das ermuthigte Persons, dem Wächter seinen Freund, einen Mr. Edmunds (Campion), einen Juwelenhändler, anzuempfehlen, der bald von St. Omer nachkommen werde. Persons sagt, er habe sich mit gutem Grunde für einen Krieger und seinen Freund für einen Juwelenhändler ausgegeben; denn ihr Unternehmen sei der christliche Kriegsdienst und die Erwerbung der unschätzbaren Perle. Um Mitternacht erreichte er Gravesend und bestieg sofort ein Zeltboot, das eine Menge Studenten und Mitglieder des königlichen Hofstaates enthielt und in dem es hoch herging, da man sich auf der Rückfahrt von einer Lustpartie befand.

---

[1] Simpson l. c. p. 104.

Unerkannt verließ der „Hauptmann aus den Niederlanden" vor Tages=
anbruch das Schiff, als sie London erreichten, und sah sich nun in nicht
geringer Verlegenheit, da infolge der letzten Proclamationen den Wirthen
verboten worden, einen Fremden, der über See gekommen war, aufzunehmen.
Persons hatte aber kein Pferd und war dadurch verdächtig. Er be=
schloß, irgend einen Katholiken aufzusuchen, und ging rasch entschlossen
zum nächsten Gefängniß, seiner Sache gewiß, darin mehr als einen
Katholiken zu finden. Richtig traf er daselbst Thomas Pound, der schon
seit Jahren gefangen lag und außer sich vor Freude über die Ankunft Per=
sons' war. Er und die übrigen katholischen Gefangenen hätten schon lange
Tag und Nacht für den glücklichen Ausgang dieser Reise gebetet, sagte er.
Dann gab er Persons die Adresse eines Mr. Georg Gilbert, der einem
Vereine von jungen katholischen Edelleuten angehörte, welche alles auf=
boten und Gut und Freiheit einsetzten, um die Priester vor den Nach=
stellungen der Häscher zu beschützen. Gregor XIII. hatte dem Verein
seinen Segen und viele Abläffe gespendet [1]. Gilbert war Convertit; Persons
hatte denselben zu Rom in die Kirche aufgenommen und war sein Firm=
pathe. Im ersten Eifer hatte derselbe eine Pilgerfahrt nach Jerusalem
unternehmen wollen; aber Persons hatte ihm gezeigt, ein viel gottge=
fälligeres Werk sei es, wenn er nach England zurückkehre und seine Kraft
für die Bekehrung der Heimat einsetze. So war dieser Laienverein zu
Stande gekommen. Seine Mitglieder sind es, auf die sich der oben [2]
angeführte Rath bezieht, daß die Missionäre anfangs nicht direct mit den
Irrgläubigen verkehren sollten, sondern durch Laien als Zwischenpersonen.
Diese jungen Männer waren so kühn, daß sie ihre Wohnung in den
Häusern der ärgsten Priesterverfolger aufschlugen und so manches Unheil
vereiteln konnten. P. Persons war mithin vorderhand geborgen und gab
sich unter Führung eines dieser Verbündeten, Mr. Heinrich Ortons, so=
fort an die Arbeit in der Umgegend von London.

Inzwischen hatte der selige Campion der Weisung P. Persons' gemäß
in St. Omer gewartet, bis Nachricht aus London eintreffe. Am 16. Juni
war diese noch nicht eingetroffen; denn von diesem Tage haben wir einen
Brief von ihm an den P. General aus St. Omer, in welchem er an=
zeigt, er werde den Brief erst am 20. abschicken. Auch an diesem Tage hatte
er noch keine sichere Nachricht; aber die Gefangennahme Persons' hätte
jetzt schon bekannt sein müssen, wenn sie erfolgt gewesen wäre, und so

---

[1] Simpson l. c. p. 101. [2] S. 144.

entschloß sich der Selige mit Bruder Emerson zur Abreise, da auch günstiger Wind sich erhob. In dem Briefe an P. Mercurian schrieb er u. a.: "Wir können nur Schlimmes ahnen, wenn wir sehen, wie alle Welt die Kunde von unserem Kommen sich nicht zuflüstert, sondern laut zuschreit. Es ist ein Wagniß, das nur die Weisheit Gottes zu einem guten Ziele führen kann, und seiner Weisheit wollen wir uns denn auch vertrauensvoll anheimstellen... Auf jeden Fall will ich hinüber und am Kampfe theilnehmen, wenn ich auch in demselben den Tod erleide. Es ist etwas Gewöhnliches, daß die erste Reihe einer angreifenden Armee zu Boden gestreckt wird... Ich bin jetzt einen Tag länger hier geblieben, als es mein Plan war, und habe weder Gutes noch Schlimmes über P. Robert (Persons) gehört; so nehme ich an, er sei glücklich durchgeschlüpft." Nachdem er diesen Brief geschlossen, in dem sich sein ritterlicher Sinn so schön ausspricht, machte er sich sofort auf den Weg, um unter dem Schutze des hl. Johannes des Täufers, den er immer ganz besonders verehrte, die Ueberfahrt zu wagen.

Am Abende des 24. Juni schiffte sich der selige Blutzeuge mit seinem Begleiter in Calais ein und erreichte Dover vor Tagesanbruch. Sofort landete er mit Bruder Emerson; beide knieten hinter einem Felsblock am Strande nieder und opferten ihr Unternehmen Gott auf, ob es nun zum Leben oder zum Tode führe. Dann stellten sie sich der Wache, die aber nicht mehr so freundlich war, wie mit P. Persons; denn sie hatte eben vom Rathe einen Verweis erhalten, künftig schärfer aufzupassen: Persons sei ihr durchgeschlüpft. Auch hatten die Herren das Signalement Gabriel Allens, eines Bruders Dr. Allens, an die Hafenwächter geschickt: denn es war ihnen hinterbracht worden, derselbe werde demnächst nach England herüberkommen. Da nun die Beschreibung im ganzen auf Campion zu passen schien, wurde er sofort mit Bruder Emerson festgenommen und vor den Mayor von Dover geführt. Dieser beschuldigte sie, sie seien Feinde der Religion der Königin und Freunde des alten Glaubens, reisten unter falschen Namen, seien um der Religion willen im Auslande gewesen und kehrten zurück, um „Popery" auszubreiten. Auf all das hätten die beiden nicht wohl eine verneinende Antwort geben können. Glücklicherweise behauptete der Mayor Campion ins Gesicht hinein: „Du bist Allen." Das konnte der Selige in Abrede stellen, und er machte sich sofort anheischig, unter einem Eide zu erklären, daß er nicht Mr. Allen sei. Gleichwohl wollte der Mayor die beiden unter Bedeckung dem Privy Council überschicken; schon meinte der Selige, sein Loos sei entschieden, betete aber beständig um die Hilfe des hl. Johannes des Täufers. Da trat unerwartet ein Greis aus dem Zimmer, in welches sich der Mayor zurückgezogen hatte, und sagte ihnen: „Ihr seid entlassen. Glückliche Reise!"[1] Man kann sich denken, mit welcher Eile sie sich auf den Weg nach London machten. Dort wurden sie mit Angst erwartet, und viele Gebete waren verrichtet worden, um ihre glückliche Ankunft zu erflehen. Als das Boot in London anlegte, erwartete sie Thomas Jay, ein Mitglied des oben erwähnten Vereins[2]. Er hatte Campion nie gesehen; aber nach der Beschreibung, die ihm Persons gemacht, und namentlich weil er den durch seine Kleinheit leicht kenntlichen Bruder Emerson an dessen Seite sah, erkannte er den Erwarteten, trat kühn an das Boot hin und sagte: „Mr. Edmunds, gebt mir Eure Hand; ich warte hier auf Euch, um Euch zu Euren Freunden zu führen!" Und er führte ihn ohne Säumen in das Haus der Chancery Lane, wo Gilbert und die übrigen Vereinsmitglieder den Seligen begrüßten. So war Campion am Morgen des 26. Juni 1580 in London.

Der selige Sherwin und Pascal kamen ohne Unfall an. Nicht ganz so glücklich war die Abtheilung von Dr. Ely, Rishton, Hart und Cottam. Der Spion Slebb, der den seligen Cottam von Lyon nach Rheims begleitete, hatte ganz genaue Personalbeschreibungen gegeben. So wurde Johannes Hart bei der Landung in Dover festgenommen, und da er geständig war, sofort nach London geschickt und in den Tower geworfen. Cottam kam dem Mayor ebenfalls sehr verdächtig vor; er fragte Dr. Ely, der unter dem Namen Howard schon oftmals durch Dover gereist und deshalb ihm unverdächtig war, ob dieser den verdächtigen Ankömmling unter seinen Augen nach London bringen und Lord Cobham, dem Gouverneur der fünf Häfen (Cinque Ports), zu weiterer Untersuchung übergeben wolle. Dr. Ely versprach, ihn nach London zu bringen. Sobald sie Dover im Rücken hatten, sagte er aber zu seinem Gefährten, es verstehe sich von selbst, daß er ihn nicht als Gefangenen, sondern als Reisegefährten nach London bringen wolle, und es ihm nicht einfalle, ihn Lord Cobham zu überantworten. Der selige Cottam hatte jedoch ein sehr zartes Gewissen und fühlte sich durch diese List beunruhigt. Er suchte also einen heiligmäßigen Gefangenen auf, Thomas Pound, wie es scheint, und legte diesem den Fall zur Entscheidung vor, ob es nicht besser sei, daß er sich Lord Cobham stelle, damit Dr. Ely nicht in Gefahr komme. Der Ge-

---

[1] Simpson l. c. p. 126. [2] S. 161.

fragte gab ihm sofort den Rath, das zu thun, und der Selige suchte sogleich Dr. Ely auf und bat ihn um den Brief des Mayor von Dover an Lord Cobham. „Was wollt Ihr damit?" fragte Ely. „Ich will ihn Cobham bringen und mich bei ihm als Gefangenen stellen," sagte der Blutzeuge; „denn ich glaube nicht, daß ich mit gutem Gewissen auf diese Art entschlüpfen darf." Ely entgegnete: „Der Rath, den man Euch gab, stammt, wie ich gerne gestehe, aus einem eifrigen Herzen; aber ich zweifle, ob er sich mit der Klugheit verträgt. Ich werde Euch den Brief nicht geben, und Ihr dürft Euch mit gutem Gewissen nicht selbst dem Feinde ausliefern, da Ihr doch so gute Gelegenheit habt, seiner Grausamkeit zu entgehen." Aber der selige Cottam bestand auf seiner Bitte. Endlich sagte Dr. Ely: „Nun gut, wir wollen zu N. N. gehen" (er nannte einen durch Gelehrsamkeit und Tugend hervorragenden Geistlichen), „und wenn er Eure Ansicht theilt, so sollt Ihr den Brief haben und in Gottes Namen gehen." Der Geistliche theilte die Ansicht Dr. Ely's, und der Selige gab sich mit der Entscheidung zufrieden, ohne jedoch seine Gewissensruhe zu finden. Nach einiger Zeit fragte er P. Persons und P. Campion um ihre Meinung, und da gerade die Priesterversammlung in Southwark[1] vereint war, legten sie zu seiner größern Beruhigung den Fall den Versammelten vor, und diese entschieden, da er selbst kein Versprechen gegeben habe, sei er auch zu nichts verpflichtet. Allein inzwischen erfuhr der Mayor von Dover, daß der Gefangene Lord Cobham nicht eingeliefert worden sei, und wollte nun den Gastwirth, der sich für Howard (Dr. Ely) verbürgt hatte, zur Strafe ziehen. In Eile kam also der Wirth nach London und suchte Dr. Ely, den er nun zu Lord Cobham führen wollte. Ely bat um Aufschub bis nachmittags 4 Uhr. Dann wolle er entweder sich oder seinen Gefangenen dem Wirth überliefern, und da ein Kaufmann, Ely's Schwager, sich dafür verbürgte, war es dieser zufrieden. Ely suchte nun Cottam, fand diesen in Cheapside und erklärte ihm, der Fall liege jetzt so, daß einer von ihnen beiden sich als Gefangener stellen müsse. „Ihr kennt meine Lage," fügte er bei, „und könnt Euch denken, wie es mir ergehen wird, wenn sie meinen wahren Namen erfahren. Ihr kennt auch Eure Lage. Ihr habt jetzt die Wahl, wer von uns beiden sich stellen soll; denn einer muß es thun, da gibt es keinen Ausweg mehr. Zwingen will ich Euch nicht; lieber wollte ich selbst jede Strafe auf mich nehmen." Da erhob der Selige Augen und Hände zum Himmel

---

[1] Siehe unten S. 168.

und sagte: „Jetzt sei Gott gepriesen! Nie in meinem Leben wäre ich mehr ruhig geworden, wenn ich ihnen so entschlüpft wäre. Nur eines fällt mir schwer: ich hätte noch eine Angelegenheit zu erledigen." „Es ist jetzt erst 10 Uhr," sagt Ely; „so könnt Ihr die Angelegenheit bis nachmittags 4 Uhr noch wohl ordnen; dann aber müßt Ihr Euch stellen." „Wo?" fragte der Selige. „Im Wirthshaus zum Stern in der neuen Fischgasse," entgegnete Ely; „dort müßt Ihr nach einem Mr. Andrews, dem Stellvertreter Lord Cobhams, fragen und Euch ihm überliefern." „Ich will es thun," sagte der Selige, und so schieden die beiden, um sich in diesem Leben nie mehr zu sehen [1].

Der selige Cottam ordnete ruhig seine Angelegenheit. Wir vermuthen, daß er P. Persons, den er als seinen Obern betrachtete, aufsuchte, die heiligen Sacramente von seiner Hand empfing und bei dieser Gelegenheit vielleicht zu den sogenannten Devotionsgelübden, welche die Novizen der Gesellschaft Jesu mit Erlaubniß der Oberen ablegen dürfen, zugelassen wurde, haben aber für diese Vermuthung keine directen Beweise. Dann ging der Selige in das bezeichnete Haus und überlieferte sich als Gefangener Lord Cobham — ein rührender Beweis seiner Unschuld und seiner Liebe. Sofort wurde er nach Nonesuch oder Oakland gebracht, wo der Hof weilte, und nach fünf Tagen, während welcher Zeit mehrere protestantische Prediger sich vergebliche Mühe gaben, den jungen Blutzeugen zu „bekehren", nach London zurückgeführt und in die Marshalsea geworfen, von wo er am 5. December 1580 in den Tower wanderte zur Folter und zum Tode.

---

[1] Records of the English Province of the Society of Jesus, vol. II, 151 sq.

10. Ein Jahr der Arbeit und Gefahr.

(1580—1581.)

Die glücklich angekommenen Missionäre begannen unverzüglich, die ihnen von dem Eifer der Verfolger voraussichtlich knapp zugemessene Zeit nach besten Kräften auszunützen. Am 26. Juni war der selige Campion in London eingetroffen; am 29., am Feste Peter und Paul, hielt er vor einer ausgewählten Zuhörerschaft seine berühmte Predigt über die Worte: Tu es Petrus et super hanc petram aedificabo Ecclesiam meam (Du bist Petrus, und auf diesen Felsen werde ich meine Kirche bauen). Die Zuhörer wurden so hingerissen, daß sie der Ueberzeugung waren, alle wankenden Katholiken und alle ehrlichen Protestanten, welche diesen Prediger hören könnten, müßten für den katholischen Glauben gewonnen werden. Es verbreitete sich wie ein Lauffeuer zunächst in den katholischen Kreisen der Ruf dieses ausgezeichneten Predigers; alles wollte ihn sehen, hören, sprechen. Bald war natürlich auch das Privy Council von seiner Ankunft und dem Eintreffen so vieler Priester unterrichtet.

Elisabeth war wüthend; alle Spürhunde wurden auf die Fährte dieses edeln Wildes gehetzt, und man dachte mit einem Schlage den berühmten Prediger und zugleich mit ihm die Elite der katholischen Recusanten zu fassen. Aber Campion war vorsichtig, und Gilberts Verein sorgte dafür, daß nur ganz zuverlässige Personen Zutritt erhielten. Zwei Verhaftungen, welche der schon erwähnte Spion Slebb herbeiführte, mahnten zu noch größerer Umsicht. Slebb hatte im englischen Colleg zu Rom, in das er sich durch schmachvolle Heuchelei eingeschlichen hatte, Heinrich Orton kennen gelernt, der P. Persons als Begleiter diente. Als nun der Spion eines Tages Orton in einer Straße von London erblickte, schlich er ihm nach und hätte beinahe das Haus entdeckt, in welchem die beiden Jesuiten verweilten und in welches Orton gehen wollte. Glücklicherweise ging dem Spione einige Schritte zu früh die Gebuld aus, und er verhaftete Orton, obschon er wußte, daß derselbe weder Priester noch Jesuit sei. Auf der Folter, dachte er, werde derselbe schon gestehen, wo man die Jesuiten finden könne.

Auch den seligen Robert Johnson verrieth der gleiche Slebb in den ersten Wochen nach der Ankunft der Jesuiten, welche damals in einem Hause von Southwark mit mehreren Priestern eine Besprechung, eine Art Synode, hielten, um ein gleichmäßiges Vorgehen in betreff mehrerer seelsorglicher Fragen zu erzielen. Johnson aus Worcestershire[1] war 1575 in das Seminar von Douay getreten und, da er seine Studien schon vorher vollendet hatte, bereits im darauffolgenden Jahre[2] zum Priester geweiht und in die englische Mission geschickt worden[3]. Kurz vor der Abreise der Missionäre aus Rom hatte er eine Pilgerfahrt nach der ewigen Stadt unternommen und auf Persons' Rath vor der Rückkehr in das gefährliche Arbeitsfeld in einem Hause der Jesuiten die geistlichen Uebungen des hl. Ignatius gemacht. Unterwegs hatte sich Slebb zu Johnson gesellt und in Worten den glühendsten Katholiken geheuchelt, während sein Leben sehr leichtfertig war. Der Selige stellte ihn deßhalb zur Rede und erzürnte dadurch den grundverdorbenen Menschen so, daß er ihm einen tödlichen Haß schwur und den Entschluß faßte, den unbequemen Mahner bei der ersten Gelegenheit an den Galgen zu liefern. Als nun Slebb bei seinen Spürgängen durch London eines Tages den Seligen in Smithfield erblickte, schlich er ihm nach, bis er einem Polizisten begegnete, den er im Namen der Königin aufforderte, den hochverrätherischen Pfaffen sofort festzunehmen. Der Constabler, der nur ungern den unschuldigen Priester ans Messer lieferte und jedenfalls den Spion vor den Augen der Katholiken entlarven wollte, weigerte sich anfangs und sagte dann, er müsse ihm den Mann zeigen und mitgehen, um die Folgen einer unbegründeten Verhaftung zu tragen. Slebb ging also mit dem Constabler dem Priester nach bis zur Themse, wo derselbe einen Kahn miethete, um nach der Southwarkseite überzusetzen. Da wollte Slebb einen andern Kahn nehmen, um dem seligen Johnson zu folgen; der Constabler aber, der, wie Simpson glaubt, etwas von der Versammlung in Southwark geahnt zu haben scheint, sagte, er könne nicht den ganzen Tag dem Manne nachlaufen, und verhaftete ihn am Strande vor aller Augen. So wurde wenigstens Slebb, der sonst weit größeres Unheil hätte stiften können, vor den Katholiken entlarvt. Der selige Robert Johnson aber wanderte in ein Gefängniß, in dem er blieb, bis er mit dem seligen Campion zugleich vor die Schranken gestellt und zum Tode verurtheilt wurde[4].

---

[1] Dodd II, 128.   [2] Diarium primum p. 7.
[3] Diarium primum p. 25. Diarium secundum p. 103.
[4] Simpson l. c. p. 128.

Die Versammlung in Southwark verhandelte wichtige Fragen. Zunächst mußte dem Gerüchte entgegengetreten werden, welches den Jesuiten politische Beweggründe für ihr Eintreten in die englische Mission zur Last legte. Dem gegenüber betheuerten die beiden Väter unter feierlicher Anrufung Gottes vor den versammelten Priestern und Laien, daß ihre Ankunft durchaus keinen andern Zweck als den apostolischen habe, daß sie sich nur mit Religionsfragen befassen, ausschließlich mit dem Gewinne von Seelen beschäftigen und sich in keiner Weise in politische Fragen einmischen würden. Nach dieser eidlichen Betheuerung legten sie die Instructionen vor, welche sie vom P. General empfangen hatten[1], und erklärten, sie hätten von der Sendung Sanders' nach Irland kein Wort gehört, bevor sie nach Rheims gekommen seien. Diese ihre eidliche Versicherung werde in den Augen aller Katholiken und aller redlich denkenden Protestanten zur Abwehr dieser Verleumdung genügen; denn auch die Protestanten würden doch nicht glauben, daß so viele Priester durch einen Meineid ihre Seelen dem ewigen Verderben weihen wollten. Wenn aber einer von ihnen in die Gewalt der Königin und ihres Rathes fiele, so wollten sie kühn den Beweis für diese verleumberische Anklage vor Gericht verlangen, und dieser Beweis sei geradezu unmöglich, da sie weder thatsächlich noch auch selbst nur in Gedanken sich jemals mit hochverrätherischen Plänen befaßt hätten. Sie vertrauten zuversichtlich, daß keine Jury von zwölf ehrlichen Engländern ein Schuldig über sie aussprechen werde, da es ganz unmöglich sei, ihnen politische Umtriebe nachzuweisen. Einer aus der Versammlung machte hier die Einwendung, bei dem gegenwärtigen Hasse gegen die Priester, der durch die vielen zu hoffenden Bekehrungen noch gesteigert werde, sei anzunehmen, daß die Geschworenen auch auf einfache Wahrscheinlichkeitsgründe hin ein „Schuldig" sprechen würden. Wahrscheinlichkeitsgründe, erwiederten die Jesuiten, müßten durch entgegengesetzte Wahrscheinlichkeitsgründe entkräftet werden. Ob es denn wahrscheinlich sei, daß fremde Fürsten lauter Männer aus dem Lehrfache als politische Emissäre senden würden, und zwar so viele und so offen? Politische Emissäre müßten doch zunächst sich an die Katholiken wenden; welcher Katholik ihnen aber jetzt noch glauben würde, wenn sie nach diesem feierlichen Eide auch nur ein Wort über politische Angelegenheiten verhandeln wollten? „Das ist alles," schlossen Persons und Campion, „was wir zu unserer Vertheidigung vorbringen können. Wenn es nicht

---

[1] Vgl. oben S. 143.

genügt, so können wir unsere Unschuld nur mit unserem Blute besiegeln. Und wenn es dazu kommt, so verschlägt es wenig, ob man uns glaubt oder ob man uns, wie unsern Herrn und seine Apostel, unter die Misse= thäter rechnet und als Feinde Cäsars zum Tode verurtheilt." [1]

Man sieht, wie ernst es die neu angekommenen Missionäre nahmen, von sich und ihren Arbeitsgenossen auch den Schein einer politischen Thätigkeit abzuwenden. Zu den weiteren Verhandlungsgegenständen der Versammlung gehörte namentlich die Frage über die Erlaubtheit des Be= suches des anglikanischen Gottesdienstes, welche immer noch Vertheidiger fand. Dieselbe wurde ganz entschieden und einmüthig in Abrede gestellt. Unter keinen Umständen und um keines noch so schweren Verlustes willen sollten sie den Staatsgottesdienst besuchen und in dieser Sache jedes Opfer mit Freuden bringen, eingedenk, daß der Herr keine Ausnahme mache von seinem Worte: „Wer mich vor den Menschen verläugnet, den will auch ich vor meinem Vater verläugnen." Nachdem die hauptsächlichsten Punkte gemeinsam geregelt waren, zerstreuten sich die Missionäre über Stadt und Land und suchte jeder in seinem Kreise nach seinen Talenten und Gottes gnadenreicher Mithilfe die Katholiken im alten Glauben zu befestigen und die irrenden Brüder in den Mutterschoß der Kirche zurückzuführen.

Die Regierung selbst trug Sorge dafür, daß die Ankunft der neuen Arbeiter im ganzen Reiche rechtzeitig bekannt werde. Schon am 15. Juli 1580 erließ die Königin ein Edict, welches nach einem heftigen Ausfalle gegen die vom Papste gegründeten englischen Seminarien zunächst allen Unter= thanen zur Pflicht macht, binnen 10 Tagen der Regierung die Namen aller derjenigen Kinder, Pflegebefohlenen u. s. w. anzuzeigen, welche sich in An= stalten jenseits des Kanals ohne specielle Erlaubniß der Königin aufhielten, und dafür zu sorgen, daß dieselben binnen vier Monaten zurückkehrten. Wenn sie zurückkehrten, müsse ihre Ankunft sofort der Regierung an= gezeigt werden; wenn sie nicht zurückkehrten, dürfe ihnen keinerlei Unter= stützung mehr zugeschickt werden. Alle Zuwiderhandelnden seien unter Androhung der allerhöchsten Ungnade und schwerster Strafen sofort zur Anzeige zu bringen. Ebenfalls wurde allen Kaufleuten unter Androhung derselben Strafen verboten, solchen Studenten durch Wechsel oder auf was immer für eine Weise eine Geldsumme zu übermitteln. Dann wendet sich das Edict mit besonderer Strenge gegen die Jesuiten: „Es hat ferner Ihre Majestät in Erfahrung gebracht, daß sehr viele ihrer Unterthanen

---

[1] Simpson l. c. p. 131.

in den benannten überseeischen Collegien und Seminarien erzogen und unterrichtet werden, und daß einige derselben sich Jesuiten nennen (um unter dem Scheine eines so heiligen Namens die Einfältigen desto leichter zu täuschen und zu betrügen), und daß dieselben neulich in dieses Reich gekommen seien, vom Papste und dessen Stellvertretern eigens mit ganz besonderen Aufträgen geschickt, in der Absicht und mit dem Vorsatze nämlich, nicht nur die besten und theuersten Unterthanen Ihrer Majestät, was den Glauben angeht, zu verderben und zu verkehren, sondern auch um sie dem schuldigen Gehorsam und der Unterthanentreue abspänstig zu machen und, soviel an ihnen liegt, zu einem Umsturz aufzuwiegeln und zu reizen, wodurch der gegenwärtige Friede und die Ruhe des Staates, deren wir durch Gottes Güte und die fürsichtige Regierung Ihrer Majestät schon seit vielen Jahren genießen, zerstört würde. Es hat daher Ihre Majestät, ein solches Uebel, das durch diese verruchten Handlanger und gefährlichen Werkzeuge leicht eintreffen könnte, wie wir jetzt gerade ein warnendes Beispiel an Irland vor Augen haben, voraussehend und demselben vorbeugend, für gut befunden, allen und jedem einzelnen ihrer Unterthanen zu erklären, daß, wenn einer von ihnen oder wer sonst im Gebiete Ihrer Majestät wohnt, nach Verkündigung des gegenwärtigen Edicts einen der vorgenannten Jesuiten, Seminaristen, Meßpfaffen oder einen andern Vorbemerkten, sei er nun schon angekommen oder komme er erst später, oder werde er in dieses Reich oder in irgend einen andern Gebietstheil Ihrer Majestät geschickt, aufnehme, unterhalte, erquicke oder unterstütze, oder diejenigen nicht anzeige, welche sie oder andere herumvagirende Menschen, die solchen Standes und eines so gottlosen Gewerbes verdächtig seien, aufnähmen und beherbergten, oder derartige Subjecte, die sie vielleicht zur Zeit der Veröffentlichung dieses Edicts oder später bei sich hätten, nicht sofort dem nächsten Sheriff überantworteten, damit derselbe sie in den Kerker führe oder anderen Beamten zum Verhör und zur Einkerkerung und gerechten Bestrafung übergebe: so sollen alle diese Menschen nach dem Urtheile Ihrer Majestät für Helfershelfer, Unterstützer und Beschützer von Hochverräthern und Empörern gehalten und angesehen und für ihren Ungehorsam mit so entsetzlichen Strafen geahndet werden, wie die Gesetze dieses Landes oder die königliche Machtvollkommenheit Ihrer Majestät sie nur verhängen können." [1]

---

[1] Rishton, De Schismate renovato p. 327 sq.

Eine ähnlich lautende Proclamation folgte dieser auf dem Fuße und eine dritte schon im October. Im darauffolgenden Januar 1581 verlangte der anglikanische Bischof von Chester, wohl wissend, wie angenehm ihn sein Eifer bei Hofe mache, neue, strengere Gesetze gegen die Katholiken, als ob die Gesetze nicht schon grausam genug gewesen wären. "Alle herumvagirenden Priester, die in Verkleidung umhergehen und Ihrer Majestät Unterthanen verführen u. s. w. und Conventikel halten," sollen Hochverräther sein und als solche behandelt werden, ohne durch das Vorrecht ihres geistlichen Standes geschützt zu sein[1]. Andere anglikanische Bischöfe zeigten ähnlichen Eifer für die „Ehre Gottes" und verlangten für ihre Sprengel königliche Commissäre, um mit den papistischen Recusanten aufzuräumen.

Das Parlament trat am 16. Januar 1581 zusammen, eigens „um Heilmittel gegen das Gift der Jesuiten zu finden"[2]. Zunächst schlug das Unterhaus einen allgemeinen Fast- und Bettag vor und bestimmte dafür den 29. Januar[3]. Allein das erzürnte die Königin höchlich. Sie habe nichts gegen ihre Neigung zum Fasten und Beten, ließ sie am 25. Januar den Gemeinen durch den Vicekämmerer melden; aber die Art und Weise ihres Vorgehens habe sie erzürnt, daß sie nämlich gewagt hätten, einen Fasttag anzuordnen, ohne vorher Ihre Majestät darüber zu verständigen und ihre Befehle entgegenzunehmen. Das sei nichts anderes als eine offenbare Anmaßung gegenüber ihrer kirchlichen Oberhoheit[4]. Das Haus bat bemüthig um Verzeihung und suchte durch neuen Eifer seinen Fehltritt gutzumachen. Noch am selben 25. Januar erhob sich also Sir Walter Mildmay, und schlug die neuen Strafgesetze vor. Zur Empfehlung derselben hielt er eine Rede, die er bei allen möglichen Anlässen, namentlich bei den Processen gegen die Recusanten, schon so oft gehalten hatte, daß er sie wie am Schnürchen hersagen konnte und daß seine Zuhörer sie so gut kannten, wie er selbst[5]. Sie begann mit einer gewaltigen Beräucherung Elisabeths als der „Beschützerin der verfolgten Katholiken" (!), weshalb der Papst gegen sie rase und ihr durch seine Verbündeten alle möglichen Schwierigkeiten bereite: die Rebellion von 1569, die Unterstützung der flüchtigen Rebellen, die Bulle und jetzt die Invasion Irlands. Die Königin habe alle diese Unternehmen auf eine Art und Weise durchkreuzt, welche ihre Ehre vergrößere, die erstere

---

[1] Public Record Office, 14. Januar 1581.
[2] D'Ewes' Journal p. 285.   [3] Collier II, 569.
[4] D'Ewes' Journal p. 292.   [5] Simpson l. c. p. 191; Collier l. c.

(die Rebellion) „ohne Blutvergießen" (!), die letztere (die irische Invasion) „indem sie die Spanier an den Ohren hervorzog und in Stücke hieb". Sie kenne keine Furcht, aber sie habe allen Grund zur Vorsicht. Trotz der Kanzelfreiheit seien die verstockten und halsstarrigen Papisten durch die geheimen Kniffe des Papstes und seiner Helfershelfer so weit von der Reformation entfernt, daß sie sogar den Trotz hätten, ihr offen Hohn zu sprechen. Und um diese Papisten noch mehr zu ermuthigen, habe der Papst ihre leeren Herzen mit Absolution, Dispensation, Reconciliation und ähnlichem Plunder getröstet und in allerletzter Zeit „eine Sorte von Heuchlern, die sich selbst Jesuiten nennen, und ein Rudel von herumvagirenden Bettelmönchen herübergeschickt, deren Hauptabsehen es sei, sich in die Häuser hochgestellter und angesehener Männer einzuschleichen, um das Reich mit falscher Lehre anzustecken und unter diesem Vorwande eine Empörung anzuzetteln". Diese Umtriebe hätten bereits einen beweinenswerthen Erfolg, und das Ansehen des Papstes habe solche Fortschritte gemacht, daß nicht nur diejenigen, welche von Anfang an ungehorsam waren, sondern auch jene, welche sich seit Jahren den Gesetzen gefügt, jetzt, nach dem Trienter Concil, der Bulle, der geheimen Aussöhnung und dem schwarmweisen Herüberkommen von Pfaffen und Jesuiten, sich ganz entschieden weigerten, der Kirche von England anzugehören oder ihre Predigten und Andachten zu besuchen. Elisabeth sei bislang nichts als Güte und Milde gewesen im Vergleiche zu Maria und den Regierungen auf dem Continent[1]. Aber diese Gnade habe keine guten Früchte gezeitigt, sondern einen Geist der Anmaßung und der Verachtung, der sich darin zeige, daß man des Papstes Absolution annehme, ja sogar „die liederlichen Renegaten, die Jesuiten," im eigenen Hause beherberge und seine Kinder unter papistischen Schulmeistern zu Hause oder im Auslande unterrichten lasse. Schärfere und strengere Gesetze seien deßhalb nothwendig, und man müsse den Gehorsam gegen die Kirchengesetze der Königin erzwingen. Jene, welche durchaus den Segen des Papstes haben wollten, möchten fühlen, wie wenig dessen Bannflüche der Königin schaden und wie wenig dessen Segenssprüche sie von den Strafen zu erretten vermöchten, welche Ihre Majestät über sie verhängen könne; sie möchten fühlen, wie gefährlich es für die Laien sei, sich mit dem Papste einzulassen, und für die Pfaffen, das Reich zu betreten, um den Gehorsam zu unterwühlen, welcher der Königin kraft göttlicher und menschlicher Gesetze gebühre.

---

[1] Vgl. oben S. 65—66: Die Massenhinrichtungen im Norden.

Mr. Norton, der puritanische Poet und Foltermeister, unterstützte die Bill. Sie wurde einem Comité überwiesen, erhielt eine noch verschärftere Form, ging im Unter- und Oberhause durch und empfing am 18. März 1581 die königliche Bestätigung „zur Ehre Gottes, zur Sicherheit der Königin, zur Wohlfahrt des Volkes". Das neue Statut trägt die Ueberschrift: „Zur Erhaltung der Unterthanen Ihrer Majestät der Königin in gebührendem Gehorsam"[1], und hat folgende Hauptbestimmungen: 1. Es ist Hochverrath, jemanden von der Gemeinschaft der Kirche von England loszureißen und mit der Kirche von Rom auszusöhnen, überhaupt einen Engländer zu absolviren oder irgend etwas zu thun, das Absolution zum Zwecke hat. Es ist ebenfalls Hochverrath, sich mit dem Papste auszusöhnen zu lassen oder Absolution zu empfangen (also Beichtvater und Beichtkind sind Hochverräther). Wer wissentlich einen Priester, der absolvirte, oder einen Absolvirten verbirgt oder sich weigert, denselben binnen 20 Tagen dem Gerichte anzuzeigen, verfällt der Strafe, welche auf Hehlerei des Hochverraths gesetzt ist. 2. Messelesen ist unter Strafe von 200 Mark Silber für jeden einzelnen Fall und einem Jahr Gefängniß verboten; Messehören unter Strafe von 100 Mark (1 Mark = 13 Sh. 4 D.) und einem Jahr Gefängniß. 3. Jede Person über 16 Jahre, welche den anglikanischen Gottesdienst nicht besucht, hat für jeden Mondmonat 20 Pfd. St. Strafe zu bezahlen; wer ein Jahr lang sich vom Staatsgottesdienst fernhält, hat „für seine gute Aufführung" zwei Bürgschaften zu stellen, jede im Werthe von 200 Pfd. St., oder ins Gefängniß zu gehen. 4. Wer sich in Privatfamilien als Hofmeister oder Lehrer ohne Genehmigung des (anglikanischen) Bischofs anstellen läßt, wird zu einem Jahr Gefängniß verurtheilt; wer einen derartigen Lehrer, der den anglikanischen Gottesdienst nicht besucht, in seinem Hause duldet, wird jeden Mondmonat mit 10 Pfd. St. bestraft[2].

---

[1] 28. Elizabeth c. 1.
[2] Man erinnere sich an das über den damaligen Geldwerth oben (S. 20 Anm.) Gesagte. 100 englische Mark sind dem Werthe von wenigstens 10 000 Mark heutiger deutscher Währung gleich. 20 Pfd. St. werden etwa 4000 M. unseres Geldes betragen. Ein Katholik, welcher dem Kirchengebote entsprechend jeden Sonntag die heilige Messe besuchte und, wie es seine strenge Gewissenspflicht war, sich von dem anglikanischen Gottesdienste fernhielt, konnte mithin dem Gesetze zufolge für Messehören während eines Jahres zu 520 000 M. und für Nichtbesuch des anglikanischen Gottesdienstes während derselben Zeit zu 52 000 M., zusammen also nach unserm Geldwerthe zu 572 000 M. verurtheilt werden. Wollte er überdies durch einen katholischen Hauslehrer seinen Kindern Unterricht ertheilen lassen, so mußte er eine Strafe von weitern 26 000 M. gewärtigen. Es liegt auf der Hand, daß diese haarsträubenden

Das war der neue Strafapparat, mit dem man die neuangekommenen Missionäre binnen kurzem zu vernichten und die katholische Religion endgiltig auszutilgen hoffte. Die Ankömmlinge hatten inzwischen muthig gearbeitet. Gilberts Verein ebnete die Wege. Die jungen Edelleute, die ihm angehörten, erforschten die Häuser, welche die Missionäre ohne Gefahr betreten konnten, und sorgten dafür, daß dieselben von Haus zu Haus begleitet und eingeführt wurden; denn selbstverständlich konnten sie keine schriftlichen Zeugnisse, die sie verrathen hätten, bei sich haben. Mit Recht nannte man sie deshalb Hilfsmissionäre, Führer, Gefährten und Unterstützer der Priester. Ohne die Hilfe dieser opferwilligen jungen Leute, welche gelobten, sich mit Nahrung und standesgemäßer Kleidung zu begnügen und alle übrigen Einnahmen für die Bekehrung Englands hinzugeben, wäre es den Missionären gar nicht möglich gewesen, inmitten der tausend Gefahren auch nur ein Jahr lang unentdeckt zu arbeiten.

Auch so mußten die beiden Jesuiten jeden Tag auf das Aeußerste gefaßt sein. Deshalb setzten sie auf Freundesrath, bevor sie ihre erste größere Missionsrundreise antraten, eine Art Testament in Form einer Erklärung gegen die Proclamation der Königin auf und übergaben dieselbe Thomas Pound zur Veröffentlichung für den Fall, daß man sie ergreife oder ermorde. Der selige Campion schrieb seine Erklärung ohne alle Vorbereitung in ungefähr einer halben Stunde und übergab sie unversiegelt Pound. Gegen beider Willen gelangte sie vorzeitig in die Oeffentlichkeit und machte als die sogenannte „Herausforderung" ungeheures Aufsehen. Sie ist an die Lords vom Rathe gerichtet, vor denen Campion im Falle seiner Verhaftung verhört zu werden dachte, und lautet also:

„Indem ich von meinen Oberen aus Deutschland und Böhmen hierher geschickt wurde und so mich selbst in dieses edle Reich, meine theure Heimat, für die Ehre Gottes und das Heil der Seelen wagte, halte ich es in dieser geschäftigen, wachsamen und argwöhnischen Welt für mehr als wahrscheinlich, daß man mich in meiner Laufbahn aufhalten und festnehmen werde. Deshalb will ich für alle Fälle vorsorgen und habe es

---

Gesetzbestimmungen, hätte man sie praktisch durchführen können, mit der Confiscation des Vermögens eines jeden treuen Katholiken gleichbedeutend gewesen wären. Jedenfalls mußte jeder treue Katholik den gänzlichen Ruin seines Vermögens gewärtigen. Daß übrigens das Gesetz keine leere Drohung war, beweisen zahllose Verurtheilungen. So wurden beispielsweise eine Reihe hervorragender Mitglieder des katholischen Adels im November 1581 von der Sternkammer zu Geldstrafen bis 2000 Pfd. St. (nahezu eine halbe Million nach unserm Geldwerthe) verurtheilt.

für nöthig gehalten, diese Schrift bereitzulegen, da ich nicht weiß, was mit mir geschieht, wenn Gott meinen Leib vielleicht in Gefangenschaft kommen läßt; ich bitte Euch also, liebe Lords, sie der Durchsicht werth zu erachten und meinen Fall in Erwägung zu ziehen. Auf diese Weise hoffe ich Euch die Arbeit zu erleichtern; denn was Ihr sonst durch das Aufgebot Eures Scharfsinns ermitteln müßtet, lege ich jetzt durch ein offenes Geständniß in Eure Hände. Damit das Ganze der Ordnung nach besser erfaßt, verstanden und dem Gedächtnisse eingeprägt werden könne, theile ich es in neun Punkte oder Artikel, welche mein ganzes Unternehmen und meine Pläne gerade, wahrheitsgetreu und unumwunden offenlegen:

1. Ich bekenne, daß ich, obwohl unwürdig, ein Priester der katholischen Kirche bin und durch Gottes große Erbarmung jetzt seit etwa acht Jahren durch meine Gelübde dem Orden der Gesellschaft Jesu angehöre, und daß ich dadurch mich einer besondern Art des Kriegsdienstes unter dem Banner des Gehorsams geweiht und ebenso Verzicht geleistet habe auf allen irdischen Besitz und alle Ansprüche auf Reichthum, Ehre, Vergnügen und alle anderen weltlichen Genüsse.

2. Auf den Ruf unseres Generalvorstehers, der für mich ein Befehl des Himmels und ein Ausspruch Christi ist, habe ich meine Reise von Prag nach Rom, wo der genannte Pater General stets seinen Wohnsitz hat, und von Rom nach England unternommen, gerade so willig und freudig, wie ich in irgend einen andern Theil der Christenheit oder der Heidenwelt gegangen wäre, hätte man mich dafür bestimmt.

3. Meine Aufgabe ist es, ohne irgend einen Lohn das Evangelium zu predigen, die Sacramente zu spenden, die Einfältigen zu unterweisen, die Sünder zu bekehren, die Irrthümer zu bekämpfen, kurz, einen geistigen Schlachtruf zu erheben gegen schmutzige Laster und stolze Unwissenheit, womit manche meiner theuren Landsleute befleckt sind.

4. Nie war es meine Absicht, und es ist mir durch unsere Patres, die mich geschickt haben, streng verboten, mich in irgend einer Weise mit Staatsangelegenheiten oder mit der Politik dieses Reiches zu befassen; denn das sind Sachen, welche meinem Berufe ferne liegen und von welchen ich gerne alle meine Gedanken trenne und abwende.

5. Zur Ehre Gottes und nach Eurem Gutachten bitte ich in aller Demuth um ein dreifaches, unparteiisches und ruhiges Gehör: Erstens vor Euer Ehren, vor denen ich über die Religion sprechen möchte, sofern dieselbe das Staatswohl und Euch, adelige Herren, betrifft. Zweitens, worauf es mir vorzüglich ankommt, vor den Doctoren, Magistern und

ausgewählten Mitgliedern beider Hochschulen; vor diesen will ich es unternehmen, den Glauben unserer katholischen Kirche durch unwiderlegliche Beweise aus der Heiligen Schrift, den Concilien, den Vätern, der Geschichte und durch Vernunft- und Sittengründe zu vertheidigen. Das dritte Gehör erbitte ich mir vor den Gelehrten des canonischen und bürgerlichen Rechts, und vor ihnen will ich den genannten Glauben aus der Weisheit der noch in Kraft und Uebung stehenden Gesetze beweisen.

6. Es fällt mir wahrlich nicht ein, etwas vorzubringen, das wie eine freche Prahlerei oder Herausforderung klingen sollte, um so weniger, da ich mich als einen für diese Welt todten Mann betrachte, der gerne sein Haupt unter jedermanns Füße legt und den Boden küssen will, auf dem sie wandeln. Dennoch habe ich, wo es die Sache Jesu, meines Königs, gilt, einen solchen Muth und ein solches Zutrauen auf seine gnadenreiche Hilfe und eine solche Zuversicht der Wahrheit meiner Sache und der Stärke meiner Beweise, daß ich vollkommen überzeugt bin, kein Protestant und auch nicht alle lebenden Protestanten zusammen oder irgend eine Secte unserer Gegner, sie mögen noch so laut von den Kanzeln herabdonnern und uns in ihrem Reiche von Schulknaben und ungelehrten Männern als längst überwunden erklären, könnten ihre Sache in einer Disputation aufrecht erhalten. Ich bitte deßhalb bemüthigst und inständigst um eine Gelegenheit des Kampfes mit ihnen allen und jedem einzelnen von ihnen oder mit den Gelehrtesten, die sich unter ihnen finden, und erkläre, daß es mir um so lieber ist, je besser vorbereitet sie zum Kampfe kommen werden.

7. Und da es Gott gefallen hat, die Königin, meine erhabene Herrin, so reichlich mit Gaben der Natur, der Wissenschaft und einer fürstlichen Erziehung auszustatten, so bin ich zuversichtlich der Hoffnung, wenn Ihre Majestät ihre königliche Person und geneigtes Gehör einer solchen Zusammenkunft, wie ich sie im zweiten Theile meines fünften Artikels erwähnte und erbat, nicht unwürdig erachtete, oder wenn sie einigen Vorträgen, die ich in ihrer und Eurer Gegenwart hielte, beiwohnen wollte, so möchte es mir wohl durch planmäßige und klare Darlegung der Streitfragen gelingen, die Sache so aufzuklären und aus allen trügerischen Umhüllungen herauszuschälen, daß Ihre Majestät kraft ihres Eifers für die Wahrheit, und ihrer Liebe, mit welcher sie ihr Volk umfängt, manche dem Reiche schädliche Anordnung zurückzöge und uns Unterdrückten größere Billigkeit gewährte.

8. Ferner zweifle ich keineswegs, daß Ihr, der verehrte Rath der Königin, da Ihr so große Weisheit und Erfahrung in den wichtigsten Geschäften besitzt, leicht erkennen werdet, auf welch felsenfestem Grunde unser katholischer Glaube aufgebaut ist, sobald Ihr diese Glaubensfragen einmal getreulich vorgelegt seht, die so oft durch unsere Gegner verwirrt und verdunkelt werden, und daß Ihr ebenso einsehen werdet, wie schwach die Sache unserer Gegner ist, die nur durch die Gunst der Umstände etwas gegen uns vermag. Ihr werdet dann zum Heile für Eure eigenen und vieler Tausend Seelen, welche von Eurer Regierung abhängen, dem Irrthum, sobald er offengelegt ist, entsagen und auf diejenigen hören, die mit Freuden ihr Herzblut für Eure Rettung verspritzen möchten. Viele unschuldigen Hände sind täglich und stündlich für Euch zum Himmel erhoben, die Hände jener englischen Studenten, deren Geschlecht nicht aussterben wird, die jenseits des Meeres Tugend und genügende Wissenschaft erwerben für dieses Unternehmen. Sie alle sind bereit, Euch nicht verloren zu geben, sondern entweder Euch für den Himmel zu gewinnen oder durch Eure Piken zu sterben. Und was unsere Gesellschaft angeht, so sei es Euch bekannt, daß wir, alle Jesuiten der Welt, deren beständiger Nachwuchs und große Zahl genügen, alle Ränke Englands zu besiegen, einen Bund geschlossen haben in der Absicht, mit Freuden das Kreuz zu tragen, das Ihr uns auferlegen werdet, und nie an Eurer Bekehrung zu verzweifeln, solange noch ein Mann von uns lebt, der die Freuden Tyburns genießen, oder die Qualen Eurer Folter verkosten, oder in Euren Kerkern vermodern kann. Die Kosten sind berechnet; das Unternehmen ist begonnen; es stammt von Gott; es leidet keinen Widerstand. So wurde der Glaube gepflanzt, so muß er auch wiederhergestellt werden!

9. Wenn dieses mein Anerbieten zurückgewiesen wird und mein Bemühen umsonst ist; wenn ich Tausende von Meilen zurückgelegt habe, um Euch Gutes zu thun, und wenn der Lohn dafür grausamer Undank sein soll — nun wohl, so erübrigt mir nichts anderes, als Eure und meine Sache dem allmächtigen Gott, der die Herzen durchforscht, anheimzustellen. Ihn bitte ich vom Grunde meines Herzens, er möge uns die Gnade erweisen, daß wir vor dem Tage der großen Abrechnung eines Sinnes werden, damit wir wenigstens im Himmel, wo jede Unbild vergessen sein wird, Freunde seien."[1]

---

[1] Bridgewater, Concertatio f. 1.

Jedes Wort dieser Erklärung des Seligen athmet begeisterte Ueberzeugung von der Wahrheit seiner Sache und glühenden Seeleneifer. Wie schon bemerkt, sollte dieselbe erst im Falle seiner Einkerkerung dem Rathe überschickt werden; allein sie kam viel früher in dessen Hände, nicht durch einen Vertrauensbruch Pounds, wie Lingard irrthümlich berichtet[1], sondern infolge einer Haussuchung und nicht einmal bei Pound. Als derselbe mit schweren Ketten beladen aus der Marshalsea nach dem halbverfallenen Schlosse Bishops Strotford geführt wurde, übergab er das Document seinem Kerkergefährten Tichbourne, dieser flüchtete es in die Hände eines dritten Katholiken u. s. f., bis es endlich aus vierter Hand im November 1580 in die Gewalt der Regierung kam[2] und einen neuen Ausbruch des Zornes und der Verfolgung veranlaßte.

Inzwischen hatten die Missionäre ihre Zeit wohl benützt. Drei oder vier Monate nach ihrer Ankunft hatten sie, wie P. Persons erzählt, predigend und die Sacramente spendend, bereits nahezu alle Grafschaften Englands durchzogen und fast alle Edelsitze am Wege besucht, sie mochten nun Katholiken oder Protestanten gehören, wenn nur ein Katholik im Hause war. „Meist betraten wir das Haus als Bekannte oder Verwandte von irgend einem der Bewohner, oder wenn das nicht ging, als Begleiter und Freunde eines mit uns reisenden Edelmanns und erhielten nach der üblichen Begrüßung durch Vermittlung der Katholiken ein Zimmer in einem ruhigen Theile des Hauses, wo wir unsere priesterliche Kleidung anlegen und das Altargeräthe, das wir immer bei uns hatten, unterbringen konnten. Da gaben wir nun den anwesenden Katholiken oder solchen, welche (aus der Nachbarschaft) leicht kommen konnten, Gelegenheit, mit uns zu reden, hörten oft während der Nacht ihre Beichten, lasen am folgenden Morgen sehr früh die heilige Messe, spendeten denen, die sich dem Tische des Herrn nahen konnten, die heilige Communion, hielten eine kurze Predigt und machten uns wieder reisefertig. So handelten wir bei ganz kurzen Besuchen; wo wir aber länger verweilen und freier Auftreten konnten, hielten wir auch mehrere Andachten."

War die Familie ganz katholisch, so gestalteten sich diese Besuche der Missionäre natürlich einfacher. „Wenn ein Priester ihr Haus betritt," heißt es in einem Briefe an den Rector des englischen Collegs in Rom, „so empfangen sie ihn an der Thüre wie einen Fremden; dann führen sie ihn nach einem innern Gemache, das zu einem Betsaal eingerichtet

---

[1] VIII, 144.   [2] Simpson l. c. p. 163.

ist, fallen alle auf die Kniee und bitten um seinen Segen. Hierauf fragen sie ihn, wie lange er bei ihnen bleiben wolle, und bitten ihn, möglichst lange zu bleiben. Wenn er sagt, er müsse morgen wieder fort, was gewöhnlich der Fall ist — denn länger zu bleiben, wäre gefährlich —, bereiten sich alle am Abende zur Beicht, empfangen am Morgen bei der heiligen Messe die heilige Communion, und dann zieht der Priester, nachdem er gepredigt und ein zweites Mal den Segen gespendet, von einem der jungen Edelleute begleitet, seines Weges."[1] Aber nicht immer verläuft der Besuch des Priesters ohne Störung. „Oftmals, wenn wir fröhlich bei Tische sitzen und vertraulich über Gegenstände des Glaubens und der Frömmigkeit uns unterhalten (denn das ist das gewöhnliche Thema unserer Gespräche), wird plötzlich laut und rasch an die Thüre geklopft, wie es die Häscher zu thun pflegen. Dann fahren wir alle auf gleich Rehen, wenn sie den Jäger hören. Da bleibt die Speise unberührt; in einem kurzen Stoßgebete empfehlen wir uns Gott, und weder Wort noch Laut wird mehr gehört, bis die Diener kommen und melden, was es sei. Wenn es blinder Lärm war, so lachen wir über unsern Schrecken."[2] Der Brief hebt noch hervor, mit welchem wahren geistlichen Heißhunger die Katholiken die lange entbehrten Tröstungen der Religion entgegennahmen. Nie konnten ihnen die Messen zu lange dauern, und wenn sechs bis acht Messen hintereinander gelesen wurden, was bei Priesterversammlungen wohl geschah, hörte man alle. Jede Woche beichteten sie womöglich. Feindschaften waren unbekannt; Streitigkeiten wurden dem Priester zur Entscheidung vorgelegt; Mischehen mit Protestanten vermieden. Einer Dame bot man Befreiung aus dem Kerker an, wenn sie nur einmal durch die protestantische Kirche hindurchgehen wolle; sie schlug es ab. Mit einem reinen Gewissen, sagte sie, sei sie in den Kerker gekommen, und mit einem reinen Gewissen wolle sie den Kerker wieder verlassen oder darin sterben. Während unter Heinrich VIII. das ganze Reich auf ein Wort des Tyrannen vom Glauben abfiel, wird dieser jetzt selbst von Knaben und Frauen vor dem Richter gegenüber von Todesdrohungen mit Festigkeit bekannt.

Wohl das anschaulichste Bild von der Missionsthätigkeit und deren Früchten, sowie der ganzen Lage der englischen Katholiken um diese Zeit erhalten wir aus den beiden Briefen P. Persons' und des seligen Campion, welche sie nach ihrer Rückkehr nach London im Herbste 1580 an

---

[1] Rishton, De Schismate renovato p. 336.
[2] L. c. p. 337.

den Ordensgeneral P. Mercurian schrieben. P. Persons schreibt den 17. November u. a. wie folgt:

„Die Wuth der Verfolgung, die jetzt durch das ganze Reich gegen die Katholiken tobt, ist überaus groß, so daß in England seit seiner Bekehrung zum Christenthume nichts Aehnliches erlebt wurde. Edelleute und schlichte Leute aus dem Volke und Frauen werden überall in die Gefängnisse geschleppt; selbst Kinder werden mit Ketten beladen. Man beraubt die Katholiken ihrer Habe, raubt ihnen selbst das Licht des Tages und gibt sie der öffentlichen Verachtung preis, indem man sie in Proclamationen, Predigten und Versammlungen als Hochverräther und Rebellen hinstellt. . . . Man sagt uns, vor einem Monate seien die Namen von 50 000 Personen angegeben worden, welche sich weigern, die häretischen Kirchen zu besuchen. Seither sind offenbar noch viel mehr verklagt worden. Die Häretiker verlangen von den eingekerkerten Katholiken nur eines, daß sie ihre Kirchen besuchen und der Predigt und dem Gottesdienste beiwohnen. Ja, man hat sogar neulich einigen Edelleuten angeboten, man wolle sich mit einem einzigen Kirchenbesuche im Jahre begnügen, und sie könnten sogar, wenn sie wollten, vorher einen Protest aufsetzen, daß sie die Kirche nicht besuchten, um dadurch ihre Uebereinstimmung mit ihrer Religion und Lehre zu bekunden, sondern einzig aus Gehorsam gegen die Königin; aber sie lehnten es standhaft ab. . . . Tausend ähnliche Fälle könnten angeführt werden. Obschon jeglicher Verkehr mit [uns durch Proclamationen verboten ist, sucht man uns mit großem Eifer auf. Manche machen weite Reisen und legen sich und ihr Schicksal gänzlich in unsere Hand. Es ist deshalb durchaus nothwendig, daß noch mehr Mitglieder unserer Gesellschaft, womöglich nicht weniger als fünf, geschickt werden. . . . Ebenso ist ein Bischof für die Weihe der heiligen Oele durchaus nothwendig. . . . Für meine Sicherheit hier in London sorge ich durch häufigen Wechsel der Wohnung; ich bleibe nie länger als zwei Tage im selben Hause; denn es werden die strengsten Nachforschungen angestellt. Mit Arbeiten bin ich ganz überladen, und den ganzen Tag von morgens in aller Frühe bis um Mitternacht muß ich ihnen widmen, nachdem ich Messe gelesen, Brevier gebetet und, oft zweimal des Tages, gepredigt habe. Deßhalb hoffe ich auf Hilfe von unserm Orden und vom päpstlichen Seminar. Alle Katholiken hier danken mit aufgehobenen Händen Gott und Seiner Heiligkeit für die Gründung eines solchen Seminars in Rom; sie hatten daran gar nicht gedacht und flehen jetzt den Heiligen Vater um der Erbarmung des Heilands willen an, dasselbe aufrecht zu erhalten und angesichts der Nothlage unserer Zeit zu vergrößern. Vor zwei Tagen wurde ein Priester Namens Clifton[1] in Ketten durch die Straßen geführt, und er schritt mit so freudigem Angesichte einher, daß sich alle Leute wunderten. Als er das sah, begann er herzlich zu lachen, und da das Volk sich noch mehr wunderte und fragte, weshalb er in seiner traurigen Lage allein lache, um die ihn jedermann bemitleide, antwortete er, weil er bei diesem Handel gewinne. Im Anfange der Verfolgung gab es in einigen Grafschaften Leute, welche von Furcht besiegt die protestantische Kirche zu besuchen versprachen; aber da erhoben sich die Frauen und drohten, den Mann zu verlassen, wenn er aus Menschenfurcht dem Gehorsam gegen Gott und seine Kirche entsage. Viele ähnliche Fälle sind vorgekommen; um derselben Sache willen haben Knaben ihre Eltern verlassen."[2]

Der selige Campion beschreibt in seinem Briefe vom gleichen Datum zuerst kurz die uns schon bekannte Ueberfahrt und Ankunft in London; dann wendet er sich den apostolischen Arbeiten zu: „Täglich reite ich eine Strecke weit über Land. Die Ernte ist wunderbar reich. Im Sattel betrachte ich über meinen Predigtstoff; wenn ich das Haus erreiche, arbeite ich ihn aus. Dann rede ich mit allen, welche mit mir sprechen wollen, oder höre ihre Beichten. Am Morgen nach der Messe predige ich; sie lauschen mit außerordentlicher Begier und empfangen sehr oft das Altarssacrament, wobei uns Priester, die wir überall finden, behilflich sind, was für die Leute wie für uns eine Erleichterung ist. Die Priester unseres Landes sind durch Tugend und Wissen ausgezeichnete Männer; aber sie haben eine solche Achtung vor unserem Orden den Leuten eingeflößt, daß ich kaum davon reden darf. Um so nothwendiger ist es, daß alle, welche zu unserer Unterstützung geschickt werden — und wir bedürfen sehr der Hilfe —, Männer seien, welche der allgemeinen Erwartung entsprechen! Namentlich müssen sie gut für die Kanzel eingeschult sein. Wir können den Händen der Häretiker nicht lange entgehen; die Feinde haben so viele Augen, so viele Zungen, so viele Spione. Mein Anzug ist wunderlich; ich ändere ihn oft und ebenso meinen Namen. Ich selbst las Briefe, auf deren erster Seite geschrieben stand: ‚Campion ist gefangen.' Ueberall, wohin ich komme, werde ich mit dieser Neuigkeit begrüßt, so daß die Furcht selbst meine Furcht verscheucht hat. Anima

---

[1] Thomas Clifton; derselbe wurde zu ewigem Kerker verurtheilt (Dodd II, 116); vgl. Challoner I, 48 u. Diarium secundum p. 175.

[2] Theiner III, 216.

mea in manibus meis semper (Meine Seele ist immer in meinen Händen): das sei der Betrachtungsstoff, den diejenigen mit auf den Weg nehmen, welche hierher zur Aushilfe geschickt werden. Aber der Trost, der unserer Mühsal beigemischt wird, ist so groß, daß er nicht nur die Furcht vor Strafe, sondern selbst die schrecklichsten Strafen mit unbegreiflicher Wonne versüßt: ein reines Gewissen, ein unbesieglicher Muth, ein unglaublicher Eifer, ein so würdiges Werk, eine unzählbare Menge Bekehrungen aus den höchsten Kreisen, aus dem Mittelstande, aus dem gewöhnlichen Volke jeglichen Alters und jeglichen Geschlechts. Unter den billig denkenden Protestanten gilt hier das Sprichwort: wer seine Schulden bezahle, sei sicher katholisch, und wenn ein Katholik einmal etwas Unrechtes thut, so wird er mit der Bemerkung zurechtgewiesen, das zieme sich nicht für einen Katholiken. . . . Die drohendsten Edicte sind gegen uns im Umlaufe. Vorsicht, das Gebet der Guten und vor allem der Schutz Gottes hat es uns ermöglicht, einen guten Theil der Insel zu durchstreifen. Viele kenne ich, die nur um uns besorgt sind und ihrer eigenen Sicherheit gänzlich vergessen. . . . Alle Kerker sind mit Katholiken überfüllt; neue werden eingerichtet. Offen erklärt man jetzt, es sei besser, einige Verräther dem Tode zu weihen, als so viele Seelen zu verlieren. Von ihren ‚Martyrern' schweigen sie jetzt: denn wir übertreffen sie durch die Sache, für die wir leiden, durch die Zahl, durch den Adel des Geschlechts und durch die öffentliche Achtung. Haben wir doch etlichen Apostaten und Schuhflickern, die verbrannt wurden, Bischöfe, Fürsten, Ritter, den ältesten Adel, Wunder der Gelehrsamkeit, der Rechtschaffenheit, der Klugheit, die Blüte der Jugend, edle Matronen und eine zahllose Menge aus dem Mittelstande gegenüberzustellen, welche alle entweder eines raschen Martyrtodes starben oder durch mörderische Gefangenschaft eines langsamen, täglichen Todes hinsiechen. Während ich dieses schreibe, wüthet eine grausame Verfolgung. Das Haus, in dem ich weile, ist ein Haus der Trauer; man spricht von nichts anderem als vom Tode der Angehörigen, von Schlupfwinkeln, Ketten und dem Verluste der Habe. Dennoch verliert man den Muth nicht. Auch jetzt werden viele mit der Kirche ausgesöhnt: Rekruten lassen sich einreihen, während die Veteranen ihr Blut vergießen. Durch dieses heilige Blut und diese Opfer wird Gott versöhnt werden, und zweifelsohne winkt uns bald der Sieg. Ihr seht also, hochwürdiger Pater, wie sehr wir Eurer Meßopfer und Gebete und der göttlichen Hilfe bedürfen. Nie wird es in England an Männern fehlen, welche ihr Heil wirken und am Heile der anderen arbeiten, mögen die Menschen zürnen, die

Dämonen rasen. Solange wird diese Kirche bestehen, als Hirten für ihre Schafe Sorge tragen. Das Gerücht einer eben jetzt drohenden Gefahr nöthigt mich, den Brief abzubrechen. Exurgat Deus, et dissipentur inimici ejus (Es erhebe sich Gott, und seine Feinde mögen zu Schanden werden). Lebt wohl! E. C."[1]

Um diese Zeit war Campions Erklärung in die Hände des Raths gekommen und infolge davon eine so heftige Hetze auf ihn in Scene gesetzt worden, daß er London nicht betreten durfte. Er hielt sich 15 (englische) Meilen von dem damaligen London in Uxbridge bei William Griffith verborgen. Dorthin kam auch P. Persons, und sie erzählten sich von ihren Bekehrungen in Gloucester, Hereford, Worcester und Derbyshire, wo Persons gearbeitet, Berkshire, Oxfordshire und Northamptonshire, das Campion durchzogen hatte. Neue Pläne wurden entworfen. Der selige Campion wurde für Lancashire bestimmt, das von London und daher von der Gefahr, die ihn am meisten bedrohte, am weitesten entfernt schien. Die Mußestunden sollte er zur Verfassung einer lateinischen Schrift für die Studenten der beiden Hochschulen Oxford und Cambridge verwenden, wozu er wie kein anderer geeignet schien. Man rieth ihm ein „Tröstbüchlein für die Katholiken zur Zeit der Verfolgung" oder einen ähnlichen Stoff an; er aber sagte sofort, er werde „Die Verzweiflung der Häresie" (De haeresi desperata) schreiben. Man lachte über dieses Paradoxon; denn niemals habe die Häresie so getobt und gewüthet. „Das ist es gerade," gab er zur Antwort, „ihre Wuth beweist ihre Schwäche; wenn sie Vertrauen zur Wahrheit ihrer Sache hätte, würde sie niemals zu solchen Mitteln greifen." Eine Antwort, welche Charke gegen seine Erklärung an den Rath schrieb, änderte nachher den Plan der Schrift dahin ab, daß Campion den Studenten der Hochschulen „Zehn Gründe" vorlegte, auf welche vertrauend er der Häresie den Handschuh hingeworfen habe: aber auch so blieb der Grundton der Schrift der Gedanke: „Die Häresie ist in Verzweiflung."[2]

Während der selige Campion nach Lancashire zog, blieb P. Persons von Gefahren umringt in London. Nur eine seltene Klugheit, verbunden mit einer staunenswerthen Kühnheit, ließ ihn den Schlingen der Häscher entgehen. Manchmal nahm er seinen Aufenthalt in einem der Gefängnisse, in den Vorstädten, in den Häusern der Häscher und der eifrigsten

---

[1] Bridgewater, Concertatio f. 3.
[2] Simpson l. c. p. 180.

Beamten, ja in den Palästen der Königin. Große Hilfe empfing er vom spanischen Gesandten Mendoza, der ihn oft als einen seiner Diener mitten durch die Wachen führte. Zwischenhinein kam er nach Uxbridge und beschäftigte sich mit der Einrichtung einer Druckerei, was Campion sehr empfohlen hatte. Unter unsäglichen Gefahren brachte er dieses Unternehmen zu Stande, und bald erschienen zum großen Aerger der Regierung in England selbst katholische Bücher und Flugschriften.

Campion war inzwischen auf seiner Reise nach Lancashire. Weihnachten hielt er in Nottinghamshire; dann ging es weiter durch Derbyshire und Yorkshire in Begleitung eines Mr. Tempest. In der dritten Fastenwoche kam er zu Mr. William Harrington nach Mount St. John, wo er zwölf Tage blieb und in dieser Zeit seine Rationes decem ausarbeitete. Von hier reiste er in Begleitung eines Mr. More, seines frühern Schülers, und dessen Frau, wahrscheinlich als deren Diener verkleidet, nach Lancashire. More machte die Reise eigens, um Campion unerkannt an sein Reiseziel zu bringen. Nun besuchte er der Reihe nach die Häuser der hervorragenden Familien in Lancashire, die Worthingtons, Talbots, Southworths, Hesketh, Houghtons, Westbys, Rigmaidens. Noch im Jahre 1660, sagt P. Heinrich More, der Geschichtschreiber der englischen Ordensprovinz, war Campions Andenken und seine Predigten, namentlich über den Englischen Gruß, über die zehn Aussätzigen, über das jüngste Gericht, in aller Andenken [1]. Er wirkte nicht nur durch seine hinreißende natürliche Gabe der Beredsamkeit, sondern, wie die Zuhörer überzeugt waren, durch sein inneres geistliches Feuer und die Kraft des Heiligen Geistes. Er predigte fast täglich. Auch in Lancashire waren ihm übrigens die Häscher beständig auf den Fersen. Im Hause der Worthingtons rettete ihn eines Tages nur die Geistesgegenwart einer Magd, die ihn vor den Augen der Verfolger mit gut gespieltem Zorne in einen Teich hineinstieß.

Um Ostern 1581 vollendete Campion seine Rationes decem, und schickte die Schrift durch einen zuverlässigen Boten an P. Persons. Als dieser die Masse Citate sah, die er wegen Mangels einer Bibliothek unmöglich verificiren konnte, während die Gegner gewiß jeden noch so kleinen Irrthum als absichtlichen Betrug hinstellen würden, schrieb er an Campion, ob er seiner Sache sicher sei. Campion konnte seinem Vorgesetzten antworten, er habe kein Citat aufgenommen, das er nicht selbst bei seinen Lesungen sich angemerkt, bitte aber doch, daß alle noch einmal nachge-

---

[1] More, Historia Provinciae Angliae p. 76.

schlagen würden, um ja sicher zu sein. Ein junger Mann aus Gilberts Verein[1], der freien Zutritt zu den Bibliotheken Londons hatte, besorgte diese Arbeit, und so konnte zum Druck geschritten werden. Mit Recht legte P. Persons das größte Gewicht darauf, daß die Schrift tabellos erscheine; so rief er Campion aus Lancashire zurück, damit der Druck unter seinen eigenen Augen verbessert werde. Die Presse befand sich in einer Hütte (lodge) von Lady Cäcilia Stonors Park bei Henley an der Themse. Am 27. Juni war der Druck beendet, und auf Peter und Paul wurden bereits mehr als 400 Abzüge unter die Studenten von Oxford geworfen.

Die Schrift hatte einen ungeheuern Erfolg, wozu der körnige, packende Stil Campions nicht wenig beitrug. Der Titel lautet: Rationes decem, quibus fretus certamen Anglicanae Ecclesiae ministris obtulit in causa fidei Edmundus Campianus (Zehn Gründe, auf welche hin den Predigern der anglikanischen Kirche den Kampf über die Glaubenslehre anbot Edmund Campion). Ein einleitender Brief an die Studenten der beiden Universitäten erwähnt die gegen seine Absicht erfolgte Veröffentlichung seiner „Erklärung". Aber anstatt den vorgeschlagenen Kampf mit den Worten anzunehmen: „Wir gehen auf deine Bedingungen ein; die Königin verspricht freies Geleit; komme!" schreien sie nur: „Jesuit! Empörer! Unverschämter! Verräther!" Das sei lächerlich. Er wolle ihnen jetzt die Gründe darlegen, die ihm den Muth zur Herausforderung gegeben; sie entstammten nicht seinem Talent oder Wissen, sondern der überzeugenden Wahrheit seiner Sache. Getödtet könne er werden, überwunden nicht.

Der erste der „Zehn Gründe", welche der Selige ins Treffen führt, ist die Art und Weise, wie die Häretiker mit der Bibel umspringen. Wie die Manichäer das Matthäusevangelium und die Apostelgeschichte, die Ebioniten alle Briefe Pauli u. s. w. verwürfen, weil in denselben ihre Irrlehre an den Pranger gestellt werde, so verwerfe Luther den Jacobusbrief und nenne ihn eine Strohepistel, so die Schüler Luthers das Buch Tobias, Ecclesiasticus, die Bücher der Maccabäer, so die Genfer das Buch Esther, drei Kapitel des Daniel u. s. w. Nachdem sie also alle anderen Zeugnisse verworfen und sich allein auf die Bibel gestellt hätten, zerrissen sie auch die Bibel — ob das nicht helle Verzweiflung sei? Dem gegenüber habe die katholische Kirche sich stets als die treue Hüterin dieses

---

[1] Thomas Fitzherbert, damals soeben verheiratet. Nach dem Tode seiner Frau wurde er Priester, Jesuit und Rector des englischen Collegs in Rom. Simpson l. c. p. 200.

ihr anvertrauten Schatzes bewährt. — Den zweiten Grund bietet Campion die gewaltsame Verdrehung der Texte, welche die Irrlehrer sich erlauben. Als in die Augen springendes Beispiel werden die verschiedenen Versuche Luthers, Melanchthons, Zwingli's, Calvins, Beza's an dem klaren Texte „Dieses ist mein Leib" angeführt. — Der dritte Grund ist die Natur der Kirche, deren Ansehen die Protestanten in Worten anerkennen und dann durch eine falsche Begriffserklärung thatsächlich beseitigen. Denn ihre unsichtbare Kirche ist ebenso gut eine unhörbare. Als Probe des kurzen, körnigen Stiles möge die folgende Stelle dienen: „Sage mir, glaubst du der Kirche, die in den verflossenen Jahrhunderten bestand? — ‚Gewiß.' — Durchgehen wir also die Länder und Zeiten: wem (glaubst du)? — ‚Dem Verbande der Gläubigen.' — Welcher Gläubigen? — ‚Die Namen sind nicht bekannt; aber es ist gewiß, daß es deren viele gegeben hat.' — Wem sind sie denn bekannt? — ‚Gott.' — Wer sagt das? — ‚Wir, die wir von Gott belehrt sind.' — Fabeln! Wie soll ich glauben? — ‚Wenn du einen brennenden Glauben hättest, so würdest du davon ebenso überzeugt sein, als daß du lebst.' — Lacht nicht, ihr Zeugen dieses Auftritts! — Allen Christen soll befohlen sein, sich der Kirche anzuschließen, sich in Acht zu nehmen, daß nicht das geistliche Schwert sie treffe, im Hause Gottes den Frieden zu pflegen, dieser Säule der Wahrheit ihre Seelen anzuvertrauen, da alle Beschwerden niederzulegen, die von ihr Ausgestoßenen für Heiden zu halten — und doch sollen in so vielen hundert Jahren so viele Menschen nicht wissen, wo denn die Kirche sei und wer ihr angehöre!" — Der vierte Grund, der dem Seligen volles Vertrauen in seine Sache gibt, sind die allgemeinen Concilien. Noch im ersten Jahre Elisabeths war vom Parlament das Ansehen der ersten vier Kirchenversammlungen anerkannt; deshalb sagt Campion: „Diese will ich anführen und dich selbst, England, meine süße Heimat, als Zeugin aufrufen. Wenn du wirklich, wie du vorgibst, jene vier Concilien verehrst, nun so mußt du auch dem Bischofe des ersten Sitzes, d. h. Petrus, den Primat zuerkennen; so mußt du das unblutige Opfer des Leibes und Blutes Christi auf dem Altare annehmen; so mußt du die seligen Martyrer und die übrigen Heiligen anflehen, daß sie bei Christus deine Fürbitter seien" u. s. w. Am Rande stehen neben jedem Satze die bezüglichen Canones der vier ersten Concilien. Dann tritt der Selige den Beweis an, daß dasselbe Ansehen auch den späteren Concilien, namentlich der Kirchenversammlung von Trient, gebühre. — Der fünfte Grund der Siegeszuversicht sind ihm die Väter. Daher die Schmähungen, mit denen die Neuerer dieselben überhäuften, weil sie ihre Irrlehren zum voraus an den Pranger stellten und sagten, sie seien Schwätzer, vom Teufel Besessene, gerade so gut verdammt, wie der Teufel u. s. w. Dann führt Campion alle Hauptlehren der Reformatoren auf und stellt denselben die Lehre der Väter gegenüber. Solange deßhalb in England die Werke der Väter nicht verboten würden, habe es nichts zu sagen, wenn man alle Werke der neueren katholischen Theologen vernichte; viel schärfer, als Harding, Allen, Stapleton, Sanders, Bristow, verurtheilten die Väter die neuen Irrlehren. Er erinnert dann an Jewels, des Calvinisten, Herausforderung, den Neuerern aus den Vätern der ersten sechs Jahrhunderte Irrthümer nachzuweisen, und beruft sich darauf, wie diese Herausforderung von den Löwener Professoren sofort und zwar so wuchtig erwiedert worden sei, daß die englische Regierung sich nicht anders zu helfen wußte, als durch ein strenges Verbot der Einfuhr dieser Antworten. Selbst Jewels Lobredner, Lawrence Humphrey, habe zugeben müssen, diese Herausforderung sei „unüberlegt" gewesen. — Enge mit diesem Grunde verbunden ist Campions sechster Grund der Siegesgewißheit, den er firmamenta Patrum nennt; er versteht darunter die übereinstimmende Auslegung der Heiligen Schrift durch die Väter. Niemand sei so eifrig in Erforschung der Heiligen Schrift gewesen, als die Väter; ihre Hauptbeweise seien immer Schriftbeweise. Um so mehr müsse man sich über die thörichte Ausrede wundern, man wolle das Urtheil der Väter nur insoweit annehmen, als es mit der Schrift übereinstimme. „Möchte doch nur in England jener Glaube, ja möchte er nur herrschen, den die Väter, diese größten Verehrer der Schrift, aus der Schrift herleiten! Was sie anführen, wollen auch wir anführen; was sie vergleichen, wollen auch wir vergleichen; was sie daraus herleiten, wollen auch wir daraus herleiten: bist du es zufrieden? Heraus, bitte, mit der Sprache! — ‚Bei Leibe nicht, sagst du, es sei denn, daß sie die Schrift recht erklären.' Was heißt das ‚recht'? Nach deiner eigenen Meinung? Und du schämst dich eines solchen Trugschlusses nicht?"[1] — Der siebente Grund Campions ist das Zeugniß der Geschichte. Sie bezeugt klar und deutlich, daß die römische Kirche den rechten Glauben bekannte, wie schon Paulus be-

---

[1] Regnet in Anglia fides illa, utinam regnet, quam hi Patres amicissimi scripturarum ex scripturis extruunt. Quas afferunt afferemus, quas conferunt conferemus, quod inferunt inferemus: Placet? Excrea, dic sodes! Minime vero, inquis, nisi recte exponant. — Quid est hoc ipsum recte? Arbitratu tuo? Nihilne pudet Labyrinthi?

zeugt hat: Euer Glaube wird auf der ganzen Welt geprebigt. Wann denn? unter welchem Papste? wie? durch welche Mittel ist dieser Glaube gefälscht worden? Wann hat denn Rom neue Sacramente, ein neues Opfer, neue Glaubenslehren eingeführt? und von all dem soll die Geschichte, die „Verkünderin der Vergangenheit, das fortlebende Andenken", kein Zeugniß ablegen? — Den achten Grund, den der Selige „Paradoxa" überschreibt, bieten ihm viele wohlbekannte, halb wahnsinnige Aussprüche der Reformatoren: „Gott ist der Urheber der Sünde; er will sie, räth sie, bewirkt sie, befiehlt sie, vollendet sie" u. s. w. „Der Sohn Gottes ist nicht gleicher Natur mit dem Vater." „Christus fühlte am Kreuze die Qualen der Verdammten und verzweifelte." „Das Ebenbild Gottes sei im Menschen gänzlich ausgelöscht; die Sünde sei das Wesen der Seele; der Teufel sei der Schöpfer der Seelen; alle Sünden seien gleich; alle guten Werke seien in den Augen Gottes, des Richters, Todsünden, des Gnädigen, läßliche Sünden; die Zehn Gebote gingen die Christen nichts an" u. s. w. „Ich halte mich nicht würdig," schließt der Selige diesen Beweis, „unter den großen Gottesgelehrten, die heute die Irrlehre bekämpfen, auch nur eine untergeordnete Stelle einzunehmen; aber das weiß ich, daß ich, so unbedeutend ich bin, nichts Gefährliches unternehme, wenn ich, auf den Beistand Christi vertrauend, gegen solche, so unerhörte und unsinnige und unvernünftige Behauptungen mit Himmel und Erde an meiner Seite in den Kampf gehe." — Als neunten Grund seiner Siegesgewißheit nennt Campion die Trugschlüsse der Gegner. Dieselben kämpfen gegen Windmühlen, Schattengebilde (sciamachia), z. B. wenn sie gegen das Gelübde der Keuschheit Stellen bringen, welche beweisen, daß die Ehe erlaubt sei; wenn sie gegen die Heiligenverehrung die Stellen gegen Abgötterei ins Feld führen. Oder sie bringen Wortklaubereien vor (logomachia), wie z. B. wenn sie sagen, das Wort „Messe" oder „Fegfeuer" kommt in der Bibel nicht vor. Oder sie gebrauchen Wortspiele (homonymia), oder endlich den ganz gewöhnlichen Zirkelschluß wie folgt: „Nenne mir die Kennzeichen der Kirche. — ‚Das Wort Gottes und die echten Sacramente.' — Habt Ihr diese in Eurer Kirche? — ‚Wer zweifelt daran?' — Ich, und läugne es rundweg. — ‚Lies das Wort Gottes.' — Ich habe es gelesen und bin nun noch weniger für Euch als vorher. — ‚Ah, es ist doch klar.' — Beweise es mir. — ‚Wir weichen keinen Finger breit vom Worte Gottes ab.' — Wo bleibt denn dein Verstand? Wirst du denn ewig als bewiesen annehmen, was gerade in Frage ist?" — Den zehnten und letzten Grund felsenfesten Vertrauens gewinnt der Selige endlich im Hinblicke auf eine ganze Schaar von Zeugen, die ihm Himmel und Hölle und Erde stellt. Der Himmel mit seinen Rosen und Lilien, mit 33 für den Glauben getödteten Päpsten, mit zahllosen für Christus gemarterten Bischöfen, mit den Schaaren der Bekenner und Jungfrauen; die Hölle, welcher sich die katholische Kirche entgegenstellt, die Hölle, von welcher nur die Kirche allein verfolgt wird, aber nie unterworfen werden kann; die Erde mit der von Petrus hergeleiteten apostolischen Nachfolge, mit der allerwärts ausgebreiteten Hierarchie, mit den Heiligen, welche die Throne der irdischen Reiche geschmückt haben. „Könige sollen deine Nährväter und Königinnen deine Ammen sein," ruft der Selige da mit Isaias (49, 23) aus und wendet sich dann an die Königin mit den Worten: „Höre mich, Elisabeth, mächtigste Königin, dir ruft der große Prophet diese Worte zu, dich belehrt er über deine Aufgabe! Ich verkünde dir: ein Himmel kann Calvin und diese christlichen Fürsten nicht aufnehmen. Schließe dich also ihnen an; sei deines Namens, deines Geistes, deines Wissens, deines Ruhmes, deines Glückes würdig! Das allein ist der Zweck meines Unternehmens dir gegenüber; das werde ich zu erreichen trachten, was auch immer mir widerfahre, dem als deinem Todfeinde sie schon so oft mit dem Galgen gedroht haben. Sei gegrüßt, gutes Kreuz! Kommen wird der Tag, Elisabeth, jener Tag, der dir mit Sonnenklarheit zeigen wird, wer dich mehr liebte, die Gesellschaft Jesu, oder Luthers Nachkommen!" Als Zeugen treten endlich für Campion auf alle zum Christenthume bekehrten Völker, die Hochschulen, die Gesetzessammlungen, die Salbung der Könige, die Ritterorden, ihre Insignien, die gemalten Fenster, die Stadtthore und die Mauern der Bürgerwohnungen mit ihren Abzeichen aus katholischer Zeit, das Leben und die frommen Stiftungen der Altvordern — kurz, alles gemahnt, daß nur die katholische Religion wirklich im Herzen der Menschen lebenskräftige Wurzeln faßte [1].

Wir haben es für unsere Pflicht erachtet, durch diesen kurzen Auszug der Schrift die Leser mit dem Hauptinhalte derselben vertraut zu machen; sie ist in ihrer Art ein Meisterwerk rhetorischer Apologie, und das laute Wuthgeschrei, das die Gegner auf der ganzen Linie erhoben, beweist, wie furchtbar ihre Schläge getroffen haben. Lord Burghley schrieb an einem und demselben Tage, am 25. Juli, zweimal an Aylmer, den Bischof von London, daß er dieselbe widerlege. Der Prälat ent-

---

[1] Ein Abdruck der Rationes decem etc. findet sich an der Spitze von Bridgewaters Concertatio f. 4 sq. Die vielen Ausgaben, welche die Schrift erlebte, siehe bei De Backer I, 1028 sq.

schuldigte sich zuerst, daß er die Schrift noch nicht habe auftreiben können. „Uebrigens", fügt er bei, „ist mir mein Uebel so schlimm in die Beine gefahren, daß ich, auch wenn ich die Schrift hätte, jetzt ohne große Gefahr nicht studiren könnte." Dann bittet er den Lord, dem ja ebensowohl die Sorge für alle Kirchen wie für den ganzen Staat obliege, er möge durch ein vom Rathe ausgestelltes Patent eine Commission von Theologen zur Widerlegung Campions einsetzen und auch die nöthigen Bücher dazu beschaffen. Er schlägt für diese Commission nicht weniger als 19 Mann, darunter die Dekane von St. Paul, Winton, York, Christ=Church, Windsor, Salisbury, Ely, Worcester und Canterbury und einen ganzen Chor von Erzdiakonen, vor. Zwei aus dieser Zahl, Nowell, Dekan von St. Paul, und Day, Dekan von Windsor, sind der Meinung, die Rationes decem seien gar nicht von Campion verfaßt, so etwas könne man auf einer Reise nicht schreiben; es handle sich hier vielmehr um die Frucht der gemeinsamen Arbeit der gelehrtesten Männer aus dem Jesuitenorden. Zwei Tage später, am 27. Juli, hatte sich Aylmer ein wenig gefaßt und schrieb an Burghley, was die Paradoxa angehe, werde man Luther, Calvin u. s. w. preisgeben können; übrigens folge Campion dem Texte der Septuaginta und nicht dem Hebräischen, und werde somit bei Gelehrten nicht verfangen[1]. Außer der genannten Commission erhielten die beiden ersten Theologie=Professoren von Oxford und Cambridge den Auftrag, gegen das Buch des Jesuiten zu schreiben. Ihre Schriften erschienen aber erst nach Campions Martyrtod und fanden sofort von katholischer Seite neue glückliche Antworten. Eine ganze Literatur knüpfte sich daran[2]. Noch ein Vierteljahrhundert später gab ein gewisser Stocke einen Quartband als Antwort auf Campion und dessen Vertheidiger heraus. Für Campion selbst hatte das Buch die Folge, daß er wie keiner der übrigen Martyrer den Kelch des Hasses und der Ungerechtigkeit bis auf die Hefe trinken mußte. Aber dafür war seine Schrift auch für sehr viele die Quelle des Heils und der Anlaß der Bekehrung. Muretus, einer der gelehrtesten Katholiken jener Zeit, nannte die „Zehn Gründe" ein „goldenes, wahrhaftig unter dem Beistande Gottes geschriebenes Büchlein" (libellum aureum, vere digito Dei scriptum).

Es war die letzte bedeutende Arbeit des Seligen in dem kurzen Jahre der Thätigkeit, das ihm die göttliche Vorsehung auf dem Boden

---

[1] Lansdowne Mss. 33, art. 17—19; Simpson l. c. p. 253 sq.
[2] Siehe dieselbe bei Simpson l. c. p. 343 und De Backer I, 1029 sq.

Englands zugemessen hatte. Drei Wochen nach der Veröffentlichung der
„Zehn Gründe" lag er schon in Ketten. Am 9. Juli schrieb er einen
letzten Brief an P. Aquaviva, der inzwischen P. Mercurian im Generalate
gefolgt war; darin heißt es: „Niemals waren unsere Gegner so un-
glaublich grausam wie jetzt; niemals stand die Sache Christi besser und
sicherer. Man bringt keine anderen Beweise gegen uns vor, als solche,
deren Vordersätze Folter, Hunger, Verwünschungen sind. Das hat das
Ansehen unserer Feinde gänzlich zu Boden geschlagen und Auge und Ohr
des ganzen Königreiches den Katholiken geöffnet. Es erübrigte nichts
mehr zum Siege unserer Sache, als daß den mit Tinte geschriebenen
Büchern solche folgten, wie sie jetzt täglich veröffentlicht werden: mit
Blut geschriebene."[1]

---

[1] Sacchini Historia S. J., pars V, l. 1, n. 219.

11. „Mit Blut geschrieben."

(1580—1581.)

Zu den „mit Blut geschriebenen Büchern", von denen der selige Campion an seinen Ordensgeneral schrieb, gehört jedenfalls das „Tagebuch des Tower"[1], dessen kurzen Aufzeichnungen wir uns jetzt zuwenden müssen.

Unter dem 5. December 1580 finden wir die erste Eintragung, welche sich auf unsere Martyrer bezieht: „Die Priester Rudolf Sherwin, Thomas Cottam, Robert Johnson, Lucas Kirby und die Laien Nicolaus Roscarock und Heinrich Orton wurden aus anderen Kerkern in den Tower gebracht."

Die Gefangennahme der seligen Cottam, Johnson und Heinrich Orton wurde schon oben erzählt[2]. Der selige Sherwin, den wir von Rom nach Rheims begleiteten, fiel bald nach seiner Ankunft in London ebenfalls in die Hände der Häscher. Obschon kein Jesuit, wollte er doch nichts thun, ohne P. Persons, den er wie seinen Obern betrachtete, um Rath zu fragen. P. Persons schreibt von ihm: „Wir hatten die Nacht miteinander in geistlichen Gesprächen zugebracht, wobei er mir seine große Sehnsucht nach dem Tode mittheilte. Am darauffolgenden Tage kam er und sprach mir von der großen Gefahr, die uns gedroht hatte, und dann ging er, um zu predigen. Denn wir hatten ausgemacht, er solle in London bleiben, um die Ankunft eines gewissen Edelmannes abzuwarten, der um ihn gebeten hatte, und in der Zwischenzeit sich mit Predigen befassen. Und so wurde er bei der Predigt in Mr. Roscarocks Hause gefangen genommen."[3] Der selige Sherwin kam zuerst in das Gefängniß der Marshalsea. Natürlich wurde gleichzeitig mit ihm Mr. Roscarock, sein Hauswirth, verhaftet, der Gilberts Verein angehörte und von

---

[1] Diarium rerum gestarum in Turri Londinensi. Von Rishton, der von 1580—1585 im Tower gefangen lag. Dasselbe ist als Anhang dessen Buch De Schismate renovato beigegeben.

[2] Siehe S. 165—167.   [3] Simpson l. c. p. 183.

dem P. Persons sagt, er sei seines Wissens der erste von den Mitgliedern gewesen, die in Gefangenschaft geriethen. Nicht viel später muß der selige Kirby, Sherwins Gefährte aus dem englischen Colleg zu Rom [1], den Häschern in die Hände gefallen sein; ebenso der unglückliche Pascal, so daß zu Anfang Winter 1580 sämmtliche Zöglinge des englischen Collegs zu Rom, die im Frühjahr miteinander die ewige Stadt verlassen hatten, in Ketten lagen.

Am 5. December waren also die Genannten aus verschiedenen Gefängnissen in den Tower zusammengebracht worden. Schon am 10. meldet das Tagebuch des Tower: „Die Priester Thomas Cottam und Lucas Kirby haben mehr als eine Stunde die Folter von ‚Scavingers Tochter' erduldet, welche dem erstgenannten einen Strom von Blut aus der Nase erpreßte." Am 15. desselben Monats „wurde Rudolf Sherwin" und am 16. „Robert Johnson auf die Folter gespannt und furchtbar gepeinigt". Am 19. „wurde Rudolf Sherwin wiederum gefoltert". Am 31. „wurde Johannes Hart, nachdem er 5 Tage auf bloßer Erde gelegen, zur Folterqual geschleppt; dasselbe geschah Heinrich Orton".

So fährt nun das Tagebuch Seite für Seite fort. Welch namenlose Qual aber diese kurzen Zeilen enthalten, können wir uns heute kaum mehr vorstellen. Im Tower zu London waren damals namentlich die folgenden Arten von Folter im Gebrauche: 1. Die eigentliche Folter (rack, equuleus). Sie bestand aus einem länglichen Viereck von Eichenholz, das 3 Fuß über dem Boden wagerecht angebracht war. Der Gefangene mußte sich innerhalb dieses Rahmens rücklings auf den Boden legen; dann wurden Stricke um die Handwurzel und Fußknöchel geschnürt und dieselben durch Umdrehung von Holzwellen so angezogen, daß sich der Leib des Gefolterten vom Boden hob, wagerecht ausgespannt zwischen dem Eichenrahmen hing und endlich die Glieder nicht selten aus ihren Gewerben gerenkt wurden. Stundenlang ließ man sie in dieser entsetzlichen Lage. Eine verschärfte Form dieser Folter bestand darin, daß man, anstatt die Stricke um die Knöchel zu befestigen, die Finger und Zehen durch dünne Schnüre mit den Seilen verband, wobei sehr bald das Blut unter den Nägeln hervorspritzte. In dem Foltergewölbe unter dem White Tower kann man heute noch im Fußboden die Löcher sehen, in denen die Folterwellen befestigt waren. — 2. „Scavingers Tochter." Wenn die Folter durch Auseinanderrenken der Glieder quälte, so marterte dieses Werkzeug durch gewaltsames Zusammenpressen derselben. Es war ein breiter Eisen-

---

[1] Vgl. oben S. 155.

ring, der aus zwei Hälften bestand, welche auf der einen Seite durch ein Scharnier verbunden, auf der andern mittels eines Hakens geschlossen werden konnten. Der Gefangene mußte auf die untere Hälfte des Ringes knieen und sich möglichst eng zusammenkauern; dann kniete ihm der Henker auf die Schultern, preßte ihm die obere Hälfte des Ringes über den Rückgrat und schloß den Haken. So krummgeschlossen, wurde der Gefangene eine bis anderthalb Stunden mit Fragen bestürmt. Gewöhnlich bewirkte der entsetzliche Druck auf die inneren Organe heftige Blutungen durch Mund und Nase. — 3. „Eiserne Handschuhe." Dieselben preßten mittels einer Schraube die Handgelenke zusammen; dann wurde der Gefangene mittels derselben an zwei Haken eines wagerechten Balkens aufgehängt und drei übereinander liegende Holzklötze wurden der Reihe nach unter den Füßen des Gemarterten entfernt. „Den Hauptschmerz empfand ich in der Brust," sagt P. Gerard, der diese Folter erdulbete, „dann im Unterleib, in den Armen und in den Händen. Ich hatte das Gefühl, als ob alles Blut meines Körpers mir in die Arme schösse und aus den Fingerspitzen ströme. Das war freilich eine Täuschung; aber die Arme schwollen so an, daß das Fleisch über den Rand der Eisenhandschuhe emporquoll. Nachdem ich eine Stunde so gehangen hatte, fiel ich in Ohnmacht; als ich wieder zu mir kam, hielten mich die Henker in den Armen und stellten die Holzklötze unter meine Füße. Allein sobald ich mich etwas erholte, stießen sie die Klötze wieder weg. So blieb ich fünf Stunden hangen, während welcher Zeit ich acht- oder neunmal in Ohnmacht fiel." Mit dieser Folter verwandt sind die bekannten Daumenschrauben, die ebenfalls in Anwendung kamen. — 4. Eine andere Folter war die unmittelbar neben der Folterhalle gelegene Gefängnißzelle „Little Ease", die so eng ist, daß der Gefangene in derselben weder gehen, stehen, liegen, noch gerade sitzen, sondern nur zusammengekauert hin und her kriechen konnte. Rishton rechnet auch ein unterirdisches Gewölbe, „The Pit" genannt, das 20 Fuß tief unter dem Boden lag und vollkommen dunkel war, zu den Folterqualen[1]. In der Waffenhalle des Tower kann man heute noch die geschilderten Folterwerkzeuge theils in Wirklichkeit, theils in Modellen sehen. Die Führer haben aber die Vorsicht, den Besuchern zu erklären, diese grausamen Instrumente seien „von der spanischen Inquisition" gebraucht worden.

---

[1] „Lacus sive spelunca quaedam subterranea viginti pedum altitudine profunda sine lumine." Im Vorwort zum Diarium, wo auch die übrigen Foltern kurz beschrieben werden. Vgl. Lingard VIII, 428 (Note G).

Die Folter war freilich damals in ganz Europa gebräuchlich; allein sie wurde nur bei enormen Verbrechen angewendet. Hier aber benutzte man sie, um Priestern das Geständniß abzupressen, wer ihnen Gastfreundschaft geboten, wer bei ihnen gebeichtet, ja was man ihnen gebeichtet habe und was sie selbst gebeichtet hätten.

„Anno Domini 1581, am 8. Januar," fährt Rishtons Tagebuch fort, „wurde Christoph Thomson, ein ehrwürdiger Priester, in den Tower gebracht und am gleichen Tage noch auf die Folter gespannt. Am 14. Januar wurde Nicolaus Roscarock, ein edler Laie, auf die Folter gespannt." Roscarock kennen wir. Christoph Thompson, nicht zu verwechseln mit dem seligen Jakob Thompson, wurde nach fünfjährigem Kerker zugleich mit Rishton verbannt[1]. Er war ein Zögling von Douay, wirkte seit 1578 in England und starb 1590 in Paris[2].

Am 15. Januar erzählt das Tagebuch den traurigen Fall Johann Pascals. Derselbe war am 29. December gefangen in den Tower eingeliefert worden. Die Furcht vor der Folter brachte ihn zur Verläugnung seines Glaubens. Er wurde in Handschellen vor die Beamten nach der Guildhall geführt, nachdem er sich bereit erklärt hatte, den Suprematseid zu leisten. Sir Owen Hopton, der Lieutenant des Tower, fuhr die Schergen an, wie sie einen Edelmann, der seine Pflicht thun wolle, also gefesselt vorführen könnten, und bot dann dem Apostaten freundlich einen Stuhl an, daß er die Erklärung seines Abfalls unterzeichne. Er that es, leistete den Meineid und schaute sich lächelnd um. Die Beamten lächelten auch, zuckten aber mitleidig die Achseln über den Feigling, der sich bald von Freund und Feind gleich verachtet sah, von London floh und sich in einem Dörfchen Kents versteckte. Was später aus ihm geworden, ist nicht bekannt. Sein Lehrer, der selige Sherwin, dem dieser Fall schmerzlicher war als die Folter, bedauerte ihn aufs tiefste. P. Persons schrieb an den Unglücklichen, erhielt aber keine Antwort[3].

Am 8. Februar verzeichnet das Tagebuch: „Thomas Briscoe (Bruscous), ein Laie, vor kurzem Zögling des römischen Collegs, wurde am Thore gefangen genommen, in den Tower gebracht und daselbst in das unterirdische Gewölbe (The Pit) geworfen, in dem er fünf Monate lang schmachtete."

Am 27. März berichtet Rishton die Ueberführung des seligen Alexander Briant in den Tower mit den Worten: „Der Priester Alexander

---

[1] Challoner I, 168.   [2] Dodd II, 125. Diarium primum p. 8. 25.
[3] Simpson l. c. p. 184.

Briant wurde aus einem andern Kerker, wo er durch Durst beinahe getödtet worden war, in den Tower gebracht und während zweier Tage mit den schwersten Ketten beladen. Dann stach man ihm die spitzigsten Nadeln unter die Fingernägel, damit er bekenne, an welchem Orte er P. Persons gesehen habe; aber er weigerte sich auf das standhafteste, dieses Geständniß abzulegen." Am 6. April: „Derselbe Briant wurde in das unterirdische Gewölbe (The Pit) geworfen, nach acht Tagen hervorgezogen und auf die Folter gespannt, auf welcher er so grausam gequält wurde, wie kein anderer, an jenem Tage einmal und am darauffolgenden Tage zweimal. Ich selbst", fügt Rishton bei, „habe kurz vor seinem Martyrium aus seinem Munde gehört, er habe bei dieser letzten Auseinanderreckung seines Leibes, da die Henkersknechte sich alle mögliche Mühe gaben, um ihm die schrecklichsten Qualen zu verursachen, gar keine Schmerzempfindung gehabt."

Der selige Briant war in Somersetshire um 1556 geboren und kam 1574 mit einer guten Vorbildung in das Hart College nach Oxford. Am 11. August 1577 trat er in das Seminar von Douay [1] und empfing schon im darauffolgenden Frühjahr, am 29. März 1578 [2], also kaum 22 Jahre alt, die heilige Priesterweihe. Nachdem er seine Studien in Rheims vollendet hatte [3], ging der jugendliche Missionär am 3. August 1579 nach England [4]. Der Selige wird als ein Mann, fast noch Jüngling von engelgleicher Schönheit des Leibes und der Seele geschildert. Man pflegte ihn in Oxford „die Blume der Universität" zu nennen. Seine Gestalt war überaus anmuthig, die Glieder von reinem Ebenmaß, das Antlitz strahlend von Reinheit, Unschuld und wahrhaft himmlischer Liebenswürdigkeit. Selbst nach all den furchtbaren Qualen, die er mit seltenem Muthe erduldete, ja im Augenblicke des entsetzlichen Todes umleuchtete ihn diese wunderbare Schönheit. Von Jugend auf fürchtete er Gott, und man kann in Wahrheit von ihm sagen, daß er, wie an Jahren, so an Gnade und Weisheit zunahm vor Gott und den Menschen. So feiert den Seligen ein altes Elogium [5]. Ein anderes der gleichen Sammlung nennt ihn „einen ausgezeichneten Priester, wohl unterrichtet in den heiligen Wissenschaften, leuchtend im Glanze vieler Tugenden, der in seinem Herzen einen gewissen heiligen, durch unbegreifliche Geduld, Beständigkeit

---

[1] Diarium secundum p. 128. [2] Diarium primum p. 8.
[3] Diarium secundum p. 138. [4] L. c. p. 154.
[5] Collectio Cardwelli. Vitae Martyrum I, 52 in Records of the English Province IV, 345.

und Demuth starken Wetteifer trug und es verstand, sich durch einen freundlichen und süßen Redefluß in die Herzen der Zuhörer zu ergießen. Er war ein unbesiegbarer Held, ein würdiger Soldat Christi"[1].

Seine Heimat Somersetshire war sein erstes Arbeitsfeld in England. Bald muß er aber nach London gekommen sein, wo er, wahrscheinlich schon damals mit der Absicht, die Aufnahme in die Gesellschaft Jesu zu erhalten, P. Persons aufsuchte. „Er war mein Schüler und Zögling in Oxford," schreibt der letztere, „und hatte stets eine Vorliebe zur Tugend; später war er in Rheims ein überaus eifriger Priester. Er schrieb an P. Richard Gibbon, ob es ihm erlaubt sei, seine Mutter zu besuchen. Meinen Vater hat er mit der Kirche ausgesöhnt und verließ, solange er in England war, nie freiwillig meine Seite."[2] Im April 1581 wurde er von dem Priesterjäger Wilks, der eigentlich P. Persons nachspürte, ergriffen. P. Persons hatte das Haus soeben verlassen; die Häscher fanden daselbst seinen ganzen Vorrath von Andachtsgegenständen, die er von Rom mitgebracht hatte: Kreuze, Medaillen, Bilder, Rosenkränze, auch eine Anzahl Bücher. Ein frommer katholischer Buchbinder Namens Roland Jenks, dem man um seines Glaubens willen ein Ohr abgeschnitten hatte und der in der Wohnung P. Persons' dessen Bücher einband, hatte einen unzuverlässigen Gesellen mitgebracht, und so war dieser Aufenthaltsort verrathen worden. Natürlich wurde das Zimmer des Seligen sofort rein ausgeraubt, was bei der Verhaftung von Katholiken für die Häscher immer eine Hauptsache war[3]. 8 Pfd. St. an Geld, ein silberner Kelch und viele werthvolle Gegenstände, die nicht ihm gehörten, fielen ihnen als Beute zu. Man schleppte den Gefangenen zunächst in das Countergefängniß, und es wurde Befehl gegeben, alle Leute, welche nach ihm fragen würden, sofort festzunehmen und ihm weder Speise noch Trank zukommen zu lassen. So wäre er beinahe des Hungertodes gestorben. Endlich erhielt er, wie es scheint von einem mitleidigen Wärter, ein Stück harten Käses im Werthe von einem Penny und eine Brodkruste mit einem Glas starken Bieres. Das erquickte ihn zwar für den Augenblick, verursachte ihm aber dermaßen Durst, daß er mit seinem Hute versuchte, etwas Regen von der Dachtraufe zu erhalten, aber umsonst; denn er konnte sie nicht erreichen[4].

Zwei Tage nach seiner Ueberführung in den Tower mußte der jugendliche Martyrer vor Sir Owen Hopton, Lieutenant des Towers,

---

[1] L. c. Vitae Martyrum II, 161. [2] Records l. c. p. 346.
[3] Vgl. auch oben S. 188. [4] Challoner I, 73.

Dr. Hammond und dem schon erwähnten Norton erscheinen. Es wurden ihm die folgenden Fragen, welche vom Privy Council aufgeschrieben waren, vorgelegt:

„1. Was ist der Hauptzweck, weshalb Ihr vom Papst oder von einem seiner Hauptwerkzeuge in dieses Reich geschickt wurdet?

2. An wen waret Ihr namentlich angewiesen, den Ihr in diesem Reiche besuchen solltet?

3. Was für Hoffnungen stellte man Euch vor der Abreise bezüglich der Unternehmungen gegen Irland und England in Aussicht?

4. Weshalb kamen der Bischof von St. Asaph, Dr. Norton und andere von Rom nach Paris?

5. Welche Unterstützung habt Ihr seit Eurer Einkerkerung empfangen? Von wem und durch wen kam sie Euch zu?

6. Habt Ihr keine Unterstützung verlangt, welche von der schottischen Königin Maria geschickt sein sollte, und wem wurde diese Unterstützung übergeben?

7. Wie viele habt Ihr seit Eurer Gefangennahme mit der römischen Kirche ausgesöhnt, und welches sind ihre Namen?

8. Wie viele sind in letzter Zeit durch andere mit der römischen Kirche ausgesöhnt worden? Welches sind ihre Namen, und von wem wurden sie bekehrt?

9. Welche Zusammenkünfte habt Ihr mit (Campion oder Persons) gehabt, seitdem sie herüberkamen, oder welche Briefe und Aufträge habt Ihr von denselben empfangen?

10. Wo ist P. (Campion oder Persons)?

11. Habt Ihr nicht von einem Verzeichniß der Hauptgönner der römischen Religion in diesem Reiche gehört, welches den Priestern übergeben wurde, und welcher hervorragenden Personen erinnert Ihr Euch, die in demselben enthalten waren?

12. Welche Beziehung hattet Ihr zum Bischof von Roß, und welche Briefe oder Aufträge habt Ihr von demselben seit Eurer Rückkehr in dieses Reich erhalten?

13. Was für Briefe oder Aufträge habt Ihr von Dr. Saunders in Irland erhalten? Welche hervorragenden Personen in Irland gelten als Gönner des dortigen Aufstandes und gaben ihr Versprechen, sich mit den Streitkräften zu vereinen, welche von anderwärts dorthin geschickt werden sollten?"[1]

---

[1] P. R. Office. Dom. Eliz. vol. CXLVII, n. 97.

Am meisten drängten die drei Commissäre auf Beantwortung der Fragen, wo er Persons gesehen, wo er Messe gelesen, wessen Beichte er gehört habe. Als er nicht antworten wollte, ließen sie ihm, wie schon erwähnt, Nadeln unter die Fingernägel stoßen. Auch das bewegte den Martyrer nicht, sondern mit ruhiger Fassung und einem freundlichen Gesichtsausdruck betete er den Psalm „Miserere" und bat Gott, er möge seinen Peinigern verzeihen. Bei diesem Anblicke stampfte Dr. Hammond auf den Boden und starrte halb von Sinnen den Gequälten an. „Was ist das für eine Erscheinung!" rief er aus. „Wenn ein Mann in seiner Religion nicht so fest begründet wäre, so würde das genügen, ihn zu bekehren!"[1] Auch Bartoli führt dieses Wort Hammonds an und sagt, er habe beigefügt, das sei ein offenbares Wunder papistischer Halsstarrigkeit; denn unter solchen Qualen hätte er alles bekennen müssen, und er wünsche durchaus nicht, daß bei der Folter jemand zugegen sei, der in seinem protestantischen Glauben nicht fest stehe[2]. Hierauf spannten sie den Martyrer auf die Folter und rissen ihn fast in Stücke, weil er nicht bekennen wollte, wo P. Persons sei und wo er seine Druckerei habe. Am nächsten Tage wurde mit der Folter fortgefahren, obschon der Selige äußerst schwach war, alle seine Glieder verrenkt waren und sein Blut stockte. Diesmal hatte er die Ueberzeugung, sie wollten ihn wirklich zu Tode foltern; er bereitete sich also darauf vor und war entschlossen, eher zu sterben, als etwas zu verrathen. Die Betrachtung des Leidens Christi gab ihm besondere Kraft. Er fiel in Ohnmacht, so daß sie ihm kaltes Wasser ins Gesicht spritzten, ohne ihn jedoch von seiner Qual zu befreien. „Da sie nichts von ihm erpressen konnten, fragte ihn Norton, ob die Königin das Oberhaupt der Kirche von England sei oder nicht. Er antwortete darauf: ‚Ich bin Katholik und glaube in diesem Punkte, was ein Katholik glauben muß.' ‚Wie?' sagte Norton, ‚die sagen, der Papst sei es.' ‚Und das sage auch ich', entgegnete P. Briant. Da stand der Lieutenant des Tower auf, überschüttete ihn mit Spott- und Schmähreden und versetzte ihm einen derben Backenstreich. Und alle Commissäre standen auf und gingen weg, indem sie befahlen, man solle ihn die ganze Nacht auf der Folter lassen. Als sie aber sahen, daß ihn auch das nicht erschüttere, ließen sie ihn von der Folter abnehmen und schickten ihn in die ‚Walesboure'[3] zurück."[4]

---

[1] Challoner a. a. O.   [2] Records l. c. p. 350.
[3] Name eines unterirdischen Gewölbes im Tower.
[4] Challoner a. a. O.

Das scheint am 6. und 7. Mai 1581 gewesen zu sein; denn unter diesem Datum veröffentlichte die Regierung im nächsten Jahre das folgende Bekenntniß des seligen Briant: „Auszug aus dem Protokoll. Er (Briant) ist es zufrieden, die Königin als seine Herrin anzuerkennen. Allein er will nicht behaupten, daß sie es rechtmäßig sei und sein sollte, oder daß er ihr als Unterthan Gehorsam schulde, wenn der Papst das Gegentheil erkläre oder befehle. Und er sagt, diese Frage sei für ihn zu schwierig und gefährlich, als daß er ihre Lösung versuche. Am 6. Mai 1581 vor Owen Hopton, Ritter, Johann Hammond, Thomas Norton." „Er wisse nicht, ob der Papst die Vollmacht habe, den Gehorsam Ihrer Majestät zu entziehen. Alexander Briant. Am 7. Mai 1581."[1]

Als sich später laute Stimmen der Mißbilligung gegen die unerhörte Grausamkeit erhoben, mit welcher der selige Briant gequält worden war, stellte Walsingham den Foltermeister Norton zur Rede, wie es überhaupt das gewöhnliche Verfahren der Regierung Elisabeths war, alles Gehässige auf die Subalternen abzuladen. Norton vertheidigte sich in einer Weise, welche die Grausamkeit der Folterung offen eingesteht. Er habe sich nicht gerühmt, Briant einen Fuß länger gemacht zu haben, als ihn Gott schuf, wie Persons behaupte, sagte er, sondern ihm gedroht, er wolle ihn einen Fuß länger machen, als ihn Gott geschaffen, wenn er nicht bekenne. Das habe aber Briant, der vom Teufel besessen gewesen sei, nicht erschüttert, und so habe er ihn allerdings gefoltert, wie keinen andern, habe ihm aber kein Geständniß erpressen können. Was die Behauptung angehe, Briant habe während der Folter durch ein Wunder keinen Schmerz empfunden, so sei das unwahr; keiner habe nach der Folter so jämmerlich geklagt und solche Zeichen von Schmerzen gegeben[2]. Mit Recht bemerkt Simpson[3] zu dieser Vertheidigung Nortons, derselbe umgehe geflissentlich die Punkte, auf die es gerade ankomme; niemand habe behauptet, der Selige habe nach, sondern während der Folter keinen Schmerz empfunden.

---

[1] A Particular Declaration or Testimony of the undutiful and Traiterous Affection borne against Her Majesty by Edmund Campion, Jesuit, and other condemned Priests whitnessed by their own confession; in reproof of those slanderous Books and Libells delivered out to the contrary by such as are maliciously affected towards Her Majesty and the State (1 Petr. 2, 13). Published by Authority. Imprinted of London by Chrystopher Barker, Printer to the Queen. A. D. 1582. Abgedruckt in State Trials I, 1074.

[2] State Paper Office 27. March 1582.

[3] p. 203.

Vom Tower aus richtete der Selige mit seinen grausam verstümmelten Händen ein rührendes Schreiben an die Patres der Gesellschaft Jesu in England, in welchem er um die Aufnahme in den Orden bittet. Das Document seiner Demuth und seiner heroischen Gesinnung lautet:

„So oft ich, hochwürdige Väter, bei mir überlege, wie eifrig und auf wie vielfache Weise unser guter und großer Gott unser Heil sucht, sich um unsere Liebe bewirbt, unser Herz zu besitzen und in uns zu herrschen wünscht, erfaßt mich Staunen und Beschämung, daß wir armselige Menschen, weder durch Wohlthaten bewogen, noch durch Lohn angereizt, noch endlich durch das strenge Gericht Gottes erschreckt, aus allen Kräften ihm dienen und unsern Leib zu einem lebendigen Schlacht- und Brandopfer ihm weihen. Denn abgesehen von seinen großen Wohlthaten der Schöpfung, Erlösung, Erhaltung, Rechtfertigung und Verherrlichung, die wir hoffen, mahnt er uns mit den süßesten Worten und ruft uns zu sich. ‚Ich‘, sagte er, ‚liebe diejenigen, die mich lieben, und welche früh zu mir erwachen, werden mich finden.‘[1] ‚Selig ist der Mensch, der mich hört und der täglich an meiner Thüre wacht und an meinen Thürpfosten Umschau hält.‘[2] ‚Wer mich findet, findet das Leben und soll Heil beim Herrn schöpfen.‘[3] Wo aber der Herr zu finden sei, das kündet er durch diese Worte: ‚Wo zwei oder drei versammelt sind in meinem Namen, da bin ich mitten unter ihnen.‘[4] Da ist also der Herr wahrhaft gegenwärtig zu glauben, wo viele, durch Liebe vereint, sich zu dem Zwecke verbinden, Gott zu verehren, Gott allein zu dienen, seine Gebote zu beobachten und sein erhabenes Reich auszubreiten. Wer dieses hört, lernt die Wahrheit und wandelt nicht im Dunkel noch in der Nacht des Irrthums, sondern gelangt sicher zu den Wasserquellen. In solchen gottgeweihten Vereinen ist uns ein gerader Weg zum Himmel gegeben, ein Weg der nicht mit Dornen verschlossen, sondern durch die Fußspuren der Heiligen freigehalten ist, den nicht die Blumen dieser bittern Welt schmücken, der nicht von Lust und Süßigkeiten überquillt, der aber durch die heiligsten Gesetze und Regeln geschützt ist, so daß selbst Thoren auf ihm nicht irren oder von ihm abweichen können, wenn sie ihr Heil nicht völlig vernachlässigen. Da ist alles nach Zahl und Gewicht und Maß mit Weisheit angeordnet; da blüht eine vom Himmel stammende sanfte brüderliche Zurechtweisung, eine Kasteiung der bösen Leidenschaften, eine unaussprechliche Aufmunterung zu gegenseitiger Liebe.

---

[1] Sprichw. 8, 17. [2] Sprichw. 8, 34. [3] A. a. O. 8, 35. [4] Matth. 18, 20.

„Um dieser und ähnlicher Gründe willen beschloß ich vor mehr als zwei Jahren, wenn es Gottes Wille sei, diese Lebensart zu wählen. Und ich fragte einen gelehrten und heiligen Mann, der damals mein Seelenführer war, ob ich wohl, wenn ich aus der Heimat aus gerechten Gründen zurückkehrte (ich war nämlich damals jenseits des Kanals) der Hoffnung sein dürfte, daß mich die Väter der Gesellschaft (Jesu) zu ihrem heiligen Gehorsam zulassen würden. Da mir derselbe versicherte, das sei außer allem Zweifel, erstarkte meine Hoffnung und wuchs mein Muth, und während dieser zwei Jahre, die ich jetzt in England lebe, habe ich wiederholt meinen Vorsatz erneuert. Da ich aber glaubte, meine Arbeit und mein Fleiß in der Ernte Gottes sei nicht ganz ohne Nutzen, verschob ich die Ausführung meines Vorsatzes. Allein jetzt, da ich durch Gottes Fügung der Freiheit beraubt bin und mich dieser nützlichen Arbeit nicht länger weihen kann, lebt mein Wunsch neu auf, erglüht meine Seele vor Begierde, so daß ich meinem Herrn und Gott ein Gelübde gelobte, und nicht verwegen, wie ich hoffe, sondern in der Furcht Gottes und einzig und allein zu dem Zwecke, um Gott einen heiligeren und angenehmeren Gehorsam zu leisten, zu Gottes größerer Ehre, zur sichereren Rettung meiner Seele und zu einem glorreicheren Triumphe über meinen geistlichen Feind. Ich gelobte also, daß ich mich, wenn es Gott einmal gefallen sollte, mich aus dem Kerker zu befreien, binnen Jahresfrist den Vätern der Gesellschaft gänzlich zur Verfügung stellen wolle, und daß ich, wenn sie mich auf Gottes Eingebung aufnehmen, gerne und mit der größten Freude auf ewig meinen Willen ganz und vollständig dem Dienste Gottes weihen und mich selbst immer vollkommener ihrem Gehorsame übergeben werde. Dieses Gelübde gereichte mir zur größten Freude und zum innigsten Troste in meiner äußersten Noth und Folterqual, und es gab mir Muth, mit größerem Vertrauen vor den Thron der göttlichen Majestät hinzutreten und unter Fürsprache der seligsten Jungfrau Maria und aller Heiligen um Kraft und Geduld zu bitten. Ich glaube fest, daß mein Gelübde von Gott angeregt wurde; denn ich machte es im Gebete, als ich voll himmlischer Gedanken schien. Und die Sache hatte folgende Bewandtniß:

„An dem Tage, da ich zuerst gefoltert wurde, verweilte ich vorher im Gebete und empfahl mich und all das Meine meinem Herrn und Gott; da fühlte ich mich von übernatürlicher Süßigkeit des Geistes erfüllt, während ich den heiligsten Namen Jesu und die seligste Jungfrau Maria anrief; denn ich betete gerade den Rosenkranz. Und ich wurde so freuderfüllt und mein Herz so getröstet, daß ich mich ganz bereit fühlte, die Qualen zu ertragen, die ich mit voller Bestimmtheit erwartete. Da kam mir der genannte Vorsatz in Erinnerung und gleichzeitig der Gedanke, jetzt durch ein Gelübbe zu befestigen, was ich mir früher vorgenommen hatte. Nach Vollendung des Gebetes überdachte ich es nochmals, erwog es, so gut ich konnte, im Lichte der Vernunft, erkannte es für gut, folgte dem Zuge meines Herzens und legte unter der genannten Bedingung das Gelübde freiwillig ab. Und Gott selbst schien dasselbe sofort zu bestätigen; denn in allen meinen Nöthen und Folterqualen stand seine unendliche Güte und Barmherzigkeit mir zur Seite, gab mir Kraft, da es nothtat, errettete meine Seele ‚von den ungerechten Lippen, und von der heimtückischen Zunge, und von den nach Beute brüllenden Thieren'.

„Ob, was ich jetzt mittheile, ein Wunder war oder nicht, ist mir nicht bekannt; Gott weiß es. Aber wahr ist es: das bezeugt vor Gott mein Gewissen. Und ich erkläre also, daß ich bei der letzten Folterung, als die Feinde am grausamsten gegen meinen Körper wütheten und mir Hände und Füße gewaltsam ausspannten, nicht nur beinahe jeglichen Schmerzgefühls entbehrte, sondern auch, durch die vorhergehenden Qualen wie neu gekräftigt, bei voller Besinnung, klarem Geiste und ruhigem Herzen fest blieb. Als die Commissäre das sahen, gingen sie fort und befahlen, mich auf dieselbe Weise bis zum folgenden Tage zu foltern. Ich hörte und glaubte ihre Drohung und hoffte sie mit Gottes Hilfe geduldig zu ertragen. Inzwischen betrachtete ich, so gut ich konnte, das bittere Leiden unsers Heilandes und dessen zahllose Schmerzen. Und während dieses geschah, war es mir, als ob meine Linke in der Mitte der Handfläche verwundet wäre und Blut vergöße. Es war aber keine Wirklichkeit; allein ich fühlte keinen andern Schmerz, als diesen in der Hand.

„Damit nun meine Bitte und mein Verlangen Euch kund werbe, wende ich mich durch gegenwärtiges Schreiben an Euch, hochwürdige Väter; denn es ist keine Hoffnung, daß wir bald der frühern Freiheit wieder genießen, und den Menschen unbekannt, ob es überhaupt noch einmal der Fall sein werde. Inzwischen stelle ich mich demüthig Euch zur Verfügung und bitte Euch inständig, beschließet für mich und über mich, was Eurer Klugheit rathsam scheint. Und wenn es möglich ist, daß ich, ohne persönlich gegenwärtig zu sein, in Eure Gesellschaft aufgenommen und eingereiht werde, so bitte ich inständigst und von ganzem Herzen darum, damit ich mit den Demüthigen demüthig sei, mit den Frommen Gottes Lob verkünde, ihm ohne Unterlaß für die empfangenen Gnaden Dank sage, und endlich, durch die Fürbitte einer größern Zahl unterstützt, um so sicherer den mir dargebotenen Kampfpreis erlange. Nicht unbekannt ist es mir, daß die Nachstellungen des alten Feindes zahllos sind; liegt es doch in der Natur der Schlange, daß sie schleiche und die Seelen der Einfältigen, die eines guten Führers entbehren, durch ihre List täusche; ja er verwandelt sich in einen Engel des Lichts, so daß wir nicht ohne Grund ermahnt werden, die Geister zu prüfen, ob sie aus Gott seien. Euch also, die Ihr ‚Geistige‘ seid und in diesem Kampfe wohl geübt, überlasse ich mein ganzes Anliegen, und beschwöre Euch durch das Herz der göttlichen Erbarmung: leitet mich durch Euren Rath und Eure Einsicht, und wenn Ihr es zur größern Ehre Gottes, zum Nutzen der Kirche und zu meinem eigenen Seelenheile ersprießlich erachtet, mich in die Gesellschaft des heiligsten Namens Jesu aufzunehmen, so verspreche ich durch gegenwärtiges Schreiben vor Gott und dem Gerichtshofe meines Gewissens Gehorsam gegen alle und jeden einzelnen Vorsteher oder Obern, die jetzt im Amte sind oder später dasselbe bekleiden sollen, und gegen alle Regeln und Satzungen der Gesellschaft nach allen meinen Kräften und soweit mir Gottes Hilfe beistehen wird. Zeuge sei mir dieser Tag, Zeuge am Tage des Gerichts dieses mein eigenhändig verfaßtes Schreiben. Meine Gesundheit kann kein Hinderniß sein; denn ich habe durch Gottes Hilfe beinahe die frühere Kraft und Stärke wieder erlangt und werde von Tag zu Tag kräftiger. Ich empfehle mich also Euren Gebeten, grüße Euch im Herrn und erwarte sehnlichst Eure Entscheidung." [1]

Es ist kein Zweifel, daß der Selige diesen Brief nicht geschrieben hätte, wenn es ihm nicht möglich gewesen wäre, denselben auf sicherem Wege an P. Persons zu schicken. Und in der That hat ihm P. Persons, woran nicht zu zweifeln ist, die Aufnahme in den Orden zukommen lassen. Denn der selige Alexander Briant wurde von jetzt an stets als Mitglied der Gesellschaft Jesu betrachtet; die Ordensgeschichte [2], alle Menologien führen ihn als solches auf, und selbst den Feinden war zur Zeit seines Martyrtodes seine Aufnahme in den Orden wohl bekannt. Schreibt doch der Chronist Oldmixon, Briant sei „vor seinem Tode in die gottlosen Gebräuche und Mysterien der Jesuiten eingeweiht worden" [3]. Mit Recht sagt Foley [4]: „Die Oberen der Gesellschaft waren mit P. Briants

---

[1] Bridgewater, Concertatio f. 74 sq. Vgl. Collectio Cardwelli Vitae Mart. I, 61. Records l. c. p. 355 sq.   [2] Sacchini P. V. p. 40.
[3] Oldmixon p. 484: „Initiated into the impious Rites and Mysteries of Jesuits before His Death."   [4] Records l. c. p. 358.

Tugend und Wissen schon vorher wohl vertraut. Jetzt hatten sie durch
den angeführten Brief, den er mit seinen verwundeten Händen geschrieben,
volle Gewißheit über seinen Eifer und seine Standhaftigkeit. Da er über=
dies seinerseits das Gelübde des Eintritts in den Ordensstand so gut, als
die Umstände es erlaubten, abgelegt hatte, erachteten es alle für gut, ihn
als einen Mitsoldaten aufzunehmen, und sowohl seine inständige Bitte zu
erfüllen, als auch die Krone des Martyriums durch den Glanz des
Ordensstandes noch zu erhöhen."

Zu den Nachrichten über die Folterqualen, denen katholische Priester
und Laien im Tower unterworfen wurden und die wohl darauf berechnet
waren, durch Schrecken den Arbeiten der Missionäre entgegenzuwirken,
brachte der Sommer 1581 auch noch ein Bluturtheil, das mit den üb=
lichen Greueln zu Tyburn am letzten Juli vollstreckt ward. Das Opfer ist
der selige Eberhard Hanse (Haunce), ein Priester aus dem Seminar
von Rheims, wo er nur vier Monate vor seinem Tode, am 25. März,
die heilige Priesterweihe empfangen hatte[1]. Der Selige war in Northamp=
shire geboren und hatte seine Studien zu Cambridge gemacht. Er ließ
sich die anglikanischen Weihen geben und erhielt eine sehr fette Pfründe,
welche er zwei oder drei Jahre als Prediger genoß. Dann schickte ihm
Gottes Erbarmung eine schwere Krankheit. Sowohl seine Schmerzen,
als ganz besondere innere Mahnungen Gottes öffneten ihm die Augen
über seinen Seelenzustand; er ließ also einen Priester, einer Nachricht zu=
folge seinen Bruder Wilhelm Hanse, mit dem er der Religion wegen
früher manchen Streit gehabt hatte[2], zu sich kommen, versöhnte sich mit
der Kirche, verließ seine Pfründe und reiste nach seiner Genesung als=
bald nach Douay, wo er seine theologischen Studien wieder aufnahm.
Bei seiner ersten heiligen Messe, welche er am 2. April zu Rheims las,
fühlte er eine heftige Sehnsucht, sein Leben für das Seelenheil seiner
Landsleute in der englischen Mission einzusetzen, und reiste deßhalb schon
am 24. des gleichen Monats nach England ab. Nicht lange war es ihm
vergönnt, daselbst zu arbeiten. Bei einem Werke der Barmherzigkeit, als
er die Gefangenen in der Marshalsea besuchte, wurde er auf den Verdacht
hin, ein Priester zu sein, verhaftet. Ohne Ausflüchte gestand er sofort,
er sei ein Priester aus dem Seminar von Rheims, und wurde also nach
der Newgate gebracht und in der Gesellschaft elender Verbrecher in Ketten
gelegt.

---

[1] Diarium primum p. 10. 20.   [2] Challoner I, 43.

Am 18. Juli wurde der Selige vor die Schranken der „Old Baily" gestellt. Der Vorsitzende, Mr. Fleetwood, fragte ihn, wo er zum Priester geweiht und welches die Absicht seines Kommens sei. Er antwortete unumwunden, in Rheims sei er geweiht, und um Seelen zu gewinnen, sei er nach England gekommen. „Also seid Ihr ein Unterthan des Papstes?" folgerte der Richter. „Auch", antwortete der Selige. „Dann hat der Papst eine gewisse Macht über Euch?" — „Gewiß." — „Wie? auch in England?" — „Auch in England; denn in kirchlichen und geistlichen Angelegenheiten hat der Papst auch jetzt noch in England gerade so viel Macht, als in jedem andern Lande und selbst in Rom."[1] Darauf legte ihm der Richter die Frage vor, ob der Papst unfehlbar sei; ferner, ob der Papst in der Excommunications- und Absetzungsbulle gegen Elisabeth geirrt habe oder nicht. Auf die erste Frage antwortete der Selige mit einer Unterscheidung: in seinen persönlichen Handlungen und Meinungen sei derselbe nicht unfehlbar, sagte er, wohl aber in den Entscheidungen, zu deren Annahme er die Gesammtkirche verpflichte. Was die zweite Frage angehe, so stehe es ihm nicht zu, über die Handlungsweise anderer, namentlich nicht seiner Oberen, ein Urtheil zu fällen; er hoffe aber, Seine Heiligkeit werde nichts gegen sein Gewissen gethan haben[2]. Weiter fragte ihn der Richter, ob er das alles in der Absicht vorbringe, seine Zuhörer zu überzeugen. Der Selige entgegnete: „Ich weiß nicht, was Ihr mit dem Worte ‚überzeugen' sagen wollt; aber mein Wunsch wäre es, daß alle mit mir im katholischen Glauben vereinigt wären." Das war genug. Der Richter gab einem Rechtsgelehrten den Auftrag, die Anklage aufzusetzen. In derselben heißt es, Eberhard Hanse sei ein Zögling des Papstes, habe sich jenseits der See zum Priester weihen lassen, sei nach England zurückgekehrt, um die Unterthanen dem Ihrer Majestät schuldigen Gehorsam zu entfremden, habe gesagt, der Papst sei noch immer das geistliche Oberhaupt von England u. s. w., er hoffe, Pius V. habe bei seiner Excommunication und Absetzung der Königin Elisabeth nicht geirrt. Endlich habe er diese Behauptungen ausgesprochen, um andere zu seiner Ansicht herüberzuziehen. Als diese Anklage verlesen wurde, befahl ihm der Richter, nach Landesbrauch die Hand zu erheben. Er hob die Linke auf, da schwere Ketten die Rechte belasteten, war aber auf die Mahnung des Richters, der ihn darob hart anfuhr, gleich bereit, auch die Rechte zu er-

---

[1] Challoner a. a. O. Concertatio f. 78.
[2] Dodd II, 104.

heben. Am 28. Juli wurde in der üblichen Form das Todesurtheil über ihn gefällt. Dann führte man ihn in das Gefängniß zurück, wo ihn mehrere Prädikanten mit Bekehrungsversuchen belästigten.

Am Tage vor seiner Hinrichtung schrieb der Selige die folgenden Zeilen an seinen Bruder in Rheims:

„Ich bitte Dich, mein Bruder, sorge für die Eltern und gib Dir Mühe, daß sie vom Irrthum zur Wahrheit zurückgeführt werden, und sei völlig überzeugt, alles werde Dir mit Gottes Gnade in dieser Angelegenheit nach Wunsch gehen. Niemals werden Euch meine Gebete mangeln. Danket Gott für alles, was mir zustieß. Begebet Euch nicht verwegen in Gefahr, sondern bittet Gott um Stärke und Standhaftigkeit, wenn Ihr in Gefahr kommen solltet. Ganz gewiß, die Tröstungen, welche die Seele in solchen Trübsalen erquicken, sind unaussprechlich, und die Würde des Martyriums ist viel größer, als daß ein mit Sünden beladener Mensch sie verdienen könnte. Aber Gott ist barmherzig. Wenn etwas von meiner Habe übrig bleibt, so gib es armen Verwandten. Meine Schulden[1], die Du kennst, bezahle, und die Bücher gib denjenigen zurück, die sie mir geliehen haben. Grüße in meinem Namen alle meine Freunde und sage ihnen, niemals werde ihr Andenken aus meiner Seele gelöscht werden. Siehe, mein ‚Geburtstag‘ naht, und mein Meister ruft mir zu: ‚Nimm dein Kreuz und folge mir nach!‘ Lebe wohl im Herrn!"[2]

Am 31. Juli wurde der Selige nach Tyburn geschleift. Auf dem Karren stehend rühmte er sich mit freudigem Antlitze, ein katholischer Priester zu sein, und um deßentwillen sein Leben hinopfern zu dürfen. Aufgefordert, die Königin um Verzeihung zu bitten, und gefragt, ob er sie für seine Königin halte, antwortete er, gewiß betrachte er sie als seine Königin, aber er habe sie nie beleidigt, es sei denn durch Handlungen, die ihm sein Gewissen zur Pflicht gemacht. Auch protestirte er gegen ein in Umlauf gesetztes Gerücht, als ob er gesagt hätte, Hochverrath sei vor Gott keine Sünde. Dann forderten ihn die Prädikanten auf, mit ihnen zu beten; dessen weigerte er sich, bat aber alle anwesenden Katholiken, ihr Gebet mit dem seinigen zu vereinigen, und während er betete, wurde der Karren fortgezogen. Nach dem Berichte von Douay, der von einem Augenzeugen verfaßt ist, soll der Selige, als der Henker in seiner Brust nach dem Herzen suchte, noch gerufen haben: „Glückseliger Tag!"[3] So starb

---
[1] „10 Schilling N. N. und 2 Schilling N. N."
[2] Concertatio f. 79; vgl. Challoner a. a. O. S. 47.
[3] Diarium secundum p. 181.

der Selige, wie der protestantische Chronist Oldmixon ausdrücklich hervorhebt, „für den Supremat des Papstes"[1].

Am 4. August, also drei Tage nach dem Martyrtode des Seligen, schrieb der spanische Gesandte Mendoza an Philipp II.: „Er starb mit unbesiegbarem Starkmuth zum Staunen der Häretiker und zur großen Erbauung der Katholiken. Zwei Nächte später war kein Theilchen Erde mehr zu finden, das sein Blut befeuchtet hatte; alles war als Reliquie fortgeschleppt, und ungeheure Summen wurden für seine Kleider gegeben."[2]

Noch bevor das Jahr zur Neige ging, sollten dem Seligen andere zur Martyrpalme folgen.

---

[1] Oldmixon p. 488: „For the Pope's Supremacy."
[2] Mss. Simancas, bei Froude XI, 93. Froude nennt den Martyrer irrthümlich Harte, anstatt Hanse.

12. Campion gefangen und gefoltert.

(1581.)

„Ich bin vollständig überzeugt, daß ich eines Tages gefangen werde, aber auch, daß dies erst dann geschehen wird, wann es am meisten zur Ehre Gottes beiträgt, und nicht früher", hatte der selige Campion nach seiner Ankunft in England nach Rom geschrieben. Dieser Tag war jetzt nahe. Die „Zehn Gründe" waren vollendet und unter die studirende Jugend von Oxford geworfen. Die Hetze war infolge davon mit neuer Wuth entbrannt, und P. Persons hielt es für gerathen, daß Campion unverzüglich wiederum nach dem entlegenen Lancashire zurückkehre.

Sie weihten zusammen einige Tage dem Gebete und der Betrachtung, legten sich gegenseitig ihre Beichten ab, erneuerten dem Gebrauche der Gesellschaft Jesu gemäß ihre Ordensgelübde und schieden voneinander in der Morgenfrühe des 11. Juli. Als der Tag graute, bestiegen sie die Pferde, Campion und Bruder Emerson (Ralph, wie er gewöhnlich genannt wurde), um nordwärts zu ziehen, Persons und sein Gefährte, um nach London hinein zu reiten. Sie fühlten, daß sie sich auf Erden nicht mehr sehen würden, und tauschten, um sich gegenseitig ein letztes Andenken zu geben, ihre Hüte aus. Schon hatten sie sich getrennt, da lenkte Campion nochmals sein Pferd herum und bat seinen Obern um die Erlaubniß, das Haus eines Mr. Yate zu Lyford besuchen zu dürfen. Mr. Yate schmachtete um der Religion willen als Gefangener in London. Schon das war ein Grund, dessen Bitte zu gewähren; trotzdem hatte Campion dieselbe bis jetzt nicht erfüllt, offenbar weil er nothwendigere Arbeit hatte, als das Landgut zu Lyford zu besuchen, wo es nicht an geistlicher Hilfe gebrach, indem daselbst gewöhnlich ein oder zwei Priester verborgen waren. Yate's Haus war nämlich ein wahres Heim für alle verfolgten Katholiken. Es weilten daselbst eine Anzahl Brigittiner-Nonnen, welche bei Elisabeths Regierungsantritt zuerst nach Flandern geflohen, dann aber infolge des Aufstandes der Niederlande wiederum nach England zurückgekommen waren, und gerade diese scheinen die bringende Einladung Campions bewirkt zu haben. Wie gesagt, der Selige hatte bisher die Bitte abgelehnt; jetzt aber, da ihn der Weg fast am Hause von Lysord vorüberführte, meinte er dem Wunsche Yate's und seiner Pflegebefohlenen nicht wohl länger ausweichen zu können. P. Persons wollte anfangs nichts davon wissen. Der Besuch schien gefährlich und nicht so nothwendig; überdies sagte er zu dem Seligen: „Ich kenne Euren freundlichen Charakter; Ihr seid zu nachgiebig und könnt keine Bitte abschlagen. Wenn Ihr einmal in dem Hause seid, so werdet Ihr nicht mehr loskommen." Campion antwortete, er werde genau so lange dort bleiben, als es sein Oberer bestimme, und bot dafür den Laienbruder, der ihn begleitete, als Bürgen. Da ging P. Persons auf den Wunsch ein, bestimmte den Bruder Rudolf Emerson für die Reise zu Campions Obern und wiederholte, sie sollten sich zu Lysord nicht länger als einen Tag oder eine Nacht und den folgenden Morgen aufhalten. So schieden sie. Der Selige war ganz glücklich ob der Verdemüthigung, daß er den Laienbruder zum Obern erhalten hatte.

In Lysord hielten sich Campion und sein Begleiter genau an die Weisungen P. Persons'. Sie erreichten das Haus am Abend; die Nacht wurde geistlichen Unterweisungen und der Spendung des Bußsacramentes gewidmet; am Morgen war Messe, Communion, Predigt; nach dem Essen ritt der Selige mit Ralph, von Collington, einem der beiden Priester, die in Lysord weilten, begleitet, seines Weges. Am Nachmittage kam zufällig eine große Gesellschaft Katholiken nach Lysord, um die Brigittinen zu besuchen. Natürlich wurde gleich bedauert, daß sie einige Stunden zu spät kämen: Campion sei dagewesen und wie er gepredigt habe! Die guten Leute waren außer sich und gaben keine Ruhe; der selige Thomas Ford, der zweite Geistliche von Lysord, mußte ein Pferd besteigen, Campion nachsetzen und den Versuch machen, ihn zurückzubringen.

Thomas Ford, den wir schon früher einmal erwähnten[1], war einer der ersten drei Priester, welche aus dem Seminar von Douay hervorgingen. Er war in Devonshire geboren und hatte seine Studien in Oxford gemacht, wo er 1567 im Trinity College den Grad eines Magister artium erhielt. Ostern 1573 hatte der Selige zu Brüssel unter den ersten vier Zöglingen von Douay die Priesterweihe empfangen[2] und seit Mai 1576 als Missionär in England gearbeitet[3]. Er holte Campion

---

[1] Vgl. oben S. 113. [2] Diarium primum p. 6.
[3] Diarium primum p. 25; Diarium secundum p. 104.

und dessen Begleiter wirklich ein und fand ihn, umgeben von einem Kreise von Universitätsstudenten und Lehrern, welche ihn erkannt hatten und lernbegierig umdrängten, in einem Gasthause in der Nähe von Oxford. Man hatte ihn aufgefordert, zu predigen; allein der Selige erklärte, das wäre an diesem Orte und zu dieser Zeit unklug, und lehnte es ab. Nun kam Ford mit seiner Bitte, er solle nach Lyford zurückkehren. Collington und die ganze Gesellschaft, die durchaus den berühmten Prediger hören wollte, bestürmten ihn, der vereinten Forderung so vieler guten Leute nicht zu widerstehen. Der Selige konnte dem Ansturme aller gegenüber nur auf das Verbot seines Obern verweisen, sich länger in Lyford aufzuhalten. Persons würde das Verbot nicht gegeben haben, drängte man, wenn er diese veränderten Umstände und diese zahlreiche Zuhörerschaft von Männern vorausgesehen hätte. Habe er für die Nonnen einen Tag bewilligt, so würde er wenigstens ebenso viel für diese nach den Wassern des Heiles dürstende Menge bewilligen. Morgen sei Freitag; da solle er nach Lyford zurückkehren und Samstag und Sonntag dort zubringen, und dann könne er am Montag, nachdem er eine reiche Ernte zu Gottes Ehre gehalten, weiterreisen. Campion, von Natur ungemein freundlich und willfährig, war tief ergriffen; doch ließ er sich nicht zu einem Ungehorsam hinreißen. Er erklärte in aller Einfalt und Demuth, der Laienbruder Ralph sei sein Oberer auf der Reise, und was dieser beschließe, wolle er thun. Jetzt wandte sich der Sturm gegen den Laienbruder. Der „kleine Mann" hielt sich anfangs wacker und wollte nichts von der Rückreise wissen; als er sich aber den beiden Geistlichen und den Gelehrten von Oxford gegenüber auf Gründe einließ, war er bald besiegt. Er befahl also dem Seligen, nach Lyford zurückzukehren und Sonntag Nachmittag von dort nach einem bestimmten Edelsitze an der Grenze von Norfolk zu reiten, wo er wieder mit ihm, der inzwischen andere Geschäfte zu besorgen hatte, zusammentreffen werde. So ritt der Selige in heiligem Gehorsam der Erfüllung seines Schicksals entgegen.

Der Verräther war schon auf der Lauer. George Eliot heißt der Elende. Er war Katholik, hatte aber einen Mord begangen und suchte nun Straflosigkeit durch das Anerbieten, das er Leicester machte, seine genaue Kenntniß der katholischen Kirche in England der Regierung zur Verfügung zu stellen. Seine Briefe an Leicester sind im Britischen Museum einzusehen[1]. Schon im ersten nennt er eine Menge Namen hervor-

---

[1] Lansdowne Library vol. 33.

ragender Katholiken und erfindet eine Verschwörung zum Morde der
Königin, die wir ihn später auch vor Gericht werden vorbringen hören.
Zunächst verrieth er dem Privy Council den Aufenthalt der beiden Priester
Thompson und Payne, welche infolge dieser Angabe eingekerkert wurden
und die Martyrkrone erlangten. Der selige Johannes Payne wurde am
14. Juli in den Tower gebracht, und Rishton hebt in seinem Tagebuch
noch eigens hervor, derselbe habe dem Verräther Eliot früher viele Wohl=
thaten erwiesen. Am gleichen Tage wurde auch der selige Blutzeuge Jo=
hannes Shert (Shirtus) in den Tower geworfen und George Godsalve
(Godsalvus), den ebenfalls Eliot an Leicester verrathen hatte. Aus Eliots
Briefen an Leicester ersieht man, daß er in Berkshire nur Yate's Haus
als ein Priesterversteck kannte und es gerade damals, da Campion wieder
dorthin zurücktritt, spähend umkreiste. Er war mit Verhaftbefehlen von
der Regierung ausgerüstet und hatte einen geriebenen Häscher an seiner
Seite, der den Auftrag hatte, ihm zu helfen, aber auch ihn zu über=
wachen; denn Walsingham war viel zu vorsichtig, dem Verräther zu trauen.

Noch hatte Eliot die Maske des Katholiken nicht abgeworfen; so
wurde es ihm leicht, zu erfahren, was in Lyford vorging. Es war
Sonntag am 16. Juli. Mehr als 60 Katholiken, darunter viele Stu=
denten von Oxford, waren nach Yate's Edelsitz (Manour) gekommen.
Der selige Campion schickte sich eben an, die heilige Messe zu beginnen;
da kam Eliot an die Hausthüre und verlangte den Koch zu sprechen, der
ihn als Katholik kannte und wußte, daß Lady Petre und andere hervor=
ragende Katholiken ihm stets getraut hatten. Der Koch kam zu ihm auf
die Zugbrücke. Da heuchelte Eliot große Sehnsucht, eine heilige Messe
zu hören, und fragte, ob denn keine Messe im Hause sei. Der Koch ge=
stand, es sei eine, sagte aber, er dürfe ohne Erlaubniß niemand einlassen.
Auf Eliots bringende Bitte erbat er von Frau Yate die Erlaubniß und
ließ nun den Wolf in die Hürde, indem er ihm überdies in die Ohren
flüsterte: „Glücklicher, nicht nur einer Messe wirst du beiwohnen, sondern
auch den berühmten Campion predigen hören!" Eliot stellte sich über=
froh; er wolle nur den protestantischen Begleiter fortschicken, sagte er, und
sandte den Häscher zur nächsten obrigkeitlichen Person mit dem Befehle,
im Namen der Königin sofort mit einem Aufgebote von hundert Mann
zur Ergreifung Campions zu kommen. Dann ging der Judas in die
Kapelle, wohnte mit allen Zeichen von Andacht der Messe bei und hörte
die Predigt. Es war der neunte Sonntag nach Pfingsten; so predigte
der Selige über das Evangelium: „Als Jesus in die Nähe von Jeru=

salem kam und die Stadt sah, weinte er über sie" (Luc. 19). Er wandte
den Text auf alles an, was der Herr für England gethan hatte, wie es
jetzt die Gesandten Gottes verfolge und wie die Kirche bittere Thränen
über dasselbe weine. Der Selige sprach mit einer heiligen Begeisterung,
gewissermaßen im Vorgefühle seines eigenen nahen Leidens und Todes.
Die Zuhörer erklärten nachher, nie hätten sie so predigen hören, nie für
möglich gehalten, daß man so predigen könne. Simpson, dem wir in
diesem Kapitel zumeist folgen, sagt: „Es war der Schwanengesang."[1]
Und Eliot saß vor dem Prediger mit dem Haftbefehl in der Tasche und
überlegte, ob er ihn, der erhaltenen Weisung gemäß, jetzt gleich in den
priesterlichen Gewändern erfassen solle; er wagte es nicht.

Nach dem Gottesdienste war das Mittagsmahl. Man lud Eliot ein,
daran theilzunehmen; der Verräther lehnte es jedoch ab und that so eilig,
daß Frau Yate Verdacht schöpfte. Wirklich schickte sie einen Wächter
auf einen der Thürme mit der Weisung, scharf auszuschauen und jede
nahende Gefahr sofort zu verkünden. Das Mittagessen war noch nicht vorbei, so verkündete der Wächter, der ganze Edelsitz sei von Bewaffneten
umringt. Natürlich erhob sich die Gesellschaft in großer Verwirrung. Der
selige Campion allein bewahrte seine Ruhe. Er sagte, sie sollten ruhig
sein, ihn suche man; er wolle einen Fluchtversuch wagen. Vielleicht glücke
derselbe; wenn nicht, so werde seine Gefangennahme die Häscher befrie-
digen und die Bewohner des Hauses vor endlosen Quälereien bewahren.
Aber man nöthigte ihn, zu bleiben; das Haus habe vorzügliche Schlupf-
winkel, und es sei viel mehr Aussicht, daß er in einem solchen der Nach-
forschung entgehe, als bei dem Versuche, am hellen Tage die Kette der
Bewaffneten zu durchbrechen. So brachten ihn Ford und Collington in Eile
nach einer engen Zelle, die über dem Thorweg in die dicke Thurmmauer
eingehöhlt war. Da legten sich alle drei Priester Schulter an Schulter auf
ein schmales Bett, beichteten sich gegenseitig und harrten so mit über der
Brust gefalteten oder im Gebete erhobenen Händen den ganzen Nachmittag
und einen Theil der Nacht, jeden Augenblick der Entdeckung gewärtig.

Inzwischen hatten die Bewaffneten das Haus umringt und eine
Wache vor jede Thüre gestellt. Dann betrat Eliot mit einer Schaar das
Haus. Jedes Zimmer, jeder Winkel wurde durchsucht, alles drunter und
drüber geworfen; an alle Mauern wurde geklopft, ob sie hohl seien. So
arbeitete man den ganzen Nachmittag. Umsonst, man fand keinen Priester.

---

[1] L. c. p. 224.

Die Bewaffneten, lauter brave Leute aus der Nachbarschaft, die der Sheriff im Namen der Königin aufgeboten hatte, waren in hohem Grade ärgerlich über das ihnen aufgenöthigte unangenehme Geschäft und gaben sich auch keine sonderliche Mühe. Sie verhöhnten Eliot und nöthigten ihn endlich, die Haussuchung aufzugeben. Der Unter-Sheriff, der sie geleitet hatte, bat Frau Yate um Verzeihung für die unliebsame Störung, die ihm durch Eliot aufgenöthigt worden sei, und so zog die Mannschaft ab. Man athmete auf, aber zu früh. Kaum waren die Bewaffneten außerhalb des Thores, so fielen sie über den Verräther her, der ihnen den Sonntag Nachmittag verderbt, ihr nachbarliches Verhältniß getrübt und sie zum Gespötte der ganzen Gegend gemacht habe. Das reizte Eliots Aerger aufs höchste; ihnen allein schrieb er den ganzen Mißerfolg zu und sagte, er werde sie sammt und sonders, und namentlich den Unter-Sheriff, dem Privy Council als notorische Papisten angeben; sie hätten sich geweigert, die Wände einzubrechen und ernstlich nach den Schlupfwinkeln zu suchen. Der Beamte sagte, er habe keine Vollmacht, Mauern einzureißen. „Aber ich habe diese Vollmacht", rief Eliot und zog das Schriftstück des Privy Councils hervor. Einer der Leute trat hinter ihn und schaute ihm über die Schultern, ob er es auch ehrlich lese, und ertappte ihn auf einer Fälschung. Aber Eliot ließ den Mann sofort als einen Spießgesellen der Jesuiten verhaften, und diese Frechheit schüchterte die furchtsamen Landleute so ein, daß sie dem Verräther willig zu einer zweiten Haussuchung folgten.

Die Priester hatten ihr Versteck eben verlassen, und das ganze Haus war voll Freude und Danksagung, als der Beamte mit den Bewaffneten zurückkam. Frau Yate hatte die Besonnenheit, den Unter-Sheriff etwas aufzuhalten. Was diese zweite Haussuchung bedeute, fragte sie ihn. Wahrlich, es zeige große Ritterlichkeit, eine arme kranke Frau zu Tode zu schrecken. Diese Handlungsweise werde ihm ewig zur Schande gereichen. Der Beamte bat, nicht ihm zur Last zu legen, was ihm ein Wahnwitziger im Namen der Königin zur Pflicht mache; er werde aber alles aufbieten, um die Haussuchung ihr zu erleichtern; sie möge sich ein Zimmer wählen, wo sie die Nacht zubringen wolle, und er stehe dafür, daß keiner seiner Leute dasselbe betreten werde. Frau Yate wählte sofort ein Zimmer neben dem Verstecke. Da wurde vor den Augen des Beamten ihr Bett aufgeschlagen, und dann ließ man sie allein. Das ganze übrige Haus wurde bis tief in die Nacht hinein durchforscht; man pochte an alle Wände und schlug die Mauern ein, wo sie einen hohlen Ton gaben. Endlich gab man die vergebliche Arbeit auf, blieb aber im

Hause. Frau Yate ließ den Leuten in der Halle zu essen und zu trinken geben, und das kräftige Bier, dem die Bauern tüchtig zusprachen, übte seine Wirkung. Bald konnte man Frau Yate melden, die Wachen seien in tiefem Schlaf. Campion und seine Gefährten wurden aus ihrem Versteck hervorgeholt und hätten jetzt beinahe entschlüpfen können. Aber die fromme Unklugheit der Frauen verdarb die günstige Gelegenheit. Man wollte noch einen letzten Segen, noch ein letztes Wort des Trostes von seinen Lippen; dabei wurde geschluchzt und geweint, bis die Wächter in der Halle geweckt waren und Lärm schlugen. Jetzt begann eine neue Durchsuchung; die Priester hatten kaum Zeit, wieder in ihr Versteck zu kriechen. Frau Yate's Zimmer wurde genau durchforscht, aber wiederum ohne Erfolg. Inzwischen war es Tag geworden, und selbst Eliot verzweifelte endlich am Gelingen. Halb zu Tode geärgert, schickte er sich an, das Haus zu verlassen. Als er schon die Treppe hinunterstieg, pochte er mit der Faust an die Mauer und rief: „Halt, hier haben wir noch nicht durchgeschlagen!" Ein Diener des Hauses, der an seiner Seite ging, erbleichte (denn es war gerade die Stelle des Verstecks) und stotterte, man habe doch wahrlich schon genug Mauern durchbrochen. Eliot merkte die Verwirrung des Dieners und schrie nach einem Schmiedehammer. Damit schlug er wider die Mauer; sie gab nach, und durch die Oeffnung erblickte der Verräther seine Beute. Die drei Priester lagen mit zum Himmel erhobenen Händen auf ihrem Bette. Bei dem Lärm auf der Treppe, wovon sie jedes Wort verstehen mußten, hatten sie sich noch einmal die Lossprechung ertheilt und eben die Buße — ein „Fiat voluntas tua" und drei Anrufungen des hl. Johannes des Täufers — verrichtet. Jetzt ließen sie sich ohne Widerstreben ergreifen und wurden zugleich mit einer Anzahl der anwesenden Edelleute und Freisassen gefangen zunächst nach Albermaston zum Ober-Sheriff von Berkshire geführt. Dabei zeigte der selige Campion eine solche Ruhe und Freundlichkeit, daß sie die Bosheit seiner Feinde entwaffnete. Am 17. Juli wurde er gefangen genommen. Die Erzählung der mitgetheilten Einzelheiten schöpfte Bombinus, einer der hervorragendsten Lebensbeschreiber des Seligen, aus schriftlichen und mündlichen Mittheilungen P. Persons', der sie seinerseits von Augenzeugen hatte [1].

Der Ober-Sheriff Forster behandelte Campion, den er von Oxford her kannte und liebte, nicht als einen Gefangenen, sondern als einen

---

[1] Simpson l. c. p. 227.

Gast. Aber schon nach drei Tagen kam der Befehl des Privy Councils, den lange gesuchten Jesuiten unverzüglich nach London einzuliefern. Eliot, Judas Eliot, wie Katholiken und Protestanten ihn fürderhin nannten, ritt an der Spitze der Schergen, welche die Gefangenen umringten. Zu Abingdon, wo der erste Halt gemacht wurde, kamen viele Studenten von Oxford, um den berühmten Verfasser der „Zehn Gründe" zu sehen. Campion sagte, er freue sich, sie zu sehen; er selbst habe ja auf derselben Hochschule studirt, und fragte sie, ob sie eine Predigt von ihm anhören wollten. Ueber Tisch fragte ihn der Verräther Eliot: „Campion, für jedermann habt Ihr einen freundlichen Blick, nur nicht für mich. Ihr seid mir gewiß böse ob meiner That?" „Gott verzeihe dir, Eliot," antwortete der Selige, „daß du so von mir denkst. Ich verzeihe dir, und zum Zeichen meiner Verzeihung trinke ich auf deine Gesundheit. Gewiß, und wenn du bereust und mir beichten willst, so will ich dir die Lossprechung ertheilen; aber eine schwere Buße werde ich dir auferlegen müssen."

Bei dem zweiten Halt zu Henley wurde der selige **Wilhelm Fylby**, der sich Campion zu muthig nahte, als Priester erkannt und sofort verhaftet und den Gefangenen beigesellt. Er war in Oxfordshire geboren, hatte seine Studien in Lincoln College zu Oxford gemacht[1], dann in Douay und Rheims fortgesetzt, wo er am 23. März 1581 die Priesterweihe erhalten hatte[2]. Am 3. April war der junge Priester nach England gegangen und jetzt in den Augen Gottes reif, sich selbst als blutiges Opfer dem Herrn darzubringen. In Henley sah Campion auch den Diener P. Persons'. Er grüßte ihn vorsichtig, um ihn nicht zu verrathen. P. Persons selbst war keine halbe Stunde von Henley entfernt; er durfte es aber nicht wagen, selbst herbeizueilen, und mußte sich mit dem Berichte seines Dieners begnügen, der von dem Muthe und der Freudigkeit des Gefangenen nicht genug zu erzählen wußte. — In Colebrook, wenige Stunden vom damaligen London, erwartete sie eine Weisung des Privy Councils, derzufolge der feierliche Einzug des Gefangenen auf den folgenden Tag, Samstag, den 22. Juli, einen Markttag, verschoben werden sollte. Man wollte dem Jesuiten und dessen Gefolge zu Nutz und Frommen des Pöbels einen gebührenden „Triumphzug" bereiten. Schon in Colebrook war das Gedränge ungeheuer. Man band jetzt den Gefangenen,

---

[1] Dodd II, 103.
[2] Diarium primum p. 10 und Diarium secundum p. 176. 178.

die bis dahin anständig behandelt worden waren, die Ellbogen auf den Rücken, die Hände auf der Brust und die Füße unter dem Bauche des Pferdes zusammen. Campion, als der Hauptgefangene, wurde an die Spitze des Zuges gestellt und ein Papier mit der Aufschrift: „Campion, der aufrührerische Jesuit", an seinem Hute befestigt. So ging es nach London hinein und in langsamem Zuge durch die volkreichsten Straßen und Plätze der City dem Tower zu. Der Pöbel gaffte, höhnte, zischte. Der Selige schaute ruhig und freundlich um sich. Das Kreuz in Cheapside, das noch stand, grüßte er mit einer tiefen Verbeugung und versuchte mit seinen gebundenen Händen das Zeichen des Kreuzes zu machen. Doch höhnten nicht alle. „Vernünftigere Leute", sagt Simpson[1], „waren betrübt, England so tief in Barbarei gesunken zu sehen, daß es einen Mann, den ganz Europa wegen seiner Gelehrsamkeit und der Unschuld seines Lebens verehrte, in solcher Weise verspottete, und zwar vor jedem richterlichen Verfahren." Endlich hatte man den Tower erreicht. Bevor man die vier Gefangenen Sir Owen Hopton übergab, wandte sich der Selige an die Wächter, dankte ihnen mit freundlichen Worten und verzieh ihnen um Christi willen jegliche Schmach. Viel weher thue ihm ihre Blindheit und Seelengefahr als seine Leiden, und er bete zu Gott für ihre Erleuchtung, sagte er.

Und nun war der selige Campion in der Gewalt seiner Feinde! Jetzt sollte alles aufgeboten werden, um diesen edlen Geist zu brechen. Wenn es gelänge, ihn zum Abfall zu bringen — welch ein Triumph für die Anglikaner, welch eine Niederlage für die Katholiken! Versucht sollte es werden, und zwar mit allen Mitteln. Und wenn es nicht gelingen würde, so sollte der Mann und sein guter Name vernichtet werden; dann mußte er sterben, aber nicht als Priester oder um seines Bekenntnisses der päpstlichen Oberhoheit willen, sondern als gemeiner Verschwörer und Volksaufwiegler. Das war der Plan; das sollte nun Punkt für Punkt ins Werk gesetzt werden.

Zunächst wollte man den Seligen durch die qualvollste Kerkerhaft, die der Tower bieten konnte, brechen. Man sperrte ihn sofort in die Folterzelle der „Little Ease"[2], in welcher Campion bis zum 25. Juli schmachtete. An diesem Tage wurde er unter starker Bedeckung auf ein Boot gebracht und die Themse aufwärts nach der Wohnung des Earl of Leicester geführt. Da wurde er von Leicester, vom Earl of Bedford

---

[1] L. c. p. 229.   [2] Vgl. oben S. 194.

und zwei Staatssecretären mit allen Ehren empfangen. Sie sagten ihm, man habe ihn kommen lassen, um aus seinem Munde die reine Wahrheit zu hören, weshalb er und Persons nach England gekommen seien und welche Aufträge sie in Rom empfangen hätten. Er antwortete so offen und so überzeugend, daß die beiden Grafen, die ihn schon als Jüngling gekannt und seiner seltenen Talente wegen geehrt hatten, erklärten, sie glaubten ihm und fänden keine andere Schuld an ihm, als daß er ein Papist sei. „Und das ist mein größter Ruhm", entgegnete Campion; aber mit solcher Bescheidenheit, daß seine Worte nicht beleidigten. Dann führte man den Seligen in ein anstoßendes Zimmer, und da sah er sich ganz unerwartet — der Königin gegenüber. Elisabeth hatte Campion von Oxford her nicht vergessen; gerne hätte sie ihn und seine Talente für ihre Sache gewonnen. Er grüßte sie wie seine Königin, und sie fragte, ob er sie als seine rechtmäßige Königin anerkenne. Die Milderung der Bulle Pius' V., welche auf die Bitte der Jesuiten erfolgt war[1], erlaubte ihm, mit Ja zu antworten. Dann fragte Elisabeth ferner, ob er glaube, der Bischof von Rom habe die Macht, sie abzusetzen. Campion antwortete ihr ausweichend, es stehe ihm nicht zu, zwischen zwei Parteien, deren beide hoch über ihn erhaben seien, den Schiedsrichter zu spielen, um so weniger, da die Gelehrten in dieser Frage nicht einer Meinung seien. Er wolle Ihrer Majestät geben, was Cäsars sei; aber er müsse auch Gott geben, was Gottes sei. Was weiter zwischen der Königin und dem Seligen bei dieser Zusammenkunft verhandelt wurde, ist unbekannt. Wir würden auch dieses nicht wissen, wenn sich Campion nicht vor Gericht auf diese Antworten berufen hätte; denn nach der Absicht der Königin hätte die Zusammenkunft geheim bleiben sollen. Wahrscheinlich machte sie den Versuch, ihn durch Schmeichelei und Versprechen zu gewinnen.

In den Tower zurückgebracht, wurde Campion jetzt während fünf Tagen mit Freundlichkeit, ja mit Auszeichnung behandelt. Hopton machte ihm die großartigsten Anerbieten: die Gunst der Königin, ein reiches Einkommen, ein Ehrenamt am Hofe oder, wenn er das vorziehe, eine fette Pfründe, ja das Erzbisthum Canterbury. Hopton war der Ueberzeugung, solchen Anerbieten könne kein Mensch widerstehen, und meldete deshalb dem Rathe, die Apostasie Campions sei sicher. Die Meldung kam dem Rathe sehr gelegen. Das alte Calumniare audacter war Burghley

---

[1] Vgl. oben S. 154.

wohl bekannt, und auf die Wahl der Mittel kam es den Herren nie an, und so posaunten sie in alle vier Winde hinaus, Campion habe dem Papst abgeschworen. Sogar Walsingham, der eben in einer politischen Mission nach Paris ging, verkündete dem dortigen Hofe, Campion habe den Glauben verläugnet und werde wahrscheinlich den Erzstuhl von Canterbury besteigen, obschon der macchiavellistische Minister recht wohl wußte, daß an der ganzen Sache kein wahres Wort sei. Der Selige war damals das Tagesgespräch von London und ganz England. Am Sonntag, den 30. Juli, verkündeten die Prediger von allen Kanzeln Londons, Campion werde „demnächst" zu Paul's Croß die reformirte Religion predigen und eigenhändig seine „Zehn Gründe" verbrennen. Wie jubelten die Anhänger der Reformation! Wie stutzten die Katholiken! Man vermag sich heutzutage die Frechheit einer solchen Lüge kaum zu erklären, die ja rasch in sich selbst zusammenstürzen mußte. Aber es handelte sich darum, die Katholiken zu verwirren, und später konnte man ja die Verleumdung, wie man es auch that, auf Hoptons Rechnung setzen.

Der Selige hatte Hoptons Anerbieten gleich vom ersten Augenblicke an mit Entschiedenheit zurückgewiesen. Darauf gab der Rath Sonntag den 30. Juli den schriftlichen Befehl, Campion streng zu verhören, „und im Fall er die vorgelegten Fragen nicht beantworten wolle, ihn auf die Folter zu spannen"[1]. So erduldete der Selige am folgenden Tage, dem Todestage des hl. Ignatius und am Tage, da der selige Eberhard Hanse die Martyrkrone erstritt[2], zum erstenmale die Folter. Dr. Allen macht darauf aufmerksam, daß die Commissäre mit raffinirter Bosheit die Folterung gewöhnlich auf katholische Festtage verlegten. Man verlangte von Campion namentlich Angaben über die Familien, die ihn beherbergt, und über den Ort, wo sein Buch gedruckt worden sei. Man folterte ihn zwei Tage hintereinander auf das grausamste und stieß ihm, wie der spanische Gesandte an seinen König berichtet, Nadeln unter die Nägel der Finger und Zehen[3]. Was der Selige bei dieser Folter that oder sagte, darüber haben wir keinerlei authentische Berichte. Freunde durften ihn nicht besuchen; jeder Verkehr nach außen war abgeschnitten, und so haben wir

---

[1] Council-Book 1581 July 30.   [2] Vgl. oben S. 207.
[3] Mendoza an Philipp II. Brief vom 4. August 1581. Mss. Simancas, bei Froude XI, 94 Anmerkung. Froude meint, der Gesandte verwechsle die Nadelfolter mit der Daumenschraube. Da übrigens auch der selige Briant (vgl. oben S. 196) mit Nadeln gequält wurde, so kann dieselbe Folter auch beim seligen Campion wiederholt worden sein, obschon die übrigen Quellen nichts davon melden.

nur das Zeugniß seiner Feinde, die sich soeben noch die gröbsten Lügen und Verleumbungen ihm gegenüber erlaubt hatten. Sie waren jetzt in ihren Aussagen sicher nicht gewissenhafter.

Am 2. August erklärte der Rath, er wisse jetzt, wo Campion gewohnt habe, wo seine Bücher zu finden seien. Am 4. August gingen Briefe an Lord Huntingbon mit der Weisung, die Häuser der Katholiken in Yorkshire zu durchsuchen, „in denen Campion, wie er bekannt habe, Herberge fand". Aehnliche Briefe gingen gleichzeitig an andere Magistratspersonen, und überall wurden „auf Campions Bekenntniß hin" Katholiken verhaftet. Auch Lady Stonor's Haus, in deren Park die Bücher gedruckt worden, sollte durchsucht werden. Am 6. und 7. August schickte der Rath abermals nach verschiedenen Seiten ähnliche Briefe mit dem Befehl, „auf Campions Geständnisse hin" eine lange Reihe hervorragender Katholiken zu verhaften. Nun ging es wie ein Lauffeuer durch ganz England: „Campion hat auf der Folter alles gestanden und verrathen." Die Absicht des Rathes war zum großen Theil erreicht; es entstand ein panischer Schrecken. Viele der Verhafteten bekannten, den Jesuiten beherbergt zu haben. Andere waren nicht so leichtgläubig und verlangten Confrontation mit Campion. Hätte der Selige wirklich „alles verrathen" gehabt, so wäre dies das einfachste Mittel gewesen, ein Geständniß zu erreichen. Aber es wurde niemand dem gefangenen Jesuiten gegenübergestellt; man wollte im Trüben fischen. Während man den katholischen Edelleuten sagte: „Bekennt, Campion hat Euch verrathen!" sagte man umgekehrt zu Campion auf der Folter: „Weshalb läugnen? Wir wissen alles. Das und das sind die Namen. An dem Tage bist du da, an jenem dort gewesen. Dein Schweigen kann niemanden nützen und nur dir schaden." Wirklich scheint sich der Selige durch diesen gewissenlosen Inquisitionskniff und nicht durch die entsetzlichen Qualen der Folter einige der Regierung schon bekannte Namen haben entlocken lassen. Das genügte Lord Burghley, den Seligen für eine Zeitlang mit dem Male des Verräthers zu brandmarken.

Thomas Pound, der edle Bekenner, von dem wir schon wiederholt berichteten[1], war inzwischen von Wisbeach Castle wieder nach dem Tower zurückgebracht worden. Außer sich über die Berichte, die in Betreff Campions im Umlauf waren und die dem Seligen nicht nur den Verrath seiner Gastfreunde, sondern sogar des Beichtgeheimnisses vorwarfen, schrieb

---

[1] Vgl. oben S. 96, 181.

er in seiner gewohnten geraden Weise einen Brief an ihn mit der Aufforderung, ihm zu sagen, was an der Sache Wahres sei. Diesen Brief übergab er mit 4 Mark Trägerlohn einem Wärter zur Bestellung. Der Wärter steckte das Geld ein und brachte Pounds Brief Hopton. Hopton las den Brief, schloß ihn vorsichtig wieder und gab ihn dem Wärter mit der Weisung, denselben Campion zu überbringen und dessen Antwort ihm einzuliefern. Campion ging arglos in die gestellte Falle und schrieb einige Zeilen, die unterschlagen und nachher, wie wir hören werden, beim Processe als Beweis seines Mitwissens einer Verschwörung vorgebracht wurden. Es besteht keine irgendwie beglaubigte Abschrift derselben; sie sollen aber das Geständniß enthalten haben, er habe sich auf der Folter zu seinem größten Schmerze einige Namen von Gastfreunden erpressen lassen. Aber zu seinem Troste gereiche es, daß er **nichts Geheimes** geoffenbart habe, noch werde er das thun, trotz Folter und Strick[1]. Hiernach kam es Campion vor allem darauf an, mit Entschiedenheit den Vorwurf zurückzuweisen, er habe das Beichtgeheimniß verletzt. Der Gedanke, sich von dieser Verleumdung zu reinigen, beherrschte ihn offenbar ganz. Auch seine Demuth mag dazu beigetragen haben, daß er auf Entschuldigung betreffs der weitern Anklage verzichtete. Und doch hätten ihm die triftigsten Entschuldigungsgründe zu Gebote gestanden. Der Selige hat nämlich in keiner Weise **Verrath** an seinen Gastfreunden geübt; er hat keine neuen Namen genannt, sondern seine Geständnisse bezogen sich einzig auf Thatsachen, die der Regierung bereits bekannt waren, oder von denen man ihm versicherte, die Regierung kenne sie schon aus dem Geständnisse anderer. Dafür haben wir verschiedene Beweise.

Zunächst ist uns ein Privatbrief Lord Burghley's an Lord Shrewsbury vom 6. August 1581, also zwei Tage **nach** den ersten Verhaftbefehlen, die auf „Campions Geständniß hin" erlassen wurden, erhalten[2]. In diesem Briefe erzählt Burghley zuerst die Hinrichtung des seligen Hanse (Duckett). Dann redet er von der Gefangennahme Campions, des Jesuiten, und sagt von ihm: „Er verweigert die Antwort auf jegliche Frage von Belang."[3] Am gleichen Tage schrieb Burghley an Walsingham nach Paris, man habe eine Anzahl papistischer Unterthanen

---

[1] „No things of secret, nor would he, come rack come rope." Nach der Fassung der State Trials: „Any secrets there declared."
[2] Lansdowne Mss. 982 f. 14; vgl. Simpson l. c. p. 244.
[3] „He denieth to any question of moment."

entdeckt, die man um eine hübsche Summe Geldes strafen werde[1]. Daß Campion irgend jemanden verrathen habe, sagt Burghley mit keiner Silbe, und doch hätte er es sicher nicht unterlassen, wenn es der Fall gewesen wäre. Am 14. August schreibt der Rath an Hopton, Hammond und Beale, die Commissäre im Tower, man solle Campion, Peters (Collington) und Ford, „welche sich weigern, zu bekennen, ob sie Messe gelesen oder nicht, wessen Beichte sie gehört, wo Persons und die übrigen Priester seien", durch die Folter zum Geständniß bringen. Am 14. August, als schon lange durch das ganze Reich „auf Campions Geständniß hin" zahlreiche Verhaftungen vorgenommen worden waren, soll also Campion durch die Folter noch immer „zum Geständniß gebracht werden"!

Ein Blick in die sogen. „Bekenntnisse" Campions, welche im Brittischen Museum einzusehen sind[2], bestätigt, daß der Selige in der That nur solche Thatsachen gestand, welche durch andere Gefangene bereits verrathen waren. Diese „Bekenntnisse" sind theilweise in Burghley's Handschrift geschrieben. Da findet sich nun, daß einer der Gefangenen Namens Gervas Perpoynt, der Campions Begleiter war, und ein Henry Sacheverell Geständnisse ablegten, wo der Selige einkehrte u. s. w. Diese Geständnisse reichen bis zu dem Augenblicke, da Perpoynt den Seligen im Hause Mr. Ayiers der weitern Führung Mr. Tempests übergibt. Was von Perpoynt und Sacheverell eingestanden war, räumte nun der Selige ein, wie die Beifügung seines Namens neben den betreffenden Angaben andeutet. Zugleich mit den Geständnissen Perpoynts und Sacheverells hören aber auch die Geständnisse des Seligen auf. Da heißt es einfach: „Campion gesteht, daß er mit Tempest nach dem Norden ging (was bekannt war), und will kein Haus nennen, in dem er verweilte, mit Ausnahme der Wirthshäuser." „Wo er und Tempest Aufnahme fanden," sagt Mr. Simpson[3], „war noch nicht verrathen; deshalb war er nicht dazu zu bringen, ein Geständniß darüber abzulegen. Und er zeigte sich so entschlossen, um jeden Preis das Stillschweigen zu bewahren, daß Lord Hunsdon erklärte, es wäre leichter gewesen, dem Manne das Herz aus dem Leibe, als ein Wort aus seinem Munde zu foltern."

Andere Geständnisse hatte die Regierung von Henry Tuke, einem Bedienten des Lord Vaux, schon seit Februar 1581 erhalten. Auch von

---

[1] Harleian Mss. 6265 f. 292; Simpson l. c. p. 245.
[2] Lansdowne Mss. vol. 30. a. 78.
[3] The Rambler, November 1857, v. 8. p. 327.

ben Dienern aus Lyford, welche mit dem Seligen zugleich gefangen genommen waren, hatten sich zwei aus Furcht vor der Folter zu umfassenden Geständnissen herbeigelassen.

So hatte die Regierung Kenntniß von einer Reihe von Plätzen, in welchen der Selige gastliche Aufnahme gefunden hatte. Wenn man ihm nun auf der Folter die Namen dieser Gastfreunde vorhielt und erklärte, sein Schweigen könne denselben nichts mehr nützen, da man ja die Beweise in der Hand habe, so konnte sich der Selige mit gutem Grunde sagen, er sei in diesem Falle nicht mehr zum Schweigen verpflichtet. Das Verzeichniß der Gastfreunde Campions in den „Bekenntnissen" ist übrigens voll von Lücken. Auch das beweist, daß dieselben nicht von Campion herrühren. Hätte der Selige, wie man ausstreute, sich durch die Folter zu einem umfassenden Geständniß bewegen lassen, hätte er „alles gestanden", so würde man Tag für Tag seinen Aufenthaltsort verzeichnet finden und nicht nur diejenigen Plätze, welche andere vor ihm verriethen.

Endlich führt Simpson als durchschlagenden Beweis, daß die Worte des Seligen in seinem Briefe an Pound nur den von uns angeführten Sinn haben können, eine Stelle des „Wahrhaften Berichts über die Disputation im Tower"[1] an. Dieser „Wahrhafte Bericht" wurde nach dem Tode des Seligen von der Regierung in der Absicht herausgegeben, den Ruhm des Martyrers womöglich zu zerstören. In demselben antwortet Campion auf die Behauptung Beale's, des Rathschreibers, man habe ihm auf der Folter keine Religionsfragen vorgelegt, „keine Fragen, welche sich direct auf die Religion beziehen; aber man habe ihn gefragt, in welchen Häusern er verweilte, und er habe seine katholischen Brüder, welche Tempel des Heiligen Geistes seien, gerade so wenig verrathen wollen, als die ersten Christen die Heiligen Schriften verriethen; denn er würde sonst ebenso wohl, wie diejenigen, welche das thaten, den Namen traditor verdienen." „Nun behaupte ich aber," fährt Simpson fort, „wenn er wirklich, wie die Briefe des Rathes sagen, seine katholischen Brüder verrathen hätte, so hätten Hopton, Beale, Hammond und Norton, die alle bei der Conferenz gegenwärtig waren, sofort erwiedert: ‚Aber du hast sie ja verrathen, und wir haben dein von dir selbst unterzeichnetes Protokoll, in dem du erklärst, in welchen Häusern du Aufnahme fandest.'"[2] . . . Allein als er öffentlich erklärte, er wäre

---

[1] True Report of the disputation had in the Tower of London with Ed. Campion, Jesuit, the last of August 1581 set down by the reverend learned men themselves, that dealt therein.
[2] L. c. p. 247.

ein traditor, ein Verräther, wenn er seine katholischen Brüder angegeben hätte, erhob sich auch nicht eine Stimme gegen ihn. Denselben Beweis entnimmt Simpson der beständigen Weigerung der Regierung, Campion mit den verhafteten Katholiken zu confrontiren.

Alles führt mithin zu dem Schlusse, der Selige habe sich wirklich keinerlei neue Angaben, sondern höchstens einige notorische Namen erpressen lassen, die der Regierung bereits bekannt waren, ein Bekenntniß, das den Betreffenden keinen Schaden zufügen konnte. Hätte der Selige die List und Bosheit seiner Feinde durchschaut, welche seine Bestätigung der Angaben anderer nur haben wollten, um ihn zum Aergernisse der Katholiken als den Verräther hinzustellen, so würde er die Bekenntnisse seiner Mitgefangenen zwar nicht geläugnet haben — denn das durfte er nicht —, aber er würde geschwiegen haben. Daß er, durch die Folterqualen seiner ruhigen Ueberlegung beraubt, die Geständnisse der anderen bestätigte, wird auch der Feind mit keinem schärfern Worte, als mit der Bezeichnung einer augenblicklichen Schwäche rügen dürfen. Und wahrlich, wenn es eine Schwäche war, so war es eine sehr verzeihliche, eine Schwäche, die der Selige tausendfach gutmachte und die ihm Gelegenheit gab, vor Gericht und auf dem Schafott durch die schärfste Selbstanklage und öffentliche Bitte um Verzeihung in heroischem Grade die Demuth zu üben.

In diesem Punkte hatte also die Verschlagenheit der Regierung wenigstens für den Augenblick einen gewissen Erfolg. Campions Ruf war Ende August 1581 in weiten Kreisen mit dem Scheine der Feigheit getrübt, und es dauerte eine Zeitlang, bevor die öffentliche Meinung zur Erkenntniß kam, daß, was ihm von dem Privy Council zur Last gelegt wurde, im Grunde eitel Fälschung und Verleumdung war.

Jetzt wollte man Campion auch als Gelehrten an den Pranger stellen. Der Aerger und die Verlegenheit, welche er der Regierung durch seine „Zehn Gründe" bereitet hatte, sollten ihm heimbezahlt werden. Vom Hofe kam der Befehl, Campion solle jetzt die geforderte Disputation halten. Umsonst widersetzte sich Aylmer, der anglikanische Bischof von London, der das richtige Vorgefühl hatte, diese Disputationen würden nicht zur Ehre der Glaubensneuerung ausfallen; er mußte sich fügen. Ob es denn so schwer sei, einen durch Hunger, Elend und Kerkerqual halb todten Mann niederzubisputiren, fragte man. Mit schwerem Herzen sah sich also der Bischof genöthigt, die Kämpfer für dieses Wortturnier zu bestimmen. Seine Wahl fiel auf Nowell, Dekan von St. Pauls, und Day, Dekan von Windsor; aber zu einem ehrlichen Kampfe mit gleicher Sonne und gleichem Wind konnten sich die Herren nicht verstehen. Die beiden Dekane sollten angreifen, Campion nur auf ihre Angriffe antworten und keine Einwürfe machen dürfen; die beiden Dekane hatten volle Zeit und die reichsten wissenschaftlichen Mittel zusammt der Beihilfe ihrer Amtsbrüder, um sich auf den Angriff vorzubereiten; Campion vernahm keine Silbe von dem bevorstehenden Kampfe, noch viel weniger von dem Gegenstande, und hätte auch kein einziges Buch gehabt, um sein Gedächtniß aufzufrischen.

Erst etwa eine Stunde vor dem Beginn der Disputation theilte man dem Seligen mit, er werde jetzt seinem Wunsche gemäß den katholischen Glauben vertheidigen können. Dann wurde er unter starker Bedeckung nach der öffentlichen Towerkapelle geleitet und ohne irgend welche Erquickung oder Bequemlichkeit für seinen gefolterten Leib den Gegnern gegenübergestellt; auf einem elenden Schemel mußte er niedersitzen, nicht einmal einen Tisch, worauf er sich hätte stützen können, gab man ihm. Die beiden anglikanischen Prälaten thronten auf bequemen Lehnstühlen, hatten vor sich einen Tisch voll Bücher, und rechts und links von ihnen saßen auf niedrigeren Stühlen ihre Gehilfen. Zwischen den Gegnern und Campion war ein zweiter mit Büchern bedeckter Tisch, an welchem Clark, der Prediger von Gray's Inn, und Whitacker, der königliche Theologieprofessor von Cambridge, welche als Notare auftraten, Platz nahmen. Für den Hof und eine Anzahl besonders geladener Gäste war eine geräumige Empore aufgeschlagen. Bewaffnete umringten Campion und einige andere katholische Gefangene, die als Zeugen der sichern Niederlage ihres Vorkämpfers herbeigeführt waren. Hinter den Wachen wurden vom Volke so viele eingelassen, als der beschränkte Raum fassen konnte. Darunter befand sich ein Katholik, der die Kühnheit hatte, von dieser ersten und den folgenden Disputationen Notizen niederzuschreiben, die theilweise jetzt noch im Britischen Museum aufbewahrt werden. Ein anderer Katholik, dem wir ein Leben Campions verdanken, war ebenfalls gegenwärtig. Er sagt uns, wie krank und elend und todmüde der Selige aussah. „Die Folter hatte ihn gebrochen; sein Gedächtniß schien geschwächt, das Feuer seines Geistes beinahe ausgelöscht." Dennoch dankt der Zeuge Gott, daß er der Disputation beiwohnen konnte; „denn", sagt er, „da hörte ich P. Edmund auf die Spitzfindigkeiten seiner Gegner so leicht und gewandt antworten und sah ihn alle ihre Schmähungen, Beschimpfungen, Verhöhnungen und Spottreden so geduldig ertragen, daß der größte Theil der Zuhörerschaft, selbst die Häretiker, die ihn verfolgt hatten, ihm ihre Bewunderung nicht versagen konnten."[1]

Am 31. August fand diese erste Disputation statt; sie dauerte, wie die folgenden, von morgens 8 Uhr bis 11 Uhr und von nachmittags 2 Uhr bis 5 Uhr. Es würde ermüdend sein, den Gang derselben eingehend zu skizziren. Gehässig genug eröffnete Nowell den Kampf mit der Frage, wie Campion es habe wagen können, der Regierung Ihrer Majestät Grausamkeit vorzuwerfen, während doch die Tage Maria's noch in aller Andenken seien. Campion entgegnete zuerst mit dem Hinweis auf den unbilligen Kampf, dem man ihm aufnöthige. Es sei wahr, er sei der Herausforderer; aber sie hätten Sorge getragen, ihn zuerst zu entwaffnen, bevor sie den Kampf aufnahmen. Bücher und Studium seien die Waffen dieses Kampfes. Man habe ihm keine Zeit, keine Bücher bewilligt. Ueberdies habe man kaum die nöthige Ruhe zu einer Disputation, wenn vor den Augen der Galgen und im Rücken die Folter stehe. Dann erwiederte er auf den Einwurf: er habe keine Vergleiche gezogen; aber Elisabeths Folter sei ebenso schlimm als Maria's Hinrichtungen. Er rede aus Erfahrung und würde es vorziehen, gehängt statt gefoltert zu werden. Dann schilderte er die Leiden der Katholiken in den Gefängnissen, die schlimmer behandelt würden als Diebe und Mörder. Die Zuhörerschaft war bewegt. Der Rathsschreiber Beale warf ein, nicht um der Religion, sondern um ihres Hochverrathes willen würden die Katholiken gefoltert. Da rief der Selige entrüstet: „Wenn irgend jemand von Euch mich eines andern Verbrechens als meiner Religion überweisen kann, so will ich gerne den qualvollsten Tod erleiden, den Ihr ersinnen könnt!" Es folgte ein bezeichnendes Stillschweigen.

Nur einen scheinbaren Vortheil errangen die Gegner bei einem Citat aus Luthers Werken, das Campion in seinen „Zehn Gründen" angeführt hatte; in Wahrheit bedeckten sie sich vor den Augen jedes Verständigen mit Schmach. Sie legten nämlich Campion eine englische Uebersetzung der Werke Luthers hin und forderten ihn auf, ihnen die Stelle zu zeigen, an welcher Luther den Jacobusbrief eine „Strohepistel" nenne. Der englische Uebersetzer hatte die Stelle gar nicht wiederzugeben gewagt, und so konnte sie Campion natürlich auch nicht finden. Umsonst verlangte er die Jenaer Ausgabe; man lachte ihn aus; umsonst bezeugten die anwesenden Katholiken, die er aufforderte, sie hätten die Stelle gelesen. Die Anglikaner riefen, er

---

[1] Simpson l. c. p. 258.

sei der Citatenfälschung überwiesen. — Trotzdem war die Palme des Tages auf Seiten des todmüden, unvorbereiteten Campion, und dazu trug nicht wenig seine Milde und Bescheidenheit bei. Ja er gewann unter den Höflingen durch diese Disputation mehr als einen hervorragenden Convertiten. Der berühmteste ist Philipp Earl of Arundel, der spätere heldenmüthige Bekenner des katholischen Glaubens. Damals war er noch Protestant und ein im Strome der Weltlust schwimmender Höfling. „Aber was er bei dieser Gelegenheit sah und hörte, zeigte ihm klar und deutlich, auf welcher Seite die Wahrheit und der echte Glaube sei, obschon er zu jener Zeit und selbst ein Jahr oder zwei Jahre später denselben weder annahm noch die Absicht hatte, ihn anzunehmen; auch als er den Entschluß dazu schon fest gefaßt hatte, verging noch eine gute Weile, bevor er ihn ausführte."[1] Nowell und Day selbst gestehen in ihrem „getreuen und wahrhaftigen Berichte", den sie erst im zweiten Jahre nach Campions Tode veröffentlichten, daß die öffentliche Meinung den Sieg ganz allein Campion zugeschrieben habe, daß „viele Edelleute und andere, und zwar Personen, welche weder ungelehrt noch von bösem Willen beseelt gewesen", der Ansicht gewesen seien, Campion habe den Sieg davongetragen, und daß gerade diese allgemein verbreitete Ansicht der Grund sei, weshalb sie jetzt (zwei Jahre nach Campions Tode) ihren „getreuen Bericht" veröffentlichten, obschon sie dabei fürchten müßten, einige möchten auch jetzt noch diese Veröffentlichung verdächtigen, „als ob sie einen todten Mann bissen, dem sie durchaus nicht gewachsen gewesen seien, als er am Leben war"[2]. Der schlagendste Beweis aber, daß der Selige auch unter den denkbar ungünstigsten Verhältnissen die Angriffe der Gegner glänzend zurückwies, liegt in dem Umstande, daß die angekündeten Disputationen vorläufig abgebrochen und erst am 18. September, aber nicht mehr öffentlich, sondern in der Wohnung Hoptons, wieder aufgenommen wurden, wo man das Volk leichter von denselben ausschließen konnte.

Der selige Campion eröffnete diese zweite Conferenz durch Gebet und indem er sich mit dem Zeichen des heiligen Kreuzes auf Stirne, Mund und Brust bezeichnete. Dann sagte er: „Ich wollte, Ihr würdet diese Besprechung als Gottes Sache betrachten und disputiren, mehr um

---

[1] The Life and Death of the Earl of Arundel, edited by the Duke of Norfolk 1857, p. 19.
[2] A true Report of the Disputation etc. London 1583. 4°. In der Vorrede.

die Wahrheit zu erkennen, als um den Sieg davonzutragen. Wenn das Eure Gesinnung wäre, so müßtet Ihr ja einsehen, daß die Wahrheit um so besser erforscht und erläutert werden könnte, je besser vorbereitet ich zu dieser Disputation erschiene. Aber die Wahrheit ist so klar, daß ich hoffe, sie werde auch in dieser Stunde sich selbst vertheidigen können." Der Gegenstand war zunächst die Sichtbarkeit der Kirche, dann die Communion unter beiden Gestalten. Am 23. September wurde Campion abermals unter den gleichen Verhältnissen seinen Gegnern im Hause Hoptons gegenübergestellt; man erklärte ihm, bei der letzten Disputation habe man ihm erlaubt, viele Worte, Vergleiche, Parallelen, Begriffsbestimmungen u. s. w. vorzubringen; das solle ihm jetzt nicht mehr erlaubt sein. Nun bat Campion, man möge ihm erlauben, schriftlich zu antworten, wenn man seine Reden nicht hören wolle. Man erwiederte ihm, ein Verräther wie er habe gar keine Bitten zu stellen. Eine vierte und letzte Disputation fand ebenfalls in Hoptons Wohnung am 27. September statt. Dieses Mal versuchten Dr. Walker und Charke den Seligen einfach mit persönlichen Invectiven niederzuschreien. Walker begann: „Dieser Mensch da hat unsere Heimat verlassen und sich mit dem Manne von Rom verbündet, unserem gemeinsamen Feinde, dem Antichrist, und ist jetzt wieder in unser Land zurückgekehrt, wo er von Ort zu Ort herumzog und es fast ganz durchwanderte und im Norden und in Yorkshire solchen Aufruhr aussäete, daß sie jetzt ihre Stimme gegen ihn erheben und ihm fluchen u. s. w." Aber auch dieser Ton wollte nicht verfangen; der Selige blieb milde und bescheiden, und der Sieg war so offenbar auf seiner Seite, daß die Zuhörer, als Charke zum Schlusse die Stirne hatte, sie aufzufordern, „dem Herrn für den Sieg zu danken, den er ihm über Campion an diesem Tage verliehen habe", laut zischten.

Jetzt schrieb Bischof Aylmer am 29. September an Lord Burghley: „Was die Conferenz mit Campion im Tower angeht, bemerkte ich dem Mr. Lieutenant, wie sehr es mir mißfalle, daß man so viele zugelassen habe; aber der Herr läßt sich nichts von mir befehlen, sondern nur von Ihrer Majestät und Eueren Lordschaften." [1] Der Rath forderte nun Norton, der bei der letzten Conferenz als Notar thätig gewesen, zum Berichte auf, und dieser schrieb unter dem 30. September: „Meiner Meinung nach sind die Conferenzen entweder wegen Mangel an Hilfe (by lack of aid!) oder wegen Mangel an Leitung oder geziemender Umsicht bei der

---

[1] Lansdowne Mss. 83 art. 24 bei Simpson p. 267.

Zulassung von Zuhörern nicht nur fruchtlos, sondern geradezu schädlich gewesen, und die Berichte darüber werden großen Nachtheil veranlassen."[1] Das also war das officielle Urtheil Nortons. Infolge davon gab der Rath Befehl, die Conferenzen abzubrechen, und die Prediger, welche bereits für die Disputationen im October bestimmt waren, erhielten die Weisung, man bedürfe ihrer fürder nicht.

Es half nun wenig, daß die Regierung verschiedene Personen, welche Campion offen den Sieg zusprachen, einkerkern ließ. Die öffentliche Meinung, auch der Protestanten, hatte entschieden zu Gunsten des gefangenen und gefolterten Jesuiten umgeschlagen. Eine Reihe spitzer Spottverse, von denen Simpson[2] eine Auswahl mittheilt, mögen in den Ohren von Campions Gegnern nicht lieblich geklungen haben. Wir wollen nur den einen kurzen Vers anführen, der den Rechtssinn des englischen Volkes auch selbst in jenen Tagen zum Ausdruck bringt:

> „Let reason rule and racking cease,
> Or else for ever hold your peace;
> You cannot withstand God's power and his grace,
> No, not with the Tower and the racking-place!"[3]

Jetzt schlug der Rath mit dem seligen Campion und dessen Gefährten einen andern Weg ein. An Gesetzen, sie alle an den Galgen zu bringen, fehlte es zwar nicht; aber man wollte sich den Schein geben, als ob gerade diese Opfer nicht ihres priesterlichen Charakters, nicht ihrer seelsorglichen Thätigkeit, nicht ihres offenen Bekenntnisses der Suprematie des Papstes wegen, sondern einzig und allein als Hochverräther hingerichtet würden. Schon am 1. August hatte man Campion auf Dr. Hammonds Rath mehrere verfängliche Sätze aus den Werken Sanders', Allens und Bristows vorgelegt, welche sich auf die päpstliche Gewalt über Könige bezogen. Der Selige hatte aber geantwortet, die Sätze dieser Schriftsteller gingen ihn nichts an; er überlasse deren Vertheidigung ihren Urhebern und verweigere jede andere Auskunft[4]. Ganz ähnlich hatte schon früher, am 12. November 1580, der selige Sherwin und am 6. Mai 1581 der selige

---

[1] Lansdowne Mss. l. c. art. 61; Simpson l. c.
[2] L. c. p. 268.
[3]   Vernunft laßt herrschen, die Folter weichen,
         Sonst mögt ihr fürder ewig schweigen;
         Ihr könnt Gottes Kraft und seiner Gnade Wehen
         Nicht mit dem Tower, noch mit der Folter widerstehen.
[4] State Trials I, 1074.

Briant geantwortet. Allein mit diesen ausweichenden Antworten war dem Privy Council für den Hochverrathsbeweis, den es wünschte, wenig gedient. Man wollte eine specielle Thatsache „beweisen", und dazu sollte wiederum die Folter dienen. Man hatte den Spaniern und Italienern, welche sich an der Invasion Irlands betheiligten, Briefe abgenommen, aus denen hervorging, daß italienische und spanische Bischöfe den Kriegszug mit bedeutenden Geldmitteln unterstützt und durch einen gewissen Irländer Rochfort angeblich die Summe von 80 000 Pfd. St. an die irischen Aufständischen geschickt hatten. Nun sollte die Folter Campion das Geständniß erpressen, entweder er kenne diesen Rochfort, oder, was noch besser, er selbst habe das Geld unter dem Namen Rochfort nach Irland befördert.

Am 29. October stellte der Rath an Hopton, Hammond, Wills und Norton den Befehl aus, Campion, Ford, Payne und die übrigen auf der Folter über diesen Punkt zu befragen. Am 31. October wurde der Befehl ausgeführt, und zwar auf die grausamste Weise, so daß der Selige nachher gestand, er sei der Ueberzeugung gewesen, sie hätten ihn auf der Folter tödten wollen. Schon an der Schwelle der Folterhalle hatte er sich auf beide Kniee niedergeworfen und den Beistand Gottes angefleht [1]. Er betete fortwährend, rief oft mit lauter Stimme den Namen Jesu an und verzieh liebevoll seinen Peinigern. Umsonst wüthete stundenlang die Grausamkeit seiner Feinde. Eher hätte der Selige sich in Stücke reißen lassen, als daß er ein Geständniß abgelegt hätte, welches er mit seinem Gewissen nicht vereinigen konnte. Die von den Feinden bei dieser Gelegenheit eingeräumte Standhaftigkeit Campions ist ein neuer Beweis, daß er sich auch bei den früheren Foltern keine Geständnisse erpressen ließ, welche ihm nicht gerechtfertigt schienen.

Als der Wärter am folgenden Morgen den Seligen fragte, welches Gefühl er in seinen Händen und Füßen habe, antwortete er: „Kein schmerzliches, weil gar keines." Selbst am 20. November, also drei volle Wochen später, als er vor Gericht gestellt wurde, war er noch nicht im Stande, seine Hand zu erheben. „Das war sein eigener Fehler", hat Dr. Humphrey den Muth, in der Vorrede zu seiner Entgegnung auf die „Zehn Gründe" Campions zu sagen [2]; „denn er wollte die Salbe

---

[1] Challoner I, 56.

[2] Jesuitismi pars prima sive de Praxi Romanae Curiae contra respublicas et principes et de nova Legatione Jesuitarum in Angliam προερπάνεια et praemonitio ad Anglos; cui adjuncta est concio ejusdem argumenti, cujus titulus

nicht gebrauchen, welche der Lieutenant des Towers, barmherziger als andere, zu geben pflegt. Ueberhaupt haben diese gefangenen Papisten im Tower und anderswo alles, was sie brauchen, und vielleicht mehr, als sie haben sollten, zu ihrem Vergnügen." Nach Campions Tod erhob sich über die grausame Behandlung des Seligen und seiner Gefährten ein Sturm der Entrüstung außerhalb Englands, so daß Lord Burghley eine Vertheidigungsschrift der Regierung veröffentlichte, von welcher Hallam sagt, sie müsse den Verehrern dieses Staatsmannes die Schamröthe auf die Stirne treiben [1].

Ebenso starkmüthig, wie der selige Campion, ertrug am gleichen 31. October der selige Payne die Folter.

---

est Pharisaeismus vetus et novus sive de fermento Pharisaeorum et Jesuitarum: authore Laurentio Humfredo. Londini 1582.

[1] Simpson l. c. p. 278.

13. Die Gerichtsverhandlung vom 20. November 1581.

Campions Tod war beschlossene Sache. Es handelte sich nur darum, dem Todesurtheil einen Rechtsschein zu verleihen. Zwei Entwürfe der Anklageacte sind uns erhalten [1]. Der erstere, der nicht zur Verwendung kam, stützte sich einfach auf die Uebertretung der Hochverrathsstatuten infolge ertheilter Absolution und Aufnahme von Unterthanen Ihrer Majestät in die Kirche von Rom. Der zweite Entwurf, auf den hin Campion und alle gefangenen Priester, die man gerade im Tower hatte, thatsächlich angeklagt wurden, hat den folgenden Inhalt:

„William Allen, D. D., Nicholaus Morton, D. D., Robert Persons, Geistlicher, und Edmund Campion, Geistlicher," (am Rande des Actenstückes sind die Namen der übrigen gefangenen Priester wie folgt beigefügt: Jakob Bosgrave, Wilhelm Filby, Thomas Ford, Thomas Cottam, Lorenz Richardson, Johann Collington, Rudolf Sherwin, Lucas Kirby, Robert Johnson, Eduard Rishton, Alexander Briant, Heinrich Orton, Laie, und N. Shert) „sind Verräther gegen die Königin, haben die Furcht Gottes aus ihrem Herzen verbannt u. s. w. und am letzten März anno 22 (1580) zu Rom in Italien, und am letzten April desselben Jahres zu Rheims in der Champagne, und an verschiedenen anderen Tagen zu Rom, Rheims und an anderen Orten fälschlich, böswillig, hochverrätherisch sich verschworen u. s. w., nicht nur unsere Königin ihrer königlichen Würde, Titel, Macht, Herrschaft und ihres Reiches zu berauben, sondern auch die genannte Königin zu ermorden und im besagten Reiche eine Empörung zu veranlassen u. s. w., ferner elendes Blutvergießen unter den Bürgern des genannten Reiches zu verursachen und dieselben zum Aufstande gegen ihre angestammte Herrin und Königin zu verleiten, eine Staatsumwälzung nach ihrem eigenen Willen herbeizuführen, und die hier bestehende reine Religion gänzlich auszurotten u. s. w. und fremde Truppen zur Invasion des Reiches Ihrer Majestät und zum offenen

---

[1] Lansdowne Mss. art. 64 u. 65.

Kriege gegen dieselbe zu veranlassen u. s. w. Das haben die genannten Allen, Morton, Persons, Campion am letzten März zu Rom, am letzten April zu Rheims und abermals am 20. Mai 1580 zu Rom durch Beredung, Aufmunterung u. s. w. gethan. Und am genannten 20. Mai haben Allen, Morton, Persons und Campion zu Rom und am letzten Tage des gleichen Monats zu Rheims beschlossen, daß die genannten Persons und Campion nach England gehen und dort die Unterthanen zur Unterstützung einer Invasion u. s. w. aufhetzen sollten. Endlich sind Persons und Campion, durch die hochverrätherische Hilfe Allens und Mortons unterstützt, am 1. Juni 1580 von Rheims nach England aufgebrochen, um ihre hochverrätherischen Pläne ins Werk zu setzen, ihrer Unterthanenpflicht zum Hohne, gegen den Frieden der genannten Königin, ihre Krone und Würde, in offenbarer Verachtung der Gesetze dieses Reiches und gegen verschiedene hierauf bezügliche Statuten und Verordnungen."

Das also ist der Inhalt der Anklage, die Simpson [1] mit Recht eine „plumpe" nennt. Am 31. März hätten mithin die vier Hauptangeklagten — dem Wortlaute der Anklageacte nach auch die übrigen Mitangeklagten — in Rom, am 30. April in Rheims, am 20. Mai abermals in Rom, und am 31. Mai wiederum in Rheims beisammen sein sollen! Wirklich, man hätte erwarten sollen, es wäre den Staatsbeamten eine etwas glaubwürdigere Fassung der Fabel eingefallen. Aber sie waren ja der Richter sicher, hatten willfährige Zeugen zur Hand und konnten sich auf ihre Geschworenen verlassen. So durfte das Drama getrost auf die Schaubühne der Westminster Hall gebracht werden, welche ja schon ähnliche gesehen hatte und auch in Zukunft, solange in England blinder Religionshaß herrschte, noch manche ähnliche sehen sollte.

Gegen die beiden Doctoren der Theologie Allen und Morton und gegen P. Persons wurde natürlich in ihrer Abwesenheit verhandelt; die übrigen Angeklagten stellte man in zwei Abtheilungen vor Gericht, und zwar die seligen Campion, Sherwin, Cottam, Johnson, Kirby und Rishton, denen P. Bosgrave S. J. und die beiden Laien Bristow (Briscom) und Orton beigegeben wurden, am 14. November, und die seligen Richardson, Hart, Ford, Filby, Briant und Shert mit dem Priester Collington am darauffolgenden Tage, den 15. November. Alle diese Angeklagten sind uns bereits bekannt, mit Ausnahme Bosgrave's. P. Jakob Bosgrave, ein Mitglied der polnischen Ordensprovinz der Gesellschaft

---

[1] L. c. p. 281.

Jesu, war nicht als Missionär, sondern gesundheitshalber nach England gekommen. Ein unfreiwilliges Aergerniß, das er gleich nach seiner Ankunft in England den Katholiken durch den Besuch eines anglikanischen Gottesdienstes gegeben, hatte er dadurch glänzend gutgemacht, daß er sich freiwillig dem Bischofe von London als Gefangenen stellte und ihm erklärte, nur durch ein Mißverständniß habe er die anglikanische Kirche besucht; er sei katholischer Priester und Mitglied der Gesellschaft Jesu. P. Bosgrave wurde also sofort in die Marshalsea geworfen, später in den Tower gebracht und jetzt als Mitschuldiger von Campion und dessen Gefährten vor Gericht gestellt [1].

Als die erste Hälfte der Angeklagten mit dem seligen Campion an ihrer Spitze vor den Richtern der Kings Bench in Westminster Hall erschien, wurde zuerst vom Gerichtschreiber die oben im Auszuge mitgetheilte Anklageacte verlesen. Sofort erhob sich der selige Campion und sagte feierlich: „Ich erkläre vor Gott und seinen heiligen Engeln, vor Himmel und Erde, vor der Welt und vor diesem Gerichte, das, wie ich zu Gott bitte, ein Abbild des kommenden Gerichts sein möge, daß ich des Hochverraths, der mir durch diese Anklageacte zur Last gelegt wird, oder irgend eines andern Hochverraths nicht schuldig bin. Es ist rein unmöglich, daß man diese Beschuldigungen gegen uns beweisen könne." Sherwin fügte bei: „Der eigentliche Grund, um dessentwillen wir hier stehen, ist unsere Religion und kein Hochverrath." Darauf entgegnete Sir Christoph Wray, der Oberrichter der Kings Bench: „Der Tag der Gerichtsverhandlung für Euch ist noch nicht gekommen. Deßhalb müßt Ihr jetzt Eure Reden sparen bis später, wo Ihr volle Freiheit für Eure Vertheidigung haben sollt, und ich werde als unparteiischer Richter zwischen Ihrer Majestät und Euch zu Gericht sitzen. Jetzt habt Ihr nur auf die Anklage zu antworten, ob Ihr schuldig oder unschuldig seid." Nun befahl man ihnen, der Sitte gemäß die Hand zu erheben. Des seligen Campion beide Arme waren aber infolge der Folter so erbärmlich gelähmt und in einen Pelz eingewickelt, daß er sie nicht hinlänglich erheben konnte; da sprang ihm einer der Gefährten bei, nahm den Pelz hinweg, küßte die Hand, welche um des Bekenntnisses Christi willen so grausam verrenkt worden war, und hob sie, so hoch er konnte, auf, während der Selige, wie alle übrigen, sein „Nicht schuldig" sprach. Dann wurden sie nach dem Tower zurückgebracht. Am folgenden Tage wurde die zweite Hälfte

---

[1] Vgl. Records of the English Province III, 279 sq.

der Blutzeugen gerade so vor die Schranken gestellt, und erklärte sich als "nicht schuldig".

Montag den 20. November, am Feste des heiligen Martyrers Edmund, des Namenspatrons des seligen Campion, war die Gerichtsverhandlung gegen Campion und dessen sieben Gefährten. Sie wurden unter starker Bewachung zu Boot vom Tower nach Westminster gebracht. Ein katholischer Augenzeuge schreibt: „Trotz aller Befehle und Anordnungen war ein solches Volksgedränge, und zwar von Mitgliedern aus den angeseheneren, weiseren, gelehrteren und besseren Klassen, wie es in diesem Gerichtshofe nach unserm und unserer Väter Gedenken niemals gesehen oder erhört war. So wunderbar groß war die Erwartung vieler, welches Ende diese spannende Tragödie mit ihren vielen verschiedenen Acten von Verhören, Foltern, Disputationen, falschen Zeugen und ähnlichen Scenen finden sollte. Andere wollten sehen, ob die alte Ehre von Recht und Gerechtigkeit, worin unsere Nation vor der ganzen Welt berühmt war, trotz des heftigen Druckes der Machthaber und der Regierung noch immer festzustehen sich getraue; ob es im Lande noch Markhams[1] gebe, welche bereit seien, eher Kleid, Amt und Leben daranzuwagen, als ein Urtheil gegen einen Unschuldigen oder nicht Ueberwiesenen zu fällen. Aber dieser eine Tag lieferte vor der Versammlung und der ganzen Welt den vollgiltigen Beweis, daß Billigkeit, Recht, Gewissen und Gerechtigkeit zusammt dem katholischen Glauben in unserer armen Heimat überaus tief gefallen seien." Hallam bestätigt das Urtheil dieses Katholiken, indem er in seiner Geschichte der Constitution[2] sagt: „Das Gerichtsverfahren war so parteiisch, und der Zeugenbeweis stand auf so elender Grundlage, daß vielleicht kein ähnliches Beispiel in unseren Büchern gefunden werden kann." Der Vormann der Geschworenen, ein gewisser Wilhelm Lee, war ein notorischer Fanatiker und Angeber. Der vorsitzende Richter, Oberrichter Wray, war ein Mann, der unter dem Scheine von Mäßigung und Billigkeit den Wünschen der Regierung diente. Die Anklage wurde von Edmund Anderson, dem Sachwalter der Königin (Queen's sergeant), der im darauffolgenden Mai in Anerkennung seiner Verdienste Lord Oberrichter wurde[3], und John Popham, dem Ober-Staatsanwalt (Attorney

---

[1] Richter Markham († 1479) hatte den Muth, unter Eduard IV. einen Unschuldigen, nach dessen Geld der König lüstern war, freizusprechen. Ein Londoner Kaufmann, dessen Haus „zur Krone" hieß, hatte nämlich im Scherze gesagt, sein Sohn werde der Kronerbe sein, und dafür hatte ihn der König als Hochverräther anklagen lassen! [2] I, 146. [3] Strype, Annals III, 188.

general), geleitet, der uns schon aus dem Gerichtsverfahren gegen den seligen Cuthbert Maine bekannt ist[1].

Nach diesen Vorbemerkungen geben wir den Wortlaut des officiellen Protokolls, wie dasselbe in den State Trials abgedruckt ist[2].

Als die Angeklagten vor den Schranken standen und die Geschworenen ihre Plätze eingenommen hatten, las der Gerichtsschreiber die Anklageacte abermals vor. Dann ergriff der selige Campion im Namen aller das Wort.

„Campion: ‚Mylord, da unsere angeblichen Vergehen verschieden sind, so daß die That des einen nicht dem andern zur Last gelegt werden kann, wie auch das Vergehen des einen nicht aller Vergehen ist — so hätte ich wohl wünschen mögen, daß zur Vermeidung von Verwechslungen unsere Processe getrennt worden wären. Ist doch die Anklage derart, daß es sich für uns um Leib und Leben handelt, und deshalb hätte man auch jedem eine gesonderte Verhandlung gönnen sollen. Denn obschon ich gerne annehme, daß die Geschworenen weise und in derartigen Dingen erfahrene Männer seien, so muß doch der Beweis, der gegen alle zusammen erbracht werden soll, nothwendig Verwirrung erzeugen. Wie leicht ist eine solche Verwechslung, indem sie das gegen einen vorgebrachte Zeugniß auf alle beziehen, und demzufolge die Schuld des einen als aller Schuld betrachten und schließlich der Schuldige straflos ausgeht, während die Unschuldigen gestraft werden. Deshalb wünschte ich, es hätte Em. Lordschaft gefallen, jedem von uns eine gesonderte Anklage und einen eigenen Gerichtstag zuzuweisen.'[3]

„Hudson: ‚Es scheint wohl, Campion, daß Ihr Euren Rechtsbeistand hattet.'[4]

„Campion: ‚Keinen andern Rechtsanwalt, als ein reines Gewissen.'

„Lord Oberrichter: ‚Wenn mehrere zugleich angeklagt werden, so enthält zwar ein und dieselbe Anklageschrift aller Namen; da sie sich aber gegen jeden einzelnen wendet, muß vor Gericht der Beweis auch

---

[1] Vgl. oben S. 115 f.

[2] I, 1049 sq. Der Herausgeber der State Trials bezieht sich auf ein Manuscript der Cotton-Bibliothek (Ms. 1014 in Bibl. Cott.), das sich leider im Kataloge nicht mehr findet. Es muß also schon nicht mehr existirt haben, als die jetzige Eintheilung der berühmten Handschriftensammlung veranstaltet wurde.

[3] Cobbet, der Herausgeber der State Trials, bemerkt zu diesen Worten Campions, dieser Einwand scheine keineswegs unbegründet.

[4] Diese Bemerkung des Richters Hudson bezieht sich darauf, daß das englische Gesetz in einer Hochverrathsanklage dem Angeklagten keinen Rechtsbeistand gewährte.

gegen jeden einzelnen erbracht werden, und jeder soll Gelegenheit haben, auf die ihm zur Last gelegten Vergehen zu antworten, so daß die Geschworenen alles der Reihe nach in Ordnung hören sollen. Nichtsdestoweniger hätte auch ich gewünscht, daß jeder Angeklagte seinen eigenen Gerichtstag erhielte, wenn das die Zeit nur gestattete. Da es aber nicht anders sein kann, müssen wir es nehmen, wie es ist.'

„Hierauf schritten der Sachwalter der Königin, Mr. Anderson, und die beiden Staatsanwälte, Mr. Popham und Mr. Egerton, zur Beweisführung. Zunächst sprach Mr. Anderson wie folgt:

„**Anderson:** ‚Mit welch gütiger und huldreicher Fürstin der Allmächtige diese Insel jetzt schon während 23 ununterbrochenen Jahren gesegnet hat, müssen uns der Friede, die Ruhe, der Reichthum, die überströmenden Hilfsquellen, namentlich aber das Licht und der Fortschritt des Evangeliums zeigen, das seit dem Regierungsantritte Ihrer Majestät in diesem Reiche blühte, wie in keinem andern. Gewiß war das alles geeignet, uns mit einer überaus treuen Anhänglichkeit und feurigen Liebe zu ihrer Herrschaft zu entflammen, da wir ja ihr und ihrer Arbeit nächst Gott den Genuß dieses Glückes verdanken. Dennoch hat es von Zeit zu Zeit unter uns nicht an gehässigen und übelwollenden Feinden ihres Glückes gefehlt, welche entweder durch freche und offene Kriegserklärung, oder durch geheime Schliche und Ränke und abscheuliche Pläne ehrgeizig und treubrüchig darauf ausgingen, sie ihres Rechtes und uns dieser Segnungen zu berauben. Allein Gottes unvergleichliche Macht hat sich gegen dieselben so furchtbar, seine Vatersorge über die Königin so mildreich, sein Erbarmen für uns so groß gezeigt, daß weder die Feinde gebessert, noch die Würde der Königin versehrt, oder unsere Ruhe getrübt wurde. Denn wer hat nicht von den Rebellionen und Empörungen im Norden gehört? wer erinnert sich nicht an Storie's tragischen Triumphzug? wer hat nicht heute noch klar vor seinen Augen Feltons verrätherische Umtriebe? Haben sie die Königin besiegt? Ist nicht im Gegentheile ihre Kraft gebrochen, sind nicht ihre Ränke vereitelt worden? Und hat nicht Gott selbst sie geoffenbart und seine schützende Hand über die Königin gehalten, ihr zum Heile und ihnen zum Verderben? Die Sache ist frisch in aller Andenken. Ihre Gliedmaßen sind kaum vermodert. Sie wurden entdeckt, sie wurden überführt, sie wurden gehängt — wir sahen es! Wenn Ihr aber zu wissen wünscht, wer der Urquell all dieses Verraths und meineidigen Aufruhrs sei, so frage ich Euch: wo anders konnten sie das alles schöpfen als beim Born der Bosheit selbst — beim Papste?

Wenn wir die nordische Empörung ins Auge fassen, so ist er es gewesen, der sie geschürt und der den Flüchtlingen Unterschlupf gewährt hat; wenn wir an Storie denken, so war er der geschworene Verbündete und Herr eines so meineidigen Unterthanen; wenn wir auf Felton blicken, so war er es, der die Königin excommunicirte und die ganze Gemeinde, welche ihr Gehorsam zollte. Mit Einem Worte: wenn wir alle Verräthereien und alle Empörungen aufzählen, welche seit der ersten Stunde ihrer Krönung das Haupt erhoben, so war es der Papst und an erster Stelle der Papst, der sie alle angezettelt hat. Sollen wir also annehmen, daß diese letzten und gegenwärtigen Verschwörungen ohne Wissen und Willen des Papstes in Scene gesetzt wurden? Sollen wir vielleicht annehmen, Campion und seine Spießgesellen hätten ohne des Papstes Billigung und Gutheißung aus eigenem Antriebe jenseits der See sich verschworen und diesen Hochverrath ausgeheckt? Wie? bezogen sie keine Pensionen von ihm? Hat er keine Summen für ihren Unterhalt ausgeworfen? Liegt gar kein Grund vor, weshalb er mit ihnen und sie mit ihm gemeinsame Sache machen sollten — sie Papisten, er Papst? sie Jesuiten, er ihr Gründer? er ihr Oberhaupt, sie seine geschworenen Glieder? er ihr Herrscher, sie seine theuersten Unterthanen? Wie wäre es also anders möglich, als daß der Papst in diesen Hochverrath eingeweiht — bloß eingeweiht? nein der Urheber und Anzettler desselben wäre? Wenn wir sehen, daß die übrigen Verräthereien nach seinen Mustern zugeschnitten waren, soll er dann hier nicht auch die Hand im Spiele haben? Alles andere kam aus seiner Küche, und nur dieses nicht? Unmöglich! Er, ein Feind der Krone, die notorische Geißel des Evangeliums, voll Neid auf den Frieden der erstern, voll Grimm auf den Fortschritt des letztern: was thäte er nicht, um sie beide zu vernichten? Immer ist er sich gleich geblieben und nie mehr, als bei diesem Beginnen. Er wußte recht wohl, daß kein fremder Feind zum Ziele gelangen könne. Spanier hätte man entdeckt, Franzosen beargwöhnt, Römern nicht geglaubt. Was that er also? Ha, Männer, geboren und großgezogen in diesem Lande, vollkommen bewandert in unserer Zunge und Sprache, gebildet auf unseren Hochschulen — sie und niemand anders müssen unsern Umsturz versuchen! Und auf welche Weise? Heimlich müssen sie sich in unser Reich einschleichen; Gewand und Namen müssen sie wechseln; ihren Beruf verheimlichen; unbekannt müssen sie von Thüre zu Thüre wandern. Zu welchem Zwecke? Um das Volk von der Treue zur Königin abspänstig zu machen, um die römische Religion zu pflanzen, um es mit dem Papste auszusöhnen, um gleichzeitig Königin und Königreich zu entwurzeln. Durch welche Mittel? Durch Messelesen, Sacramentespenden, Beichthören. Und wenn alles dieses gewollt, versucht und vollführt ist, sind sie dann dieses Hochverraths schuldig oder nicht schuldig? Wenn unschuldig, nun so nehme man hinzu, daß sie an der Empörung im Norden theilnahmen; daß sie Werkzeuge zum Vollzuge der Pläne Storie's waren; daß sie gesandt wurden, um die Bulle Pius' V. gegen Ihre Majestät auszuführen. Und was noch mehr ist und uns zur Stunde zu schaffen macht: sie haben Sanders solche Empfehlungen verschafft, und waren mit dessen Vorgehen in Irland so zufrieden, und haben es so mit Lobsprüchen gefeiert, daß es gar nicht anders sein kann, als daß sie auch daran sich betheiligt haben. Doch ich schließe: welche Treue können wir vom Papste erwarten? welche Treue von Menschen, die sich seinem Joche gebeugt haben? welches Vertrauen kann die Heimat auf Menschen setzen, die aus ihren Grenzen geflohen sind und ihr Vaterland verläugnet haben? Wie kann ihre Rückkehr gefahrlos sein, da schon ihr Verlassen der Heimat eine Gefahr bildete? Kurz, schaut auf alle Umstände, auf alle Wahrscheinlichkeitsgründe: es ist auch nicht einer, der sie nicht als Verräther brandmarkte. Da dem aber also ist, so verlangt die Vernunft, daß ihnen ihr Recht und die den Hochverräthern gebührende Strafe zu theil werde, und das ist es, worum wir im Namen Ihrer Majestät bitten, daß ihnen ihr Urtheil werde, und daß die Geschworenen unserem Beweise gemäß ihr verurtheilendes Verdict fällen mögen.'

„Diese Rede, welche mit Stentorstimme und heftigem Geberdenspiel, mit grimmiger und finsterer Miene vorgetragen wurde, versetzte die Angeklagten alle in Schrecken und machte sie sehr ungeduldig und aufgebracht; denn in ihrer Lage schien sie ihnen einen sehr unvortheilhaften Einfluß auf den Ausgang ihres Processes zu üben. Deshalb läugneten sie alles, was vorgebracht worden, rundweg und erklärten, sie seien treue und gehorsame Unterthanen. Nur Campion ließ sich nicht aus der Fassung bringen, obschon auch er ein wenig betroffen schien, und fragte Mr. Anderson, ob er als Volkstribun sie anklagen oder als Rechtsgelehrter Beweise gegen sie vorbringen wolle.

„Lord Oberrichter: ‚Ihr müßt Geduld mit ihm und seinen Gefährten haben. Sie sind Sachwalter der Königin und reden aus keiner andern Absicht, als aus Pflichteifer für Ihre Majestät. Ich kann mich nur wundern, daß Männer von Eurem Stande bei einem derartigen Anlasse so sehr ihr ruhiges Blut verlieren. Was mein Amtsbruder An-

berfon vorbrachte, ift ja nur eine Einleitung zur Beweisführung, und
auf seine Beweise soll jeder von Euch antworten dürfen.'

„Hierauf entgegnete Campion in seinem und seiner Gefährten Namen
auf Mr. Andersons Rede wie folgt:

„Campion: ‚Die Weisheit und Vorsicht der Gesetze Englands ist
nach meinem Bedünken so groß, daß kein Mensch auf Grund leerer Verdächtigungen, Wahrscheinlichkeiten und Muthmaßungen auf Leben und Tod angeklagt werden darf, sondern daß der Beweis des Verbrechens durch genügenden Augenschein und glaubwürdige Zeugen erbracht werden muß. Sehr schlimm wäre es bestellt, wenn auf die dröhnenden Worte und Redefiguren einer leidenschaftlichen Rede hin das Leben eines Menschen in die äußerste Gefahr kommen sollte, oder wenn die Kunst eines Redners und die Heftigkeit eines Advokaten ohne mündlichen Zeugenbeweis genügte, um eines Menschen Fehltritt zu verurtheilen und für todeswürdig zu erklären. Wenn dem aber also ist, so kann ich nicht verstehen, was die Rede des Herrn Anwalts bezweckte, oder wenn ich ihren Zweck errathe, so betrachte ich ihn als nicht erreicht. Wenn ja das Vergehen noch so gering ist, so muß es nach dem Gesetze erwiesen sein, und wenn es sich nur um den Diebstahl eines Hellers handelt, müssen Zeugen vorgeführt werden. Wahrscheinlichkeiten, Beschuldigungen, Invectiven sind nicht die Wagschalen, in denen Gerechtigkeit abgewogen wird, sondern Zeugen, Eide, in die Augen springende Schuld. Was sollen also diese Beschuldigungen des Hochverraths? Er behauptet sie einfach; wir läugnen sie rundweg. Doch laßt uns dieselben prüfen; wie wollen sie uns in die Enge treiben? Wir verließen unsere Heimat — was folgt daraus? Der Papst bestritt unsern Unterhalt — was soll das? Wir sind Katholiken — was hat das mit dem Beweise zu thun? Wir haben dem Volke gepredigt — was will das? Also sind wir Verräther! Wir läugnen die Folgerichtigkeit dieses Schlusses; er ist nicht zwingender, als wenn Ihr mich eines Schafsdiebstahls überführen wolltet und den folgenden Beweis beibrächtet: meine Eltern seien Diebe, meine Gefährten verdächtig, ich selbst ein Taugenichts, der gerne einen Schafsbraten esse: also hätte ich das Schaf gestohlen. Wer sieht nicht, daß das lauter gehässige Umstände sind, geeignet, einen Menschen bei den Geschworenen zu verdächtigen, aber keine zwingenden Beweise, die seine Schuld darthun? Ja, aber wir verführten die Unterthanen der Königin, daß sie Ihrer Majestät die Treue brachen! Was ist unwahrscheinlicher als diese Beschuldigung? Wir sind todte Leute für diese Welt; der einzige Zweck unserer Wanderschaft waren die Seelen;

wir beschäftigten uns weder mit Staatsangelegenheiten noch mit Politik; wir hatten keinen derartigen Auftrag. Worin bestand also unsere Verführung? Aber wir versöhnten die Leute mit dem Papst! Nein, wahrlich, was sollen wir sie mit ihm versöhnen, da sich die Versöhnung nur Gott gegenüber geziemt? Das Wort klingt sonderbar im Munde eines Advokaten und ist deshalb uns gegenüber auch unpassend angewendet. Die einzige Versöhnung, die wir anstrebten, ist die Versöhnung mit Gott nach den Worten Pauli: Reconciliamini Deo, — Versöhnet Euch mit Gott! Welche andere Beschuldigung bleibt also gegen uns noch bestehen? Daß wir Mitwisser der Rebellion im Norden, Werkzeuge Storie's, Gesellen Feltons, Mitschuldige Sanders' sind. Weshalb das? Nun, das kann man von vornherein annehmen. Wie so? Weil wir einigen den Auftrag gaben, uns über das Beginnen anderer freuten und anderen Rath und Beistand gewährten. Wie wird das bewiesen? Offenbar durch keinen schwächern Beweis als durch unsere eigenen Worte. Gott ist unser Zeuge: daran dachten wir nie, davon träumten wir nie! Das müßte bewiesen und nicht bloß behauptet, das müßte durch Zeugen erhärtet und nicht von der Einbildungskraft erfunden sein! Aber es muß doch so sein, da alle Umstände uns als Verräther brandmarken. Das ist es gerade; alles bis jetzt Vorgebrachte sind bloß Umstände und kein genügender Beweis, der unsern Hochverrath klarlegte, und gerade deshalb denken wir, man verfahre nicht billig mit uns, indem wir wegen Mangel eines eigentlichen Beweises auf Umstände antworten müssen. Nun, Umstände oder nicht, soviel ich mich erinnere, war das alles, und wenn das alles war, so war alles das kein Beweis. Deshalb bitten wir um Gottes Willen, daß man bessere Beweise vorlege und daß man unsere Leben nicht durch bloße Verdächtigungen in Gefahr bringe."

Wie Simpson[1] hervorhebt, sagt Anton Munday, einer der Zeugen, der unter der Maske eines Katholiken sich als Spion in das englische Colleg zu Rom einschlich, Campion habe diese Rede „mit großer Bescheidenheit, sittsamen Blicken, bittender Geberde vorgetragen und dabei ein rasches und findiges Talent bekundet; denn er stand in einem wunderbar hohen Rufe, so daß, was sein Leben, sein Wissen oder irgend eine Eigenschaft angeht, die eines Mannes Zierde ist, kein Ebenbürtiger gefunden werden könne — und so hielt er sich in ruhiger und vertraulicher Rede an Finten und wohlüberlegten Wendungen." Ein immerhin bemerkenswerthes Zeugniß

---

[1] L. c. p. 288.

aus dem Munde eines Feindes. Wir nehmen den Bericht des Protokolls wieder auf:

„**Anwalt der Königin**: ‚Beim Eintritt in das Seminar muß jeder Seminarist zwei leibliche Eide ablegen, den einen auf ein Buch mit dem Titel „Bristows Beweggründe", den andern dem Papste, worin er ihm und seinen Nachfolgern Gehorsam gelobt. Diese Eide sind aber alle beide hochverrätherisch. Denn wie kann jemand unserem Staate die Treue bewahren und jenen „Beweggründen" Gehorsam schwören? wie kann er die Unterthanenpflicht der Königin halten und dem Papste Treue schwören? Ist doch das eine unseren Gesetzen und unserer Regierung schnurstracks zuwider; der andere aber ist der größte Todfeind, den Ihre Majestät hat.'

„**Campion**: ‚Die Eide, welche Seminaristen bei ihrem ersten Eintritte leisten, und ob „Bristows Beweggründe" unseren Gesetzen widerstreiten oder nicht, hat mit unserer Anklage wenig zu schaffen; denn wir sind keine Seminaristen und haben bei unserem Eintritte keine derartigen „Beweggründe" beschworen. Aber gesetzt auch, es stünde hier ein Seminarist vor Gericht, so würde das doch wenig gegen ihn beweisen; denn solche Artikel, wie Bristows, werden nur jungen Studentchen, die noch der Erziehung bedürfen, vorgelegt, während Männern von reiferen Jahren und die in Sachen der Religion besser begründet sind, dieser Eid niemals vorgelegt wird. Uebrigens blüht in Rom manche Studienanstalt, in welcher Seminaristen und andere weit vortheilhafter beschäftigt werden, als wenn man ihnen englische Flugschriften zur Lesung gäbe.'

„**Kirbie**: ‚Auf mein Gewissen bin ich der Ueberzeugung, daß man in allen Seminarien zusammen auch keine vier Exemplare von „Bristows Beweggründen" finden wird.'

„Hierauf riefen alle, die Anklage des Hochverraths sei offenbar nur eine Maske, welche den Tod um des Glaubens willen verhüllen solle. Und um das zu beweisen, brachte Campion den folgenden Grund vor:

„**Campion**: ‚Man hat uns den Antrag gestellt, daß man uns sofort in Freiheit setzen wolle, wenn wir uns nur ein einziges Mal in die Kirche begeben und der Predigt des Wortes beiwohnen wollten. So sind ja auch Pascal und Nicolls[1], sonst gerade so schuldig wie wir, mit

---

[1] Ueber Pascal siehe oben S. 195. Nicolls war ein unglücklicher Apostat, zuerst calvinischer Prediger, dann katholischer Priester und hierauf anglikanischer Prediger. Glücklicherweise waren diese Beispiele äußerst selten. Von über 800 jungen Priestern, welche Dr. Allen bis zum Jahre 1584 nach England schickte, sind kaum drei ihres Berufes unwürdig gewesen.

offenen Armen zu Gnaden angenommen worden, sobald sie die Kirche besuchten und das besagte Anerbieten annahmen; wären sie aber so glücklich gewesen, auszuharren bis ans Ende, so würden sie jetzt auch Theilnehmer unseres Mißgeschicks sein. Wenn uns daher unter der Bedingung des Kirchenbesuchs und der Anhörung einer Predigt Freiheit angeboten war und das Bekenntniß unserer Religion uns nicht gestattete, auf diese Bedingung einzugehen, so hätten wir durch Verläugnung unserer Religion und dadurch, daß wir Protestanten geworden wären, die Freiheit erlangen können. Unsere Religion ist also die Schuld, weshalb wir noch Gefangene sind, und folgerichtig auch, weshalb wir verurtheilt werden.'

„Staatsanwalt Popham: ‚Alle diese Thatsachen waren zur Zeit, da Nicolls in Freiheit gesetzt wurde, unbekannt, und man vermuthete sie auch nicht einmal. Auch jetzt können wir nicht annehmen, daß er solcher Umtriebe und Absichten schuldig sei, weil er nicht so verstockt wie Ihr an der Religion festhielt, welche möglicherweise der Deckmantel und Vorwand solchen Hochverraths ist.'

„Anwalt der Königin: ‚Ihr alle gemeinschaftlich und jeder von Euch für sich empfinget vom Papste Reisegeld; einige 200 Kronen, andere mehr oder weniger, je nach Eurem Range und Euren Verhältnissen. Hatte diese Freigebigkeit des Papstes keinen Grund? Sie hatte wohl einen Grund, und zwar keinen andern, als durch Eure versteckten Angriffe und Beredungen seine Pläne und Verrätereien auf die Bahn zu bringen.'

„Campion: ‚Wir empfingen von ihm, was er in seiner Gnade uns geben wollte. Wir hatten keinen Grund, eine Gabe von ihm zurückzuweisen, noch konnten wir ohne Geld hierherkommen. Seine Freigebigkeit kam unserer Armuth zu Hilfe. Was hätten wir nach Eurer Meinung thun sollen? Wir nahmen es an — ist das Hochverrath? Aber er hatte eine Absicht dabei. Das gebe ich zu; hätte er keine Absicht dabei gehabt, so wäre es eine thörichte Handlung gewesen. Und welche Absicht hatte er, als die Verkündigung des Evangeliums? Kein Verrath und nichts dergleichen war seine Absicht.'

„Hier wurde ein Zeuge vorgeführt Namens H. Cabby oder H. Cabbocke, der im allgemeinen und gegen alle insgesammt aussagte, er habe auf dem Continent von einem heiligen Gelübbe und Bunde zwischen dem Papste und den englischen Priestern gehört, welcher die Wiederherstellung und Aufrichtung der Religion in England bezwecke. Zu diesem Ende sollten 200 Priester ins Land kommen, wie man Sir Ralph Shelley, einem englischen Ritter und päpstlichen Hauptmann, mitgetheilt habe, und dieser Ritter sollte eine Armee nach England führen, um das Reich dem Papste zu unterwerfen und die Ketzer auszurotten. Darauf habe Sir Ralph geantwortet, lieber wolle er mit Themistokles Gift trinken, als den Fall seines Vaterlandes mit ansehen, und er hoffe, die Katholiken in England würden treu in Wehr und Waffen gegen den Papst stehen und sich nicht an einem derartigen Verrathe betheiligen.

„Anwalt der Königin: ‚Die Sache ist erwiesen! Das heilige Gelübbe wurde beschworen! 200 Priester hatten ihre Rolle zugewiesen; der General=Capitän war schon ernannt, unser Verderben beschlossen! Wenn wir also alle Wahrscheinlichkeiten erwägen, was liegt dann mehr auf der Hand, als daß Ihr die Zahl dieser 200 Priester voll machtet und daß Ihr mithin Theilnehmer und Mitwisser dieses Hochverraths seid?'

„Campion: ‚200 Priester schwuren einen heiligen Eid, an der Wiederherstellung der Religion zu arbeiten. Es scheint ganz wahrscheinlich, daß wir diese Zahl voll machten: also sind wir Theilnehmer und Mitwisser dieses Hochverraths. Hier haben wir einen Schluß, der mit seinen Vordersätzen auch nicht mit einem Faden zusammenhängt. Zuerst ein „heiliges Gelübbe", und zwar „zur Wiederherstellung der Religion" — wo ist da auch nur ein Schein von Hochverrath? Der ganze Hochverrathsplan wurde Sir Ralph Shelley zugemuthet; mit keiner Silbe wurde er mit den Priestern in Verbindung gebracht. Aber zugegeben, was der Zeuge nicht behauptete, wir gehörten zu diesen 200 Priestern, so seht Ihr, daß Sir Ralph Shelley, ein Katholik, ein Laie, ein päpstlicher Hauptmann, lieber Gift trinken als sich mit einem solchen Verrathe befassen wollte. Ist es also wahrscheinlich, daß Priester, fromme und für diese Welt todte Leute, in irgend einer Weise demselben beipflichten sollten? Die Aussage des Zeugen spricht mehr für uns als gegen uns.'

„Es wurde nun angeordnet, daß der Beweis gegen jeden einzelnen geführt und von jedem einzelnen beantwortet werde. An erster Stelle gegen Campion:

„Anwalt der Königin: ‚Vor etwa zehn Jahren habt Ihr, Campion, mit dem Cardinal der hl. Cäcilia über die Bulle, in welcher Pius V. die Königin, den Adel und das ganze Volk von England excommunicirt und alle Papisten vom Gehorsam gegen Ihre Majestät entbinbet, Verhandlung gepflogen. Eine solche Verhandlung kann aber nur den Zweck gehabt haben, die Bulle auszuführen, und da die Bulle offenbaren Hochverrath enthält, wie Euch wohl bekannt ist, so ist auch klar erwiesen, daß Ihr ein Hochverräther seid.'

„Campion: ‚Ihr, Geschworene, ich bitte Euch, höret! Dieser Vorwurf geht mich allein an, und ich antworte also darauf: Es ist wahr, bei meiner ersten Ankunft in Rom vor etwa zehn Jahren hatte ich Zutritt zu dem genannten Cardinal, und derselbe faßte eine solche Zuneigung zu mir, daß er mir zu jedem Amte und zu jeder Stellung behilflich sein wollte, die ich nur wünschte. Aber ich hatte meine Wahl getroffen und antwortete ihm, meine Absicht sei es nicht, in eines Menschen Dienst zu treten, sondern in die Gesellschaft Jesu und darin Gelübde und Profession abzulegen. Dann fragte er mich um meine Meinung bezüglich der Bulle. Ich sagte, sie habe in England große Strenge zur Folge, und die Hand Ihrer Majestät laste schwer auf allen Katholiken. Darauf erwiederte der Cardinal, er zweifle nicht daran, sie werde so gemildert werden, daß es den Katholiken erlaubt werde, Ihre Majestät als ihre Königin anzuerkennen, ohne daß sie deshalb in die Gefahr der Excommunication kämen. Und das ist alles, was ich mit dem Cardinal redete, und das kann man doch nicht als eine Beleidigung und noch viel weniger als einen Schein von Hochverrath deuten.‘

„Anwalt der Königin: ‚Aus Euren eigenen Worten geht hervor, daß Ihr nichts anderes als eine Mäßigung der Bulle allein für die Katholiken wünschtet, so daß sie der Hauptsache nach, nämlich die Excommunication der Königin, in Kraft bliebe. Das habt Ihr gewußt und es nicht zur Anzeige gebracht und seid deshalb als Mitwisser des Hochverrathes schuldig.‘

„Campion: ‚Daß ich darum wußte, beweist noch nicht, daß ich beipflichtete. Im Gegentheile ist vielmehr meine Mißbilligung bewiesen, indem ich sagte, sie habe große Strenge zur Folge. Uebrigens wurde die Bulle hier verkündet, bevor ich eine Anzeige machen konnte, und jedermann wußte, die Königin von England sei excommunicirt; ich brauchte sie also nicht zur Anzeige zu bringen, und man kann mich, weil ich es nicht that, keines Hochverraths zeihen.‘

„Anwalt der Königin: ‚Ihr hattet Verkehr mit dem Bischofe von Roß, einem notorischen Papisten und Todfeinde des Staates und der Krone von England. Und was sollte ein solcher Verkehr bezwecken, wenn nicht hochverrätherische Umtriebe, wie sie wirklich vorliegen?‘

„Campion: ‚Was der Bischof von Roß seiner Religion oder seiner Parteistellung nach ist, berührt, wie ich glaube, mich wenig und die gegenwärtige Angelegenheit noch weniger. Aber ich läugne auf das bestimmteste, daß ich jemals mit ihm in Beziehung stand. Man beweise das.‘

„Hierauf verlas der Schreiber der Krone einen Brief von Dr. Allen an Dr. Sanders in Irland, in welchem er zeigt, weshalb der Aufstand im Norden keinen Erfolg hatte; entweder habe nämlich Gott England für eine noch größere Züchtigung aufbewahrt, oder die Katholiken in den anderen Grafschaften seien von dem Vorhaben nicht genügend unterrichtet gewesen; anders wäre der schlimme Ausgang nicht möglich gewesen. In demselben Briefe habe auch gestanden, daß N. N. den Krieg fürchte wie ein Kind die Ruthe und daß N. N. auf jeden Fall mit 2000 Mann Hilfstruppen bereit stehe.

„Anwalt der Königin: ‚Welch mächtige Armeen der Papst mit Hilfe des Königs von Spanien und des Herzogs von Florenz zur Vernichtung unseres Reiches, zum Sturze Ihrer Majestät und zur Erhebung der schottischen Königin zur Herrschaft über England auf die Beine gestellt hat, kann Eurer Kenntniß keineswegs entgangen sein. Denn da Ihr von Prag, wo Euer Aufenthaltsort war, nach Rom berufen und dann sofort vom Papste nach England geschickt wurdet, so kann diese plötzliche Sendung doch wohl keinen andern Zweck gehabt haben, als die Anzettelung und Ausführung einer Verschwörung. Und dessen seid Ihr um so dringender verdächtig, da Ihr auf Eurer Reise von Rom nach England geheime Unterredungen mit Dr. Allen zu Rheims hattet. Ihr müßt also recht wohl mit dem Inhalte der oben angeführten Briefe über Politik infolge jener Unterredungen vertraut gewesen sein, und Ihr seid zur Förderung dieser Pläne und Absichten als Geschäftsträger des Papstes und Dr. Allens gekommen, um diese Angelegenheiten den englischen Papisten mitzutheilen, um das Volk seiner Unterthanentreue zu entfremden und um Mannschaft bereit zu halten, welche den fremden Mächten bei einer Invasion die Hand bieten könnte.'

„Campion: ‚Bei meiner Aufnahme in den Orden der Jesuiten gelobte ich meinem Berufe gemäß drei Dinge: Keuschheit, Armuth und Gehorsam. Keuschheit in Enthaltung aller fleischlichen Gelüste und Begierden; Armuth in Verachtung alles irdischen Besitzes und in der Bereitwilligkeit, vom Almosen anderer zu leben; Gehorsam in getreuer Vollstreckung der Befehle meiner Oberen. Kraft dieses Gelübdes des Gehorsams kam ich von Prag nach Rom und hatte auch nicht die leiseste Ahnung dieser vorgeblichen Armeen, noch eine Spur von Neigung, etwas derartiges ins Werk zu setzen. Dort rastete ich acht Tage lang und harrte der Bestimmung meines Vorgesetzten, der mich endlich meinem Gelübde gemäß, das ich mit der Gnade Gottes unter keinen Umständen verletzen will, nach England schickte. Ich

gehorchte, da man es mir befahl, und ging, nicht als ein Verräther, um
mich zum Untergange meines Vaterlandes zu verschwören, sondern als
ein Priester, um die Sacramente zu spenden und Beicht zu hören. Und
ich betheure vor Gott, daß ich gerade so gerne nach Indien gegangen
wäre oder ans Ende der Welt, als ich in meine Heimat ging. Auf der
Reise hierher habe ich, wie ich nicht abläugne, zu Rheims mit Dr. Allen
gespeist und bin mit ihm nach Tisch im Garten spazirt, wobei wir uns
eine Zeit lang über unsere alte Freundschaft und unsere Bekannten
unterhielten. Im ganzen Verlaufe unseres Gesprächs ist aber, wofür ich
Gott zum Zeugen nehme, auch nicht mit einer Silbe die Krone oder der
Staat von England erwähnt worden; weder hatte ich die leiseste Ahnung
von einem Briefe an Sanders, noch kam mir auch nur im Traume
ein Gedanke an diese mir vorgeworfenen Pläne. Was nun den Vorwurf angeht, ich sei der Geschäftsträger des Papstes und Dr. Allens,
so sehe ich mich zu der Erklärung gezwungen, daß man nicht leicht etwas
Ungereimteres hätte vorbringen können; denn der Papst erklärte mich
förmlich von allen Angelegenheiten politischer Natur frei, und Dr. Allen
hat keinerlei Recht, mir Aufträge zu geben, welche mit meinem Berufe im
Widerstreit stehen. Selbst zugegeben (und ich betheure, daß er es nicht
that), Dr. Allen hätte mir derartige Aufträge ertheilt, so wäre es für
mich eine wahre Todsünde gewesen, ihm in diesem Punkte zu gehorchen,
namentlich, da er mein Oberer nicht ist. Ich verehre Dr. Allen um
seiner Wissenschaft und seiner Glaubenstreue willen; aber ich bin nicht
sein Untergebener, noch ihm zum Gehorsame verpflichtet, noch hat er mir
irgend einen Befehl zu geben.'

„Anwalt der Königin: ‚Wenn Eure späteren Thaten Euch nicht
völlig entlarvt hätten, so würde Eure gegenwärtige Rede glaubwürdiger
klingen. Aber Eure späteren Spiele zeigen, daß diese Entschuldigungen
nur leere Ausflüchte sind, und Eure Thaten und Werke beweisen, daß
Eure Worte unechten Klang haben. Denn weshalb ändertet Ihr Euren
Namen? Wozu verkleidetet und vermummtet Ihr Euch? Muß diese
Maske Euch nicht verdächtig machen? Ihr heißt Campion; weshalb
nanntet Ihr Euch Hastings? Ihr, ein Priester und ein für diese Welt
todter Mann — wozu spieltet Ihr den Stutzer? Ein Sammethut und
eine Feder darauf, ein gepufftes Lederwams, sammtene venetianische Bein-
kleider — sind das die Kleider eines ‚todten Mannes'? Geziemt ein
solcher Aufputz einem Manne, der Klostergelübde ablegte, da derselbe doch
kaum für einen ernsten Laien passend wäre? Nein, da steckte etwas

anderes dahinter! Euer Schleichen und Lügen und Euer Versteckenspiel in verborgenen Schlupfwinkeln deutet mit allen anderen Umständen auf einen verruchten Plan. Wäret Ihr aus Liebe zum Vaterlande hergekommen, so hättet Ihr keines Schlupfwinkels beburft; wäre Eure Absicht gewesen, Gutes zu thun, so hättet Ihr das Licht nicht gescheut, und deshalb verräth dieses Geheimthun Euern Hochverrath.'

„Campion: ‚Als die erste Kirche verfolgt wurde und Paulus an der Ausbreitung des Evangeliums arbeitete, waren er und seine Gefährten, wie wohl bekannt ist, oftmals genöthigt, zu List und Schlauheit seine Zuflucht zu nehmen. Und obschon er fest entschlossen war, lieber in den Martyrtod zu gehen, als nur um einen Finger breit von der Wahrheit abzuweichen, die er prebigte, so lesen wir doch von mancher List, die er anwendete, wenn er Hoffnung hatte, zu entwischen, durch sein Leben der Kirche größern Nutzen zu bringen als durch seinen Tod, die Zahl der Kinder Gottes zu vermehren und der Verfolgung auszuweichen. Namentlich änderte er sehr oft seinen Namen und nannte sich, je nach Umständen, bald Paulus und bald Saulus; auch schien es ihm nicht immer gut, offen aufzutreten, sondern er hielt es oft für besser, sich verborgen zu halten, damit nicht eine Verfolgung ausbreche und so das Evangelium geschädigt werde. Das war seine Ansicht, das seine Absicht, als er, um der Religion willen verhaftet, in einem Korbe entfloh. Wenn also derlei Listen an Paulus gebilligt werden, weshalb sollen sie dann an mir unerlaubt sein? Er ist doch ein Apostel — ich nur ein Jesuit! Wenn man sie an ihm preiswürdig findet, weshalb sollen sie dann an mir verdammlich sein? Wir sind beide in derselben Lage, und sollen so verschieden beurtheilt werden? Ich wünschte alles Ernstes die Ausbreitung des Evangeliums; ich wußte, daß eine widersprechende Religion anerkannt sei; ich sah, daß man mich gefangen nehmen werde, sobald man mich kenne; ich änderte also meinen Namen; ich hielt mich verborgen; ich ahmte Paulus nach. Habe ich dadurch einen Hochverrath begangen? Aber man legt mir das Tragen eines Sammethuts und ähnlicher Kleidungsstücke gar sehr zur Last, als ob das Tragen irgend einer Tracht Hochverrath wäre oder als ob ich deshalb um so sicherer ein Verräther wäre. Ich stehe nicht unter einer Anklage, die sich auf das Statut gegen Kleiderpracht stützt, vor Gericht, noch hat das mit dem gegenwärtigen Beweise irgend etwas zu thun. Daß ich dadurch Gott vielleicht beleidigt habe, das gestehe ich gerne ein, und bitterlich habe ich es bereut und thue jetzt, wie Ihr sehet, Buße dafür.' (Er war rasirt, hatte sich in ein grobes

Wollenkleid gehüllt und trug eine große schwarze Nachtmütze, die sein halbes Gesicht verdeckte.)

„Der Kronschreiber verlas nun einen Brief Campions an einen gewissen Pound, einen Katholiken, in welchem u. a. der folgende Satz enthalten war: ‚Es verursacht mir den tiefsten Schmerz, der katholischen Sache so großen Schaden dadurch zugefügt zu haben, daß ich die Namen einiger Edelleute und Freunde bekannte, in deren Haus ich Herberge fand; aber das gewährt mir großen Trost und Freude, daß ich niemals ein mir dort anvertrautes Geheimniß offenbarte, und das werde ich auch nicht thun, trotz Folter und Galgen.'

„**Anwalt der Königin**: ‚Was kann verdächtiger sein, was kömmt dem Geständnisse des Hochverraths näher als dieser Brief? Es schmerzt ihn, daß er seine Gönner, die Katholiken, anzeigte, und er glaubt dadurch der Religion geschadet zu haben. Was muß es dann erst gewesen sein, was er verheimlicht hat? Es muß durchaus etwas Greuliches, etwas Verruchtes sein, das weder Folter noch Galgen ihm entreißen soll. Denn sein Gewissen war dabei nicht im Spiele, und man fragte ihn über keinen Punkt, der mit der Religion zusammenhing; wären also nicht andere Pläne und Unternehmungen gegen den Staat und das Gemeinwohl beabsichtigt, so hätten wir von ihm ebenso gut die Sachen wie die Personen erfahren. Es wäre also sehr zu wünschen, diese Geheimnisse würden aufgedeckt; dann würden wir auch einen Einblick in diesen Hochverrath gewinnen.'

„Campion: ‚Da ich Priester bin, so habe ich auch feierlich gelobt, alle Eide und Versprechen dieses Standes zu erfüllen. Zu meiner priesterlichen Thätigkeit gehört aber auch das Beichthören, und mit Bezug darauf habe ich beim Empfange der Priesterweihe, wie das alle zur Weihe Zugelassenen thun müssen, mich feierlich Gott gegenüber verpflichtet, niemals irgend ein in der Beichte anvertrautes Geheimniß zu offenbaren. Dieses Gelöbniß bindet jeden Priester unter Gefahr ewiger Verwerfung und Verdammniß, niemals eine Beleidigung oder menschliche Schwäche, die ihm in der Beichte anvertraut wurde, zu offenbaren. Meinem Berufe gemäß und infolge meiner priesterlichen Thätigkeit habe ich nun mancher Leute Geheimnisse erfahren, nicht solche, welche sich auf den Staat und das Gemeinwohl beziehen, worüber ich keinerlei Gewalt habe, sondern solche, welche die Seelen und Gewissen bedrücken und quälen, und von welchen ich loszusprechen die Vollmacht habe. Das sind die verborgenen Angelegenheiten, das die Geheimnisse, über deren Geheimhaltung ich mich so sehr freute und zu deren Offenbarung man mich nicht bringen wird, trotz Folter und Galgen.'

„Der Kronschreiber verlas nun einige Schriftstücke, darunter Formulare für Eide, welche den Leuten vorgelegt wurden und durch welche sie dem Gehorsame Ihrer Majestät entsagten und dem Papste Treue schwuren. Solche Formulare hatte man in verschiedenen Häusern gefunden, in denen Campion heimlich verweilte und der Religion wegen beherbergt wurde.

„Anwalt der Königin: ‚Was ist klarer als dieser Beweis? Diese Eide allein genügen, von allem andern abgesehen, Euch des Hochverraths zu überweisen. Denn welch größern Verrath kann es geben, als die Herzen der Unterthanen Ihrer Majestät zu entfremden und dem Papste Treue zu schwören? Da aber diese Formulare in Häusern gefunden wurden, in denen Ihr verkehrtet, so ist klar bewiesen, daß Ihr solche Eide entgegennahmet und ein Verräther seid.'

„Campion: ‚Nichts ist meinem Berufe so gerade entgegengesetzt, als unter irgend einem Umstande einen Eid entgegenzunehmen. Dazu hatte ich keinen Auftrag und keine Vollmacht, und für alle Schätze der Welt wollte ich keine meinem Berufe so widerstreitende Sünde begehen. Aber gesetzt, ich hätte dazu den Auftrag gehabt, welcher zwingende Grund nöthigt denn zu der Annahme, daß gerade ich derjenige war, welcher sie den Leuten vorlegte, obgleich dieselben nicht in meiner Handschrift verfaßt sind, noch sonst irgendwie bewiesen ist, daß sie mir gehörten, und man sie eben nur in Häusern vorfand, die ich besuchte? Das ist also abermals eine bloße Behauptung und beweist nichts gegen mich.'

„Anderson: ‚Es kann doch nicht anders sein, als daß Ihr diese Eide vorlegtet; sie wurden nach Eurem Weggehen gefunden; also habt Ihr sie dort gelassen. Wenn ein Reicher und ein Armer in einem Hause waren und man nach ihrem Fortgehen einen Sack voll Gold versteckt findet, so wird jedermann annehmen, der Reiche habe den Sack versteckt und nicht der Arme, da der Arme keine solchen Schätze hinterlassen konnte. Das Gleiche gilt in Eurem Falle. Wenn Ihr, ein notorischer Papist, ein Haus besucht und man nach Eurem Fortgehen solche Hinterlassenschaft findet — wie ist es dann anders denkbar, als daß Ihr sie brachtet und zurückließet? Es liegt auf der Hand, das war das Werk eines Papisten; ergo Euer Werk.'

„Campion: ‚Euer Schluß würde zwingend sein, wenn Ihr bewiesen hättet, daß kein anderer Glaubensgenosse das Haus betrat. Aber

Ihr zieht den Schluß, bevor Ihr einen Untersatz aufstellt; ergo beweist Euer Schluß nichts.'

„Anderson: ‚Wenn Ihr hier, wie in Euern Schulen, mit Untersatz und Schlußsatz um Euch werfen wollt, so zeigt Ihr, daß Ihr ein Narr seid; trotz Untersatz und Schlußsatz will ich mit Euch rasch fertig werden!'"

„Anwalt der Königin: ‚Ihr weigert Euch, die Suprematie zu beschwören; das ist ein notorisches Zeichen einer feindseligen Gesinnung gegen die Krone. Noch mehr: als Ihr von den Commissären in Betreff der Bulle Pius' V., welche Ihre Majestät excommunicirt, um Eure Meinung befragt wurdet, wolltet Ihr keine Antwort geben und sagtet nur, das seien blutdürstige Fragen, und wer sie stelle, trachte nach Eurem Leben. Ja, Ihr verglichet die Commissäre den Pharisäern, welche um Christum zu fangen, das Dilemma vorbrachten, ob man Cäsar den Tribut entrichten dürfe oder nicht. So wolltet Ihr bei Eurem Verhöre nicht mit der Sprache heraus, sondern suchtet Ausflüchte und leere Worte. Das ist aber ein sicheres Zeichen eines schlechten Gewissens; denn die Wahrheit sucht kein Versteck.'"

„Die beiden Commissäre, Mr. Norton und Mr. Hammond, waren gegenwärtig und bestätigten diese Thatsache, wie der Anwalt der Königin sie vorgebracht hatte.

„Campion: ‚Vor nicht langer Zeit geruhte Ihre Majestät, an mich die Frage zu richten, ob ich sie als meine Königin anerkenne oder nicht. Ich antwortete, ich anerkenne sie nicht nur als meine Königin, sondern als meine ganz rechtmäßige Herrscherin. Auf die fernere Frage Ihrer Majestät, ob ich glaube, daß der Papst sie rechtskräftig excommuniciren[1] könne oder nicht, gab ich zur Antwort, ich betrachte mich als einen unfähigen Schiedsrichter zwischen Ihrer Majestät und dem Papste in einer so hochwichtigen Streitfrage, die bis jetzt noch nicht mit vollkommener Sicherheit geschlichtet ist und in der die besten Theologen der Christenheit keine ganz entschiedene Meinung haben. Ich bin freilich der Meinung, daß, wenn der Papst es thäte, es dennoch vielleicht der Rechtskraft ermangele; denn man nimmt übereinstimmend an: clavis errare potest (die Schlüsselgewalt kann irren[2]). Aber die Gottesgelehrten der katholischen Kirche unterscheiden die Macht des Papstes und legen ihm eine

---

[1] Und infolge davon absetzen.

[2] In diesem Falle, weil es sich nicht um eine für die ganze Kirche erlassene Entscheidung der höchsten Lehrgewalt handelt.

potestas ordinata und inordinata bei[1] — eine ordinata (ordinaria), welche sich auf Angelegenheiten rein geistlicher und kirchlicher Natur bezieht, und mittels dieser Gewalt kann er keinen Fürsten oder Potentaten excommuniciren[2]; inordinata (extraordinaria), wenn er auf dem Wege eines canonischen Processes, mit Appellationen und ähnlichen Mitteln vorgeht, und in diesem Falle sind viele der Ansicht, er könne einen Fürsten excommunciren und absetzen. Ganz die gleichen Artikel wurden mir auch von den Commissären zur Beantwortung vorgelegt, aber viel mehr mit Rücksicht auf die Suprematie und damit zusammenhängende Fragen, deren Tragweite gar nicht abzusehen war. Und deshalb sagte ich in der That, das seien blutdürstige und pharisäische Fragen, welche mein Leben zu untergraben suchten. Daher gab ich auch dieselbe Antwort, welche Christus gab: „Gebet dem Kaiser, was des Kaisers, und Gott, was Gottes ist." Ich anerkenne Ihre Majestät als meine Herrscherin und Souveränin; ich anerkenne sie, sowohl facto als jure als meine Königin. Ich bekenne, daß ich der Königin als meinem weltlichen Oberhaupte Gehorsam schulde. So sagte ich damals und so wiederhole ich heute. Und wenn ich damals meiner Pflicht nicht nachkam, so bin ich jetzt bereit, es gutzumachen. Was wollt Ihr mehr? Gern gebe ich Ihrer Majestät, was ihr gebührt; aber ich muß auch Gott geben, was ihm gebührt. — Dann fragte man mich mit Bezug auf die Excommunication Ihrer Majestät: gesetzt, die Excommunication sei rechtskräftig und der Papst habe die Macht dazu: ob ich dann in diesem Falle mich der Unterthanentreue entbunden erachte. Darauf antwortete ich, das sei eine gefährliche Frage, und wer sie stelle, dürste nach meinem Blute. Gesetzt — weshalb gesetzt? Ex admissis et concessis quid non sequitur? (Aus einem „gesetzt" und „zugegeben" kann man alles Mögliche folgern.) Wenn ich seine Vollmacht einräume, und wenn er sie dann excommunicirt, so werde ich das thun, wozu mir Gott die Gnade geben wird. Aber niemals ging ich auf eine solche Frage ein, noch war es recht, mich mit solchen Unterstellungen zu bedrängen. Daraus schließen sie nun, weil ich auf Fragen, die ich nicht beantworten konnte, keine runde Antwort gab, hätte ich mich verstellt und meine Antworten seien leere Ausflüchte. Nun

---

[1] Der selige Campion hat offenbar nicht von einer potestas ordinata et inordinata, sondern ordinaria et extraordinaria (vielleicht auch directa und indirecta) geredet. Ueberhaupt mag der protestantische Berichterstatter manches in dieser Rede wie in der ganzen Verhandlung nicht genau wiedergegeben haben.

[2] Muß heißen: absetzen.

wohlan, da ich durchaus noch einmal darauf antworten soll, so sage ich abermals, das sind rein theoretische Lehrmeinungen, über die man in den Schulen streiten mag; aber sie bilden keinen Theil meiner Anklage und gehören nicht in den Zeugenbeweis, überhaupt nicht vor den Gerichtshof der Kings-Bench. Ich wiederhole es: das sind keine Thatsachen, das gehört nicht vor ein englisches Gericht, die Geschworenen brauchen darauf gar keine Rücksicht zu nehmen. Denn obschon ich sie für ganz kluge und in ihrem Berufe und den darauf bezüglichen Fragen wohlerfahrene Männer halte, so sind sie doch Laien und in einer so spitzen theologischen Frage keine geeigneten Richter.'

„Eliot[1], ein Zeuge, sagt gegen Campion aus, derselbe habe in Berkshire eine Predigt über den Text: ‚Christus weint über Jerusalem', gehalten, und darin von manchen Sünden und Greueln geredet, die in England überhandnähmen, namentlich von Ketzerei, welche zu seinem großen Leidwesen seine Landsleute so verblende. Aber er hoffe, daß bald ein Tag kommen werde, welcher den Katholiken, die jetzt geschlagen und zersprengt seien, bessere Zeiten bringe, und welcher den Ketzern, die jetzt im Lande in Macht und Ansehen ständen, furchtbar sein werde. Eliot fügte bei, Campion habe in seiner Predigt die Zuhörer zum Gehorsam gegen den Papst aufgefordert. Aber da ihm Campion scharf zusetzte, gab er schließlich zu, er glaube, der Papst sei in der Predigt auch kein einziges Mal genannt worden.

„Anwalt der Königin: ‚Hört, was könnte man für einen schlagendern Beweis wünschen! Er drohte mit dem großen Tage, der ihnen trostreich, uns furchtbar sein soll. Was sollte das für ein anderer Tag sein, als der Tag, den der Papst, der König von Spanien und der Herzog von Florenz für die Invasion dieses Reiches bestimmt haben?'

„Campion: ‚O Judas, Judas! — Ich betheure vor Gott, daß ich an keinen andern Tag dachte, als an den Tag, da es ihm gefallen wird, den Glauben und die Religion wieder aufzurichten. Wie in allen christlichen Staaten, so gibt es auch in England eine Menge Sünden und Laster, und es ist kein Reich so gottselig, kein Volk so fromm und religiös, ohne daß am selben Platze große Verbrechen im Schwange sind, und böse Menschen in Macht und Ansehen glänzen. Deßhalb habe ich, wie das ja auch von jeder protestantischen Kanzel geschieht, den ‚‚großen Tag'' verkündet, nicht einen Tag, den ein irdischer Machthaber bringen

---

[1] Derselbe, welcher Campion verrieth. Vgl. oben S. 211.

soll, sondern jenen Tag, an welchem der furchtbare Richter die Gewissen aller Menschen offenbaren wird, und die Bekenner aller Religionen vor seinen Richterstuhl fordert. Das ist der Tag des Umschwunges, das der große Tag, mit dem ich dräute, der trostreich ist den Anhängern des wahren Glaubens und furchtbar allen Ketzern. An einen andern Tag dachte ich nicht, wie Gott weiß!'

„Munday, ein Zeuge, sagt aus, daß er die Engländer (in den Seminarien), die Doctoren wie die Schüler, von diesem Hochverrath gegen England habe reden hören, und sie hätten sich dazu verschworen. Auch hätten Campion und andere später eine Unterredung mit Dr. Allen gehabt.

„Campion: ‚Hier ist nichts direct gegen mich ausgesagt worden. Was meine Unterredung mit Dr. Allen betrifft, so habe ich schon früher klargelegt, wann und worüber sie stattfand.'

„Jetzt folgte der Beweis gegen Sherwin, der vor den Commissären die Suprematie nicht beschwören wollte, noch eine klare Antwort gab, was er von der Bulle des Papstes halte, und eingestand, er sei nach England gekommen, um das Volk zur Annahme der katholischen Religion zu bewegen.

„Anwalt der Königin: ‚Ihr wißt recht wohl, daß es nicht erlaubt ist, die Unterthanen der Königin zu einer andern, als der von Ihrer Majestät bekannten und vorgeschriebenen Religion zu bewegen. Ihr würdet deshalb gewiß, wenn Ihr nicht noch andern Hochverrath geplant hättet, Eure Meinung für Euch behalten haben und außer Landes geblieben sein.'

„Sherwin: ‚Wir lesen von den Aposteln und Vätern der ersten Kirche, daß sie ihre Lehre auch in heidnischen Ländern und unter heidnischen Fürsten predigten und deshalb doch noch keines todeswürdigen Verbrechens schuldig erachtet wurden. Ich darf daher wohl dieselbe Billigkeit und Duldung in einem Staate hoffen, der so viel auf seine Christlichkeit und Gottseligkeit pocht. Freilich war es inmitten einer solchen Verschiedenheit der Religionsmeinungen zu fürchten, daß ich meiner Gewissenspflicht nicht ohne Gefahr nachkommen könnte. Doch war das kein Grund, mich meiner Pflicht zu entziehen. Ist doch ein Gewissen, das sich durch Furcht von der Pflicht abziehen läßt, sehr wankelmüthig und unbeständig.'

„Einer der Richter: ‚Euer Fall ist von den angeführten Fällen aus der ersten Kirche sehr verschieden. Denn niemals haben die Apostel und Lehrer den Mord der Kaiser und Könige geplant, in deren Ländern sie predigten.'

„Der Kronschreiber verlas einen Brief, welcher bewies, daß Sherwin im englischen Colleg jenseits der See einmal beim Herbfeuer sagte, wäre er in England, so wollte er manches thun, und es gebe einen gewissen Arundel in Cornwall, der in einem Augenblicke eine große Streitmacht auf die Beine stellen könne, und wenn eine Armee nach England gesandt würde, so wäre St.-Michaels-Mount die geeignetste Stelle zur Landung.

„Sherwin: ‚Gott ist mein Zeuge, daß ich nie etwas derartiges redete oder daß auch nur ein derartiger Gedanke mir in den Sinn kam!'

„Bosgrave's Erklärung wurde nun verlesen, in welcher er die Suprematie läugnete und keine klare Antwort bezüglich der Bulle geben wollte, aber bekannte, er sei nach England gekommen, um zu lehren und zu bekehren; doch anerkenne er Ihre Majestät als seine Königin und sein weltliches Oberhaupt. Im gleichen Verhöre bekannte er auch, daß er auf dem Continente das Gerücht gehört habe, wie der Papst, der König von Spanien und der Herzog von Florenz mit einer starken Armee England überziehen wollten, um Ihre Majestät um Leben und Krone zu bringen und die katholische Religion wieder aufzurichten.

„Anwalt der Königin: ‚Wer Hochverrath verheimlicht, wird selbst ein Hochverräther. Da Ihr also, was Ihr hörtet, Ihrer Majestät und dem Rathe nicht offenbartet und das Gemeinwesen dieses Landes nicht warntet, seid Ihr zum Mitwisser und Mitschuldigen geworden und selbst ein Hochverräther.'

„Bosgrave: ‚Was! Bin ich ein Hochverräther, weil ich dieses Gerücht vernahm?'

„Aber Campion, welcher gewahrte, daß Bosgrave durch diesen Angriff verwirrt war, kam ihm zu Hilfe und redete zu seiner Vertheidigung wie folgt:

„Campion: ‚Mylord, es ist Euer Ehren wohl bekannt, auf welch unzuverlässigem und schlüpfrigem Grunde Gerüchte, die man nur vom Hörensagen kennt, gewöhnlich gebaut sind. Meist enthalten sie mehr Falsches als Glaubwürdiges, und man muß deshalb sehr vorsichtig im Weitersagen sein, sonst erntet der Anzeiger mehr Beschämung als Dank für seine Mühe. Der Grund liegt eben in der Natur des Gerüchtes selbst, das immer ungewiß und sehr oft erlogen ist. Wird denn nicht in jeder Stadt, in jedem Dorfe, ja in jeder Barbierstube Englands täglich von Staatsactionen und Politik geredet, an die man bei Hofe niemals dachte? Wenn das in England der Fall ist, sollte es dann nicht auch in Italien, Flanbern, Frankreich, Spanien gerade so sein? Ganz gewiß; denn so verschieden die Länder sind, die menschliche Natur ist überall dieselbe, nämlich neugierig und auf Erzählungen erpicht. Viele Sachen werden von dem gemeinen Mann auf verschiedene Art erzählt und berichtet, woran die Machthaber und Fürsten niemals dachten. Wäre es also nicht das Zeichen einer großen Leichtgläubigkeit, wenn ein Mann, der durch Land und Meer von England getrennt ist, ein Gerücht, das im gewöhnlichen Volke umgeboten wird, brieflich oder gar durch persönliches Erscheinen dem Rathe der Königin und dem Staate mittheilen wollte, ein Gerücht, sage ich, von einer Sache, die nie beabsichtigt und noch viel weniger in Ausführung gebracht wurde? Meines Erachtens zeigte Mr. Bosgrave größere Klugheit, indem er solche Gerüchte auf sich beruhen ließ, als wenn er sie mitgetheilt hätte. Angenommen, er hätte nach Eurem Wunsche gehandelt und das Gerede angezeigt — was wäre die Folge gewesen? Für ihn im fremden Lande Gefahr, weil er die dortige Regierung verleumdet hätte, und hier wahrlich wenig Dank für seinen falschen Bericht. Wenn er also weise und mit Bedacht handeln wollte, wie konnte er anders handeln, als er es that?"

„Ober-Staatsanwalt: ‚Es gibt kein noch so grobes Tuch, dem Campion nicht eine schöne Farbe geben könnte! Aber hat Bosgrave nicht selbst bekannt, daß er nach England kam, um die Leute zu unterrichten und zu bekehren? Und was sind das für Lehren, als sie sollten sich für diese Kriege bereit halten?'

„Campion: ‚Das sind leere und nichtssagende Verdächtigungen, die wohl Unwillen erregen, aber keinen Verständigen überzeugen; es sind Behauptungen und keine Beweise. Ihr solltet nicht die Sache aufbauschen und mit Schlagwörtern um Euch werfen, wenn es sich um das Leben eines Menschen handelt!'

„Cottam wollte bei seinem Verhöre weder die Suprematie einräumen, noch eine directe Antwort über die Macht des Papstes geben.

„Anwalt der Königin: ‚Ihr seid ungefähr zur selben Zeit wie die anderen nach England gekommen; es muß also eine Verabredung zwischen Euch stattgefunden haben, um die Angelegenheiten zu fördern, welche damals im Werke waren. Was antwortet Ihr darauf?' .

„Cottam: ‚Es war weder mein Vorsatz, noch mein Auftrag, nach England zu kommen, und ich wäre auch nicht gekommen, wenn mich Gott nicht gezwungen hätte. Denn ich war für Indien bestimmt, und dorthin wäre ich gesegelt, wenn meine Gesundheit es erlaubt hätte. Inzwischen gefiel es aber Gott, mich mit Krankheit heimzusuchen, und da die Aerzte, welche zu Rathe gezogen wurden, der Meinung waren, ich müsse nach England und könne weder in Rom noch anderswo am Leben bleiben, so kehrte ich aus diesem Grund und aus keinem andern in meine Heimat zurück.'

„Campion: ‚In der That sind die Aerzte in Rom der Meinung, wenn dort ein Engländer krank werde, gebe es kein besseres, ja kaum ein anderes Mittel der Genesung, als die Heimkehr nach England, weil die Heimatluft dem Menschen am besten bekomme.'

„Cottam: ‚Und das war die einzige Veranlassung meines Kommens, nicht aber ein bestimmter Vorsatz, jemanden zu bekehren oder zu verkehren; denn, wie gesagt, mein Ordensgeneral hatte mich für Indien bestimmt. Auch habe ich mich nach meiner Ankunft hier nicht versteckt oder sonstwie irgend etwas gethan, was nicht jedermann thäte, der keine andere Absicht hat, als ich. Meistens wohnte ich in Southwark und ging täglich bei St. Paul spaziren. Ich vermied keinen öffentlichen Platz, und das beweist doch ein gutes Gewissen.'

„Anwalt der Königin: ‚Habt Ihr wirklich weder bekehrt noch verkehrt? Hat man nicht in Euerm Koffer ein Buch gefunden, dessen Inhalt nichts anderes bezweckt? Das Buch hat einen gewissen D'Espigneta zum Verfasser und den Titel: Tractatus Conscientiae (Abhandlung über das Gewissen), und enthält Antworten über die Suprematie und eine Anleitung, wie man sophistisch jeder Frage ausweichen könne, ferner die Art und Weise, sich in allen möglichen Kreisen zu benehmen, ob es nun Protestanten oder Puritaner seien, und Unterweisungen, mit welchen Reden man beide bekehren könne: wie man die Protestanten rühmen solle und ihnen sagen, sie seien der Wahrheit viel näher als die Puritaner, und gegen wen man in Gesellschaft der Puritaner losziehen müsse, und wie man die Protestanten fangen und ihnen den Gehorsam gegen den Papst mundgerecht machen müsse. Wozu habt Ihr also dieses Buch mit Euch herumgeschleppt, wenn Ihr nicht gewillt waret, seine Lehren zu befolgen?'

„Cottam: ‚Ich erkläre vor Gott, daß ich nichts von diesem Buche weiß, noch wie und wann es in meinen Besitz kam.'

„Als Campion sah, daß er so in die Enge getrieben und gezwungen war, eine offenbare Thatsache zu läugnen, antwortete er für ihn wie folgt:

„Campion: ‚Viele Zufälle und Ereignisse können einen Menschen in Gefahr bringen, ohne daß er auch nur eine Ahnung davon hat. Er kann etwas unter seinem Gepäcke haben, ohne daß er darum weiß; es kann ihm ja entweder von andern böswillig unter seine Sachen geschoben worden sein, oder er selbst mag es in der Zerstreutheit und Eilfertigkeit unwissend eingepackt haben. In beiden Fällen ist es ein Irrthum, aber nicht ein strafwürdiges Verbrechen. Mr. Cottam kann keinenfalls das Buch absichtlich mitgenommen haben, da wir ja sehen, daß er gar keine Kenntniß davon besitzt. Aber selbst gesetzt, er hätte das Buch absichtlich mitgebracht, so bewiese das doch keinen Hochverrath gegen ihn. Es behandelt Gewissensfragen, Anstandsregeln, gibt Winke, wie man Ungläubige zum Glauben bekehre, bezweckt geistliche Auferbauung, will zu Gott hinführen — worin liegt da der Hochverrath? Ueberdies ist es unter den Studirenden auf dem Continent gebräuchlich, sich von Büchern gelehrter und angesehener Männer über Gewissensfälle und Anstandsregeln Auszüge zu machen und diese mitzunehmen, und das thun sie keineswegs für Parteizwecke oder für eine Verschwörung, sondern zu ihrer eigenen Belehrung und zu ihrem Nutzen.'

„Johnson wollte weder die Suprematie zugeben, noch sich zu einer bestimmten Ansicht über die Macht des Papstes bezüglich seiner Excommunicationsbulle bekennen.

„Eliot, der Zeuge, sagt gegen Johnson aus, er habe künftige Weihnachten vor zwei Jahren in Lady Peters Hause die Bekanntschaft eines gewissen Priesters Pain (Payne) gemacht, der daselbst als Verwalter angestellt gewesen sei. Dieser sei sein Zimmergenosse gewesen und infolge davon so vertraut mit ihm geworden, daß er ihm endlich angerathen habe, die Treue gegen Ihre Majestät aufzugeben und ein Unterthan des Papstes zu werden. Dabei habe er ihm gesagt, die Königin könne ja nicht ewig leben, und bald nach ihrem Tode werde die katholische Religion wieder hergestellt werden. Um das zu Stande zu bringen, hätten die Katholiken auf dem Continent den folgenden Plan gefaßt: ihrer 50, wovon keiner den andern kenne (!), hätten sich verschworen, mit geheimen Abzeichen an den Kleidern, mit Taschenpistolen, Dolchen und zweihändigen Schwertern an den Hof zu kommen und dann abzuwarten, bis Ihre Majestät freie Luft schöpfe oder sich sonst auf einen Augenblick von der Gesellschaft entferne. In diesem Moment sollten sich dann einige auf Ihre Majestät, andere auf den Lord Schatzmeister, wieder andere auf den Earl of Leicester und noch andere auf Sir Francis Walsingham stürzen und sonst noch auf einige der Hauptbeförderer der ketzerischen Religion und die Königin ermorden und an den Haaren ihres Hauptes zu einem Pferde schleppen, daß sie zur Freude aller Katholiken und zum Jammer aller Ketzer auf und ab geschleift werde. An diesem Plane solle der Zeuge, wie ihm

Payne vorschlug, Theilnehmer sein, wenn er wolle, und er habe beigefügt, er selbst solle bei günstiger Gelegenheit Ihre Majestät eigenhändig erdolchen; denn er halte es für ebenso erlaubt, Ihre Majestät zu tödten, wie ein gehörntes Vieh. Da aber Payne nach dieser Mittheilung den Zeugen nicht so willig fand, wie er gehofft hatte, und im Gegentheil eine gesalzene und entschiedene Zurückweisung seines gnädigen Antrages erhielt, machte er sich sofort aus dem Staube und ließ nichts mehr von sich hören. Dann kam dieser Johnson hier, der inzwischen eintraf, zum Zeugen und fragte ihn, was aus Payne geworden sei; er antwortete ihm, das wisse er nicht. Darauf sagte Johnson: ‚Er ist über die See entflohen, weil er fürchtet, Ihr möchtet seine Geheimnisse verrathen, und deshalb warne und beschwöre ich Euch: offenbaret nichts von dem, was Payne Euch erzählt hat; denn wofern Ihr es thut, seid Ihr im Zustande der Verdammniß.‘

„Johnson: ‚In meinem Leben hatte ich nie ein solches Gespräch mit ihm, noch habe ich überhaupt eine ähnliche Silbe über einen derartigen Gegenstand gesprochen.‘

„Bristows (Briscoe's) Verhör wurde nun verlesen, in welchem er Ihre Majestät als seine rechtmäßige Königin und Herrin anerkannte, und erklärte, daß sie sein Oberhaupt sei, trotz allem, was der Papst gethan habe oder thun könne.

„Anwalt der Königin: ‚Weshalb seid Ihr denn in dieses Land gekommen? Eure unerwartete Ankunft und der Umstand, daß Ihr mit den anderen zusammen reistet, scheint zu beweisen, daß Ihr deren Spießgeselle und Handlanger seid.‘

„Bristow: ‚Ich habe eine arme Wittwe zur Mutter, welche außer mir noch einen Sohn hatte, mit dessen Gesellschaft sie sich wohl zufrieden gab, so lange er lebte. Allein es gefiel Gott, ihn zu sich zu rufen und meine Mutter seiner fernern Unterstützung zu berauben. Sie ertrug den Verlust sehr schwer und setzte alle Hebel in Bewegung, um meine Rückkehr zu erwirken. Briefe auf Briefe schrieb sie, und zwar so bringend, daß ich heimkommen mußte, ich mochte wollen oder nicht. Das ist der einzige Grund meiner Rückkehr, Gott ist mein Zeuge!‘

„Anton Munday sagte gegen Bristow aus, derselbe müsse eingestehen, daß er ein geschickter Feuerwerker sei, und daß er bald eine Mischung griechischen Feuers herstellen wollte, um Ihre Majestät zu verbrennen, wenn sie auf der Themse in ihrer Barke fahre. Ferner beschwor der Zeuge, er habe auf dem Continente gehört, daß jedermann, der die Losung, welche ‚Jesus, Maria‘ heiße, nicht wisse, ermordet werden soll.

„Bristow: ‚Ich rufe Gott zum Zeugen, daß mir so etwas nie einfiel, und daß ich derartige Feuerwerkerei nicht verstehe. Deshalb hat er die gröbste Lüge beschworen, die es geben kann.'

„Kirbie (Kirby) hat in seinem Verhöre bezüglich der Suprematie und der Macht des Papstes ganz dieselbe Meinung wie Campion.

„Slebb[1], ein Zeuge, sagt gegen Kirbie aus, es sei, als er auf dem Continent krank lag, dieser Kirbie an sein Bett gekommen und habe ihm gerathen, er solle sich in Acht nehmen, was er in England thue. Denn es werde ein großer Tag kommen, an welchem der Papst, der König von Spanien und der Herzog von Florenz eine solche Aenderung zu Stande bringen würden, wie man noch niemals eine erlebt habe. Er sagte ferner aus, Kirbie sei in einer Predigt Dr. Allens gewesen, welcher den Priestern und Seminaristen zugeredet habe, sich nach England aufzumachen, um die Engländer dem Gehorsame Ihrer Majestät zu entfremden und zu bereden, daß sie dem Papste und dessen Verbündeten Hilfe leisteten. Ferner sagte er aus, er habe auf dem Continent mit einem gewissen Tebber, einem Busenfreund Kirbie's, geredet, und diesen habe er, der Zeuge, gefragt, ob er mit der Königin verwandt sei, da er Tebber (Tudor?) heiße, worauf jener geantwortet habe, wenn er wüßte, daß er mit dieser babylonischen H..., mit dieser Jezabel von England, verwandt wäre, würde er zeitlebens eine um so schlechtere Meinung von sich selbst haben; er wolle aber eines Tages nach England reisen und sie womöglich aus dem Wege schaffen.

„Kirbie: ‚So wahr ich am Tage des Gerichtes gerettet zu werden hoffe, ist auch nicht ein Wort dieser Zeugenaussage, soweit sie mich betrifft, wahr oder glaubwürdig. Niemals habe ich des besagten Tages erwähnt oder bin bei einer solchen Predigt zugegen gewesen, sondern ich hatte stets ein so treues und wohlwollendes Herz für Ihre Majestät, wie nur irgend ein Unterthan. Niemals hörte ich schlecht von ihr reden, ohne daß ich sie vertheidigte, so gut ich es nur konnte. Es ist nicht unbekannt, daß ich englische Matrosen vom Galgen errettete, einzig aus Pflichtgefühl für Ihre Majestät und aus Liebe zu meinem Heimatlande. Ihr, der Ihr solches Zeugniß ablegtet, sagt doch, wann und zu welcher Tagesstunde diese Predigt gehalten wurde?'

„Der Zeuge antwortete, am selben Tage seien drei philosophische Disputationen gewesen, und nach denselben sei die Predigt gehalten worden.

---

[1] Vgl. oben S. 159.

„Orton wollte weder die Suprematie annehmen noch offen mit der Sprache heraus, welche Gewalt der Papst habe, und ob die Excommunicationsbulle Papst Pius' V. rechtskräftig sei oder nicht.

„Anton Munday sagte gegen Orton aus, derselbe habe zu Lyon in Frankreich zum Zeugen gesagt, Ihre Majestät sei nicht rechtmäßige Königin von England, und er schulde ihr keinerlei Gehorsam. Der Zeuge sagte ferner aus, dieser Orton habe sich an Dr. Allen gewendet, um vom Papste eine Pension zu erhalten; Allen habe davon nichts wissen wollen, es sei denn, er werde Priester oder Seminarist, und das habe Orton nicht gewollt.

„Orton: ‚Ich läugne auf das bestimmteste, mit dem Zeugen jemals ein Wort gewechselt zu haben, sei es zu Lyon oder sonstwo. Er schwört einen offenbaren Meineid, wie es nur ein Mensch thun kann, der weder für einen ehrlichen Namen noch für Religion Sinn hat.'

„Dasselbe sagten alle Angeklagten einmüthig und behaupteten, er habe gar keine Religion; besuche er doch auf dem Continente Wallfahrten, empfange die Sacramente, spiele überhaupt den Katholiken, während er hier ein ganz anderes Gesicht zeige und sich für einen Protestanten ausgebe. Er sei deshalb kein tauglicher oder glaubwürdiger Zeuge, der in einem Processe auf Leben und Tod gehört werden dürfe.

„Der Zeuge Munday antwortete, er gebe sich in Frankreich und anderswo den Schein, als sei er ein eifriger Anhänger ihrer Religion, um so hinter ihre Schliche zu kommen und ihre Pläne auszukundschaften. Noch gegen einen andern Zeugen legten die Gefangenen Verwahrung ein, ich weiß nicht, gegen welchen, weil er ein Mörder sei und zwei Menschen erschlagen habe, wie ja durch sein eigenes Bekenntniß und Geständniß feststehe. Und deshalb sei er kein glaubwürdiger und zuverlässiger Zeuge.

„Nachdem die Schuld also geprüft war und die Geschworenen bereits zum Spruche schreiten sollten, sagte einer von den Richtern zu ihnen, die ganze Frage laufe darauf hinaus, ob sie den Gefangenen, die zur Rettung ihres Lebens redeten, oder den Zeugen, die freiwillig gegen sie aussagten, Glauben schenken wollten. Die Zeugen hätten genügendes Beweismaterial gegen sie beigebracht, die Gefangenen alles rundweg abgeläugnet.

„Lord Oberrichter: ‚Ihr Angeklagte seht, was gegen Euch vorgebracht wurde. Wenn Ihr zu Eurer Vertheidigung noch etwas zu sagen habt, so redet, und wir wollen Euch anhören bis morgen früh. Es würde uns leid thun, wenn Ihr irgend einen Grund zur Klage gegen den Gerichtshof hättet, und wenn deshalb noch etwas zu sagen ist, was zu

Euern Gunſten in die Wagſchale fallen kann, ſo redet; Ihr ſollt mit Unparteilichkeit angehört werden.'

„Alle dankten ſeiner Lordſchaft und ſagten, ſie könnten nur beſtätigen, daß der Gerichtshof ſie mit Unparteilichkeit und Gerechtigkeit anhöre. Darauf richtete Campion die folgende Rede an die Geſchworenen.

„Campion: ‚Welche Bürde der heutige Tag Euch auferlegt und welche Rechenſchaft Ihr am furchtbaren Tage des Gerichts, deſſen Spiegel der gegenwärtige Gerichtstag hoffentlich iſt, dereinſt geben müßt, iſt jedem von Euch, wie ich überzeugt bin, wohl bekannt. Ebenſo zweifle ich nicht, daß Ihr wiſſet, wie theuer der Unſchuldige Gott iſt und wie hoch er das Leben eines Menſchen ſchätzt. Hier ſtehen wir, auf Leben und Tod angeklagt; hier wird unſer Leben in Eure Hut gelegt; hier müßt Ihr die Wahl treffen, ob Ihr uns daſſelbe zurückgeben oder ob Ihr über daſſelben Stab brechen wollet. Wir können uns nur an Eure Gewiſſen wenden; wir haben keine Freunde als Eure Umſicht und Klugheit. Nehmt Euch in Acht, ich beſchwöre Euch, laßt Euch nicht durch den Schein, nicht durch Schmeichelworte täuſchen; leget einen dauerhaften Grund; denn Euer Bau iſt ſchwerlaſtend. Das alles werdet Ihr, wie wir nicht bezweifeln, in rechter Weiſe thun, wenn Ihr nur aufmerkſam beachtet, was vorgebracht wurde, und zwar in den folgenden drei Punkten. — Die Reden und Verhandlung des ganzen heutigen Tages können zuſammengefaßt werden erſtens in unbewieſene Annahmen und Wahrſcheinlichkeitsgründe; zweitens in Fragen, welche ſich auf die Religion beziehen, und drittens endlich in die Eide und Ausſagen der Zeugen. — Der ſchwache und hinfällige Angriff, der ſich auf leere Muthmaßungen ſtützte, iſt doch wohl nicht genügend, das ‚Schuldig‘ über ſo viele Männer auszuſprechen, noch ein ausreichender Beweis, um eines Menſchen Leben in Frage zu bringen. Die Geſetzgebung des Reiches verlangt einen ſichern Beweis und will, daß kein Menſch dem Spiele von Wahrſcheinlichkeiten zum Opfer falle. Die ſtärkſten Gründe unſerer Ankläger ſind nichts als bloße und leere Wahrſcheinlichkeiten; ſie ſind keine Grundlage, auf die Ihr bauen könnt, da Ihr nur auf Gewißheit achten dürft. Laßt dieſe Umſtände beiſeite, laßt dieſe leeren Vorausſetzungen unbeachtet und nehmt einzig die Vernunft zur Richtſchnur, welche auf einen wirklichen Beweis baut. — Aber dieſe Wahrſcheinlichkeiten ſind nicht das Einzige, was man, ohne daß es vor die Schranken des Gerichts gehört, hier zur Verhandlung brachte; man zog auch Lehrmeinungen, Religionsfragen, Excommunicationen, Bücher und Flugſchriften herein und hat damit einen großen Theil des heutigen

Tages ungehöriger Weise ausgefüllt. In der That, Ihr habt heute nicht nur unsern Proceß anhören müssen, sondern auch die Anklagen wider den Papst, den König von Spanien, den Herzog von Florenz, Allen, Sanders, Bristow, Espigneta und viele andere Angeklagte. Welche Wirkung eine Excommunication habe, welche Machtfülle dem Bischofe von Rom zustehe, wie man sich sein Gewissen zurechtlegen dürfe: das sind keine Thatsachen, welche vor die Geschworenen gehören, sondern Sätze, über welche man in den Schulen streitet und noch zu keinem Entscheide gekommen ist. Wie sollt denn Ihr darüber die Entscheidung fällen, Ihr, die Ihr trotz Eurer Weisheit und Erfahrung in Euerm Lebenskreise doch darüber nicht unterrichtet seid? Aber gesetzt auch, Ihr hättet so große Kenntniß und Erfahrung in theologischen Fragen, daß Ihr über diese dunkle Controverse berufene Richter wäret: so bildet sie doch keinen Theil unserer Anklage und darf daher von den Geschworenen nicht berücksichtigt werden. Aber Ihr fragt mich vielleicht: worüber sollen wir denn urtheilen, wenn das alles nichts gegen Euch beweist? Wenn wir das alles beiseite setzen, so bleibt ja fast nichts mehr übrig? Verzeiht mir! Unsere Unschuld ist freilich so klar, daß allerdings nichts mehr übrig bleibt, wenn man alles beiseite setzt, was Unhaltbares und Falsches gegen uns vorgebracht wurde — nichts mehr als die eiblichen Zeugenaussagen. Aber auch diese dürft Ihr nicht ohne weiteres als Beweise ansehen, sondern es ist Eure Pflicht, zu prüfen, ob sie wahr und ob die Zeugen, welche sie beschworen, glaubwürdig seien. Bei gewöhnlichen Processen kommt es oft genug vor, daß man Zeugen zurückweist, und wenn jemals, so muß man ihre Glaubwürdigkeit wohl prüfen, wenn ihre Aussage gegen das Leben eines Menschen gerichtet ist. Rufet Euch nun ins Gedächtniß, ich bitte Euch, wie unsicher einige, wie kaltblütig andere, wie unwahrhaftig die übrigen ihr Zeugniß ablegten! Wie könnt Ihr aus ihrem Munde Wahrheit erwarten? Der eine hat bekannt, daß er ein Mörder ist; der andere ist ein notorischer und verabscheuungswürdiger Atheist. Ein Heide und ein Doppelmörder! Die Hand aufs Herz: wolltet Ihr diesen Glauben schenken — Menschen, die Gott und ihren Mitbrüdern die Treue brachen; Menschen, die weder auf ihre Religion, noch auf ihr ehrliches Manneswort einen Schwur leisten können? Und Ihr wolltet ihnen dennoch glauben? wäre das möglich? Ich bin überzeugt, Eure Weisheit ist zu groß, Euer Gewissen zu unbestechlich! Achtet sie nach Verdienst! Prüfet die anderen zwei Zeugen, und Ihr werdet finden, daß keiner von ihnen klar behauptet, wir oder einer von uns hätte etwas gethan, was diesem Staate schädlich ober diesem Gemeinwesen gefährlich sein könnte. Gott gebe Euch Gnade, unsere Sache mit gerechter Wage zu wägen und Ehrfurcht vor Eurem eigenen Gewissen zu haben, und so will ich die Geschworenen nicht länger aufhalten. Alles übrige stelle ich Gott, unsere Ueberführung Eurem gesunden Menschenverstande anheim.'"

Wir haben bisher den Bericht, wie er in den State-Trials[1] enthalten ist, wörtlich mitgetheilt, überzeugt, daß er gerade in der Fassung der Gegner, die sich durch manches schiefe Wort verrathen, die Ungerechtigkeit der Anklage und das Empörende dieses „Zeugenbeweises", wie auf der andern Seite das Verhalten der Seligen, namentlich die Ruhe, die Ueberlegenheit und die Liebe des seligen Campion, in hellem Lichte erscheinen läßt. Die Verhandlung hatte drei Stunden gedauert. Die Geschworenen hatten sich nach der letzten Rede Campions zur Berathung zurückgezogen und blieben eine volle Stunde aus. Während dieser Zeit brachte jemand Campion ein Glas Bier zur Erfrischung. Die Mehrzahl der anwesenden Rechtsgelehrten betrachtete nach dem schwachen Beweise und der glänzenden Vertheidigung die Freisprechung auf Grund dieser Anklage für sicher; natürlich hätte der Staatsanwalt dann sofort die Anklage auf Uebertretung der Suprematš-Acte und der übrigen Statuten erhoben. Da traten die Geschworenen wieder in den Saal, und unter athemloser Stille verkündete ihr Obmann Lee das Verdict „Schuldig".

Der Bericht der State-Trials fährt nun fort:

„Anderson: ,Da diese Gefangenen und Angeklagten hier sich bereit erklärt haben, durch Gott und die Gesetze ihres Landes Recht zu erhalten, und da sie durch den Spruch aller Geschworenen auf genügenden und unwiderleglichen Beweis des Hochverraths schuldig befunden sind, so bitten wir im Namen der Königin Ew. Lordschaft, den Spruch anzunehmen und das Urtheil über sie als Hochverräther zu fällen.'

„Lord Oberrichter: ,Campion und Ihr anderen, was könnt Ihr als Grund vorbringen, weshalb das Todesurtheil über Euch nicht gefällt werden sollte?'

„Campion: ,Nicht unser Tod war es, den wir fürchteten. Allein wir wußten, daß wir nicht Herren über unser Leben sind, und deshalb wollten wir unsern Tod nicht dadurch verschulden, daß wir uns nicht vertheidigten. Das einzige Wort, das wir noch zu sagen haben, ist dieses: Wenn unsere Religion uns zu Hochverräthern macht, wohl, dann sind

---

[1] L. c. p. 1049—1070.

wir des Todes schuldig; sonst aber sind wir und waren wir so treue Unterthanen, als die Königin nur jemals hatte. Indem Ihr uns verurtheilt, brecht Ihr den Stab über alle Eure Ahnen, über die alten Priester, Bischöfe und Könige, über alles, was einst der Ruhm Englands war, welches die Insel der Heiligen und das getreueste Kind des Stuhles Petri genannt wurde. Denn was haben wir gelehrt — und möget Ihr unsere Lehre immerhin mit dem gehässigen Namen „Hochverrath" bezeichnen —, was haben wir gelehrt, das sie nicht einstimmig lehren? Im Vereine mit diesen alten Leuchten nicht nur Englands, sondern der ganzen Welt von ihren entarteten Nachkommen verdammt zu werden, ist Glück und Glorie für uns! Gott lebt, die Nachwelt wird leben: ihr Urtheil wird der Bestechung nicht so zugänglich sein, als das Urtheil derjenigen, die jetzt im Begriffe stehen, das Todesurtheil über uns zu fällen."'

„Nie," sagt ein Augenzeuge, „war Campions Gesichtsausdruck edler, als bei diesen Worten. Während der ganzen Verhandlung war er voll Ruhe und Würde gewesen, seine Beweise waren scharf und schließend, aber bei dieser letzten Rede übertraf er sich selbst. Seine begeisterten Worte ließen die Mitverurtheilten das Todesloos vergessen, das über ihnen schwebte. Bei der Rückkehr zum Tower sagte der selige Cottam zu Briscoe, jetzt sterbe er mit Freuden, da er Campions glorreiche Rede gehört habe."

Der Lord Oberrichter Wray fällte nun das barbarische Urtheil, dessen empörenden Wortlaut wir nicht zu wiederholen brauchen. Der selige Campion unterbrückte seine natürliche Bewegung und rief mit lauter Stimme: „Te Deum laudamus! Te Dominum confitemur!" Der selige Sherwin stimmte das Siegeslied an: „Haec est dies quam fecit Dominus, exultemus et laetemur in ea!" (Das ist der Tag, den der Herr gemacht hat, laßt uns an ihm jubeln und frohlocken!) Und so gab jeder der Verurtheilten seinem Gefühle durch diese oder jene Worte der Heiligen Schrift oder der Kirche Ausdruck. Die Zuhörer waren tief ergriffen. Dann wurden die Verurtheilten in die Kerker zurückgeführt und in Ketten gelegt.

Der folgende Tag, der 21. November, brachte die Wiederholung derselben himmelschreienden Ungerechtigkeit. Der Rest der Gefangenen, die Seligen Richardson, Ford, Filby, Briant, Shert und die beiden edlen Bekenner Collington und Hart wurden vor dieselben Schranken gestellt und durch dieselben Zeugen „des Hochverraths überwiesen". Der selige Briant hatte sich, um offen als Priester aufzutreten, die Tonsur scheeren lassen und trug ein Crucifix in seiner Hand, welches er sich im Tower geschnitzt hatte. Man rief ihm zu, das Kreuz von sich zu werfen; aber der Selige entgegnete: „Nie und nimmer! Ich bin ein Krieger des Gekreuzigten; bis zum Tode werde ich mein Banner nicht verlassen." Die Schergen entrissen ihm das Bildniß mit Gewalt. „Meinen Händen", sagte nun der Blutzeuge, „kannst Du das Kreuz entreißen, meinem Herzen nie. Für Ihn, der um meinetwillen zuerst den Tod erlitt, will ich sterben." Später wurde dieses Kreuz von den Katholiken um einen hohen Preis erworben und nach Rom geschickt, wo es mit großer Verehrung im englischen Seminar aufbewahrt wurde, als Sacchini seine Geschichte der Gesellschaft Jesu schrieb [1].

Schon hatten die Geschworenen über alles das „Schuldig" ausgesprochen. Da stand ein Mr. Lancaster, ein protestantischer Advokat, auf und bezeugte, daß Collington am selben Tage, an welchem er nach der Aussage des Zeugen sich in Rheims an der Verschwörung betheiligt haben sollte, ihn in seinem Zimmer zu Gray's Inn in London besucht habe [2]. Man hätte nun meinen sollen, der meineidige Zeuge wäre sofort verhaftet und die ganze Gerichtsverhandlung wie auch das am Tage vorher gefällte Urtheil vernichtet worden. Allein der Lord Oberrichter begnügte sich, Collington vom Todesurtheil auszuschließen und behufs weiterer Untersuchung in den Kerker zurückzuschicken. In Wahrheit war Collington sein Lebtag niemals in Rheims gewesen. Als Nicholson, ein anwesender Priester, den Erfolg von Lancasters Zeugniß bemerkte, stand auch er auf und erbot sich, ein ähnliches Zeugniß für den seligen Ford abzulegen, mit dem er ebenfalls an dem von dem Zeugen genannten Tage an einem ganz andern Orte zusammengewesen war. Allein Nicholson wurde als Priester erkannt, auf Befehl des Richters sofort festgenommen und in einen Kerker geworfen, wo man ihn nahezu des Hungertodes sterben ließ.

Das sind Beispiele der Gerechtigkeitspflege aus einer Zeit, da Sectenwahn jeden Sinn der Gerechtigkeit verblendete. Schon 1582 nennt der Zeuge, dessen Bericht Challoner folgt, diesen Spruch „den ungerechtesten, der vielleicht jemals in England gefällt ward, über den man sich nicht nur in England, sondern in der ganzen Welt wundern, über den unsere Nachkommen weinen und sich schämen werden".

---

[1] Sacchini, Historiae Societatis Jesu, P. V, p. 38.
[2] State-Trials I, 1072.

14. Das glorreiche Ende der seligen Campion, Sherwin und Briant.

(1. December 1581.)

Nach der Verurtheilung waren der selige Campion und seine Gefährten wieder in den Tower zurückgebracht, in schwere Ketten gelegt und sonst grausam behandelt worden. Sie ertrugen ihre Leiden mit himmlischer Gedulb. Delahays, der Kerkermeister, sagte später, als er Norton, den Foltermeister, in Gewahrsam hatte, jetzt habe er einen Teufel in Haft, während er früher an Campion einen Heiligen gehabt habe[1]. Noch einmal prüfte man des seligen Campion Treue. Seine Schwester wurde von Hopton geschickt, daß sie den Bruder versuche; wenn er den katholischen Glauben verläugnen wolle, so werde man ihm nicht nur das Leben schenken, sondern eine Pfründe mit 100 Pfd. St. Jahresgehalt verleihen, lautete das Anerbieten, das der Selige natürlich ausschlug. Auch der Verräther und falsche Zeuge Eliot kam, von seinem Gewissen getrieben, und sagte zu Campion: „Wenn ich gedacht hätte, Ihr würdet wegen meiner Anklage Schlimmeres als Gefängniß zu erdulden haben, so würde ich es nie gethan haben, wäre daraus gefolgt, was da wollte." — „Wenn das wirklich Eure Gesinnung ist," entgegnete der Selige, „so beschwöre ich Euch im Namen Gottes, thut Buße: bekennet Euer Verbrechen zur Ehre Gottes und zum Heile Eurer Seele." Campion bot ihm sogar an, er wolle ihn einem deutschen Herzog, wahrscheinlich dem Herzog von Bayern, empfehlen, wenn er sich in England nach seinem Geständnisse nicht sicher fühle. Aber der unselige Mensch hatte nicht den Muth, sein Verbrechen gutzumachen. Dafür bewirkte des Seligen Liebe und Güte gegen den Verräther einen solchen Eindruck auf den Kerkermeister Delahays, daß derselbe später sich zum katholischen Glauben bekehrte.

Inzwischen gaben sich die Katholiken Mühe, die Begnadigung der Verurtheilten zu erwirken. Der Herzog von Anjou war gerade als Be-

---

[1] Simpson l. c. p. 314.

werber um die Hand und Krone der jetzt 47jährigen Elisabeth anwesend, welche noch immer jedes Jahr sich von einem neuen muthmaßlichen Bräutigam den Hof machen ließ. Durch seine Fürbitte hoffte man das Leben Campions und dessen Gefährten zu retten. Es war umsonst; der französische Herzog war gerade mit einem Spiele beschäftigt, als sein Beichtvater die Bittsteller bei ihm einführen wollte, und ließ sich nicht stören. Aber auch selbst wenn er seine Bitte an Elisabeth gestellt hätte, wäre ihre Gewährung zweifelhaft gewesen. Die puritanische Partei im Rathe verlangte vorläufig den Tod von drei der Verurtheilten: Campions als des ersten Jesuiten, Sherwins als eines Zöglings des englischen Collegs in Rom, und Briants als eines Schülers des englischen Collegs von Rheims. Der letztere war freilich inzwischen in die Gesellschaft Jesu aufgenommen worden. Der Tag der Hinrichtung war zuerst auf den 25., dann auf den 29. November festgesetzt worden. Als aber der Rath hörte, die drei auserlesenen Opfer hätten über diese Bestimmung frohlockend mit dem Apostel Andreas, auf dessen Vigil der Tag fiel, ausgerufen: „O bona crux, diu desiderata!" (O gutes Kreuz, lang ersehntes!) setzten sie die Hinrichtung auf Freitag den 1. December endgiltig fest. Wie glaubwürdig berichtet wird, bereitete sich der selige Campion durch fünftägiges strenges Fasten und durch zweitägiges Wachen und Beten auf diesen Tag vor. Ebenso eifrig rüsteten sich seine beiden Gefährten zum letzten Kampfe. Die edeln Gesinnungen, von denen des seligen Sherwin Herz erfüllt war, spiegeln sich wieder in seinen beiden Briefen, die uns erhalten sind[1]. Beide wurden von ihm nach seiner Verurtheilung, der zweite am Vorabende seines Todes geschrieben. Wir dürfen sie an dieser Stelle nicht übergehen. Der erste ist an einige Freunde gerichtet, welche dem Gefangenen Geschenke zu übersenden wußten. Der Selige schreibt:

„Euer Geschenk, den Ausdruck Eurer Güte und Freigebigkeit, habe ich mit dankbarem Herzen empfangen und dasselbe sowohl zu meinem nothwendigen Unterhalte, als auch zur Unterstützung der Armen so angewendet, daß ich darüber vollständig ruhig sein kann. Wie ich hoffe, werdet Ihr nach der kurzen Frist dieses Lebens, wenn es Gott gefällt, uns im Himmel zu vereinigen, mit reichen Zinsen dafür belohnt werden. Der Aufschub unserer Hinrichtung ist eine Prüfung unseres Muthes, und nicht ohne Grund, glaube ich, hat der Herr das Wort gesagt: ‚Was du

---

[1] Mitgetheilt von Bridgewater, Concertatio f. 71 sq.

thun willst, thue bald.' In der That hatte ich gehofft, vor dem heutigen Tage, der Bande dieses Leibes ledig, die glorreichen Wundmale meines theuersten Erlösers Jesu, der auf dem unendlich erhabenen Throne der Glorie mit dem Vater herrscht und regiert, küssen zu können. Ich vertraue, daß mir diese Sehnsucht von oben ins Herz gesenkt wurde; denn sie hat meine Seele so ruhig gemacht und mit solchem Frieden erfüllt, daß mich weder das Todesurtheil erschütterte, noch die Todesbitterkeit erschreckt, noch endlich die Kürze der Zeit meinen Geist verwirrt. Meine Sünden sind schwer, ich gestehe es, aber ich nehme meine Zuflucht zur Barmherzigkeit Gottes; meine Nachlässigkeiten sind ohne Zahl, ich bekenne es; aber zur Güte meines Erlösers rufe ich. Mein ganzes Vertrauen setze ich auf sein Blut; sein bitteres Leiden ist mein einziger Trost in diesem Leben. Nicht wenig erhebt mich der Gedanke, daß er uns nach des Propheten Zeugniß in seine Hände geschrieben hat. O daß er sich würdige, sich auch in unsere Herzen einzuschreiben! Wenn er das thut, wie zu hoffen ist: mit welcher Freude werden wir dann vor den glorreichen Richterstuhl unseres höchsten Richters hintreten dürfen! Und doch, wenn ich seine Würde betrachte, erzittere ich an Leib und Seele; denn dieser elende Leib, der so vielen Schmerzen und Armseligkeiten unterworfen ist, kann die Gegenwart seiner höchsten Macht und Majestät nicht ertragen. Unser Herr Jesus führe uns zu dem Ziel und Ende, wofür uns der Schöpfer aller Dinge geschaffen hat, damit wir beim Verlassen dieses irdischen Wohnhauses mit ihm in alle Ewigkeit leben können. Man meint, wir würden am nächsten Montag oder Dienstag hingerichtet werden. Gebe uns Gott Demuth, damit wir seinen Fußstapfen mit Starkmuth folgen und über den Feind den Sieg erringen mögen!"

Den zweiten Brief schrieb der Selige an seinen Oheim, den hochwürdigen Priester Johannes Woodward, der sich zu Rom aufhielt, und zwar am Tage vor seinem Martyrtode:

„Nach vielerlei Trübsal und schweren Leiden, die mir aufgebürdet worden, denen aber doch Freude und himmlischer Trost beigemischt ist, hat es, liebster Oheim, dem allmächtigen Gott nach seiner unendlichen Güte gefallen, mich aus diesem Thale der Thränen abzurufen. Ihm sei also für alle mir erwiesenen Wohlthaten in alle Ewigkeit Lob und Preis! Deine mütterliche Sorge für meine Erziehung, und die Auslagen, welche du meinetwegen machtest, werden dir gewiß droben im himmlischen Vaterlande vergolten werden. An meinen Gebeten hattest du stets theil, wie ich es dir schuldete; sonst konnte ich dir meine Dankbarkeit nicht beweisen, weil ich stets in größter Dürftigkeit lebte. Heute, am Feste des hl. Andreas, wurde mir zu früher Stunde vom obersten Magistrate mitgetheilt, daß ich morgen den Lauf meines Erdenlebens vollenden müsse. Gebe Gott, daß ich es nach dem Beispiele jenes erhabenen Apostels und Dieners Gottes thue, und daß ich, von der Schleife aufstehend, mit großer Herzensfreude seinen Gruß wiederholen möge: „Salve, sancta crux!" (Sei gegrüßt, heiliges Kreuz!) Meine Unschuld ist mein einziger Trost gegen alle Verleumdungen und gegen die mir und meinen Leidensgefährten angedichteten Verbrechen. Wenn einst Gott selbst, der höchste Richter, diese Larve eines vorgeblichen Hochverraths von unserem Antlitze entfernen wird und man das Angesicht der Katholiken, so wie es in Wahrheit ist, anschauen kann, dann wird sich zeigen, wer es gut und ehrlich meinte, und wer dagegen doppelzüngig und hochverrätherisch Mordpläne ersann. Allein Gott möge allen Feinden ihre Bosheit verzeihen und ihnen, wenn es so im Plane seiner Barmherzigkeit liegt, das Herz umwandeln, auf daß sie aus Feinden tapfere Vorkämpfer der Wahrheit werden. Mein lieber Wohlthäter, lasse für meine Seelenruhe beten! Obschon ich mich aber zum entscheidenden Hintritte vor den König der Könige rüsten und gürten muß und die Sorge, gut zu sterben, meinen Sinn erfüllt, hatte ich doch nie größere Seelenruhe oder vollkommeneren Herzensfrieden, als jetzt, da ich alle meine Sünden in seinen kostbaren Wundmalen verschlossen habe. Lebe wohl, lieber Onkel, nochmals lebe wohl! Niemand war mir theurer in dieser Welt. Gott gebe uns beiden seine Gnade und unbesiegbare Stärke bis zum letzten Athemzuge, auf daß wir in diesem Leben in seiner heiligen Furcht wandeln und im Tode von den Engeln in die wahre himmlische Heimat geleitet, dort vereint uns des ewigen Triumphes erfreuen. Und so, mein guter, greiser Johannes, lebe wohl! Grüße in meinem Namen alle katholischen Mitbrüder. Am Feste des hl. Andreas 1581. Dein Neffe: Rudolf Sherwin, Priester."

Der 1. December war ein kalter, regnerischer Wintertag. Die Wege vom Tower nach Tyburn waren mit Kothlachen bedeckt. Campion trug den groben Wollrock, den er vor Gericht getragen hatte. Da aber Hopton zu seinem Gespötte ihn mit dem Lederkoller bekleiden wollte, das man dem Seligen zum Vorwurfe gemacht hatte, und man dasselbe nicht gleich finden konnte, brachte man ihn einstweilen zu seinen beiden Todesgefährten in den Colharbour-Tower. So hatten sie den Trost, eine Weile für sich zu sein, und benützten diese Gelegenheit ganz gewiß, um noch einmal zu beichten. Hopton konnte das Koller nicht finden, und so wurde der selige Campion in seinem groben Wollkleide zum Tode geführt.

Vor dem Tower harrte trotz der schlechten Witterung eine unabsehbare Menge. Campion grüßte sie mit freudigen Blicken: „Gott rette Euch alle, Gentlemen!" sagte er; „Gott segne Euch und mache Euch zu guten Katholiken!" Dann kniete er nieder und betete mit gegen Osten gewandtem Antlitze, indem er mit den Worten schloß: „In manus tuas, Domine, commendo spiritum meum!" (In deine Hände, Herr, empfehle ich meinen Geist!) Zwei Schleifen waren bereit, jede an die Schweife von zwei Pferden gebunden; auf die erste wurde Campion geworfen, auf die zweite wurden die seligen Sherwin und Briant zusammen gebunden. Dann ging es durch den Straßenkoth und die Regenlachen voran, Tyburn zu. Eine Schaar von Predigern und fanatischen Puritanern lief nebenher und belästigte die Blutzeugen mit ihren Bekehrungsversuchen. Charke hatte den traurigen Muth, hinter Campion einherzuschreiten gleich einem Triumphator, wie uns P. Persons erzählt, „mit stolzen Blicken, finsterem Antlitz, hochfahrenden Worten und erbarmungslosem Benehmen, frech und herausfordernd beim Tode und bei den Qualen der Diener Gottes, und mit hochtrabenden Geberden und Worten sich an das Volk wendend, um einigen Vortheil für seine Sache aus dem Vorfalle zu ziehen." Aber auch Katholiken wandten sich tröstend und bittend an die Seligen. Ein Edelmann wischte mit seinem Tuche Campions Gesicht ab, das mit Schmutz und Straßenkoth elenbiglich bespritzt war. „Möge ihm Gott den Dienst belohnen!" sagt der Augenzeuge, der den Liebesact aufzeichnete. So ging es den gewöhnlichen Todesweg der Verurtheilten durch Cheapside und Holborn. Als die Schleifen durch den dunkeln Thorbogen der Newgate gerissen wurden, den damals noch ein Muttergottesbild schmückte, welches den Aexten der Puritaner noch nicht zum Opfer gefallen war, hob sich der selige Campion mit großer Anstrengung ein wenig von der Schleife empor, um die Himmelskönigin zu begrüßen, die ihm einst im Garten zu Brünn die Martyrkrone verheißen hatte, und die er jetzt bald zu sehen hoffte. Christoph Issam, ein Priester, der die Blutzeugen hinausschleifen sah, erzählte, sie hätten mitten in ihren Qualen gelächelt. Auch das Volk gewahrte es und rief: „Aber sie lachen ja! Es liegt ihnen nichts am Tode."

So groß das Gedränge vor dem Tower und auf den Straßen gewesen war, so ließ es sich doch mit der Menschenmenge nicht vergleichen, welche zu Tyburn den Galgen umlagerte. Seit Menschengedenken hatte man bei keiner der vielen Hinrichtungen eine solche Masse von Zuschauern versammelt gesehen. Trotz des Regens hatten sie ausgeharrt. Jetzt aber, da die Schleifen anlangten, theilten sich die Wolken, und die Wintersonne schien freundlich auf die Opfer. Auch viele Katholiken waren unter der Volksmenge, darunter der Priester, dessen Berichte Challoner[1] als dem ältesten und glaubwürdigsten folgt. Dieser Augenzeuge, dem auch wir uns anschließen, hatte sich in der Absicht, das blutige Trauerspiel wahrheitsgetreu niederzuschreiben, ganz in die Nähe des Galgens vorgedrängt und stand unmittelbar hinter den Mitgliedern des Rathes: Sir Francis Knowles, Lord Howard, Sir Henry Lee und den übrigen Herren, welche der Hinrichtung officiell beiwohnten, so daß er jedes Wort, das gesprochen wurde, verstehen konnte. Er erzählt:

„P. Campion wurde zuerst auf den Karren gestellt. Nach einer kurzen Pause begann er mit ernstem Antlitz und sanfter, klarer Stimme: ‚Spectaculum facti sumus Deo, angelis et hominibus.‘ Dann wiederholte er den Text in der Muttersprache: ‚Ein Schauspiel sind wir geworden Gott, den Engeln und den Menschen.‘ Diese Worte des hl. Paulus erfüllen sich heute an mir, der ich als ein Schauspiel dastehe meinem Herrn und Gott, ein Schauspiel seinen Engeln und Euch, Menschen!‘ Sofort unterbrachen ihn Sir Francis Knowles und die Sheriffs und drangen in ihn, er solle seinen Verrath gegen die Königin eingestehen und sich schuldig bekennen. Er entgegnete: ‚Was den Verrath betrifft, welcher mir zur Last gelegt wird und für welchen ich hier den Tod leiden muß, so nehme ich Euch alle zu Zeugen, daß ich daran durchaus unschuldig bin.‘ Hierauf antwortete ein Mitglied des Rathes, er möge sich doch nicht den Schein geben, als ob er die Verbrechen läugnen wolle, die durch hinreichende Beweise dargethan seien. ‚Wohl, Mylord,‘ sagte er, ‚ich bin Katholik und Priester; im katholischen Glauben habe ich gelebt und im katholischen Glauben will ich sterben. Wenn Ihr meine Religion für Hochverrath haltet, dann bin ich schuldig; einen Verrath habe ich nie verübt — Gott ist mein Zeuge![2] Aber Euer Wunsch ist jetzt erfüllt. Ich bitte Euch um Geduld und um die Erlaubniß, ein paar Worte zur Beruhigung meines Gewissens reden zu dürfen.‘ Aber sie ließen ihn durchaus nicht weiter sprechen (offenbar den Eindruck seiner hinreißenden Beredsamkeit auf das Volk fürchtend), sondern verlangten immerfort sein

---

[1] I, 63.
[2] Auch der Bericht Anton Munday's, den der Chronist Holinshed 1586 abdruckte, enthält wörtlich diese Rede. Chronicles III, 1327.

Schuldgeständniß, während er betheuerte, daß er unschuldig sei und keinen Hochverrath verübt habe, und flehte, man möge doch diesen seinen letzten Worten, die er auf seiner Seele Seligkeit im Angesichte des Todes spreche, Glauben schenken. Die Geschworenen hätten ja leicht getäuscht werden können u. s. w. Aber er vergebe allen, wie er wünsche, daß ihm selbst vergeben werde. Auch bitte er alle um Verzeihung, deren Namen er auf der Folter genannt habe; die Commissäre hätten ihm eidlich betheuert, das werde den Genannten keinen Schaden bringen. Nochmals erklärte er den Sinn des Briefes, den er während seiner Gefangenschaft an seinen Mitgefangenen im Tower, Mr. Pound, geschrieben hatte und in welchem der Satz stand: er werde „die Geheimnisse einiger Häuser, in denen er Aufnahme gefunden, nicht entdecken‘. Auf seine Seele betheuerte er, unter diesen ‚Geheimnissen‘ nicht, wie die Feinde es gedeutet hätten, Verrath, Verschwörung oder irgend welche Pläne gegen Ihre Majestät oder den Staat verstanden zu haben, sondern Messelesen, Beichthören, Predigen und ähnliche priesterliche Verrichtungen. Das sei die reine Wahrheit, wie er sie vor Gott verantworten werde. Ferner forderte der Selige Sir Francis Knowles und einige andere Edelleute zu Zeugen auf, daß ein Richardson, der wegen einer der Schriften Campions verurtheilt worden war, unschuldig sei.

Man ließ nun durch einen Schulmeister, Namens Hearne, eine Schrift vorlesen, welche im Namen der Königin erklärte, die drei Verurtheilten würden nicht ihrer Religion wegen, sondern als Hochverräther hingerichtet[1]. Diese ungebräuchliche Proclamation brachte aber beim Volke eher die entgegengesetzte Wirkung hervor. Campion betete während der ganzen Lesung andächtig. Dann drängten ihn die Herren vom Rathe, er solle vor der versammelten Menge offen seine Meinung über die Bulle Pius' V. und die Excommunication der Königin erklären. Der Selige gab keine Antwort. Dann fragten sie ihn, ob er dem Papste entsage. Er antwortete: „Ich bin Katholik!" Da rief ihm einer zu — ich habe mir die Worte genau gemerkt (sagt unser Gewährsmann): „Euer katholischer Glaube ist Euer ganzer Verrath!"

Jetzt schickte sich der Selige an, den letzten Tropfen aus Christi Kelch zu trinken. Er begann sein letztes Gebet, wurde aber von einem Prädikanten unterbrochen, der ihn aufforderte, er solle mit ihm „Christus er-

---

[1] „An advertisement and defense for truth against backbiters and especially against the whispering favourers and colourers of Campion, and the rest of his confederate treasons." Holinshed l. c. III, 1328.

barme bich meiner!" oder sonst einige Gebete verrichten. Mit freundlicher
Miene wandte sich Campion zu ihm um und sagte: „Ihr und ich sind
nicht eins im Glauben; deßhalb bitte ich Euch, gebt Euch zufrieden. Ich
schließe niemanden von meinem Gebete aus; aber ich wünsche doch nur,
daß meine Glaubensgenossen mit mir beten, und diese bitte ich, in meiner
Todesnoth einmal den Glauben für mich zu beten." So sprach er noch=
mals aus, daß er für den katholischen und apostolischen Glauben sterbe.
Dann betete er weiter. Einige riefen ihm zu, er möge englisch beten. Er
antwortete freundlich, er bete in einer Sprache, die sowohl Gott, als er
wohl verständen. Abermals wurde er unterbrochen. Er solle die Königin
um Verzeihung bitten, rief man ihm zu. Sanftmüthig fragte er: „Womit
habe ich sie beleidigt? Hierin bin ich unschuldig. Das ist mein letztes
Wort. Glaubt mir doch in diesem Punkt. Aber ich habe für sie gebetet
und bete für sie." Da fragte ihn Lord Karl Howard, für welche Königin
er bete, „ob für die Königin Elisabeth?" „Ja," antwortete er, „für
Elisabeth, meine und Eure Königin, der ich eine lange, ruhige Regierung
wünsche und die Fülle des Segens." Jetzt wurde der Karren weggezogen,
und es erhob sich ein großes Schluchzen und Weinen unter der Volksmenge,
während der Selige mit der Betheuerung, er sterbe als guter Katholik, den
Tod erlitt. Auch Munday sagt, Campion habe viele zu Thränen gerührt.

Kaum hing der Selige am Galgen, als der Henker ihn dem Ur=
theile gemäß loßschneiden wollte, um die scheußliche Verstümmelung an
dem Lebenden zu vollziehen. Aber Lord Howard wehrte ihm; so wurde
nur der Leichnam losgeschnitten und zum Blocke geschleppt. Ein junger
Protestant, Namens Heinrich Walpole, stand ganz nahe im Gedränge,
und als der Henker ein Glied des Blutzeugen in den siedenden Kessel
warf, spritzte ein Tropfen des blutgerötheten Wassers auf Walpole's Klei=
der; sofort fühlte dieser in seinem Herzen, wie er später erzählte, daß er
katholisch werden müsse. Er wurde nicht nur Katholik, sondern Jesuit,
Priester, Missionär in England, und starb am 7. April 1595 zu York
des gleichen glorreichen Martyrtodes. Die Katholiken, welche dem Tode
Campions beiwohnten, gaben sich alle Mühe, Reliquien des Martyrers
zu erhalten. Aber die Regierung hatte das vorausgesehen und außer=
ordentliche Vorsichtsmaßregeln ergriffen. Ein Jüngling, der sein Taschen=
tuch in das Blut fallen ließ, wurde auf der Stelle verhaftet. Bei dem
dadurch entstandenen Tumulte jedoch gelang es einem andern, in den
Besitz eines Fingers des Seligen zu kommen, und trotz sofortiger Unter=
suchung konnte man den Thäter nicht ermitteln.

Jetzt kam die Reihe, sein Zeugniß für den katholischen Glauben mit dem Blute zu besiegeln, an den seligen Rudolf Sherwin. Als der Henker sein grausiges Werk an dem Leichnam Campions vollendet hatte, trat er zu diesem hin, der noch auf die Schleife gebunden war, faßte ihn mit der blutigen Hand und sagte: „Komm, Sherwin, nimm auch du deinen Lohn!" Aber der Martyrer war keineswegs erschrocken; er umarmte den Henker, und küßte voll Ehrfurcht das Blut, das an dessen Händen klebte. Dieser Auftritt bewegte das Volk. Dann stieg er auf den Karren und verweilte einige Augenblicke mit geschlossenen Augen und zum Himmel erhobenen Händen im Gebete. Hierauf fragte er, ob das Volk eine Rede von ihm erwarte, und da viele aus der Menge und einige von den Vornehmen ihm „Ja" zuriefen, begann er mit männlichem Muthe und lauter Stimme jeder der drei Personen der heiligen Dreifaltigkeit für die Gnaden und Wohlthaten zu danken, welche sie ihm erwiesen hatten. Als er aber zu einer Begründung seines Glaubens übergehen wollte, unterbrach ihn Sir Francis Knowles und forderte ihn auf, statt dessen seinen Hochverrath zu bekennen. Der Selige antwortete: „Eines derartigen Verbrechens bin ich nicht schuldig." Und da sie ihn drängten, er möge seine Schuld eingestehen, sagte er: „Ich habe keine Veranlassung, eine Lüge zu sagen; am allerwenigsten in der Lage, in der ich jetzt bin; steht doch meine Seele auf dem Spiele! In der kurzen Zeit meines irdischen Lebens muß ich freilich die Schmach und Strafe eines Verräthers erleiden; aber ich vertraue zuversichtlich auf meine künftige Glückseligkeit durch Jesus Christus, in dessen Tod, Leiden und Blut ich einzig mein Vertrauen setze." Hierauf riefen die Prädikanten sofort, er sei ein Protestant [1]. Aber der Selige kümmerte sich nicht um sie, sondern betete ruhig weiter. Laut bekannte er die Unvollkommenheit, das Elend und die sündige Bosheit seiner Natur, betheuerte aber dabei beständig seine Unschuld an allen hochverrätherischen Umtrieben und versicherte, daß er nur deßhalb die Heimat verlassen und über die See gegangen sei, um seine Seele zu retten. Als nun Sir Francis Knowles abermals ihn unterbrach, sagte er: „Schon gut, schon gut! Ihr und ich werden das vor einem andern Richter verantworten, wo meine Unschuld wird anerkannt werden und wo Ihr sehen werdet, daß ich dieses Verbrechens nicht schuldig bin." Sir Francis entgegnete: „Wir wissen wohl, daß Ihr kein Anstifter oder Vollzieher dieses Verraths seid; denn Ihr seid kein Mann

---

[1] Auch heute noch ist es ja ein unter Protestanten viel verbreitetes Vorurtheil, die katholische Lehre schreibe nicht jede Gnade ganz den unendlichen Verdiensten Jesu Christi zu.

der Waffen; aber Ihr seid ein Verräther infolge Eurer Grundsätze (you are a traitor by consequence)." Darauf antwortete der selige Sherwin kühn: „Wenn Katholik sein, wenn ein eifriger Katholik sein gleichbedeutend ist mit ein Verräther sein: wohlan, dann bin ich ein Verräther." Jetzt verbot man ihm jede weitere Rede; er rief nur noch: „Ich verzeihe allen, welche entweder infolge eines allgemeinen Vorurtheils oder persönlichen Irrthums meinen Tod veranlaßten." Als er nun beten wollte, fragte man auch ihn um seine Meinung in Betreff der Bulle; allein er gab keine Antwort. Dann forderten sie ihn auf, er solle für die Königin beten, und der Selige antwortete: „Das habe ich gethan und thue es." Da fragte auch ihn Lord Howard: „Für welche Königin? für Elisabeth?" Sherwin entgegnete lächelnd: „Ja, für Elisabeth, die Königin, bete ich in diesem Augenblicke zu meinem Herrn und Gott, daß er sie in diesem Leben zu seiner Dienerin und im künftigen Leben zur Miterbin Jesu Christi mache." Da riefen einige: „Er möchte sie zu einer Papistin machen!" Er antwortete: „Gott gebe, daß das geschehe!" Nun sammelte er sich im Gebete, legte die Schlinge um seinen Hals, wiederholte das Stoßgebet: „Jesu, Jesu, Jesu, sei mir Jesus" (d. h. Seligmacher)! Das waren seine letzten Worte. Die Menge rief: „Guter Mr. Sherwin, Gott der Herr nehme Eure Seele auf!" Und so riefen sie, als der Karren schon fortgezogen war und der Selige seinen Geist bereits aufgegeben hatte.

Anton Munday's Bericht [1] stimmt mit der Erzählung des Gewährsmanns Challoners nicht nur inhaltlich, sondern in manchen Punkten wörtlich überein.

Nach des seligen Sherwin Viertheilung bestieg Alexander Briant den Karren. Sein unschuldiges und engelgleiches Antlitz ergriff die Zuschauer gewaltig, namentlich als er seiner Freude Ausdruck verlieh, daß Gott ihn würdig erachte, den Tod für den katholischen Glauben zu erleiden und zwar in Gemeinschaft mit P. Campion, den er von Herzen verehrte [2]. Der Selige erklärte, im katholischen Glauben sei er erzogen worden. Dann wollte er mit der Erzählung seines Lebens fortfahren; aber man unterbrach ihn und forderte ihn auf, den Hochverrath einzugestehen. Darauf sagte er mit großer Entschiedenheit: „Dieses Verbrechens bin ich nicht schuldig, noch verdiene ich diesen Tod. Ich war weder zu Rom noch zu Rheims, als Dr. Sanders nach Irland kam" (um die Zeit der

---

[1] Holinshed l. c.   [2] Simpson l. c. p. 323.

vorgeblichen Verschwörung). Das betheuerte er lebhaft und rief Gott zum Zeugen an. Der Selige sprach nicht viel. Als man ihn noch mehr als die anderen beiden drängte, er solle seine Meinung über die Bulle Pius' V. sagen, erklärte er: er glaube von dieser Bulle, was alle Katholiken glaubten und was der katholische Glaube lehre. Nochmals betheuerte der Selige, daß er als katholischer Christ sterbe, und während er den Psalm Miserere betete, wurde der Karren fortgezogen. Der selige Blutzeuge hatte einen besonders schmerzlichen Tod. Die Schlinge war von dem Henker sehr nachlässig befestigt worden, so daß er mehr am Kinn als am Halse hing. Infolge davon war er bei vollem Leben, als man ihn vom Stricke losschnitt, und wollte sich auf seine Füße erheben. Nichtsdestoweniger faßte ihn der Henker mit seinen Gesellen und schleppte ihn zum Blocke, das barbarische Urtheil an dem Lebenden vollziehend.

Der glorreiche Martyrtod der drei Seligen brachte eine gewaltige Wirkung auf die Volksmenge hervor, und keineswegs diejenige, welche die Regierung gewünscht hatte. Der Vorwurf des Hochverraths, den alle drei angesichts des Todes so feierlich zurückgewiesen hatten, wurde nur von wenigen Fanatikern mehr geglaubt. Außerordentliche Ereignisse kamen dazu, um den Eindruck zu verstärken. Der Leichnam des seligen Briant soll, nachdem das Herz herausgerissen und das Haupt abgeschlagen war, sich aufgerichtet und auf die Füße gestellt haben. Eine ganz ungewöhnliche Springflut war eingetreten und hatte die Wasser der Themse zurückgestaut „zur großen Verwunderung der Bürger und Schiffer". „Solche Ereignisse", schreibt P. Persons bald nach der Hinrichtung, „werden freilich von vielen natürlichen Ursachen zugeschrieben; wenn sie aber gerade zu solcher Zeit eintreten, da so offenbare und himmelschreiende Ungerechtigkeit verübt wird, so kann man sie nicht anders denn als Zeichen des göttlichen Zornes deuten." Mag es übrigens mit diesen Ereignissen wie immer gewesen sein, so viel ist sicher, daß sie auf die Zeitgenossen nicht ohne Einfluß waren. Mächtiger freilich wirkte das Todesbeispiel selbst. Heinrich Walpole, dessen Bekehrung wir bereits erwähnten, meint, es hätten sich unter dem Galgen zu Tyburn an dem einen Tage mindestens 10 000 zum katholischen Glauben bekehrt. Die Zahl mag von dem Eifer des Neubekehrten zu hoch gegriffen sein; aber eine sehr große Zahl, daran ist nicht zu zweifeln, fühlte sich im Herzen umgewandelt und wandte sich trotz der größten Schwierigkeiten der katholischen Kirche zu. Hopton selbst und Walsingham mußten es erleben, daß ihre Töchter den katholischen Glauben annahmen. Humphrey klagt in der Vorrede seiner schon angeführten Schrift gegen die Rationes decem Campions[1], die erschlagenen Priester schadeten der anglikanischen Kirche mehr als die lebenden. „Das kann ich in Wahrheit sagen," schreibt der Oxforder Professor, „daß der Geist des todten Campion mich mehr in die Enge treibt, als die Rationes des lebenden. Nicht nur hat er wie Bonasus in der Fabel sein Gift zurückgelassen, dessen Tropfen die Männer verbrennen, die dem Flüchtigen nachsetzen, sondern seine Freunde graben ihn täglich aus seinem Grabe aus, vertheidigen seine Sache, schreiben sein Lob auf Englisch, Französisch und Lateinisch. Das Sprichwort sagt: ,Todte beißen nicht', und dennoch verwundet uns Campion mit den Zähnen seiner Freunde — ein bemerkenswerthes Wunder, der Erfahrung und dem alten Sprichworte widerstreitend! Und wie neue Köpfe an der Hydra nachwachsen, wenn die alten abgeschlagen werden, wie Woge auf Woge folgt, wie die Ernte neuer Männer aus der Drachensaat aufsprießt: so hat eine Mühsal für uns stets eine neue zur Folge, und immer wieder eine neue, und an Stelle des Einen Campion bringen Kämpfer auf Kämpfer heran und halten uns umlagert."

Der gleichen Auffassung, daß der Opfertod dieser Blutzeugen der katholischen Kirche den größten Nutzen bringe, begegnen wir in P. Persons' Schrift gegen Charke. Er beschreibt ihren Tod und hebt hervor, wie sie allen ihren Feinden verziehen, „auch Euch, Prädikanten, die Ihr die Hauptursache ihres Todes und ihrer Qualen waret." Dann fährt er fort: „Ihr Blut wird ganz gewiß noch gegen Eure Irrthümer und Bosheit kämpfen, Jahrhunderte nachdem Ihr schon alle aus dieser Welt geschieden seid. Und obschon sie, ausgerüstet mit so seltenen Gaben und Talenten, bei längerem Leben der Kirche Gottes noch viele Dienste leisten und Eurer Sache großen Schaden hätten zufügen können, so konnten sie doch das niemals mit solchem Erfolg, wie sie es durch ihren Tod thaten und zu thun fortfahren. Ihr Blut schreit lauter zu Gott und den Menschen als Bücher oder Predigten, die sie geschrieben oder gehalten hätten. Sie haben gute Freunde an Euch gefunden! Ihr habt ihnen die größte Wohlthat erwiesen!"

In einem Briefe an einen Freund schreibt P. Persons: „Ich erfahre soeben die Erhöhung und Erhebung unseres lieben Bruders Mr. Campion mit dessen Gefährten. Unser Herr sei dafür gepriesen! In einer Hinsicht ist es die freudenreichste Kunde, welche mein Herz jemals empfing ... Ich nehme ihn jetzt zu meinem Schutzheiligen ... Es ist ihm nichts zugestoßen, was er nicht vorhergesehen, und was er nicht

---

[1] Jesuitismi pars prima u. s. w. Vgl. oben S. 280.

Gott zum Opfer gebracht, lange bevor er nach England zurückkehrte. Auch ich sah dieses Ende seiner Disputationen vorher, und sobald ich hörte, wie Gott dieselben zur Ehre seiner Sache gewandt, war ich der Vermuthung, er werde auch sein Leben fordern; denn es war nicht wahrscheinlich, daß die Gegner eine solche Niederlage hinnehmen sollten, ohne sie in seinem Blute zu rächen." [1]

Auch Mendoza, der spanische Gesandte, schrieb drei Tage nach der Hinrichtung in dem gleichen Geiste der Bewunderung und Siegeszuversicht an seinen königlichen Herrn: „Bei ihrem Martyrtode zeigten sich Gnadenbeweise, wie sie Gott nur seinen bevorzugten Freunden gewährt. Ihre letzten Worte athmeten Himmelsduft. Sie betheuerten ihre Unschuld, sie verziehen ihren Mördern. Nach Campions Tod sah man, daß sie ihm (auf der Folter) die Nägel weggerissen hatten. Das bewunderungswürdige Leben dieser Priester und ihre Starkmuth in Ertragung so grausamer Leiden gibt ihnen einen Platz unter den großen Blutzeugen der Kirche Gottes, und Gott läßt es zu, daß die Katholiken so gequält und daß so viel heiliges Blut in diesem Reiche vergossen werde, als ein Zeichen, daß er England bald wieder in seine Hürde aufnehmen werde." [2]

Als die Nachricht von dem Martyrtode der drei Blutzeugen auf dem Continente bekannt wurde, ging ein Schrei der Entrüstung über die Grausamkeit der Verfolger, ein Ruf der Bewunderung für die Seligen durch ganz Europa. Schon Anfang Januar 1582 erschien in Paris in französischer Sprache ein Bericht über deren Martyrtod. Estius zu Löwen übersetzte ihn sofort ins Lateinische. Aus Florenz hören wir unter dem 23. März 1582 von einem Engländer, daß „der Bericht über den Tod dieser guten Männer in Italien viel Gutes wirkt", und daß Seine Heiligkeit infolgedessen an alle Fürsten um Unterstützung für das Seminar in Rheims schrieb. Im folgenden Jahre erschien in Trier die erste Ausgabe der Concertatio, welche das Leben und den glorreichen Tod der Seligen enthält. Selbst in England wagte man Campions und seiner Gefährten Tod in Prosa und Poesie zu feiern. Vallenser, der die Schrift druckte, wurde in der Sternkammer verurtheilt, daß er am Schandpfahl seine Ohren verliere, 100 Pfd. St. Strafe bezahle und Gefangener bleiben müsse, solange es der Königin gefalle. Sogar die protestantischen

---

[1] State Paper Office Dom. Eliz. Nov. 1581. Mitgetheilt bei Strype, Annals III, 34.

[2] Mss. Simanca: Brief Mendoza's an Philipp II. vom 4. December 1581. Bei Froude XI, 107.

Chronisten haben uns manche der Lobgedichte erhalten, die damals von Hand zu Hand umgeboten wurden, und wir wollen zum Schlusse dieses Kapitels aus Holinsheb[1] einige Distichen auf unsere drei Blutzeugen mittheilen:

> Una dies vivos pariter caesosque videbat,
> In coelum missos vidit et una dies,
> Aeternisque brevi gaudent pro morte coronis —
> Haec sunt martyribus dona parata piis.
> Felix prima dies mensis fuit illa Decembris
> Martyribus donans coelica regna tribus!
> Felix quae sanctum suscepit terra cruorem,
> Quem caecata odii fuderat ira tui.
> Supremumque manens felix constantia finem
> Atque in conspectu mors pretiosa Dei[2].

---

[1] Chronicle III, 1828.
[2]   Lebend sah sie ein Tag, er sah sie zusammen gemordet,
    Auch in den Himmel erhöht sah sie der nämliche Tag.
  Ewiger Wonnen erfreuen nach kurzem Kampf sich die Sieger,
    Welche der Himmel sofort heiligen Martyrern beut.
  Glücklicher Tag, du erster Tag des Monats December,
    Drei Blutzeugen zugleich himmlische Freuden du schenkst.
  Glücklicher Boden, der du das Blut, das heil'ge, getrunken,
    Welches verblendeter Zorn, welches vergossen der Haß.
  Glückliche Treue, die du ausharrst bis zum äußersten Ende,
    Und in den Augen des Herrn heiliger, kostbarer Tod!

15. Noch mehr Opfer und Kronen.

(1582—1583.)

Der nächste Blutzeuge, welcher dem seligen Campion und dessen Gefährten in den Opfertod und zur Martyrkrone folgte, war der selige Weltpriester Johannes Payne. Seine Gefangennahme durch den Verrath Eliots haben wir bereits erzählt [1]. Seit dem 14. Juli 1581 schmachtete er im Tower. Er hatte seine theologischen Studien in Douay gemacht und war zugleich mit dem seligen Cuthbert Maine nach England gegangen [2], nachdem beide zuerst bei den Vätern der Gesellschaft Jesu, „um ihren Entschluß auf das festeste zu stählen" [3], die geistlichen Uebungen gemacht hatten. Mit großem Erfolge hatte der Selige in seiner Heimat, namentlich in Essex, gearbeitet. Dorthin wurde er deßhalb auch von London geschickt, um zu Chelmsford vor die Schranken gestellt zu werden.

Am 20. März 1582 weckte Sir Owen Hopton, der Lieutenant des Towers, den Blutzeugen und trieb ihn halb angekleidet aus seiner Gefängnißzelle. Als man ihm sagte, er müsse auf Befehl des Rathes sofort nach Essex vor Gericht, wollte er sich wenigstens ordentlich ankleiden und seine Börse holen. Man erlaubte es nicht, und so verlor er seine geringe Baarschaft — ein schlimmer Verlust, da die Gefangenen ja für ihren eigenen Unterhalt sorgen mußten. Schon am Freitag nach seiner Ankunft, am 30. März, mußte er auf Leben und Tod angeklagt vor die Schranken treten. Die Anklage stützte sich auf die uns bekannte Schaubermäre von den 50 Dolchmännern, welche Eliot beim Processe des seligen Campion vorgebracht und beschworen hatte [4]. Natürlich wies der selige Payne das plumpe Lügengewebe mit Entrüstung zurück und betheuerte, er betrachte Elisabeth als seine rechtmäßige Königin und sei bereit, in jeder gerechten Sache für sie in den Tod zu gehen; er bete für sie und habe nie an einen Verrath gedacht. Allein seine Betheuerung half wenig;

---

[1] Vgl. oben S. 212.   [2] Diarium primum p. 6. 24.
[3] Diarium secundum p. 103.   [4] Vgl. oben S. 258.

der unselige Eliot war da und schwur aufs neue seinen Meineid. Dazu brachte Mr. Morrice, der Anwalt der Königin, die üblichen Verdächtigungen vor, von des Seligen Reise über See, von seiner Priesterweihe durch den Bischof von Cambray, von seinem Umgange mit Dr. Allen, Bristow u. s. w. — ganz dasselbe Spiel, wie es Anderson in Westminster Hall gespielt hatte. Auch der Ausgang war der gleiche, obschon der Selige in meisterhafter Vertheidigung Punkt für Punkt die Verdächtigungen widerlegte und namentlich den Charakter und die Unglaubwürdigkeit Eliots an den Pranger stellte. Am Freitag Nachmittag sprachen ihn die Geschworenen schuldig; am Samstag morgen wurde er abermals vor die Schranken gestellt, um das Todesurtheil zu empfangen. Richter Gauby fragte ihn, was er noch zu seiner Vertheidigung vorbringen könne. Der Selige antwortete mit Recht, er habe sich genügend vertheidigt; es sei gegen göttliches und menschliches Gesetz, daß er auf das Zeugniß eines einzigen, notorisch ehrlosen Menschen hin verurtheilt werden solle. Es half nichts: der Richter fällte das barbarische Urtheil und mahnte den Seligen zur Reue. Payne fragte nur, wann er sterben müsse. „Montag morgens gegen 8 Uhr", sagte man ihm.

Den Sonntag über bestürmten ihn zwei anglikanische Geistliche, er solle dem katholischen Glauben entsagen. „Wenn Ihr das thut," versicherten sie, „so zweifeln wir nicht, daß wir Gnade für Euch erwirken können." Das sagte der Selige dem Berichterstatter selbst, dessen Aufzeichnung Challoner folgt, und derselbe erzählt weiter, als er ihn im Kerker besuchte, habe der Selige höchst rührend von der Standhaftigkeit gesprochen und mit einem Kusse von ihm Abschied genommen. Gegen 8 Uhr am folgenden Morgen wurde er auf die Schleife gelegt und zum Richtplatze geschleppt. Dort kniete der Martyrer nieder und betete fast eine halbe Stunde mit großer Andacht. Dann stand er auf, betrachtete den Galgen, küßte ihn mit lächelndem Antlitze und bestieg die Leiter. Als der Strick um seinen Hals geschlungen war, hob er Augen und Hände gen Himmel und legte darauf vor dem Volke sein Glaubensbekenntniß ab. Das that er namentlich, weil Challoners Gewährsmann ihm versichert hatte, es sei unter dem Volke das Gerücht ausgesprengt, er sei ein Jesuit, und die Jesuiten glaubten nicht an Christus. Dann bat er Gott um Verzeihung aller seiner Sünden, verzieh auch selbst allen seinen Beleidigern, namentlich Eliot, für den er inbrünstig betete, Gott möge ihn zu seinem Genossen in der Seligkeit machen. Endlich erklärte er, nie einen Gedanken von Hochverrath gehegt, sondern der Königin stets alles Gute gewünscht

zu haben. Als Lord Rich dennoch in den Seligen drang, er solle seinen
Hochverrath gestehen, betheuerte er abermals seine Unschuld und sagte:
„Ich sterbe als christkatholischer Priester." „Mein lieber Lord," sagte
er zu ihm, „versichert das Ihrer Majestät, damit sie ferner nicht dulde,
daß unschuldiges Blut vergossen werde; denn das ist wahrlich keine Kleinig=
keit, wie Ihr sehet." Noch bedrängten ihn die anwesenden Prädikanten,
er solle mit ihnen englisch beten; das wies er ab. Einer derselben fragte
ihn auch, ob er keine Reue darüber empfinde, daß er Messe gelesen habe;
aber der Selige gab ihm keine Antwort. Endlich stieß man die Leiter
um, während er „Jesus, Jesus, Jesus!" rief, und so empfing er seine
Krone. Die Leute von Chelmsford, welche ihn sehr liebten und schätzten,
thaten alles, daß der Henker seinen Tod möglichst rasch und schmerz=
los machte[1].

Jetzt kam die Reihe, ihr blutiges Zeugniß abzulegen, an die Schaar,
welche bereits am 20. und 21. November mit Campion ihr Todes=
urtheil empfangen hatte. Sechs volle Monate hatten sie seither im Tower
den Tag ihrer Hinrichtung erwartet. Man hatte wohl versuchen wollen,
ob die Todesangst und die Kerkerleiden sie endlich nicht dennoch zum Ab=
falle vom katholischen Glauben bringen werden. Um zu erforschen, ob
das Mittel gewirkt habe und ob sie jetzt mürbe seien, erschienen am
13. Mai 1582 die königlichen Commissäre Popham, Egerton, Lewes und
Hammond im Tower und legten den Verurtheilten die folgenden sechs
Fragen zur Beantwortung vor:

1. Ob die Bulle Pius' V. gegen Ihre Majestät die Königin
rechtskräftig sei und ob alle englischen Unterthanen dieser Bulle Gehor=
sam schuldeten?

2. Ob die Königin rechtmäßige Königin sei, der alle Engländer
Gehorsam schuldeten trotz der Bulle Pius' V. oder irgend einer andern
Bulle oder eines Urtheils, das vom römischen Papste gegen die Königin
erlassen sei oder in Zukunft erlassen werden könne?

3. Ob der römische Papst die Macht habe oder gehabt habe, den
Grafen von Northumberland und Westmoreland und andere Unterthanen
Ihrer Majestät die Erlaubniß zur Rebellion zu geben? Ferner ob er
das Recht gehabt habe, Dr. Sanders und andern zu erlauben, Irland
und andere Gebiete Ihrer Majestät mit Krieg zu überziehen? Und ob
dieselben solches hätten thun dürfen oder nicht?

---

[1] Challoner I, 77 f.; Bridgewater, Concertatio f. 181.

4. Ob der Papst das Recht habe, die Unterthanen Ihrer Majestät oder irgend eines andern christlichen Fürsten vom Gehorsame zu entbinden, und ob er sie in irgend einem Falle von dem Ihrer Majestät oder den betreffenden Fürsten geleisteten Eide der Treue los und ledig sprechen könne?

5. Ob der genannte Dr. Sanders in seinem Buche „De visibili Monarchia Ecclesiae" (über die sichtbare Monarchie der Kirche) und Dr. Bristow in seinen „Beweggründen" (welche zur Billigung, Empfehlung und Bekräftigung der Bulle Pius' V. geschrieben sind) in diesem Punkte die wahre oder eine falsche Lehre vortrügen und vertheidigten?

6. Wenn der Papst durch eine Bulle oder einen Urtheilsspruch erkläre, Ihre Majestät sei nicht rechtmäßige Königin, und die Unterthanen des Gehorsams ledig spreche, oder wenn der Papst oder irgend ein anderer von ihm Ernannter im Auftrage des Papstes das Reich mit Krieg überziehen sollte — auf welche Seite der Verurtheilte sich in diesem Falle stellen würde, oder auf welcher Seite sich nach seiner Ansicht ein Unterthan Englands als guter und gläubiger Christ stellen müsse?[1]

Das waren also die „blutdürstigen Fragen", wie der selige Campion sie genannt hatte, vor welche die Verurtheilten im Tower jeder einzeln gestellt wurde.

Die einfachste Antwort gaben die seligen Cottam S. J. und Shert. „Thomas Cottam erklärte, was die erste und alle übrigen Fragen angehe, so glaube er, was die katholische Kirche (und für diese halte er die römische) lehre, und eine andere Antwort gebe er auf diese Fragen nicht." Dieses Protokoll unterzeichnete der Selige und die Commissäre. Fast wörtlich ebenso lautet die Erklärung des seligen Shert: „Johannes Shert antwortet auf alle Fragen, er sei Katholik und wolle in keinem Punkte von der katholischen Lehre abweichen, und jede andere Antwort auf die vorgelegten Fragen verweigere er." — Die übrigen Seligen antworteten auf die einzelnen Fragen, aber möglichst ausweichend, um die Regierung nicht noch mehr zur Strenge gegen die Katholiken zu reizen. Da ihre Erklärungen nicht ohne Interesse sind, so theilen wir dieselben mit.

Lukas Kirby antwortete: 1. Die Lösung der ersten Frage hänge von der Beantwortung der Frage ab, ob der Papst Fürsten absetzen könne; seine Meinung sei, in einigen Fällen könne er es thun, und dann

---

[1] A Particular Declaration and Testimony etc. Published by Authority A. D. 1582. State Trials I, 1047 sq.

müsse man ihm gehorchen. — 2. Es gebe Fälle, wie zum Beispiel Unglaube, wo man Ihrer Majestät nicht gehorchen dürfe. — Die dritte Frage könne er nicht beantworten. — 4. Im Falle der Fürst ungläubig geworden sei, habe der Papst diese Vollmacht. — 5. Sanders und Bristow seien nicht unfehlbar; ob sie geirrt hätten oder nicht, das stelle er Gott anheim. — 6. Wenn der Fall wirklich eintrete, sei es noch früh genug, sich über diesen Punkt schlüssig zu machen.

Thomas Ford antwortete: 1. Auf die erste Frage könne er nicht antantworten, da er die Umstände nicht kenne, unter welchen die Bulle erlassen sei; wenn man ihm eine Bulle Gregors XIII. vorlege, so wolle er darauf antworten. — 2. Der Papst habe in gewissen Fällen das Recht, Fürsten abzusetzen; wenn er also eine derartige Bulle gegen die Königin erlassen werde, so werde er auch sagen, welche Pflicht die Unterthanen und welches Recht Ihre Majestät dann habe. — 3. Er sei ein Privatmann und wolle darauf nicht antworten. — 4. Der Papst habe in gewissen Fällen, die er augenblicklich nicht nennen wolle, das Recht, die Unterthanen von ihrem Gehorsam zu entbinden. — 5. Sanders und Bristow seien gelehrte Männer; sie sollten aber ihre Sätze selbst vertheidigen; das brauche er nicht zu thun, da er mit seiner eigenen Vertheidigung vollauf beschäftigt sei. — 6. Erst wenn dieser Fall eintrete, werde er diese Frage beantworten.

Robert Johnson antwortete: 1. Auf die erste Frage könne er sich nicht einlassen. — 2. Er wisse nicht, wie weit die Gewalt des Papstes sich in den fraglichen Fällen erstrecke. — 3. Er meine, der Papst könne in gewissen Fällen den Unterthanen die Erlaubniß geben, gegen die Fürsten zu den Waffen zu greifen. — 4. Er meine, in einigen Fällen könne der Papst die Unterthanen des Gehorsams und der Unterthanenpflicht entbinden. — 5. Das hänge davon ab, ob der Papst aus gerechten und billigen Gründen das Urtheil gegen die Königin erlassen habe; wenn ja, so halte er die Lehre von Sanders und Bristow für wahr. Ueber die Gerechtigkeit oder Ungerechtigkeit der Gründe aber stehe ihm kein Urtheil zu. — 6. Wenn der Krieg um irdische Macht geführt werde, so werde er sich auf Seite der Königin stellen; wenn es sich aber um die Religion handle, so halte er es für seine Pflicht, auf Seite des Papstes zu stehen.

Wilhelm Filby antwortete: 1. Der Papst habe die Macht, Fürsten abzusetzen, und wenn er ein solches Urtheil veröffentliche, schuldeten ihm die Unterthanen Gehorsam. Was aber die Bulle Pius' V. angehe, so könne er keine positive Meinung vorbringen. Wenn die Umstände so seien, wie man gesagt habe, so müsse er sie für rechtskräftig halten, und man schulde ihr Gehorsam. — 2. Das sei eine schwierige Frage, die er nicht beantworten könne. — 3. Er wisse nicht, was er darauf sagen solle. — 4. Solange Ihre Majestät Königin sei, habe der Papst wohl kein Recht, die Unterthanen gegen sie zu den Waffen zu rufen oder sie des Gehorsams zu entbinden; wenn er sie aber abgesetzt habe, dann könne er auch die Unterthanen des vorher schuldigen Gehorsams entbinden. — 5. Die Lehre Sanders' und Bristows gehe ihn nichts an. — 6. Wenn der Fall eintrete, wolle er diese Frage beantworten, und wenn er in Irland gewesen wäre, als Sanders dorthin kam, so würde er gehandelt haben, wie es einem Priester ziemte, d. h. er würde gebetet haben, daß das Recht siege.

Lorenz Richardson antwortete: Was die fünfte Frage angehe, so halte er die Lehre Sanders' und Bristows für wahr, soweit dieselbe mit der Lehre der römischen Kirche übereinstimme. Auf die erste und alle übrigen Fragen antworte er, er sei Ihrer Majestät in allen Punkten, welche der katholischen Religion nicht zuwider seien, zum Gehorsame erbötig. Im übrigen glaube er nichts anderes, als was die römische Kirche lehre.

Das sind die Antworten der sieben Blutzeugen; sie waren deutlich genug, um die Vollstreckung ihres Todesurtheils zu besiegeln.

Am 28. Mai, an einem Montag, wurden die ersten drei dieser Schaar vom Tower nach Tyburn geschleift. Es waren die Seligen Thomas Ford, Johannes Shert und Robert Johnson. „Man hatte sie so lange geschont," erzählt der Chronist Holinshed [1], „um zu sehen, ob sie sich nicht bekehren wollten; aber sie verharrten in ihrer Bosheit." Auf dem ganzen Wege zur Hinrichtung that man alles, um sie zum Anglicanismus hinüberzuziehen. Bei „St. Giles in the Fields" — nicht ferne der Stelle, wo heute das Britische Museum steht — trat, wie der ebenerwähnte Chronist erzählt, ein Priester an die Schleifen heran, sagte: „Das ist der Tag Eures Triumphes!" und ertheilte ihnen die Lossprechung. Er wurde sofort festgenommen. Auf die Frage, wer er sei, antwortete er: „Eine Stimme des Rufenden in der Wüste."

Zuerst wurde der selige Thomas Ford auf den Karren gestellt. Er war so schwach, daß er zusammenbrach; doch raffte er sich auf und sagte:

---

[1] Chronicles III, 1844.

„Ich bin ein Katholik und sterbe in der katholischen Religion." Der Sheriff rief ihm zu, statt seine Religion solle er seinen Hochverrath bekennen. Der Selige antwortete: „Das vorgebliche Verbrechen, weßhalb ich angeklagt und verurtheilt wurde, ist Theilnahme an einer Verschwörung, welche im Jahre 1580 zu Rom und Rheims stattgefunden haben soll. Nun kann ich aber beweisen, daß ich lange vorher nach England zurückkehrte und seit sechs bis sieben Jahren dieses Reich nie mehr verließ. Hundert, ja wohl 500 unbescholtene Männer hätte ich als Zeugen dafür vor Gericht fordern können; allein ich unterließ es, um dieselben für ihre Gastfreundschaft nicht in Strafe zu bringen."[1] Es wurde nun das oben mitgetheilte Protokoll seiner Antworten auf die sechs Fragen vorgelesen, um ihn in den Augen des Volkes zum Hochverräther zu stempeln; überdies trat der meineidige Zeuge Anton Munday unter dem Galgen noch einmal auf, um sein Zeugniß zu wiederholen — so hatte es der Rath verordnet, der um jeden Preis diese Priester als Verbrecher und nicht als Martyrer darstellen wollte. Nach Holinsheb forderte der Sheriff den Seligen auf, Ihre Majestät um Verzeihung zu bitten, und versprach, ihm Begnadigung zu erwirken, wenn er seinen hochverrätherischen Sinn ändern und sie als seine rechtmäßige Königin erklären wolle, möge der Papst gegen sie ein Urtheil erlassen, welches er wolle. Er antwortete: „Ich habe die Königin nicht beleidigt; wenn ich es aber that, so bitte ich sie um Verzeihung. Ich anerkenne sie in zeitlichen Dingen als mein Oberhaupt, aber in kirchlichen Angelegenheiten nicht; das geht allein den Stellvertreter Christi, den Papst, an."[2] Englisch mit den Prädikanten zu beten, weigerte er sich; dafür forderte er seine Glaubensgenossen auf, mit ihm zu beten, und endete sein Leben mit dem Rufe: „Jesu, Jesu, Jesu, esto mihi Jesus!"[3]

„Jetzt wurde Johannes Shert von der Schleife zum Galgen gebracht," fährt der protestantische Chronist fort. „Als er Ford am Galgen sah, rief er mit aufgehobenen Händen: ‚O seliger Thomas! o glücklicher Thomas!' und so that er nochmals auf dem Karren, als er den Leib Fords viertheilen sah. Dann sagte er: ‚Man hat mich hierher zum Tode gebracht, der schmachvoll und entehrend ist, wofür ich dir, o Gott, danke, der du mich nach deinem Ebenbilde geschaffen und zu diesem guten Ende bestimmt hast.' Der Sheriff bot ihm Begnadigung an; er aber antwortete laut: ‚Was? soll ich diesen gebrechlichen und elenden Leib retten

---

[1] Challoner I, 86. [2] Holinshed l. c. [3] Concertatio f. 86.

und meine Seele verdammen? Nein, nein! ich bin ein Katholik; in diesem Glauben bin ich geboren, in diesem Glauben will ich sterben, und hier soll ihn mein Blut besiegeln.' Der Sheriff forderte ihn auf, die Königin um Verzeihung zu bitten. Er sagte: ‚Ich habe sie nicht beleidigt, es sei denn durch meine Religion, und wenn ich sie beleidigt habe, bitte ich sie um Verzeihung.' Darauf sagte der Sheriff: ‚Ist das deine Religion, daß du vor den Leichnam deines Gefährten hinkniest und dessen Seele um Fürbitte anrufst? Bitte zu Gott, und er wird dir helfen!' Er entgegnete: ‚Mr. Sheriff, das ist gemäß der wahren katholischen Religion, und wer ihr nicht angehört, geht verloren. Ja, ich bitte seine Seele, für mich zu beten; ich bitte die glorreichste Jungfrau Maria, für mich zu beten, und alle Heiligen im Himmel bitte ich, für mich zu beten.' Da schrie das Volk: ‚Fort mit dem Verräther! Häng' ihn! häng' ihn!' ‚Shert,' sagte der Sheriff, ‚entsage der römischen H..., dem verfluchten Antichrist mit all seinen abscheulichen Gotteslästerungen und seinem Verrath und setze dein Vertrauen auf Jesus Christus!' Darauf antwortete er: ‚O Mr. Sheriff, Ihr denkt wenig an den Tag, da wir beide vor den Schranken desselben Gerichtes stehen werden und ich als Zeuge gegen Euch auftreten muß, daß Ihr den heiligen und gesegneten Stellvertreter Christi die römische H... nanntet!' Da rief das Volk abermals: ‚Hängt ihn! hängt ihn! Hinweg mit ihm!' Dann begann er das Vaterunser in lateinischer Sprache, und bevor er zwei Bitten vollendete, das Credo und dann wieder das Vaterunser und das Ave Maria, und schlug sich an die Brust und rief: ‚Jesu, esto mihi Jesus!' und empfahl sich der Barmherzigkeit Gottes." [1] Wir haben diesem Berichte des protestantischen Chronisten nichts beizufügen; derselbe stimmt fast wörtlich mit demjenigen des katholischen Augenzeugen bei Challoner [2] und Bridgewater [3] überein. Auch sie erzählen, daß der Selige im Todeskampfe sich unwillkürlich am Stricke habe halten wollen, was der protestantische Chronist gerne als Verzweiflung deuten möchte. Dem Henker hatte er sein Taschentuch und 2 Schilling als Geschenk gegeben und dazu gesagt: „Gott vergebe dir!"

Die Reihe war nun an dem seligen Robert Johnson. Als ihn die Schergen von der Schleife gelöst hatten, hieß man ihn auf Shert hinblicken, der noch am Galgen hing und gerade losgeschnitten wurde. Dann halfen sie ihm auf den Karren, und abermals wurde er geheißen, der

---

[1] Holinshed l. c. p. 1345. [2] I, 88.
[3] Concertatio f. 87.

Viertheilung seines Gefährten zuzusehen [1] — man hätte eben gar zu gerne einen Apostaten unter dem Galgen gehabt. „Auch ihm," erzählt Holinshed, „verkündete der Sheriff Begnadigung, wenn er ‚bereue'. Er schien aber wenig darauf zu geben, läugnete, wie die anderen, jeden Hochverrath und bekannte seine Religion. Seine Antworten (auf die sechs Fragen der Commissäre) wurden ihm wie den anderen vorgelesen; er sagte, er würde nochmals so antworten, wenn man ihm die Fragen nochmals vorlegte." [2] Wir fügen diesen Worten des protestantischen Berichts noch die Scene bei, die sich nach Challoner und Bridgewater [3] mit dem berüchtigten Munday unter dem Galgen abspielte.

Challoner erzählt [4]: „Nach Vorlesung des Protokolls sagte der Sheriff: ‚Nun sollt Ihr auch hören, was Euer Genosse Munday gegen Euch aussagen kann.' Munday wurde hierauf herbeigerufen und kam in die Nähe des Karrens. Johnson fragte ihn: ‚Kanntest du mich jemals auf dem Continente, oder bin ich jemals in deiner Gesellschaft gewesen?' Munday erwiederte: ‚Ich war nie in Eurer Gesellschaft, noch kannte ich Euch auf dem Continente; doch war ich Mitwisser Eurer schauderhaften Verschwörungen, deren Ihr aufs klarste überführt seid. Ich bitte Gott, daß Ihr Reue erwecket und als guter Unterthan sterben möget.' Johnson entgegnete: ‚Munday, Gott gebe dir die Gnade wahrer Reue über deine Verbrechen! Wahrlich, du zeigst dich als einen tief gesunkenen Menschen. Doch es ist jetzt nicht Zeit, hierüber mit dir zu streiten. Ich kann nur vor Gott betheuern, daß ich keines Verrathes schuldig bin.' Sheriff: ‚Anerkennst du die Königin als deine rechtmäßige Königin? Bereue, und wir sind von der Königin ermächtigt, dich wieder zurückzuführen.' Johnson: ‚Ich anerkenne sie als meine rechtmäßige Königin gerade so, wie es Königin Maria war. Mehr kann ich nicht sagen. Nur bitte ich Gott, er möge ihr seine Gnade geben und sie ihre Hand vom Vergießen unschuldigen Blutes zurückhalten.' Sheriff: ‚Anerkennst du sie als oberstes Haupt der Kirche in kirchlichen Angelegenheiten?' Johnson: ‚Ich anerkenne, daß sie eine so große Gewaltfülle hat, wie Königin Maria; eine größere kann ich ihr meinem Glauben und meinem Gewissen gemäß nicht zugestehen.' Sheriff: ‚Du bist ein überaus hartnäckiger Verräther!' Johnson: ‚Wenn ich dieses Glaubens wegen ein Verräther bin, dann waren alle Könige und Königinnen dieses

---

[1] Challoner a. a. O. S. 91. [2] Chronicles III, 1345.
[3] Concertatio f. 89. [4] A. a. O.

Reiches bis auf unsere Tage und alle unsere Vorfahren Verräther; denn sie hatten denselben Glauben.' Sheriff: ‚Was? ich glaube, Ihr würdet Verrath predigen, wenn wir es nur duldeten.' ‚Ich lehre nichts als den katholischen Glauben', entgegnete Johnson. Hierauf wurde ihm der Strick um den Hals gelegt und man hieß ihn sein letztes Gebet verrichten, was er auf Latein that. Sie wollten, daß er englisch bete, damit sie es verständen. Er antwortete: ‚Ich bete das Gebet, das Christus selbst lehrte, und zwar in einer Sprache, die ich wohl verstehe.' Ein Prädikant rief ihm zu: ‚So bete es, wie Christus es gelehrt hat!' Johnson erwiederte: ‚Wie? Meint Ihr, Christus habe es auf Englisch gelehrt?' Und so fuhr er fort, auf Latein sein Pater, Ave, Credo zu beten und indem er mit dem Spruche: ‚In manus tuas' u. s. w. seine Seele in die Hände Gottes befahl, wurde der Karren fortgezogen, und er endete wie seine Gefährten. Sie blieben hängen, bis sie todt waren, und wurden dann abgeschnitten und geviertheilt."

Schon nach zwei Tagen, am 30. Mai 1582, folgten diesen drei seligen Blutzeugen vier andere ihrer Gefährten auf dem gleichen Wege zur Siegespalme — die seligen Wilhelm Filby, Lucas Kirby, Lorenz Richardson und Thomas Cottam S. J.

Auf dem Wege zum Richtplatze wurden auch sie unausgesetzt mit „Bekehrungsversuchen" behelligt. Zu Tyburn angelangt, stellte man den seligen Filby als den Jüngsten — derselbe zählte erst 27 Jahre — zuerst auf den Karren. Sobald er oben stand, bezeichnete er sich mit dem Zeichen des Kreuzes; dann bat er: „Laßt mich meine Brüder sehen!" und als er sie auf der Schleife liegen sah, streckte er seine Hände nach ihnen aus und rief: „Betet für mich!" Dann sprach er zum Volke: „Ich bin Katholik und betheure vor Gott, dem Allmächtigen, daß ich der Verbrechen nicht schuldig bin, derentwegen ich zum Tode verurtheilt wurde. Durch die Verdienste und den Tod unseres Erlösers hoffe ich die ewige Seligkeit und bitte ihn um Verzeihung für alle meine Sünden." Hierauf wurde eine Proclamation verlesen, und als das Volk zum Schlusse wie gewöhnlich schrie: „Gott erhalte die Königin!" sagte er: „Amen." Man rief ihm zu, welcher Königin er das wünsche, und er entgegnete: „Der Königin Elisabeth, und ich bitte zu Gott, er wolle ihr eine lange und glückliche Regierung verleihen, sie zu seiner Dienerin machen und gegen alle ihre Feinde beschützen." Mr. Topcliff und andere riefen ihm zu, er solle sagen: Gott beschütze sie vor dem Papste." Der Selige antwortete: „Der Papst ist nicht ihr Feind." Nun gewahrten sie, daß er ein kleines Kreuz in seiner

Hand hielt, und erhoben darüber ein großes Geschrei: „Seht doch diesen Erzverräther; er hat ein Kreuz!" Der Blutzeuge lächelte nur. „Dann fragte man ihn," erzählt Holinshed[1], „ob er die Königin als oberstes Haupt der Kirche anerkennen wolle. ‚Nein,' antwortete er, ‚niemanden anders als den Papst!' Dann las man ihm seine Antworten (auf die sechs Fragen der Commissäre) vor; er verläugnete dieselben nicht, behauptete aber, er sterbe für seine Religion. Endlich forderte man ihn auf, für die Königin zu beten; das that er und sagte, Gott möge sie segnen und ihren Sinn zur Barmherzigkeit gegen die Katholiken wenden, zu denen auch er gehöre. Als man sein Kleid öffnete, fand man zwei Kreuze, welche dem Volke gezeigt wurden. Auch seine Tonsur war geschoren. Nach einigen lateinischen Gebeten wurde der Karren fortgezogen." Diese Gebete waren das Pater, Ave und „In manus tuas Domine". Als der Selige schon am Galgen hing, klopfte er noch an seine Brust und endete so sein Opfer in tiefster Demuth[2].

Der selige Lucas Kirby wurde jetzt von der Schleife losgebunden. Holinshed[3] erzählt uns sein Ende also: „Er hielt eine lange Rede, daß er hier sterben müsse und durch das Blut Christi Rettung hoffe; er sei kein Verräther. Da sagte Mr. Sheriff, es stehe ein Zeuge da, der es beweise (Munday). ‚Ich sehe ihn,' sagte Kirby, ‚er möge vorbringen, was er gegen mich weiß.' Als derselbe näher trat, redete er ihn heftig an und sagte: ‚Beachte, wie unwahr du gegen mich aussagst! Du hast im Tower vor dem Mr. Lieutenant und einem andern Zeugen bekannt, du wissest nur Gutes von mir, und man fragte dich, weshalb du vor Gericht denn anders ausgesagt habest.' Der Zeuge mahnte hierauf Kirby, es sei hier nicht der Ort, eine Unwahrheit zu sagen u. s. w., worauf ihn Kirby an die Wohlthaten erinnerte, die er ihm in Rom erwiesen habe." Schließlich bot der Sheriff Kirby Begnadigung an, wenn er seinen Hochverrath gestehe und seine früheren Wege verlassen wolle, worüber der protestantische Chronist außer sich geräth und einen Lobhymnus auf die Milde Elisabeths anstimmt:

Principe nil ista mitius orbis habet![4]

Der Prediger Field las Kirby hierauf seine Antworten (auf die sechs Fragen der Commissäre) vor, und er sagte, ja er glaube, daß der

---

[1] L. c. III, 1845. [2] Challoner I, 94. Concertatio f. 90.
[3] L. c. p. 1846.
[4] Der Erdkreis hat nichts Milderes als diese Fürstin.

Papst einen Fürsten absetzen könne, wenn derselbe Türke oder Heide würde. Darauf begannen die Prediger eine Disputation und führten an Sprichwörter 3, 15—16; Römer 13, 1—4; Johannes 19, 10—11 und nannten den Papst den Antichrist. „Aber das alles war nicht genügend, Kirby zu bekehren, sondern er wollte auf seiner teuflischen Meinung bestehen." Trotzdem wollte er keinen Hochverrath zugeben, sondern betete für die Königin, daß sie lange herrsche und alle ihre Feinde überwinde. Die Prediger forderten ihn auf, mit ihnen zu beten; aber er antwortete: „Ihr und ich, wir haben nicht denselben Glauben, und so fürchte ich, ich würde Gott beleidigen." Da schrie die Volksmenge: „Hinweg mit ihm!" und er betete das Vaterunser auf Latein und wurde gehängt. Wir fügen diesem Berichte des protestantischen Chronisten aus den Aufzeichnungen des katholischen Augenzeugen, dem Challoner und Bridgewater folgen, nur noch ausführlicher die Bedingung bei, unter welcher dem Seligen das Leben geschenkt werden sollte. Der Sheriff sagte, die Königin sei gnädig und werde ihm Gnade gewähren, wenn er seine Unterwürfigkeit gegen sie bekenne „und dem Manne von Rom absagen wolle". Er habe Vollmacht, die Hinrichtung zu unterlassen und ihn wieder zurückzuführen. Kirby antwortete, des Papstes Autorität läugnen heiße einen Glaubenssatz läugnen, und das werde er nie thun; denn er sei überzeugt, daß er dadurch seine Seele verlieren würde. Abermals wurde ihm die Gnade der Königin angeboten, wenn er nur seinen Hochverrath eingestehen wolle. Auch das könne er nicht, da er eine offenbare Lüge aussprechen müßte. Endlich wurde ihm zum dritten Male das Leben angeboten, wenn er seine Antworten auf die sechs Fragen der Commissäre zurückziehen und dieselben nach dem Wunsche der Regierung beantworten wolle. Auch das lehnte er ab. Da rief das Volk: „Fort mit ihm!" und nachdem er das Pater und Ave gebetet, wurde der Karren fortgezogen [1].

Als der selige Kirby todt am Galgen hing, wurden die beiden noch übrigen Schlachtopfer von der Schleife herbeigebracht und miteinander auf den Karren gestellt. Sowohl der selige Lorenz Richardson als der selige Thomas Cottam bezeichneten sich mit dem Zeichen des heiligen Kreuzes und sagten laut: „In nomine Patris" u. s. w. P. Cottam rief hierauf der Menge zu: „Gott segne Euch alle! Der Herr segne Euch alle!" Prediger Fielb mahnte den Henker, er solle rasch voranmachen,

---

[1] Challoner I. 98. Bridgewater, Concertatio f. 91.

worauf ihm P. Cottam bemerkte, das zieme sich doch nicht für einen Geistlichen. Als er aber sah, daß das dem Manne wehe that, bat er ihn demüthig um Verzeihung und sagte: „Mr. Martin, lieber wollte ich von den Hufen Eures Pferdes zerstampft werden, als Euch mit Willen beleidigen." Während die Henkersknechte mit dem seligen Richardson beschäftigt waren, faßte Cottam den Henker Bull am Aermel und sagte zu ihm: „Möge Gott dir verzeihen und dir gnädig sein, guter Mann, und dich zu seinem treuen Diener machen! Sieh dich um Gottes willen zeitig vor und bitte um seine Gnade, und er wird dich gewiß erhören. Ich bitte und flehe zu Gott für dich, auf daß du dem Scharfrichter des hl. Paulus nachfolgest, welcher sich der Legende gemäß bekehrte, als ein Tropfen Blut weiß wie Milch auf sein Gewand spritzte." „Was redet Ihr da?" fragte der Pfarrer von St. Andreas. „Ist der Mann durch die Kraft dieses Blutes gerechtfertigt worden?" „Keineswegs," antwortete der Blutzeuge. „Wahrlich, ich kann mich nur verwundern, daß Euch ein solcher Gedanke kommt oder daß Ihr mich so verstanden habt." Inzwischen wurden Richardson die Antworten auf die sechs Fragen vorgelesen, und Topcliff warf ihm vor, er baue seinen Glauben auf Sanders und Bristow. „Ich baue meinen Glauben auf keinen Menschen," antwortete der Martyrer, „sondern auf die gesammte katholische Kirche." Dasselbe erklärte mit großer Entschiedenheit auch der selige Cottam. Dann wurde beiden die Schlinge um den Hals gelegt und diese am Galgen befestigt, und der Sheriff sagte: „Wohlan, Richardson, wenn du dein Verbrechen gestehen und dem Papste widersagen willst, so verspricht die Königin dir Begnadigung und du sollst zurückgeführt werden." „Ich danke Ihrer Majestät für ihre Gnade," entgegnete der Blutzeuge; „aber ich darf keine Lüge vorbringen noch meinen Glauben verläugnen." Nochmals forderte man den Seligen auf, die Königin um Verzeihung zu bitten und seinen Hochverrath einzugestehen. „Wahrlich, nie hat die Königin einem Uebelthäter so große Gnade erwiesen," sagte Topcliff. „Wenn du in die Gewalt eines andern Fürsten gefallen wärest, so hätte er dich durch wilde Rosse in Stücke reißen lassen." Richardson sagte, er habe die Königin seines Wissens nicht beleidigt. Dann rief man ihm zu, so solle er sein letztes Gebet verrichten, und er betete ein Pater, Ave und Credo, und als der Karren sich unter seinen Füßen bewegte, rief er: „Herr, nimm meine Seele auf! Herr Jesu, nimm meine Seele auf!" Der selige Cottam rief ihm zu: „O lieber Lorenz, bitte für mich! O Herr Jesu, nimm seine Seele auf!"

Unmittelbar vor der Hinrichtung des seligen Lorenz Richardson hatte man P. Cottam infolge eines Mißverständnisses vom Stricke gelöst. Als man auch ihm die Gnade der Königin anbot, hatte er nämlich gesagt: „Thut mit mir, was Euch gut scheint." Das scheint der Sheriff als ein Einlenken des Seligen betrachtet zu haben, und er suchte ihn nun durch alle möglichen guten Worte zum Abfall vom Glauben zu bewegen. Sobald aber P. Cottam hörte, um welchen Preis er die Gnade der Königin erhalten sollte, war das Mißverständniß bald gehoben. „Wenn ich zehntausend Leben hätte," sagte jetzt der Selige, „so wollte ich lieber alle verlieren, als den katholischen Glauben auch nur in einem Punkte verläugnen." Sofort ließ ihn der Sheriff wieder auf den Karren stellen und rief dem Henker zu: „Häng' ihn, da er so verstockt ist." „Denn," sagt Holinshed[1], „die gute Meinung, die man von ihm gehabt hatte, zeigte sich als unbegründet; er war gerade so verstockt, wie die übrigen." Aber nochmals wollte man seine Standhaftigkeit erproben. Man zwang ihn, der entsetzlichen Scene der Viertheilung des seligen Richardson zuzuschauen. „Herr Jesu," rief er aus, „erzeige ihnen deine Barmherzigkeit! O Herr, gib mir die Gnade der Standhaftigkeit bis ans Ende! Herr, laß mich ausharren bis ans Ende!" Diese Worte wiederholte der Selige fast während der ganzen Zeit, da die Blutscene dauerte. Nur einmal rief er: „Deine Seele möge für mich beten!" Und zum Schlusse sagte er: „O Herr, welch ein Schauspiel hast du mich sehen lassen," und diese Worte wiederholte er zwei- oder dreimal. Dann wurde das Haupt des seligen Richardson vom Henker mit dem gewöhnlichen Rufe emporgehoben: „Gott erhalte die Königin!" Worauf P. Cottam sagte: „Ich bitte Gott, daß er sie erhalte und segne, und von ganzem Herzen wünsche ich ihr als meiner rechtmäßigen Herrin und Königin und meinem Oberhaupte eine glückliche Regierung." Man rief, er solle hinzufügen: „Und meinem Oberhaupte in geistlichen Angelegenheiten." Aber er antwortete: „Wenn ich mich dieser Worte hätte bedienen wollen, so hätte man mich schon vor zwei Jahren freigelassen." Dann sagte der Sheriff: „Ihr seid ein Verräther, wenn Ihr das läugnet." Der Blutzeuge antwortete: „Nein, das nicht; das ist eine Glaubensfrage, und niemals habe ich die Königin beleidigt, es sei denn um meines Gewissens und Glaubens willen." Hierauf blickte er zum Himmel empor und betete ruhig für sich: „In te Domine speravi, non confundar in aeternum" (Auf dich, o Herr, habe ich

---

[1] L. c. p. 1847.

gehofft; in Ewigkeit werde ich nicht zu Schanden werden), und dann: „O Domine, tu plura pro me passus es" (O Herr, du hast mehr für mich gelitten), wobei er das Wort „plura" (mehr) dreimal wiederholte. Nochmals bot ihm der Sheriff Begnadigung an. Der selige Cottam lehnte ab, sagte aber, er wünsche der Königin so viel Gutes wie seiner eigenen Seele, und er wollte für alles Gold unter dem Himmelsbogen ihr auch nicht ein Haar krümmen. Ja er opferte seinen Tod für die Rettung ihrer Seele auf. Dann betete er für sich selbst zu Gott, daß er um seines theuern Sohnes willen ihn in Gnaden annehmen wolle; ihn allein habe er beleidigt. Auch für ganz England betete er, daß Gott in seiner Güte seinen gerechten Zorn von seinen Landsleuten abwende und sie zur Buße und Erkenntniß ihrer Sünden rufe. Endlich bat er alle anwesenden Katholiken, ihr Gebet mit dem seinigen zu vereinigen, betete das Pater noster, und als er mitten im Ave Maria war, wurde der Karren fortgezogen. Als man den Leichnam des Seligen zur Viertheilung herabnahm, fand man ihn in ein Bußkleid von gröbster Sackleinwand gehüllt, das bis an die Kniee reichte. Natürlich bot das den anwesenden Predigern Gelegenheit, angesichts der blutigen Leiche eines Mannes, der nicht nur für seine heiligste Ueberzeugung in den Tod gegangen war, sondern zu seinen überaus grausamen Kerkerleiden und Folterqualen nach dem Beispiele des hl. Paulus auch noch freiwillige Bußwerke auf sich genommen hatte, zu einem wenig edeln Gespötte und zur Predigt ihrer Lehre, welche Geringschätzung der Verdienste Jesu Christi in allen Bußwerken enthalten sei [1].

Ausnahmsweise wurden die zerhackten Leichen dieser Blutzeugen am Fuße des Galgens begraben, und man nahm Abstand von der üblichen Ausstellung der Gliedmaßen an den Thoren und Brücken der Stadt. Das Volk murrte nämlich ob der Menge dieser Zeugen englischer „Gerechtigkeitspflege", welche ganz London zu einem Blutfelde machten, und man fand für gut, für dieses und das nächstfolgende Jahr keine ähnlichen Scenen mehr aufzuführen, aus denen die katholische Religion größern Nutzen zog als das „reine Evangelium". So können wir von Tyburn, das jedem Katholiken durch das Blut der Martyrer ehrwürdig ist, für die Geschichte unserer Seligen Abschied nehmen.

Die nächsten Opfer, welche Christus und seine Kirche durch ihren Tod verherrlichten, sind die beiden seligen Weltpriester Wilhelm Lacy und

---

[1] Foley, Records of the English Province II, 170 sq. Vgl. Challoner I, 110. Concertatio f. 98 sq.

Richard Kirkeman. Beide erlitten zu York am 22. August 1582 gemeinsam den Martyrtod.

Der selige **Wilhelm Lacy** war ein Edelmann aus Yorkshire und hatte unter Elisabeth längere Zeit in der Grafschaft York ein ebenso ehrenvolles als einträgliches bürgerliches Amt bekleidet. Schließlich sah er sich aber gezwungen, sein Amt niederzulegen, weil er den anglikanischen Gottesdienst durchaus nicht besuchen wollte. Dann wurde der Selige aufgefordert, den Eid auf die Suprematie der Königin zu leisten. Natürlich weigerte er sich und mußte mithin eine schwere Summe Geld bezahlen, um Schlimmeres von sich abzuwenden. Aber dadurch hatte er keineswegs Ruhe vor der Verfolgung erkauft. Immer neue Klagen wurden gegen ihn angestrengt, bald weil er Priester beherberge, bald wegen anderer Uebertretungen der Verfolgungsgesetze. Ein Verhaftbefehl wurde gegen ihn erlassen; so war er genöthigt, sich zu verbergen, und konnte nur selten seine Familie sehen. Fast 14 Jahre lebte der Selige in dieser bedrängten Lage und mußte es mit ansehen, wie der Wohlstand seiner Familie zusammenbrach um seiner Glaubenstreue willen. Endlich starb seine Frau, und da seine Kinder für sich selbst sorgen konnten, faßte er den Entschluß, trotz seiner vorgerückten Jahre nach Rheims zu gehen und die Priesterweihe zu empfangen [1]. Nach einem kurzen Aufenthalte daselbst eilte er im Herbste 1580 als Pilger nach Rom, woselbst er in dem englischen Colleg die geistlichen Uebungen machte. Nach den nothwendigsten Studien erhielt der schon hochbetagte Mann die Priesterweihe und reiste gleich nachher nach England zurück, um den Rest seiner Tage dem Dienste Gottes und dem Seelenheile des Nächsten zu weihen. Allein nicht viel mehr als ein Jahr der Arbeit war ihm noch zugemessen.

Am 22. Juli 1582 wurde er verhaftet, als er eben seiner Gewohnheit gemäß die im Schlosse zu York gefangenen Glaubensbrüder besucht hatte. Aus den Papieren, die er bei sich trug, erkannte man seinen Namen und seine Stellung. Zugleich mit dem Seligen waren noch zwei andere Priester im Schlosse: der selige Wilhelm Hart, von dem wir sogleich zu erzählen haben werden, und Thomas Bell, ein ehrwürdiger Bekenner des Glaubens, der Folter und vieljährigen Kerker um des Glaubens willen erdulden mußte. Der selige Lacy wurde vor den Lord-

---

[1] Nach dem Diarium secundum p. 167 traf am 22. Juni 1580 in Rheims ein edler und betagter Mr. Lacie („nobilis et senex") ein und reiste am 23. September von dort nach Rom (p. 169). Nach Dodd II, 129 hätte er im englischen Colleg studirt. Allein das Tagebuch des englischen Collegs enthält seinen Namen nicht.

Mayor von York und den Rath Chef geführt und dann mit Ketten beladen nach Thorpe zum anglikanischen Erzbischof gebracht. „Was bei diesem Verhöre (vor dem Erzbischof) verhandelt wurde," sagt der katholische Gewährsmann, dem Bridgewater folgt, „konnten wir nicht erfahren; denn Lacy wurde gleich nach demselben in einen unterirdischen Kerker geworfen, wo er von keinem Menschen besucht werden durfte." [1]

Am 11. August wurde der Selige vor Gericht gestellt und angeklagt, daß er zu Rom die Priesterweihe empfangen habe. Das gestand er sofort, wie es auch aus den Papieren hervorging, welche er zur Zeit seiner Verhaftung bei sich gehabt hatte. Der Richter fragte ihn, weshalb er denn diese Papiere bei sich getragen habe. Er antwortete: „Um jedermann zu zeigen, daß ich kein Betrüger bin, sondern ein rechtmäßig geweihter Priester." Dann legte ihm der Richter die Frage vor, wie er über den Primat der Königin denke, und ob er sie als oberstes Haupt der Kirche anerkenne. Er antwortete: „In dieser und in allen anderen Fragen stimme ich völlig mit der katholischen Kirche und allen frommen Katholiken überein." Darauf wurde er von den Geschworenen für schuldig erklärt und vom Richter in der gewöhnlichen Weise zum Tode verurtheilt. Der Selige hörte den Spruch mit unerschütterlicher Ruhe an; dann sagte er: „Gott sei in Ewigkeit gepriesen! Ich bin schon ein Greis geworden, und meiner Tage konnten nicht mehr viele sein. Der Spruch fordert also nichts von mir, als daß ich dem Tode die Schuld eine kurze Zeit vor der Zahlungsfrist entrichte. Ich bin daher froh über das, was man mir sagte: in das Haus des Herrn werden wir gehen und so immerbar beim Herrn sein." So sprach er und noch mehreres in ähnlicher Weise.

Der selige Richard Kirkeman, der mit ihm zum Tode geführt werden sollte, war ebenfalls der Sohn einer edeln Familie, aus Abingham in Yorkshire. Nachdem derselbe in den Studien schon bedeutende Fortschritte gemacht hatte, ging er nach Rheims, wo er 1579 die Priesterweihe empfing [2]; bald darauf kehrte er im selben Jahre nach England zurück [3] und arbeitete zumeist in den nördlichen Grafschaften am Seelenheile seiner Landsleute. Am 8. August 1582 wurde der Selige zwei Meilen von Wakefield von dem Richter Wortley auf offener Straße angehalten, und da seine Antworten nicht befriedigten, zusammt seinem Diener verhaftet. Kirkeman sah wohl, daß Ausflüchte zu nichts mehr dienen konnten; deshalb gestand er ohne Umschweife, er sei katholischer Priester. Da ließ Wortley

---

[1] Concertatio f. 98 sq.   [2] Diarium primum p. 9.   [3] L. c. p. 28.

sein Gepäck untersuchen und fand darin einen Kelch und die übrigen zur Feier der heiligen Messe nothwendigen Geräthe. Sofort ließ er nun den Gefangenen nach York führen, wo gerade die Affisen gehalten wurden, welche auch den seligen Lacy zum Tode verurtheilten. Vor Gericht bedurfte es keiner großen Anstrengung, um den Beweis des „Hochverraths" zu erbringen. Richard Kirkeman war ja geständig, daß er Messe gelesen, die Sacramente gespendet und möglichst viele Unterthanen Ihrer Majestät beredet habe, zur katholischen Kirche zurückzukehren. Dagegen war er nicht zu bewegen, Ort und Personen anzugeben, wo er verkehrt und Messe gelesen hatte; nur einen Mr. Dimock nannte er, der im Gefängnisse für den katholischen Glauben gestorben war. Als die Geschworenen schon das „Schuldig" über ihn gesprochen hatten, versuchten Wortley und ein anderer Richter Namens Manwaring nochmals, ihm die Namen der „Mitschuldigen" zu erpressen. Es war vergebens; da gerieth Wortley in Zorn und schalt ihn einen halsstarrigen Papisten und Verräther; allein der Selige antwortete ihm gelassen: „Ebenso gut könnt Ihr die Apostel Verräther nennen; denn sie predigten dieselbe Lehre und thaten, was ich thue." Nun wurde er wieder vor die Schranken zurückgebracht und das Todesurtheil über ihn gefällt. Als der Blutzeuge es angehört hatte, wandte er sich voll Ruhe und bescheidener Würde an den Richter und bat ihn, wohl zu bedenken, was er gethan habe und wer er sei. „Ich bin ein unreiner Mensch," sagte er, „mit Sünden beladen und einer solch erhabenen Gnade (wie das Martyrium) nicht würdig." Aber der Richter verstand diese Sprache der Demuth nicht und sagte nur, das Urtheil entspreche dem Gesetze und er solle sich jetzt zum Tode vorbereiten. Nochmals sagte der Verurtheilte, er sei des Martyrtodes nicht würdig; aber der Richter entgegnete ärgerlich, seine Verbrechen hätten den Tod durch Henkershand wohl verdient. Der Selige antwortete: „Also wird mir diese Würde aufgenöthigt? Guter Gott, ich bin ihrer freilich nicht würdig; aber da es deinem göttlichen Willen so gefällt, so geschehe derselbe im Himmel und auf Erden." Und nun begann er mit lauter Stimme den Ambrosianischen Lobgesang: Te Deum laudamus![1]

Der Selige theilte einige Tage das Gefängniß des seligen Lacy. Am 22. August wurden beide auf eine und dieselbe Schleife gelegt und zum Richtplatze geschleppt. Auf dem Wege beichteten sie noch einmal einander. Beim Galgen angelangt, verrichtete der selige Wilhelm Lacy

---

[1] Bridgewater, Concertatio f. 101.

zuerst sein Gebet und bestieg die Leiter. Da stand der ehrwürdige Greis mit dem Stricke um den Hals und begann ergreifende Worte zum Volke zu reden, daß es seine Seele rette und sich vom Irrthume der Wahrheit zuwende. Die anwesenden Prediger fürchteten eine schlimme Wirkung für ihre Sache und winkten dem Henker, daß er den Mahnworten des Seligen ein Ziel stecke. Der Henker stieß also die Leiter um, und der selige Lacy starb mitten in seiner Mahnung zur Buße und Bekehrung.

Jetzt kam die Reihe an den seligen Richard Kirkeman. Derselbe hatte während der Hinrichtung seines Gefährten ruhig für sich gebetet und stieg nun auf Befehl des Sheriffs freudig auf die Leiter. Das Antlitz der großen Menschenmenge zuwendend, wollte auch er einige Worte der Mahnung an das Volk richten. Aber man verbot es ihm. Da stieg er noch einige Sprossen höher die Leiter hinan, gleichsam wie vom Heimweh nach dem Himmel erfaßt, wandte sein Auge nach oben, wohin er sich sehnte, und sprach die Worte des Psalmisten: „Heu mihi, quia incolatus meus prolongatus est! habitavi cum habitantibus Cedar, multum incola fuit anima mea!"[1] Und als er diese Worte gesprochen hatte, wurde die Leiter umgestoßen, und bald konnte seine Seele in das Land der Sehnsucht eingehen[2].

Noch ein Priester erlangte zu York im Jahre 1582 die Martyrkrone: der selige Jakob Thompson (oder Hudson). Auch er war in Yorkshire, und zwar in der Nähe der Stadt York, geboren. 1581 wurde er in Rheims zum Priester geweiht[3] und bald darauf als Missionär nach England gesandt[4]. Schon am 11. August 1582 fiel er den Häschern in die Hände, als er sich in York im Hause eines um seines Glaubens willen gefangenen Katholiken aufhielt. Vor den Rath geführt, gestand der junge Priester ohne Umschweife seinen Beruf. Die Herren wunderten sich; denn er war vor einigen Jahren in York wohl bekannt gewesen, und sie wollten es kaum glauben. Da erzählte er seine Reise nach dem Continent, wo er aber nicht über ein Jahr gewesen sei, da ihn seine Gesundheit zur Heimkehr genöthigt habe. Doch gestand er offen, nicht nur sein Leiden, sondern auch der Wunsch, am Seelenheile seiner Landsleute zu arbeiten, habe ihn nach England zurückgebracht. Auf die Frage, ob er jemanden bekehrt habe, antwortete er, er habe seine Pflicht gethan, wo

---

[1] Pf. 119, 5—6: Wehe mir, daß meine Pilgerfahrt so lange dauert, daß ich wohne unter den Einwohnern Cedars. Lange ist meine Seele ein Fremdling gewesen.
[2] Bridgewater, Concertatio l. c. Dodd II, 126.
[3] Diarium primum p. 10.   [4] L. c. p. 28.

sich Gelegenheit geboten. Nun wollten sie wissen, wie viele und welche Personen er bekehrt habe; aber er lehnte die Beantwortung dieser Frage ab, da sie andere in Ungelegenheiten bringen würde. Endlich fragten sie ihn, ob er die Königin als oberstes Haupt der Kirche anerkenne; das läugnete er entschieden. Da riefen sie: „Ihr braucht darüber nicht mehr zu sagen; Ihr habt genug gesagt," und der Selige sprach: „Gott sei gepriesen!" Noch weiter wollten sie von ihm wissen, was er thäte, wenn der Papst England mit Krieg überzöge, und als er auch auf diese Frage nicht bedingungslos nach ihrem Wunsche antwortete, überschütteten sie ihn mit Schmähungen und ließen ihn mit doppelten Fesseln belaben ins Gefängniß werfen. Siebzehn Tage blieb er so eingekerkert; dann wurde er mit seinen schweren Ketten belaben durch die Straßen der Stadt geschleppt und auf dem Schloß in das für Diebe bestimmte gemeinsame Gefängniß gestoßen. Später erhielt er auf Verwendung von Freunden einige Erleichterung und durfte mit zwei anderen Priestern die Gefängnißzelle theilen. Am 25. November wurde er endlich vor Gericht gestellt und in der gewöhnlichen Weise als Hochverräther zum Tode verurtheilt. Das Todesurtheil bereitete ihm solche Freude, daß er darob die Leiden seiner Kränklichkeit und seines Kerkers völlig zu vergessen schien. Die letzten drei Tage verwendete er auf Gebet und Betrachtung und auf Werke des Seeleneifers. Man hatte ihn nämlich nach der Verurtheilung wieder mit den Dieben zusammengesperrt, und es gelang seinen glühenden Mahnworten, einige dieser Mitgefangenen zu einer aufrichtigen Bekehrung zu bringen, so daß dieselben fürderhin als brave Katholiken lebten und als solche starben.

Der 28. November 1582 war der Tag, an welchem der junge Priester sich selbst als Opfergabe darbringen mußte. Als er vor der Schleife stand, die ihn zum Richtplatze bringen sollte, fragte ihn jemand, wie es ihm jetzt zu Muthe sei. „In meinem ganzen Leben bin ich nie so froh gewesen," sagte er. An der Richtstätte betete er eifrig. Dann bestieg er die Leiter und sprach zum Volke zuerst lateinisch den Text: Omnes nos manifestari oportet ante tribunal Christi, ut referat unusquisque propria corporis, prout gessit, sive bonum sive malum[1]. Dann wiederholte er den Text auf Englisch und knüpfte eine kurze Ermahnung daran. Man verlangte von ihm das Geständniß, daß er ein Verräther

---

[1] 2 Kor. 5, 10: „Denn wir alle müssen vor dem Richterstuhle Christi offenbar werden, damit ein jeder, je nachdem er in seinem Leibe Gutes oder Böses gethan hat, darnach empfange."

sei und die Königin beleidigt habe; allein er rief Gott zum Zeugen an, daß er unschuldig sterbe. Schon hatte er sein Gesicht dem Galgen zugewendet und erwartete betend den Tod, da drehte er sich noch einmal dem Volke zu und rief: „Eines habe ich vergessen! Euch alle nehme ich zu Zeugen, daß ich im katholischen Glauben sterbe!" Da wurde die Leiter umgeworfen; als der Selige schon hing, hob er seine Arme gen Himmel, schlug sich an die Brust und bezeichnete sich zu aller Verwunderung mit dem Zeichen des heiligen Kreuzes. So starb der Selige [1].

Das Jahr 1583, das letzte, das in den Rahmen dieser Schrift gehört, brachte zuerst dem seligen Wilhelm Hart die Martyrkrone. Auch dieser Blutzeuge starb in York. Er war aus Somersetshire gebürtig und hatte seine Bildung im Lincoln College zu Oxford empfangen, wo seine großen Talente Aufsehen erregten. Um des Glaubens willen entsagte er einer voraussichtlich glänzenden Laufbahn und ging nach Douay und von dort bald darauf nach Rheims. Diese Reise legte er trotz heftiger Steinschmerzen ganz zu Fuß zurück. Von den Oberen wurde er nach Spa geschickt, um in den dortigen Bädern Heilung zu suchen. Umsonst; da unterzog er sich einer schmerzhaften Operation, um sein Leben zum Dienste der Kirche zu erhalten. Im englischen Colleg zu Rom vollendete er seine theologischen Studien, empfing die Priesterweihe und wurde dann mit 46 Gefährten, von denen nicht weniger als 13 die Martyrkrone erlangten, 1581 nach England geschickt [2]. Seine Wirksamkeit namentlich in und um York war ungemein gesegnet. Er hatte ein seltenes Talent, zu predigen, und einen überaus gewinnenden, freundlichen Umgang, so daß man ihn einen zweiten Campion nannte, und zu diesen natürlichen Gaben gesellte sich eine zarte Frömmigkeit und ein glühender Eifer für die Ausbreitung des Glaubens. Bei der heiligen Messe zerfloß er manchmal in Thränen süßester Andacht. Eine ganz besondere Liebe wendete er den um ihres Glaubens willen gefangenen Brüdern zu, mit denen die Gefängnisse von York angefüllt waren.

Bei einem dieser Liebeswerke entkam der Selige den Häschern nur mit genauer Noth. Es war am 22. Juli 1582, als der selige Wilhelm Lacy und Thomas Bell, welche mit ihm zugleich den Gefangenen im Schlosse einen nächtlichen Gottesdienst hielten, verhaftet wurden [3]. Dem seligen Hart gelang es, über den Wall in den Schloßgraben hinab zu

---

[1] Bridgewater l. c. f. 101 sq.; Dodd II, 125.
[2] The Diary of the English College; Foley VI, 136.
[3] Vgl. oben S. 296.

klettern und durch dessen morastiges Wasser, das ihm bis an den Hals reichte, den Häschern zu entkommen. Allein nur wenige Monate waren ihm noch zugemessen. In der Nacht nach dem Weihnachtsfeste drangen die Häscher in sein Zimmer und ergriffen ihn, während er schlafend im Bette lag. Aus dem Schlafe auffahrend, sagte er zu ihnen: „Hütet Euch, Hand an mich zu legen; ich bin Priester und mit dem heiligen Chrisam gesalbt. Tretet zurück, ich will mich selbst ankleiden und Euch willig folgen." Sobald er angekleidet war, führten sie ihn zum Ober-Sheriff, wo er die Nacht über unter Bewachung blieb; am Morgen wurde er vor den Lord Präsidenten der nördlichen Grafschaften gebracht, der ihn verhörte und als Gefangenen aufs Schloß schickte. Daselbst warf man den Blutzeugen in einen unterirdischen Kerker, in welchem er bis zu seinem Martyrtode verblieb. Während seiner Haft wurde er von verschiedenen anglikanischen Geistlichen besucht, welche alles aufboten, um ihn zum Abfalle vom katholischen Glauben zu bewegen, und schon aussprengten, er werde bald übertreten. Sie erlaubten ihm auch, sich die Werke des hl. Augustinus in den Kerker bringen zu lassen, und nun benützte der Selige seine Zeit zu Auszügen aus denselben, in denen er nachwies, daß Augustinus an die wahre Gegenwart Jesu Christi im Altarssacramente, an die sühnende Kraft des Meßopfers, an die Fürbitte der Heiligen, das Verdienst der guten Werke, das Fegfeuer, die Wirksamkeit der Gebete für die Abgestorbenen u. s. w. geglaubt habe. Die betreffenden Stellen aus dem hl. Augustinus schickte er an den anglikanischen Dekan Hutton und an den Rath von York. Beide wurden hierauf vor den Rath gefordert, und der Selige zwang Hutton das Geständniß ab, Augustinus und mit ihm das ganze christliche Alterthum stehe, was den Glauben an die wirkliche Gegenwart Christi in der Eucharistie betreffe, auf Seite der Katholiken; auch habe der Kirchenvater in der Lehre vom Fegfeuer nach ihrer Ansicht „geirrt" u. s. w.

Vor Gericht wurde der Selige gefragt, weshalb er sein Vaterland verlassen habe und nach dem Continent gegangen sei. „Um Tugend und Wissenschaft zu erwerben," sagte er, „und da dort die Religion blüht, entschloß ich mich, die heiligen Weihen zu empfangen, wozu mich Gott auf unzweifelhafte Weise berief." Auf die Frage, wie er die Zeit seit seiner Rückkehr nach England zugebracht habe, antwortete er: „Wo sich immer Gelegenheit bot, unterwies ich die Unwissenden, damit sie die katholische Religion lieben und vertheidigen lernten. Auch theilte ich ihnen das Brod des Lebens aus, damit sie die Kraft fänden, durch ein frommes Leben die Verleumdungen der Feinde Lügen zu strafen." Hierauf erklärten ihm die Richter, daß er durch seine Reise nach dem Continent und seine priesterliche Thätigkeit des Hochverraths schuldig sei. Umsonst vertheidigte sich der Selige, eine Reise, die er unternommen habe, um Tugend und Wissenschaft zu erwerben, könne kein Hochverrath sein; der Gehorsam gegen den Papst in geistlichen Angelegenheiten lasse sich wohl mit dem Gehorsame gegen die Königin in weltlichen Dingen vereinen; er habe keinen Unterthanen zur Empörung gereizt und niemals an Hochverrath gedacht. Die Geschworenen sprachen ihn schuldig, und der Richter fällte das barbarische Urtheil. Der Selige antwortete mit Job: „Der Herr hat es gegeben, der Herr hat es genommen; wie es dem Herrn gefallen hat, so ist es geschehen: der Name des Herrn sei gebenedeit!" Bald hoffe er, fügte er hinzu, nach dem Elende dieses Lebens in die wahre Freude einzugehen.

Bridgewater[1] hat uns eine Anzahl Briefe aufbewahrt, welche der Selige aus seinem Kerker an verschiedene Freunde und Wohlthäter gerichtet hat, darunter namentlich einen sehr schönen an die leidenden Glaubensgenossen[2]. Dazu ist es Challoner[3] noch gelungen, einen Brief zu finden, den der Selige am 10. März 1583, wenige Tage vor seinem Tode, an seine Mutter richtete, und diesen wollen wir unseren Lesern mittheilen. Er lautet:

„Theuerste und geliebteste Mutter! Wie ich sehe, ist durch die Strenge der Gesetze, durch die Gottlosigkeit der Zeiten, und durch Gottes heilige Zulassung und Bestimmung meinen Lebenstagen ein Ziel gesetzt. Pflicht und Herz drängt mich deshalb, der ich dem Leibe nach weit von Dir entfernt, dem Geiste nach Dir aber immer nahe bin, um Deinen täglichen Segen zu bitten und Dir noch einmal ein paar Worte zu schreiben. Du bist mir immer eine so liebevolle, zarte und sorgsame Mutter gewesen; in Schmerzen hast Du mich geboren und großgezogen, und hast Dich geplagt und abgemüht, um mich, Dein erstes und ältestes Kind, zu ernähren und am Leben zu erhalten. Für diese und alle Deine mütterlichen Wohlthaten, statte ich Dir, wie es sich gebührt, meinen schuldigen und herzlichen Dank ab, und wünsche, es möchte mir vergönnt sein, mich als Deinen liebevollen, treuen und dankbaren Sohn zu beweisen. Es ist mir unmöglich, für meine Liebe, Hochachtung, Anhänglichkeit und Dankbarkeit passende Worte zu finden, da ich leider nichts anderes thun kann, als meine Dankes-

---

[1] Concertatio f. 104—118.   [2] Ad afflictos Catholicos l. c. f. 112.
[3] A. a. O. I, 125.

schuld eingestehen. Diesen Frühling hatte ich Dich wiederzusehen gehofft, wenn Gott mir Gesundheit und Freiheit geschenkt hätte; jetzt aber werde ich Dich nie mehr wiedersehen, noch irgend einen von Euch in diesem Leben; allein im Himmel hoffe ich mit Euch vereint zu werden, Euch zu sehen und ewig mit Euch zu leben. — Ach, liebe Mutter, warum weinst, warum wehklagst Du? Warum nimmst Du Dir meinen Ehrentod so sehr zu Herzen? Bedenkst Du nicht, daß wir geboren sind, um einmal zu sterben, und daß wir nicht immer in diesem Leben bleiben können? Bedenkst Du nicht, wie eitel, wie unbeständig, wie nichtig, wie elend das menschliche Leben ist? Bedenkst Du nicht meinen Beruf, meinen Priesterstand, meinen Glauben? Denkst Du nicht daran, daß ich an einen Ort voll Freude, voll Glückseligkeit hingehe? Warum also weinen? warum trauern? warum klagen? Aber Du wirst mir entgegnen: „Ich weine nicht so sehr wegen deines Todes, als weil du geschleift, gehängt, geviertheilt werden sollst." Meine liebe Mutter, das ist mir der angenehmste, ehrenvollste und glücklichste Tod. Ich sterbe ja nicht als Verbrecher, sondern für die Wahrheit; nicht wegen Verrath, sondern wegen meiner Religion; nicht wegen eines schlechten Lebens, sondern einzig und allein für meinen Glauben, für mein Gewissen, für meinen Priesterberuf, für meinen gebenedeiten Heiland Jesus Christus. In Wahrheit, hätte ich zehntausend Leben, ich müßte sie eher alle hinopfern, als meinen Glauben verläugnen, meine Seele verlieren, meinen Gott beleidigen. Wir sind nicht geschaffen, um zu essen, zu trinken, zu schlafen, zu prunken und zu prangen, der Weichlichkeit zu pflegen und so stets in diesem Jammerthale zu weilen; sondern um Gott zu dienen, Gott zu fürchten, Gottes Gebote zu erfüllen und eher unser Leben hinzuopfern, als gegen diese unsere Bestimmung zu handeln. — Auch stehe ich nicht allein da, in dieser Art und Weise den Tod zu erleiden; haben doch in jüngster Zeit 20 bis 22 Priester, gerechte, tugendhafte und gelehrte Männer, für dieselbe Sache den Tod erduldet, der jetzt mir bevorsteht. Siehe, gerade jetzt sind Mr. Jakob Fenn und Mr. Johann Bobey[1] um ihrer Religion willen im Kerker, und ich darf sagen, sie sehnen sich, desselben Todes zu sterben, den ich sterben soll. Sei deshalb zufrieden, gute Mutter, höre auf zu weinen, und tröste Dich mit dem Gedanken, einen Sohn geboren zu haben, welcher sein Leben und seine

---

[1] Der ehrwürdige Jakob Fenn litt wirklich den Tod um des Glaubens willen den 7. Februar 1584 zu Tyburn. Von dem ehrwürdigen Bobey wird gleich die Rede sein. Der letztere war aus Somersetshire und jedenfalls ein persönlicher Bekannter von der Mutter des seligen Hart. Dodd II, 98.

Freiheit für die Sache des allmächtigen Gottes verlor, der seinerseits sein kostbares Blut für ihn vergossen hat. Richtete ich mein Verlangen oder meine Augen auf Bevorzugung und Beförderung, auf Ehre und Achtung in dieser Welt — sie stünden mir offen wie anderen; aber nein, ich thue keinen Schritt um dieses Tandes willen; ich verachte diese Welt, ich verschmähe ihre Freuden und Bequemlichkeiten, und meine einzige Sehnsucht ist, im Himmel bei Gott zu weilen, und dort hoffe ich zuversichtlich zu sein, bevor dieser mein letzter Brief in Deine Hände gelangt. — Sei also gutes Muthes, meine innigstgeliebte Mutter, und laß ab vom Weinen; Du hast keinen Grund dazu. Sage mir um Gottes willen, würdest Du nicht froh sein, mich als Bischof, König oder Kaiser zu sehen? Wie froh mußt Du also erst sein, mich als Martyrer, als Heiligen, als einen Stern voll Glanz und Glorie im Himmel zu sehen! Die Freuden dieses Lebens sind ja nichts; aber die Freuden nach diesem Leben sind ewig. Darum magst Du Dich dreimal glücklich preisen, daß Dein Sohn Wilhelm von der Erde in den Himmel ging, aus dem Wohnsitz jeglichen Elendes in den Wohnsitz jeglicher Seligkeit. Könnte ich doch bei Dir sein, um Dich zu trösten! Aber weil das nicht möglich ist, so bitte ich Dich um Christi willen, tröste Dich selbst. Du siehst, wie Gott mich geführt hat, wie er mich gesegnet hat auf meinen Wegen; darum wäre ich tausendmal unglücklich, wenn ich nicht um seinetwillen dieses armselige Leben hingäbe, um das selige und ewige Leben zu erlangen, worin er lebt. — Mehr kann ich nicht sagen; nur bitte ich Dich, sei gutes Muthes, da ich es auch bin. Hätte ich länger gelebt, so würde ich Dir in Deinen alten Tagen geholfen haben, wie Du mir in meiner Jugend geholfen hast. Jetzt muß ich Gott bitten, daß er Dir und meinen Brüdern helfe; denn ich kann es nicht. Gute Mutter, sei zufrieden mit dem Rathschlusse, den Gott zu meinem Heile getroffen hat. Diene Gott in Deinem Alter nach der alten katholischen Weise: bete täglich zu ihm, flehe von Herzen zu ihm, er wolle Dich zu einem Gliede seiner Kirche machen und Deine Seele retten. Um Jesu willen, gute Mutter, diene Gott! Lies das Buch, das ich Dir gab, und stirb als ein Glied des Leibes Christi; dann werden wir eines Tages im Himmel vereinigt werden. Empfiehl mich meinem Schwager, meinen Brüdern, Andreas Gillbons Mutter und Frau Bobey und allen übrigen. Dienet Gott, und Ihr werdet nicht fehlen. Gott tröste Dich! Jesus erlöse Deine Seele und sende Dich einst in den Himmel! Lebe wohl, gute Mutter! lebe wohl zehntausendmal! Aus York-Castle am 10. März 1583. Dein Dich innigst liebender und gehorsamer Sohn Wilhelm Hart."

Fünf Tage nachdem der Selige diesen Brief, der für seine Kindesliebe und den Adel seiner Gesinnung ein so lautes Zeugniß ablegt, an seine Mutter geschrieben hatte, am 15. März, schlug die Stunde der Erlösung. Er hatte die letzten sechs Tage sich durch strenges Fasten und anhaltendes Gebet auf den entscheidenden Kampf vorbereitet. Als er zum Tode geführt werden sollte, nahm er von den katholischen Gefangenen Abschied und empfahl seinen letzten Kampf inständig ihren Gebeten. Auch dem Oberkerkermeister sagte er Lebewohl und dankte ihm für alle Güte, obwohl er wahrlich keinen Grund dazu gehabt hatte. Dann wurde er auf die Schleife gebunden und durch die Straßen der Stadt zum Richtplatze geschleppt; seine Augen hatte er zum Himmel erhoben, und die Lippen bewegten sich in stillem Gebete. Viele grüßten ihn freundlich, darunter zwei Brüder aus dem adeligen Geschlechte der Ingleby. Sofort wurden dieselben für diesen Liebesbeweis verhaftet[1]. Zwei anglikanische Geistliche dagegen schmähten ihn und sagten zu den Leuten, er sterbe nicht für seine Religion, sondern als Hochverräther. Freudig bestieg er die Leiter und betete. Sie fragten ihn, ob er für die Königin bete; er antwortete, das habe er stets gethan; gerne anerkenne er sie als seine Fürstin und wolle ihr in allem gehorchen, was seinen Pflichten als Katholik nicht widerstreite. Ein Prädikant verlas nun die Bulle Pius' V. und wollte daraus beweisen, daß Hart ein Verräther sei. Ein anderer Prädikant überschüttete den Seligen mit Beleidigungen und Vorwürfen. Hart entgegnete ihm nur dieses: Lieber Mr. Pace, habt die Güte und laßt mich die wenigen Augenblicke, die ich noch zu leben habe, in Frieden." So bat er ihn mehrmals; dann hob er seine Augen gen Himmel und begann den Psalm: Ad te, Domine, levavi oculos meos (Zu dir, o Herr, erhob ich meine Augen). Da wurde er von den beiden Herren wieder unterbrochen und aufgefordert, mit ihnen englisch zu beten. Dessen weigerte er sich, forderte aber die Katholiken auf, mit ihm zu beten und ihm Zeugen zu sein, daß er im katholischen Glauben und für denselben und nicht als Hochverräther sterbe. Da wurde er von der Leiter gestoßen, dem barbarischen Urtheil gemäß noch lebend losgeschnitten und geviertheilt. Der Lord-Mayor von York und andere Beamte gaben sich umsonst Mühe, zu verhindern, daß die Katholiken Reliquien des seligen Blutzeugen von der Richtstätte mit sich nahmen. Tücher wurden in sein Blut getaucht und Splitter seiner Gebeine und Stücke seiner Kleider als große Schätze geachtet; denn alle

---

[1] Records of the English Catholics v. I, Appendix p. 353.

hielten ihn für einen Heiligen. Schön schildert den Seligen der Brief eines Zeitgenossen als einen Jüngling voll Unschuld und Bescheidenheit und als einen gelehrten und heiligen Priester, der für die Kirche Christi und das Ansehen seines Stellvertreters glorreich sein Blut vergoß[1]. Schön auch spiegelt sich der priesterliche Ernst und das Streben nach höchster Vollkommenheit in dem folgenden Gebete des Seligen, das uns Bridgewater[2] aufbewahrt hat:

„Gib, süßer Jesu, deinem armseligen Diener Hart die Gnade, daß er zur Ehre deines Namens und zu seinem ewigen Seelenheile seinen Lauf vollende; lenke seine Worte, Gedanken und Werke, daß alle seinem priesterlichen Berufe und seinem göttlichen Amte entsprechen. Gib ihm Geduld im Leiden, Leutseligkeit im Umgange, Weisheit, Klugheit und Standhaftigkeit in allen Verhältnissen, damit auf diese Art dein glorreicher Name verherrlicht und unser Glaube erhoben werde. Das gib, süßer Jesu, durch dein bitteres Leiden, der du lebst und regierst mit dem Vater und dem Heiligen Geiste in alle Ewigkeit. Amen."

Am 29. Mai 1583 folgte dem seligen Hart auf der selben Richtstätte zu York der selige **Richard Thirkeld** zur Krone der Blutzeugen. Thirkeld (Thirkill, Thrilkill und Thirlkelb) war zu Cunslay im Bisthum Durham geboren. Er war schon ein betagter Mann, als er nach Flandern ging, um Priester zu werden. Seine Studien machte er in Douay und Rheims und erhielt an letzterem Orte am 14. März 1579 die Priesterweihe[3]. Noch im gleichen Jahre kehrte er nach England zurück[4]. Ueberaus hoch schätzte der Selige die Gnade des Priesterthums und betrachtete oft über das Glück, täglich Gott für sein eigenes und des ganzen Volkes Heil das kostbare Blut Christi, des reinen und makellosen Opferlammes, darbringen zu dürfen. Aus dieser Betrachtung entbrannte er von Liebe zu Gott, und es erwachte in ihm die Sehnsucht, auch sein Blut für Gott hingeben zu dürfen. Acht Jahre lang betete er um diese Gnade, und endlich wurde sie ihm zu theil[5]. York und dessen Umgebung war der Hauptschauplatz seiner Missionsthätigkeit. Hier wurde er am 24. März, neun Tage nach der Hinrichtung des seligen Hart, er-

---

[1] „Eboraci vero hebdomada, ut opinor, ante Dominicam Palmarum pro Christi Ecclesia et auctoritate Vicarii ejus sanguinem suum gloriose fudit Gulielmus Hartus, juvenis sane innocens et modestus, doctus et sanctus presbyter." Records l. c. p. 353. (Brief an Dr. Allen vom 24. April 1583.)
[2] Concertatio f. 115.   [3] Diarium primum p. 9.
[4] L. c. p. 26.   [5] Challoner I, 128.

griffen, als er im Brückenthurm einen um seines Glaubens willen gefangenen Katholiken besuchte. Man fragte ihn, ob er ein Priester sei. Der Selige bejahte es sofort und sagte: „Nie werde ich meinen Stand verhehlen; thut mit mir, was Eures Amtes ist." Er wurde vor den Lord-Mayor geführt und wiederholte daselbst sein Geständniß; man warf ihn deshalb in das Kitcote-Gefängniß, wo er bis zum 27. Mai, dem Tage der Gerichtsverhandlung, verblieb. Vor den Schranken stellte man ihm die gewöhnlichen Fragen: weshalb er außer Landes gegangen, ob er jemanden bekehrt, was er von der Suprematie der Königin denke u. s. w. Der Selige, eine ehrwürdige Gestalt, erschien in seinem Priesterrocke. Muth und Standhaftigkeit, verbunden mit Freundlichkeit und Bescheidenheit, übten einen tiefen Eindruck auf die große Volksmenge, welche zu der Gerichtsverhandlung herbeigeströmt war. Das Ende derselben war klar: die Geschworenen sprachen das „Schuldig"; denn der Angeklagte hatte selbst gestanden, dem Statute zuwider Unterthanen der Königin mit der römischen Kirche ausgesöhnt zu haben. Nun wurde der Selige wieder ins Gefängniß zurückgeführt und unter die gemeinen Verbrecher eingesperrt. Er benützte die ganze Nacht, die Missethäter zu unterweisen und zum Tode vorzubereiten. Am nächsten Morgen wurde er dann abermals vor die Schranken gestellt, daß er sein Urtheil empfange. Mehrere Katholiken hatten sich wegen Nichtbesuchs des anglikanischen Gottesdienstes zu verantworten; sie traten zu ihm hin und baten ihn um sein Gebet. Eine fromme alte Frau, die des gleichen Vergehens halber vor Gericht stand, hatte sogar den Muth, öffentlich angesichts der Richter niederzuknieen und den Seligen um den Segen zu bitten. Sofort ertheilte er ihn und vertheidigte sich dann gegen einige Richter, welche behaupteten, Christus allein dürfe segnen. Die Recusanten wurden zuerst abgeurtheilt. Dabei kam es vor, daß ein alter katholischer Edelmann etwas unschlüssig schien. Man redete ihm deshalb eifrig zu, er solle seine Unterwerfung unter das Gesetz erklären und nicht seine Güter und Besitzungen verschleudern. Da bemerkte der Selige: „Es ist besser, seiner Güter beraubt zu werden, als Gefahr zu laufen, seine Seele zu verlieren." Der Richter gebot ihm Stillschweigen; er aber entgegnete: „Groß ist die Freude, die mich erfüllt, da ich sie (die Gefangenen) im Kampfe für diese heilige Sache so stark und opfermuthig sehe, und es ist meine Pflicht und meines Amtes, sie hierin zu befestigen." Da herrschte ihn der Richter zornig an: „Richard Thirkeld, tritt vor die Schranken! Was kannst du vorbringen, weshalb das Todesurtheil über dich nicht gefällt werden soll, da du des Hoch-

verraths angeklagt und schuldig befunden bist?" Er habe gestern aus
den heiligen Vätern fünf Gründe angeführt, entgegnete er, daß der Ge=
brauch der Schlüsselgewalt kein Hochverrath sein könne. Darauf ließen
sich aber die Richter natürlich nicht ein; denn „sie hatten ein Gesetz, und
nach diesem mußte er sterben". Das Urtheil wurde also gefällt. Als
der Blutzeuge es hörte, fiel er auf die Kniee nieder und rief: „Das
ist der Tag, den der Herr gemacht hat; laßt uns an ihm jubeln und
frohlocken!"

Am folgenden Morgen, den 29. Mai, wurde er zur Richtstätte ge=
schleift. Seine letzten Worte sind uns nicht bekannt; denn der Gewährs=
mann, dessen Bericht Bridgewater[1] und Challoner folgen, konnte nicht in
die Nähe gelangen. Wachen waren aufgestellt, um das Volk abzusperren,
und ein großes Strohfeuer wurde gleich nach der Viertheilung auf dem
Platze angezündet, um alle Blutspuren zu vernichten und so den Katho=
liken die Gewinnung von Reliquien unmöglich zu machen.

Bridgewater[2] hat uns eine Anzahl Briefe aufbewahrt, die der Selige
im Kerker geschrieben hat. Sie legen Zeugniß ab von seinem glühenden
Eifer für die Sache Christi, und von seinem Durst nach Leiden um Christi
willen. Einer derselben ist eine begeisterte Mahnung an die Katholiken,
treu zu stehen im Kampfe für die Sache Christi; andere trösten ob seines
Looses trauernde Freunde; einer erzählt eine Disputation, welche er ganz
ähnlich, wie der selige Hart, mit dem anglikanischen Dekan Hutton über
die Lehre des hl. Augustin hatte; ein anderer sucht einen im Glauben
wankenden Katholiken zu befestigen; andere endlich sind an die Mit=
gefangenen gerichtet, denen er auch eine längere Ode „Ad concaptivos"
widmete. Die Kehrstrophe derselben lautet:

> Perstate fortes fortiter in fide,
> Diri Dathanis codite semita!
> Differt — suum tandem fidelis
> Sed reparabit ovile Christus[3].

Als Probe seiner Beredsamkeit führen wir aus den Briefen des
Seligen nur die folgende Stelle an. Er will den Katholiken den Ge=
danken einprägen, daß es sich wirklich um Christi Sache handle.

---

[1] Concertatio f. 116—119.   [2] L. c. f. 119—127.
[3] So harret, Tapf're, tapfer im Glauben aus,
Des grimmen Satans Pfade, verlasset sie!
Wohl zögert — doch getreu wird endlich
Wieder errichten die Hürde Christus.

„Wer wirft Euch jetzt in die Kerker," ruft er ihnen zu, „oder kann Euch in den Kerker werfen, ohne Gottes erhabenen Rathschluß? Wessen Sache ist es denn, für welche Ihr einsteht, wenn nicht Christi Sache? Wessen Krieger seid Ihr, wenn nicht Christi? Wessen Banner ist es, unter dem Ihr Christo dient, wenn nicht des Heiligen Geistes? Wer ist Euer Führer und Feldherr, wenn nicht Christus? Wer gibt den Veteranen Sold und Ehre, wenn nicht Christus? Wer krönt die Sieger, wenn nicht Christus? Wer wird Euch in die Gemeinschaft der Heiligen aufnehmen, die vor Euch denselben Kampf kämpften, wenn nicht Christus? Wer Euch zu den hehren Palmen der Martyrer emporführen, wenn nicht Christus? Durch wessen Hilfe und Gnade hofft Ihr zugleich mit den seligen Lacy, Kirkeman, Thompson, Hart und den übrigen in aller Andenken lebenden Helden in den Besitz der ewigen Glückseligkeit zu gelangen, wenn nicht durch die Gnade Christi? Wohlan denn, da die Sache, die Ihr vertheidigt und der Kampf, den Ihr führt, Christi ist und er Euer Feldherr, Euer Vorkämpfer und Kampfrichter ist: welche Leiden oder Qualen, welche Drohungen oder Schrecken, welche Schmeicheleien oder Lockungen könnten dann jemals im Stande sein, Euch zu vermögen, für diese Sache nicht zu kämpfen, diesem Führer nicht zu folgen, um diesen Kampfpreis nicht zu ringen, der doch darin besteht, jene seligen Martyrer zu Freunden und Hausgenossen zu haben?"

Mit Richard Thirkeld ist die Zahl der Seligen, deren öffentliche Verehrung das päpstliche Decret vom 29. December 1886 bestätigt, zum Abschlusse gebracht. Doch müssen wir noch zwei Blutzeugen kurz erwähnen, welche im Jahre 1583 um der gleichen heiligen Sache willen in den Tod gingen. Ihre Namen standen nicht unter den Bildern Circiniani's, welche für das eben erwähnte päpstliche Decret maßgebend waren, und so dürfen wir sie auch nicht zu den Seligen zählen; aber sie sind aufgenommen in das gleichzeitige Decret, welches die Eröffnung des Seligsprechungsprocesses der 261 Blutzeugen bestätigt[1], und sind mithin „ehrwürdige Diener Gottes".

Diese beiden letzten Blutzeugen, deren Tod in den uns zugemessenen Zeitabschnitt fällt, sind die beiden Laien Johannes Slade und Johannes Bodey. Der ehrwürdige Slade war in Dorsetshire geboren, erhielt in England den gewöhnlichen Unterricht in den alten Sprachen, studirte auf der Universität von Douay bürgerliches und kirchliches Recht und war

---

[1] Vgl. Die englischen Martyrer unter Heinrich VIII, S. 6 u. 9.

auch eine Zeit lang Zögling des englischen Collegs in Douay. Da er aber keinen Beruf zum Priesterthum hatte, kehrte er nach England zurück und suchte als Rechtsgelehrter Arbeit. Seine Treue im katholischen Glauben mag schuld gewesen sein, daß er in seinem Fache nicht vorankommen konnte, und so sah er sich gezwungen, sein Brod als Schullehrer zu verdienen. Ganz ähnlich erging es dem ehrwürdigen Johannes Bobey. Er war zu Wells in Somersetshire geboren, wo sein Vater Mayor der Stadt war, hatte seine Bildung im New College zu Oxford erhalten, welches er als Magister artium verließ. Um der Religion willen ging er nach Flandern und verweilte ebenfalls eine Zeit lang im Colleg zu Douay. Am 1. Mai 1577 war er nach Douay gekommen und als Studiosus der Rechte aufgenommen worden. Zugleich mit ihm war ebenfalls seiner Religion willen „ein braver Mann, der Cantor der Kirche von Wells, angekommen, den Dr. Bribgewater zu seinem Diener annahm"[1]. Als Bobey nach Vollendung seiner Rechtsstudien nach England zurückkehrte, that er, wie der ehrwürdige Slade, was in seinen Kräften stand, um die katholische Religion zu vertheidigen. So kamen beide bald in den Ruf großer „Papisten" und wurden vom anglikanischen Bischof von Winchester gerichtlich verfolgt. Für ihre Vertheidigung der Autorität des Bischofs von Rom wurden beide auf Grund des Statuts Praemunire zu ewigem Gefängniß verurtheilt, und nachdem sie zwei Jahre im Kerker gelegen hatten, abermals vor Gericht gestellt und gefragt, ob sie noch immer auf ihrer Meinung beharrten. „Hierauf antworteten sie mit Ja, und einer von ihnen sagte, wenn sie tausend Leben hätten, wären sie bereit, alle für diese Sache hinzugeben. Darauf wurden sie angeklagt, vor die Schranken gestellt und für Hochverrath verurtheilt."[2] Beide litten mit großer Standhaftigkeit. Der ehrwürdige Johannes Slade wurde am 30. October 1583 zu Winchester geschleift, gehängt und geviertheilt. Am 2. November folgte ihm der ehrwürdige Johannes Bobey zur ewigen Krone. Er litt zu Andover in der Grafschaft Southampton. Als er zur Richtstätte geschleift wurde, bot ihm ein alter Mann seine Mütze an, daß er sich etwas gegen die Steine schützen könne, gegen welche sein Kopf anschlug. Der ehrwürdige Diener Gottes lehnte den Liebesdienst freundlich ab, da er soeben sein Haupt, sein Leben und sein alles Christo aufgeopfert habe. Unter dem Galgen sollte er seinen Hochverrath be-

---

[1] Diarium secundum p. 119.
[2] Cawley, Laws concerning Jesuits p. 42; vgl. Records of the English Catholics v. I; Introduction p. XX, note.

kennen; er aber sprach zum Volke: „Wisset, Ihr alle, die Ihr hier zugegen seid, daß ich heute den Tod erleide, weil ich läugne, daß die Königin das Oberhaupt der Kirche Christi in England sei. Nie habe ich einen Hochverrath begangen, es sei denn, man erklärte es als Hochverrath, eine Messe zu hören oder ein Ave Maria zu beten."

Als die Mutter des Blutzeugen, welche der selige Hart in seinem letzten Briefe grüßen ließ [1], die Kunde seines Todes erhielt, veranstaltete die starkmüthige Frau ein großes Fest, wozu sie alle Nachbarn einlud, und feierte sein Martyrium mit Jubel und Freude wie seine Hochzeit, da jetzt die Seele ihres Kindes glücklich und auf ewig mit dem Lamme vermählt sei [2].

* * *

Wie hatten sich doch Elisabeth und ihre Staatsräthe angestrengt, um allen diesen Blutzeugen vor den Augen der Mit- und Nachwelt die Martyrerkrone vom Haupte zu reißen und ihnen in den Augen Englands und Europa's das Brandmal der Hochverräther auf die Stirne zu prägen! Die Gesetzgebung hatte Statuten verfassen müssen, welche den priesterlichen Charakter und die priesterliche Wirksamkeit als Hochverrath erklärten; Kerker, Folter und Gerichtssaal hatten den Verrath ermittelt, bestätigt, verurtheilt; die Geschworenen hatten darauf ihr Schuldig, die Richter ihr Urtheil gesprochen; unter dem Galgen noch führte man falsche Zeugen vor, wollte die Sterbenden zum Geständniß zwingen und störte ihre letzten Gebete mit dem Rufe: Verräther! Und dennoch war alle Anstrengung des bösen Gewissens umsonst. Sie alle waren gestorben mit der Betheuerung ihrer Unschuld und mit einem Gebete für ihre Feinde; sie alle hatten betheuert: „Wenn unsere Religion Hochverrath ist, dann sind wir Hochverräther — sonst nie. Wir sterben, weil wir als Katholiken der Königin nicht geben können, was Christus seinem Stellvertreter, dem Bischofe von Rom, gegeben hat. Und wenn wir tausend Leben hätten — für diese heilige Sache würden wir sie gerne hingeben." Trotz aller Versicherung und trotz aller im Namen der Königin verfaßten Proclamationen und „Wahrhaftigen Erklärungen" wollten nicht einmal die Engländer, ihrem bessern Theile nach wenigstens, das Märchen von dem Hochverrathe glauben. Lord Burghley selbst griff zur Feder und wollte vor den Augen Europa's die englische Gerechtigkeitspflege rein-

---

[1] Vgl. oben S. 305. [2] Challoner I, 185.

waschen. Er schadete sich selbst damit und offenbarte die Schwäche seiner Sache nur noch mehr. Freund und Feind mußte es gestehen: Ihr Verrath war einzig ihre Religion.

In den Augen aller treuen Katholiken war das von der ersten Stunde an unwiderleglich klar. Unter dem Galgen begrüßte man die Opfer schon als Martyrer: man hörte ja, wie ihnen Gnade angeboten ward, wenn sie nur dem Papste entsagen wollten. Und so ließ man sich durch die strengsten Strafen nicht von dem Versuche abhalten, in den Besitz ihrer Reliquien zu gelangen. Ein Arm des seligen Campion wurde von dem Thore heruntergeholt, an dem er festgenagelt war; P. Persons mußte für eine bedeutende Geldsumme den Strick zu erhalten, an dem derselbe selige Campion gestorben war. Immer trug er ihn bei sich und legte ihn auf dem Sterbebette um seinen Hals. Schon Maria Stuart hatte unter ihren Reliquien eine mit der Aufschrift: B. Campianus M. Als die Nachricht vom Tode des seligen Campion und dessen Gefährten nach Rom kam, versammelte der Rector des englischen Collegs die Studirenden in der Kapelle, ließ die Orgel spielen und sang mit Chorhemd und Stola bekleidet feierlich die Collecte der Martyrer. In Prag war die Freude nicht geringer. Das Zimmer, welches der Selige dort bewohnt hatte, wurde zu einer Kapelle umgewandelt, ein Altar mit seinem Bildnisse darin aufgestellt; die frommen Besucher pflegten die Thürschwelle zu küssen, welche früher die Füße des Martyrers berührt hatten. Sein Beichtvater und sein früherer Novizenmeister P. Campanus priesen laut seine Heiligkeit, die Reinheit und Jungfräulichkeit seines Lebens [1]. Bald redete man von vielen außerordentlichen Gnadenbeweisen und Heilungen, unter anderen sogar von einer Todtenerweckung, welche Gott durch Reliquien des Seligen bewirkt haben soll. Und was hier von dem seligen Campion gesagt ist, gilt auch von der allgemeinen Verehrung der übrigen Blutzeugen. In Rheims und Douay wurde, so oft die Kunde eines neuen Martyrtodes von England herüberkam, ein feierliches Te Deum angestimmt. Der Heilige Vater selbst, Gregor XIII., gab unzweifelhafte Beweise, daß er diese Blutzeugen als wirkliche Martyrer betrachte. Er nannte sie „heilige Martyrer"; er gab die Erlaubniß, ihre Reliquien, wie diejenigen der alten Martyrer, in die Altarsteine zu verschließen; er ließ ihren Tod in Fresken an die Wände der Dreifaltigkeitskirche malen und diese Bilder unter der Aufschrift: „Die Leiden der heiligen Martyrer",

---

[1] Vgl. Simpson p. 330.

im Jahre 1584 vervielfältigen. Das alles wäre Veranlassung genug gewesen, auf Grund dieser päpstlichen Indulte, die Fortsetzung der Verehrung dieser Seligen zu erbitten, als Urban VIII. den neuen strengern Heiligsprechungsproceß einführte. Was aber damals unterblieb, ist jetzt geschehen, und Leo XIII. war es vorbehalten, Gregors XIII. Erlaubniß zu erneuern, feierlich zu bestätigen und so diese Schaar von 54 Glaubenshelden angesichts der ganzen Kirche und der ganzen Welt neuerdings auf die Altäre zu erheben.

Für den Augenblick hat ihr Martyrtod der katholischen Kirche Englands freilich keinen greifbaren Erfolg bereitet. Die Verfolgung wüthete weiter, nicht nur so lange Elisabeth herrschte, sondern noch volle hundert Jahre. Noch mehr als britthalbhundert Opfer mußten im Kampfe gegen den anglikanischen Fanatismus das Schafott besteigen, bis endlich der Friede erkämpft war und das niedergetretene Reis der katholischen Wahrheit sich auf englischem Boden zu neuem, segensreichem Wachsthum erheben konnte. Scheinbar waren diese Männer fruchtlos gefallen, und doch wäre ohne ihren Tod die katholische Religion in England gänzlich unterdrückt worden, wie in Schweden und Norwegen. Nur ihrem Blute, das über hundert Jahre das Erdreich Englands befeuchtete, verdanken wir die Fortbauer und die neue Blüte der Kirche in England und infolge davon in dem weltumspannenden Reiche seiner Kolonien. Und so hat sich das oben angeführte Wort des seligen Thirkell bewährt:

„Differt — suum tandem fidelis
Sed reparabit ovile Christus!"

Alphabetisches Namensverzeichniß.

(Die Namen der Seligen und Ehrwürdigen sind durch fetten Druck hervorgehoben.)

Alba, Herzog 17, 64, 70, 77.
Albert, Herzog von Bayern 154.
Allen, Gabriel (Bruder des Cardinals) 182.
— Wilhelm, Dr. (später Cardinal) 105 bis 112, 140—143, 149—151, 153, 187, 219, 229, 232, 233, 246, 247, 254, 260, 268, 282, 307.
Anderson, Edmund, Sachwalter der Königin 235, 237—240, 242—259, 264, 282.
Andrews, Mr. 165.
Anjou, Herzog von 267, 268.
Aquaviva, Claudius, General der Gesellschaft Jesu 143, 191.
Arundel, Philipp Earl of 227.
Atkinson, Mr. 40.
Ayiers, Mr. 222.
Aylmer, anglikanischer Bischof 19, 189, 190, 224, 228.

Bacon, Sir Nicholaus 5, 9, 11, 13, 19.
Baines, Bischof von Lichfield 19, 32.
Barlow, Louis 107.
Barnewell, Sir Christoph 148.
Beale, Rathschreiber 222, 223, 226.
Bechar, Sheriff 73, 74.
Bedford, Earl of 5, 8, 13, 85, 123, 217.
Bell, Thomas, der Bekenner 296, 301.
Beningfield 93.
Bentham, Prädikant 9.
Beza, Theodor 157—158.
— Candida, sein Weib 158.
Bletho, Lord 18.
Boden, Johannes, der ehrwürdige 304, 310, 311, 312.
— Mrs., Mutter des Martyrers 305, 312.
Bonner, Bischof von London 8, 27 bis 29, 36.
Bonvyse, Anton 88.
Borromeo, Karl, der heilige 157.
Bosgrave, Jakob, S. J. 282—284, 255—256.

Bourne, Bischof von Bath und Wells 27, 31.
Bowes, Sir George 66.
Bradford, Prädikant 80.
Briant, Alexander, S. J., der selige 135, 145, 195—205, 230, 232, 233, 265, 266, 267, 268, 270, 276—277.
Bristow, Richard, Dr. 107, 154, 229, 242, 263, 282, 284, 285, 286.
Bromburg, Dr. 158, 159.
Brookes, Lady 94.
Bruscoe, Thomas, Student des engl. Collegs in Rom 155, 157, 159, 195, 233, 259—260, 265.
Bullinger, Antistes von Zürich 9, 38.
Burghley, Lord, siehe Cecil.

Cabby oder Cabboke, Zeuge 243.
Calvin, Reformator 2, 190.
Campanus, Paul, S. J. 152, 313.
Campion, Edmund, S. J., der selige 79, 107, 118, 135, 138, 144, 146—154, 157, 158, 160, 161—163, 164—165, 166, 168, 174—178, 179—192, 209 bis 231, 232, 233—236, 238, 239, 240—254, 255—257, 262—265, 267, 268, 270—274, 275, 276, 278, 281, 284, 301, 313.
Carew, Lady 94.
Carne, Sir Eduard 50.
Castro, Alfons de, Beichtvater der Königin Maria 3.
Cecil, William (später Lord Burghley) 5, 6, 9, 13, 14, 17, 49, 54, 55, 65, 67, 77, 95, 96—97, 98, 102, 108, 147, 189, 190, 218, 220—222, 228, 231, 312.
Chancey, Robert, Carthäuser 85, 111, 112.
Charke, Dr., Prädikant 228, 271, 278.
Check, Rath 297.
Chedsey, Dr. 19.
Cheney, Richard, anglikanischer Bischof von Gloucester 148.
Circiniani 67, 76.

Clenock, Moritz, erwählter Bischof von Bangor 35, 140.
Clark, Johannes 68.
— Prädikant 225.
Cobham, Lord 163, 164, 165.
Cole, Dr. 19, 20.
Collington, Priester 210, 211, 213, 222, 232, 233, 265, 266.
Cooke, Richard, Priester 108.
Cottam, Thomas, S. J., der selige 135, 158, 159, 163—165, 192, 193, 232, 233, 256—258, 265, 284 290, 292—295.
Cor, Dr., Prädikant 11, 19.
Crane, Priester 158, 159.
Cranmer, Erzbischof 1, 2, 23, 28.

Day, Dekan von Windsor 190, 225, 227.
Dearman, Kerkermeister 48.
Delahays, Kerkermeister 267.
Derby, Earl of 129.
Dimock 298.
Dolman, Alban, Priester 94.
Dorm, Sir Francis 85.
— Lady 85.
Douglas, Sir William 67.
Downes 93.
Dubley, Ambros 23.
— Robert (Earl of Leicester) 54, 55, 146, 147, 211, 217.

Eduard IV. 285.
— VI. 1, 2, 4, 5, 18, 23, 27, 28, 29, 30, 31, 32, 36, 86.
Egerton, Staatsanwalt 236, 283.
Eliot, George, der Verräther 211, 212 bis 216, 253, 267, 281, 282.
Elisabeth, Königin von England 1, 4—6, 9—12, 14, 17, 18, 25—34, 36, 43, 44, 50—57, 58—62, 65—67, 70, 74, 75, 77, 90—93, 95, 106, 123, 129, 131, 145, 146, 147, 154, 169, 171—172, 186, 189, 200, 206, 213, 226, 237, 268, 274, 276, 281, 289, 290, 291, 296, 312, 314.
Ely, Dr. 158, 159, 163—165.
Emerson, Rudolf, Laienbruder S. J. 156, 160, 162, 163, 209—211.
Erasmus von Rotterdam 80.
Estius, Dr. in Löwen 279.

Fekenham, Abt von Westminster 19, 22, 23, 85—86, 78, 83.
Felton, Johannes, der selige 70—76, 237, 238, 241.
Fenn, Jakob, der ehrwürdige 304.
Ferdinand, Kaiser 43, 49, 57.
— Sohn des Herzogs von Bayern 154.
Feria, Graf von, spanischer Gesandter 5, 17—18, 41.
Field, Prädikant 291, 292, 293.

Filby, Wilhelm, der selige 216, 232, 233, 265, 285, 290.
Fitzherbert, Sir Thomas 94.
— Thomas S. J. 185.
Fleetword, Richter 206.
Ford, Thomas, der selige 118, 210, 211, 213, 222, 230, 232, 233, 265, 266, 285, 286, 287.
Foster, Sir John 67, 68.
Fox, Dr. John 3, 25.
— Stephan, Guardian der Franziskaner 35.

Gallenius, Kanzler der Universität Douay 150.
Gardiner, Bischof von Winchester 33.
Gargrave, Sir Thomas 66.
Garnet, Heinrich, S. J. 96, 100—104.
Gascoigne, Thomas 101—102.
Gauby, Richter 282.
Gerard, Heinrich, S. J. 194.
Gesualbi, Cardinal 151, 154, 244, 245.
Gibbon, Richard, S. J. 197.
Giblet, Priester 158, 159.
Gilbert, Georg 161, 163, 166, 174, 185, 192.
Gillbons, Andreas 305.
Gobsalve, Georg, Priester 212.
Goldwell, Thomas, Bischof v. St. Asaph 33, 35, 155, 158, 198.
Granville, Sir Richard 114.
Gregor XIII., Papst 67, 76, 114, 140, 154, 156, 161, 285, 313, 314.
Grey, Lord John 8.
Griffin, Bischof von Rochester 8.
Griffith, William 183.
Grindal, anglikanischer Bischof 19, 47.
Groob, William, S. J. 145.
Guest, Prädikant 19.

Habbon, Dr. jur. 25.
Hammond, Dr. 198, 199, 200, 223, 229, 230, 251, 283.
Hanse (Haunce), Eberhard, der selige 205—208, 219, 221.
— Wilhelm, Bruder des Seligen 205, 207.
Harding, Dr. 43.
Harpsfield, Dr. 19, 20.
Harrington, William 184.
Hart, Johannes, Priester 158, 159, 193, 233, 265.
Hart, Wilhelm, der selige 296, 301—307, 309, 310.
Hastings, Sir Eduard 40, 94.
Hearne, Schulmeister 273.
Heath, Erzbischof von York 4, 8, 14—16, 27—28.
Heinrich VIII. 1, 4, 6, 12, 18, 21, 22, 26, 27, 28, 29, 30, 31, 32, 33, 34, 35, 105.

Hertford, Earl of 13.
Heywood, Oliver, Priester 94.
— Thomas, Priester 94.
Hodge, John 116.
Holt, Wilhelm, S. J. 140.
Hopton, Sir Owen, Lieutenant des Tower 195, 197, 199, 200, 217, 218, 219, 221—223, 226, 227, 260, 267, 270, 277, 281.
Horne, anglik. Bischof 19, 29.
Howard, Viscount of Bindon 13.
— Karl, Lord 272, 274, 276.
Hubert, P., Brigittiner 35.
Hudson, Richter 236.
Humphrey, Lawrence 187, 230, 277.
Hunsdon, Lord 13, 67, 85, 222.
Huntingdon, Earl of 64, 220.
Hutton, anglik. Dekan 68, 302, 309.

Jakob I. 156.
Jarmin, Lady 94.
Jay, Thomas 163.
Jeffreys, Sir John 117, 118.
Jenks, Roland 197.
Jewell, Prädikant 9, 19, 38, 187.
Ingelby 306.
Johnson, Robert, der selige 167, 192, 193, 232, 233, 258—259, 285, 286, 288, 289, 290.
Issam, Christoph, Priester 271.
Julius III., Papst 2.

Karl V., Kaiser 8.
— Erzherzog 49.
Kemp, Priester 158, 159.
Kirby, Lucas, der selige 155, 159, 192, 193, 232, 233, 242, 260, 284, 290, 291—292.
Kirkeman, Richard, der selige 296, 297, 298, 299, 310.
Kitche, Lord 88.
Kitchin, Anton, apostas. Bischof von Landaff 27.
Knowles, Sir Francis 17, 272, 273, 275.
Knox, Reformator 4, 26.

Lacy, Wilhelm, der selige 295, 296, 297, 298, 299, 301, 310.
Lamac, Lord 5.
Lancaster, Advokat 266.
Langdale, Dr. 19.
Lee, Sir Henry 272.
— Wilhelm, Obmann der Geschworenen 235, 264.
Leicester, siehe Dudley.
Lewes, Commissär 283.
Loughborough, Lord 94.
Luther, Dr. Martin 190, 226.

Maggi (Magius), Lorenz, S. J. 152.
Maine, Cuthbert, der selige 113—119, 120, 121, 150, 286, 281.
Manaräus, Oliverius, S. J. 143, 156.
Manwaring, Richter 298.
Manwood, Sir Roger 115, 117.
Marche 82.
Maria, die Katholische 2, 3. 4, 6, 27, 28, 29, 30, 31, 32, 33, 34, 35, 36, 61, 65, 77, 83, 140, 172, 198, 289.
— Stuart, Königin von Schottland 4, 5, 43, 49, 59, 60, 63, 64, 146, 226, 313.
Markham, Richter 235.
Marshall, John 107.
Martin, Gregor, Dr. 113, 154.
Martinengo, Nuntius 53—56.
Maximilian, Kaiser 90—91.
Mendoza, spanischer Gesandter in London 139, 184, 208, 219.
Mercurian, Eberhard, General der Gesellschaft Jesu 141, 143, 144, 151, 161, 162, 168, 180, 181, 191.
Milbway, Sir Walter 171—172.
Mohun, Reginald 119.
Montague, Lord 12, 14, 23, 42, 70.
More, Thomas, der selige 27, 30, 68, 88, 128, 138.
— Mr. 184.
Morgan, Heinrich, Bischof von St. David 34—35.
Morley, Lord 23, 35.
— Lady 94.
Morrice, Mr., Advokat 282.
Morton, Dr. 60—61, 232, 233.
Munday, Anton, Zeuge 241, 259, 261, 274, 276, 287, 289, 291.
Murray, Regent von Schottland 64.

Nelson, Johannes, S. J., der selige 96, 132—137, 138, 139.
— Thomas, Bruder des Martyrers 132.
Neri, Philipp, der heilige 151.
Nicholson, Priester 266.
Nicolls, Apostat 242, 243.
Norfolk, Herzog 4, 8, 60.
North, Lord 23.
Northampton, Marquis 5, 8, 13.
Northumberland, Earl of (Percy) 61—69, 283.
Norton, Dr. 198.
— Foltermeister 173, 199, 200, 223, 228, 229, 230, 251, 267.
— Sir Richard 63.
Nowell, Dekan von St. Paul 190, 224, 226, 227.

Oglethorpe, Bischof von Carlisle 9, 10, 20, 33.

Orton, Heinrich 161, 166, 192, 198, 232, 233, 261.
Osborne 82.

Pace, Präbikant 306.
Paleotto, Cardinal 156.
Palmer, Katharina, Oberin der Brigittinen 85.
— Präbikant 68, 69.
Parker, Dr., anglik. Erzbischof 30, 31.
— Karl, Bischof 85.
— Spion 77.
Parpalia, Nuntius 50, 53, 56.
Pascal, Johann, Apostat 155, 156, 157, 159, 168, 195, 242.
Pates, Richard, Bischof von Worcester 34.
Paul IV., Papst 18, 50.
Payne, Johannes, der selige 118, 212, 230, 231, 281—283.
Pembroke, Earl of 8, 13.
Percy, Sir Thomas 61.
Perpoynt, Gervase 222.
Persons, Robert, S. J. 79, 184, 144, 145, 147, 151, 157, 159, 160—161, 162, 164, 165, 166—167, 168, 174, 178, 179, 183, 184, 185, 192, 193, 195, 198, 204, 209, 210, 211, 215, 216, 217, 218, 222, 232, 233, 271, 277, 278, 313.
Petre, Lady 212.
Petrus Martyr, Präbikant 9, 38.
Philipp II., König von Spanien 3, 5, 17, 18, 51, 54, 55, 56, 57, 64, 70, 82, 139, 208, 219, 246, 258.
Philipps, Morgan, Dr. theol. 106, 107.
Pius IV., Papst 43, 45, 50—57.
— V., Papst 43, 57—59, 69—70, 71, 75, 90—91, 93, 107, 115, 151, 154, 206, 218, 239, 251, 258, 261, 273, 276, 283, 284, 285, 306.
Plumtree, Thomas, der selige 95.
Plunket, Franz 131.
Pole, Cardinal 2, 3, 4, 8, 13, 33.
— David, Bischof von Peterborough 27, 82.
Popham, Sir John, Staatsanwalt 115, 235, 236, 243, 256, 283.
Poryn, Wilhelm, Prior der Dominikaner 85.
Pound, Thomas, Bekenner 96, 158, 161, 168, 174, 178, 220, 221, 223, 249.
Pray 93.
Pursglove, Robert, Weihbischof von Hull 85.

Quadra, de, Bischof, span. Gesandter 41—48, 51—52, 53—56.

Reabe, Präbikant 80.
Reynolds, Thomas, erwählter Bischof von Hereford 85.

Rich, Lord 28, 233.
Richardson, Lorenz, der selige 232, 233, 265, 286, 290, 292—294.
Risden, Eduard 107.
Risbton, Eduard, Seminarpriester 155, 159, 163, 192, 195, 196, 212, 232, 233.
Robsart, Amy 146.
Rochefort 230.
Rookewood 93.
Roper, Schwiegersohn des sel. More 188.
Roscarock, Nicolaus 192, 195.
Rudolf II., Kaiser 152.

Sacheverell, Henry 222.
Sabler, Sir Rudolf 67.
Sanders, Dr. 43, 60, 168, 198, 229, 239, 241, 246, 247, 263, 276, 283, 284, 285, 286.
Sands, anglikanischer Bischof 48.
Scory, Präbikant 19.
Scot, Bischof von Chester 16, 19, 20, 22, 32.
Shaw, Heinrich, Seminarpriester 118.
Shelley, Sir Richard, Johanniterprior 85, 156, 243, 244.
Shert, Johannes, der selige 212, 233, 265, 284, 286, 287, 288.
Sherwin, Rudolf, der selige 155, 157, 159, 163, 192, 193, 195, 229, 232, 233, 234, 254—255, 265, 267, 268, 269, 270, 275—276.
Sherwood, Thomas, der selige 137—139.
Shrewsbury, Earl of 14, 28, 221.
Sidney, Sir Philipp 152.
Slade, Johannes, der ehrwürdige 310, 311.
Slebb, Spion 159, 163, 166, 167, 260.
Smyth, Richard, Vicekanzler von Orford 87.
— Sir Thomas 7, 11.
Somerset, Protector 1, 2.
Soto, Dominikaner 38.
Southworth, Sir John 46, 94.
Stafford, Lord 28.
Stanley, Sir Eduard 94.
Stapleton, Dr. Thomas 107.
Stonor, Lady Cäcilia 185, 220.
Storey, Johannes, der selige 12, 14, 71, 78—89, 102, 237, 288, 239, 241.
Storey, Ellen, Tochter des Seligen 87.
— Johanna, Gemahlin des Seligen 84, 87.
— Johanna, Mutter des Seligen 87.
— Nicolaus, Vater des Seligen 87.
Stourton, Lady 129.
Struther 95.
Sussex, Earl of 61, 62, 64, 65, 66, 93, 120.

Tebber (Tubor?) 260.
Tempest, Mr. 184, 222.

Lichbourne 178.
Thirkeld, Richard, der selige 307—310.
Thirlby, Bischof von Ely 80—81.
Thompson, Jakob, der selige 195, 299—301, 310.
Thomson, Christoph, Priester 195, 212.
Topcliff 290, 293.
Treffry, William 119.
Tregian, Franz, Bekenner 113, 114, 120—131, 137.
— Katharina, Mutter des Bekenners 124.
— Maria, Gemahlin des Bekenners 123, 126, 127, 128—130.
Tregony, Martin 137—138.
— Lady 137.
Tuke, Henry 222.
Tunstal, Cuthbert, Bischof von Durham 29—30.
Turberville, Bischof von Ely 27, 31.
Twigges, Musikant 122.
Tyrrel, Aufseher der Fleet 100—101.

Urban VIII., Papst 314.

Ballenser, Buchhändler 279.
Bargas, spanischer Gesandter 41.
Baur, Lord 222.
Bendeville, Dr. (später Bischof von Tournay) 106, 107, 108.

Walgrave, Sir Eduard 40, 94.
— Lady 94.
Walker, Dr. 228.
Walpole, Heinrich, der ehrwürdige S. J. 274, 277.

Walsingham, Sir Francis 120, 156, 157, 200, 212, 219, 221, 277.
Warton, Lady 94.
Watson, Bischof von Lincoln 19, 20, 83—84.
Wattes, Dr. 82.
Welsh, Pfarrer von St. Thomas 2.
Westmoreland, Earl of (Neville) 61 bis 67, 283.
— Anna, Gräfin 62.
Weston, Schwiegersohn des sel. Storey 102.
Wharton, Lord 28.
Whitacker, anglikanischer Theologe 225.
White, John, Bischof von Winchester 8, 19, 20, 80.
— Sir Thomas 11, 12, 146.
Whitheab, Prädikant 19.
Wilbraham, Thomas 82.
Wilks, Commissär 280.
— Priesterjäger 197.
Wilson, Thomas 25.
Winchester, Marquis of 13, 23.
Wood, Thomas, erwählter Bischof 85.
Woodhouse, Thomas, S. J., der selige 95—104, 185.
Woodward, Johannes, Priester 269.
Wortley, Richter 297, 298.
Wray, Sir Christoph, Lordoberrichter 234—236, 239, 261, 264, 265.
Wrots, Sir Thomas 82.

Yate, Mr. 209, 210, 212.
— Mrs. 212, 213, 214, 215.
Young, Prädikant 73.